増補
アビダルマ教学
倶舎論の煩悩論

西村実則 著

法藏館

はしがき

アビダルマとは原始仏教聖典の解釈学をいう。仏教の教団は釈尊滅後、その版図を拡大していったが、そのうちインドで最も大きな勢力のあった説一切有部とスリランカに伝わった教団とでは、紀元前後より思想の体系化に邁進した。この時代は仏教史の上では「部派仏教」、「小乗仏教」（これは大乗側がそれ以前の仏教に一方的につけた蔑称）と呼ばれるが、それ以外に「アビダルマ仏教」ともいうのはそのためである。僧院の奥深くで学僧たちが構築した仏教哲学であることから、部派仏教の僧院哲学といってよく、時代は降るがヨーロッパ中世のスコラ哲学に比すことができよう。

こうして体系化された理論書は数多く現存するが、その中でも日本仏教の上で古来、「基礎」学とみなされてきたのは『倶舎論』である。本書はその中の心理分析（「心所法」と煩悩論）について『倶舎論』以前の論書と対比を試みたものである。

増補　アビダルマ教学――倶舎論の煩悩論――　目次

はしがき
序　論……3
第一章　「五位七十五法」における心・心所法
一、蘊処界の改変と「五位」の成立……13
二、「五位」における「心」法――「五位百法」に関連して……37
第二章　心所法の分類
一、「大地法」とその批判……57
二、「大善地法」――善……136
三、「大不善地法」――不善……156
四、「大煩悩地法」――煩悩……167
五、「小煩悩地法」――煩悩……181
六、「不定法」――法体系の補遺……186

第三章　新しい一切法の影響
一、「四念住」への影響……209
二、「名色」への影響……215
三、「五位七十五法」と「五位百法」――心・心所法に対する世親の立場……227
第四章　『倶舎論』以前の煩悩論
一、原始仏教・アビダルマにあらわれたカーマ(欲望)……247
二、『法蘊足論』「雑事品」の性格……275
三、『法蘊足論』と『ラトナーヴァリー』――「雑事品」の系譜……278
四、『大毘婆沙論』「結蘊」の蘊名……331
五、『発智論』『大毘婆沙論』の煩悩体系……341
第五章　『倶舎論』の煩悩論
一、『倶舎論』にみる「煩悩」「随眠」「随煩悩」……397
二、『倶舎論』「随眠品」の品名……406

三、『倶舎論』「随眠品」の構成……412
四、『倶舎論』における「渇愛」と「貪」……428
五、『アビダルマディーパ』第五章の特色……438

第六章　付　論

一、『集異門足論』の作者――舎利弗と摩訶拘稀羅……449
二、『入阿毘達磨論』の作者……455
三、六足論の成立地……463
四、『倶舎論』の祖型本としての『阿毘曇甘露味論』……476
五、倶舎論の経典観の一考察……493

結　論……499

◆

初出一覧……509
あとがき……513
索　引……*3*

アビダルマ教学

——倶舎論の煩悩論——

序論

日本仏教には一つの学的伝統がある。仏教教義を体系化した『倶舎論』を常にその基礎学として据えてきたことである。古来、「性相学」（これには大乗の学問である唯識も含まれる）の名で呼ばれてきたものも『倶舎論』学習をいう。もっともこうした伝統は日本仏教だけの特色ではない。『倶舎論』研究の第一人者桜部建氏によれば、「南および東南アジアに拡がったテーラヴァーダ派（パーリ語の聖典を奉ずる仏教）の領域を除けば、ほとんど全仏教世界にわたって、この『論』は、仏教教義の基礎学の絶好の教科書として、広く永く学習されてきた(1)」とされる。そこで以下、日本仏教史における『倶舎論』位置づけの様相を簡潔に概観しておきたい。

奈良時代に大陸や朝鮮半島から伝来した仏教の宗派に南都六宗があり、その一つとして「倶舎宗」がある。この宗派は「法相宗」に付随する形で、奈良の法隆寺、薬師寺、清水寺に伝来した。平安時代になると、東大寺さらに叡山でも『倶舎論』が学ばれ、研究書も著わされるようになった。

有名な古典文学の『枕草子』には、

正月に寺《てら》にこもりたるは、いみじうさむく、雪がちに氷《こほ》りたるこそをかしけれ。雨うち降《ふ》りぬるけしきなるは、いとわろし。清水《きよみづ》(別本、はつせ)などにまうでて、局《つぼね》する程、くれ階《はし》のもとに、車ひきよせて立《た》てたるに、帯《おび》ばかりうちしたるわかき法師《ほふし》ばらの、足駄《あしだ》といふものをはきて、いささかつつみもなく、下《お》りのぼるとて、なにともなき経の端《はし》うち誦《よ》み、倶舎《くさ》の頌《ず》など誦《ず》しつつありくこそ、所につけてはをかしけれ(2)。

と、若い僧が寺の階段の昇り降りに際し足駄を履き、『倶舎論』から抄出した詩を読誦しているさまが描かれている。
あるいはまた『栄華物語』には、

またある僧坊を見れば、をかしげなる小法師七、八人ばかり声を合せて、倶舎を誦じ、唯識論をうかぶ(巻一八、たまのうてな)(3)。

と、この物語の舞台となった法成寺(藤原道長が建立するも焼失し現存せず)における当時の若い僧の読誦のさまが克明に伝えられている。平安末期の『梁塵秘抄』には当時の天台宗の特色として、

天台宗の畏《かしこ》さは、般若や華厳、摩訶止観、玄義や釈籤、倶舎頌疏《じゆんしよ》、法華八巻《やまき》がその論義(4)。

と挙げられる。とりわけ『倶舎論頌疏』(唐の円暉作)は「頌」つまり詩の部分だけを抄出して注釈したもので、当時この書を重視したことがわかる。

室町時代になると、加賀の白山比咩《しらやまひめ》神社文書に、

応安四年八月十三日寄合過失
英運　舞白拍子　景存　□恵　白拍子
宗運　伽陀　倶舎舞　□珍　伽陁舞(5)

とあるように、神社において『倶舎論』にちなんだ芸能、つまり「倶舎舞」が挙行されたという記録まである。
くだって江戸時代になると、各宗の学林が整備されるに及び、そこで盛んに『倶舎論』が学ばれた。真言宗寺院、

とりわけ長谷寺、智積院、高野山、あるいは浄土真宗からも、傑出した学僧が輩出した経緯がある。

もっとも寺院で用いられたテキストとして『倶舎論』から特定の概念を抄出した撮要書を作り、それを学習することもあった。先にみられた『倶舎論頌疏』以外にも一切法だけを列挙し注釈した『有宗七十五法記』『七十五法名目』『法宗源筌蹄』などが、その代表的なものである。そのほかインドで『倶舎論』の成立前後に、掌篇でコンパクトにまとめられた書として『五事毘婆沙論』『入阿毘達磨論』があり、『倶舎論』の代わりにそうした書を学習の便にすることもあった。

『倶舎論』全体に対する批判的学問的な研究は、もはや「基礎学」でなく、まさに「上級」に当たる。平安時代の恵心僧都源信の『大乗対倶舎抄』以来、多数の注釈書、研究書が現存している。とりわけ江戸時代には儒学や国学が盛んとなることに呼応して、それらの学問的方法を承け[6]、現代でも看過することのできない重要な研究書が多数著わされた。

明治以後になると、ヨーロッパの言語的、実証的研究方法が導入され、さらに一九六七年にサンスクリット原典が出版されたことが拍車をかけ、従来漢訳本のみで学ばれてきた『倶舎論』も、原典を主とする研究が中心となった。そうして研究の場も寺院から独立し、アカデミック機関に移った。とりわけ学林以来の倶舎学の伝統をいまに伝えるのは京都の大谷大学であり[7]、ここは日本の倶舎論研究のメッカとなった感がある。

ところで『倶舎論』の成立は五世紀、作者は世親(Vasubandhu)であるが、その成立に至るまでには多くの前段階の論書があった。その成立史を略述しておこう。大別すると次の三段階がある[8]。

一、原始経典の後期にすでに教説を整理する傾向がみられ、その延長上にある段階。

二、テーマごとに思想を分類し、膨大なものと簡便なものとが作成された段階。
三、整然と思想体系を構築した段階。

第一のものに、①『集異門足論』、②『法蘊足論』がある。これらは特定の原始経典をそのまま注釈したり、あるいは教説を整理したものである。

第二段階のものは以下のとおり。③『施設足論』（アビダルマ最初の宇宙論・世界観）、④『識身足論』（心の働きの分析）、⑤『界身足論』（心の分析と新しい一切法の設定）、⑥『品類足論』（元来は別本であったものを一つにまとめたものらしい。教説の分析がさらに進展している。撰者は世友〈ヴァスミトラ〉）。これら①から⑥までを古来「六足論」と呼ぶ習わしがあり、これに対して「身」に当たるのが⑦『発智論』である。

⑦『発智論』は、教理上のほとんどの問題を網羅し、全八章から成る。この書をそのまま底本として大幅に注釈を施したのが⑧『大毘婆沙論』（二世紀）である。⑧は有部論中、最大の分量を誇る。当時までのあらゆる仏教内の学説およびその批判、さらにいくらかのバラモン教の思想が収録されている。

膨大な⑧の全体像をとらえるのは容易ではない。その逆に⑧の簡略な綱要書も作られた。⑨『阿毘曇甘露味論』はその一つである。これは後に詳述するように『倶舎論』の祖型を示すものであるが、ただ⑧との前後関係は確定していない。その後⑩『阿毘曇心論』（より整った組織を示す）と、⑩をいくぶん手直しした⑪『阿毘曇心論経』、⑫『雑阿毘曇心論』の三つが成立した。

第三段階のもの。⑨⑩⑪⑫という四つの綱要書の構成に沿いつつ、『大毘婆沙論』の教義を大幅に採用してまとめたのが、世親の⑫『倶舎論』である。ただし本書は有部の思想をそのまま体系化したのではなく、従来、経量部の立場から批判的にまとめられたものといわれている。もっとも世親自身はカシュミールに本拠を置く有部の思想をまとめたと自称している。ただし経量部は有部からみれば異端の学派であり、しかも独自の教団を形成することはなかったが、その思想は有部とともに十三世紀頃つまり仏教の終焉の頃までずっと重視された。

こうした世親に反駁すべく、正統有部の立場から『倶舎論』に対する批判の書を著わしたのは衆賢（サンガバトラ）であり、その書は⑬『順正理論』である。衆賢は反駁だけでなく、自分の理論を新たに打ち出して⑭『顕宗論』を著わした。しかし、衆賢の両書ともにその章構成は『倶舎論』をそのまま踏襲しており、思想のパラダイムという点では『倶舎論』でほとんど完成していた。

最後に成立した論書は⑮『アビダルマディーパ』（五—六世紀）である。この書も『倶舎論』の構成に準ずるが、『倶舎論』に批判的な姿勢が看取される。このほかにも有部所伝の論書は現存するが、おおよその成立史は、以上の論書によって十分知ることができよう。

本書でとり上げるのはアビダルマの心理分析であり、『倶舎論』全九章（界、根、世間、業、随眠、賢聖、智、定、破我）中の第一章「界品」、第二章「根品」、第五章「随眠品」を中心としたものである。現在、諸論書における心理概念を対比研究した最も膨大なものに水野弘元氏の『パーリ仏教を中心とした仏教の心識論』がある。これに対し、本書では『倶舎論』に至るまでの心理概念がどのように体系化されたかという点に視点を当ててみようと思う。

以下は、その際に念頭に置き、注目しようとする諸点である。

一、『倶舎論』の成立と思想を扱う上で、それ以前の有部論書はもとより、大乗の瑜伽行唯識学派の論書との対比も現在きわめて重要な状況となっている。とりわけ『倶舎論』の著者世親はその思想的立場を有部→経量部→大乗と変えたとか、あるいはすでに唯識の立場、つまり大乗の立場から著わしたという見解さえ最近あるからである。この点は心理概念の体系史の上からは、どうであるかという問題がある。

二、すでに初期の『法蘊足論』には煩悩論というべき一章「雑事品」がみられる（これに類似するものは、セイロン上座部〈南方上座部という〉の『分別論』〈Vibhaṅga〉がそれに当たる）。ところでこの「雑事品」は大乗の龍樹〈ナーガールジュナ〉が、時の国王のために政道論として著わした『ラトナーヴァリー』にも大きくとり上げられたが、しかし有部ではその成立後、全く等閑視された。それが『倶舎論』になると「雑事品」の存在に言及するのである。等閑に付されたものが再び『倶舎論』で復活することは、次の点で重要な視点を提供する。

有部が構築した新しい一切法の体系に「五位七十五法」があり、これは物質的存在を「色」法、精神的存在を「心」「心所」法、そのいずれにも区分けし得ないものを「心不相応」法（以上はいずれも現象界で生滅変化するもの）、それに生滅変化しないものとして「無為」法の五つの範疇から成る。このうち「心所」法つまり心のはたらきの種類に古来、四十六法あるとされてきた。しかしながらインドにおける『倶舎論』の注釈書によると、四十六法以外にもあるとした記述がある。法体系における法の数の確定はきわめて重要であり、「雑事品」に着目した世親の視点から改めて考察してみたい。

三、「五位七十五法」では心のはたらきを分類するその基準として「善」「不善（つまり悪）」「無記（どちらとも判定し得ないもの）」の三つを設定し、煩悩一般については「不善」と「煩悩」とに区分する。ではどのような基準にもとづいて「不善」と「煩悩」とに区分けしたのであろうか。

四、「五位七十五法」に収めた煩悩概念と独立した煩悩論にみられるそれとの間は、なぜか基本的な相違が認められる。その相違はなぜ生じたのか、その経緯を辿っていく。

付論とした四つは、論書の著者問題、初期有部教団の所在地、『倶舎論』の藍本（祖型本）の問題についてである。

一、『集異門足論』の作者。説一切有部が初めて理論書を作成した時、その著者名を当時より少なくとも数百年前の釈尊の弟子に帰することがあった。なぜ教義学者（つまり論師）自身の名でなく、「仏弟子」の作に帰されたのかについて。

二、『入阿毘達磨論』の作者。本書は一般の有部論書とはその構成内容を異にする一風変わった論書であるが、その著者名として古来二つのものがある。しかしその一つは著者名でないことを論じる。

三、「六足論の成立地」。部派教団のなかでも最大勢力を誇った有部の成立地と初期有部の〈六足論〉がインドのどこで著わされたかは、有部教団史、有部の地理的分布をみる上で重要である。この教団は『大毘婆沙論』が著わされた頃はカシュミール、ガンダーラで隆盛を誇っていたけれども、『大毘婆沙論』以前の〈六足論〉はそのどちらか、あるいはそれ以外の地で作成されたのかについて。

四、『倶舎論』の祖型本としての『阿毘曇甘露味論』。『倶舎論』は世親の創意によって初めて整然と体系化されたわけでなく、それ以前の論書の発展段階に沿って成立した。従来、その祖型本として『阿毘曇心論』『阿毘曇心論経』『雑阿毘曇心論』の三つの綱要書が指摘されてきたけれども、それよりさらに遡れる書のあることに言及する。

こうして収録した論文は、アビダルマについて初めて学会で発表したものから今日までのものであり、とりわけ十年以上閲したものは大幅な修正を加えてある。また一書としてまとめるに当たり、重複部分を極力省いたために、原頁数よりも短かくなったものが多い。いまだ不備な点が多いと思われるが、一応一つのテーマでまとめ、その区切りとして一書とした次第である。

註

（1）桜部建『倶舎論』（仏典講座一八、大蔵出版、昭和五十六年）、一〇―一一頁。

（2）『枕草子』（岩波文庫）、一二〇段。

（3）『栄華物語』（日本古典文学大系、岩波書店、昭和三十六年）、九六頁。

（4）『梁塵秘抄』（新潮日本古典集成、昭和五十四年）、二一三番。

（5）林屋辰三郎『中世芸能史の研究』、岩波書店、昭和三十五年、三六六頁参照。

（6）神田喜一郎『墨林閒話』、岩波書店、昭和五十二年、六七―七九頁。『芸林談叢』、法藏館、昭和五十六年、二五一―二六一頁。

（7）桜部建「大谷大学の倶舎学の伝統について」（『仏教学セミナー』第七〇号、平成十一年）、三七―四三頁参照。

（8）以下は次の拙稿をもとにする。大正大学仏教学科編『仏教とはなにか――その思想を検証する――』、大法輪閣、平成十一年、六四―六六頁参照。

第一章　「五位七十五法」における心・心所法

一、蘊処界の改変と「五位」の成立

「五位」説は一切法を「色」「心」「心所」「心不相応行」「無為」の五つの範疇から分類したもので、その成立は原始仏教でいう一切法の分類である五蘊十二処十八界、つまり三科に手を加えたものとされている。この点についてはすでに和辻哲郎氏の「仏教哲学の最初の展開」あるいは桜部建氏の『倶舎論の研究』によって知ることができる。わけても和辻氏が有部では四つの基準、つまり「第一には色と非色との分別、第二には心と非心との分別、第三には心相応と非心相応との分別、第四には有為無為の分別」[1]の設定が改変の起点となったとしたことは、「五位」説全体の理解を容易ならしめ、その成立を見る上でも特筆すべきである。

ここでとくに注目したいのは、(一)、アビダルマでいう三科の内容はもはや原始仏教でいう三科と同一でないこと、(二)、ところが同一でないという考え方も実はすでに原始経典のなかにわずかながら見い出せること、(三)、三科と新しい一切法である「五位」説とは有部論書ではいかなる章のなかに位置づけられたか、という点である。

一　「五位」の原語とその初出

「五位」という言葉の原語も実は詳かではない。いわゆる「五位」の観念をはじめて説くのは『品類足論』（世友作、玄奘訳）の「五事品」である。それゆえ品名としての「五事」と「五位」には強いつながりがあることになる。まず「五事品」の原語が Pañcnvastukam であることは、ヤショーミトラ（称友）の『倶舎論釈』に、世友に帰される著作として「五事などの諸論」（Pañcavastukādīni）とあり[2]、これは『品類足論』「五事品」のこととみることができる。E・フラウヴァルナー、今西順吉氏も「五事品」の品名をやはり Pañcavastukam[3] と想定している。ところが旧訳『衆事分阿毘曇論』におけるその品名は「五法品」とある。「法」の原語は概して dharma であることが多いから、旧訳の品名は pañca-dharma ということも想定し得る。

『品類足論』には「五事品」と酷似する「七事品」という一章が存在し、この品名は対応するサンスクリット断片があり、そこにはやはり vastu の語で Saptavāstukam とある[4]（なお「五事品」に対応するサンスクリット断片もあるが、品名部分は欠損）。しかし「五位」に直接対応する部分の断片には dharma の語で pañca dharmāḥ とある。しかしながらこれに対応する部分は『品類足論』で「五法」とある。『倶舎論』の場合でも「五位」に対応する部分はやはり dharma とある。その対応漢訳では、真諦、玄奘ともに「品」と訳す。そのほか『大毘婆沙論』（玄奘訳）の場合、「五位」の対応箇所では「法」「品」のいずれでもなく、「事」の語で次のように示される。

一切法は五事―謂く、色と心と心所法と不相応行と無為なり―を出でざるに、色蘊は色を摂し、意処は心を摂し、法界は余を摂するなり[5]。

してみると、「五位」の「位」の原語と推定できるものは dharma と vastu の二つとなる。『倶舎論』本文にみられるこの場合の vastu と dharma についてヤショーミトラの注釈には次のようにある。

> これら一切法は五種であるというのは、五事(pañcavastuka)の理法によってそのように一切法の集まりが確立されるのである。(6)

すなわち dharma を vastu の語で注釈するのである。ともかく「五位」の原語をめぐる dharma と vastu はきわめて類似の概念であったことだけは明白である。

では「五位」の語の初出はいかなる論書の上に認められるであろうか。中国の円暉(活躍年代、—七〇一—)に『倶舎論頌疏』の作があり、そこに、

> 且く一切法は五位を過ゆざるあり。一に色、二に心、三に心所、四に心不相応、五に無為の法なり。(7)

とある。したがってこの頃に「五位」の語の初出を求めることができよう。もっともこの『頌疏』の成立年代は玄奘による『倶舎論』訳出(六五一年)ののち五十年(七〇一年)とみられる。あるいはまた玄奘の弟子・基(六三二—六八二)は『大乗百法明門論解』において「五位百法」(8)という語を用いている。これからみると、円暉はそこから「五位」の語を借用したとも考えられる。ついでながら、「五位」に続く「七十五法」の語はやはり中国唐代に活躍した普光の『法宗源』(9)に認めることができる。

二　五蘊と「五位」

「五位」説をはじめて明瞭な形で説くのは『品類足論』であるけれども、すでにそれ以前の『法蘊足論』に「五位」

の原型と思えるものが認められる。それは無記界を分析する箇所に、

云何が無記界なる。謂く、無記の色、心心所法、不相応行、及び虚空、非択滅、是れを無記界と名く。(10)

と、色・心・心所・心不相応行、無為の五つがはっきりと列挙されることから知ることができる。このくだりは三性説にみられるものであるが、三性説そのものから「五位」説が導き出されたわけではない。前にふれたように、「五位」説の成立は三科論を前提とするから、三科のうち、まず五蘊との関わりを『品類足論』以前に溯ってみよう。

五蘊は、色受想行識という五つの構成要素によって人間および人間の生存と関わりのある「一切」を表わす。この点は、桜部建氏によってはっきりと「有情の心身とその環境のすべて(11)」と定義されている。

ところで、有部アビダルマになると分析的傾向がますます強まり、五蘊そのものまで組み変えようとする動きが起こる。なぜそうした動きが生じたかといえば、三科全体を個人および個人に関わる存在のすべてを表わす構成要素と考えるようになったこと、さらにともに一切法を表わす「五蘊」と「十二処」との整合性を図ろうとしたことも大きな要因であろう。そこで論師たちが組み換えるうえで注目したのが、五蘊のうちでも行蘊についてである。

原始経典において行蘊は、眼耳鼻舌身意という六感覚器官から成る「六思身」と定義されるのがつねである。ところが『法蘊足論』「蘊品」になると、

云何が行蘊なりや。謂く、行蘊に二種あり。一には心相応行蘊、二には心不相応行蘊なり。(12)

とあるように、原始経典でのように単なる「六思身」つまり「思」(cetanā)なる一心作用と規定するのでなく、関係とか力のはたらきを示すもの(「心不相応行」)をも含むより大きな包括概念へと改変されるのである。

そうして、そこに具体的にあげられる項目は、のちの「五位」説中の「心不相応行法」に列挙されるものとちょうど一致するのである。したがって「心不相応行法」というのは、心不相応行蘊中の項目をそのまま導入したものとみ

ることができる。

ところでアビダルマに至って五蘊中、行蘊だけをそのように改変する契機となったのは、「行」の語義 saṃskāra それ自体によることも論師たち自身がはっきり指摘している。そもそも原始経典における「行」には「思」（六思身）とする定義以外に、saṃskāra の語から導き出された「有為を造作する」（saṃkhataṃ abhisaṃkharonti）[13]という定義もわずかながら認められる。このように「造作」するはたらきのあるものすべてを行蘊に組み入れたのである。その間の事情は『倶舎論』に次のようにある。

しかるに経の中に尊師によって〔ただ〕六種類の思が〔行蘊である〕と説かれているのは、〔思が多くの行(saṃskāra)の中で特に〕力すぐれたものだからである。というのは、思はそれ自体〔意〕業(karman)にほかならないから、作り成す(abhisaṃskaraṇa)という点ですぐれている。それゆえ、尊師によってかくのごとく説かれている、「有為を作り為すから行取蘊と呼ばれる」と[14]。

すなわち、「思」には「造作」（abhisaṃskaraṇa）のはたらきがある以上、「行」にもまた「造作」の意が存するという。それゆえ「造作」のはたらきのある多くの有為法も「行」に含まれるとするのである。もっともこれに対し、経量部の「上座」（シュリーラータ）は有部の考え方に真っ向から攻撃を加えている。それは『順正理論』に、

彼の上座は「行蘊は唯、思のみ、余の作意等は是れ思の差別なり」と説く。

彼の上座は言う、「有為を造るとは、謂く、思能く造るなり。本《もと》有為なし。織者の我れ此の縷を持ちて、裳服を織作すと言うが如く、此れも亦、応に然るべし」と[15]。

とあるように、「行蘊」とはあくまでも「思」だけをいうと、原始経典以来の一般的定義を持ち出すのである。このようなシュリーラータの主張に対し、有部の衆賢は経典に「行」とは「思」とあろうと、それは「最勝」というべき

「思」だけをあげたのであり、それ以外に「一切有為法」「因果法」も包摂されると論難する。ちなみにこの点では、シュリーラータは経量部という学派名どおり原始経典を「量」(権威)としたことが知られる。

では有部が改変することによって行蘊に包摂した具体的な項目とは、どのようなものか。『法蘊足論』「蘊品」には心相応行蘊として、

思・触・作意・広く説いて乃至、諸所有の智・見・現観なり。

とあり、また心不相応行蘊として、

得・無想定、広く説いて乃至、文身なり。(16)

とし、いずれも中略の形で説かれる。しかしながらこれに対応する部分は「処品」中の法処に認められ、そこには、

思・触・作意・欲・勝解・信・精神・念・定・慧・尋・伺・放逸・不放逸・善根・不善根・無記根・一切結縛随眠随煩悩纏、諸所有の智・見・現観・得・無想定・命根・衆同分・住得・事得・処得・生・老・住・無常・名身・句身・文身

とある。したがって行蘊には受想以外の四十一種の項目が包含されることになる。これは、その後の有部論書に至ってもほとんど変わりはない。

しかるに行蘊のなかに数多くの心所法を包摂させるという考え方は、有部特有というわけではなく、南方上座部にも認めることができる。『法集論』における行蘊の定義中には、

触・思・尋・伺・喜・心一境性・信根・進根・念根・定根・慧根・命根・正見・正思惟・正精神・正念・正定・信力・進力・念力・定力・慧力・慚力・愧力・無貪・無瞋・無癡・無貪欲・無瞋恚・正見・慚・愧・身軽安・心軽安・身軽性・心軽性・身軟性・心軟性・身適応性・心適応性・身正性・心正性・身直正・心直正・念・正知・

止観・勤励・不散乱[17]

と、やはり多くのものが列挙されるといった具合である。ただ有部の場合と顕著に異なるのは、八正道・慚愧・身軽安・心軽安・身軽性・心軽性までを包含させる点である。行蘊中に多くの有為法を列挙することは、法蔵部所伝とされる『舎利弗阿毘曇論』にも認められる。

思・触・思惟(作意)・覚(尋)・観(伺)・見・慧・解脱(勝解)・無貪・無恚・無癡・順信・悔・不悔・悦・喜・心進・心除・信・欲・不放逸・念・定・心捨・疑・怖・煩悩・使・生・老・死・命・結・無想定・得・果・滅尽定[18]。

ここには有部が心不相応行法とした生・老・死・無想定・滅尽定まで登場する。してみると行蘊を改変することは諸部派にもみられることになる。

しかし五蘊全体が原始仏教の場合同様、基本的には「有為」のみに関する一切法であることに変わりはない。五蘊が有為と対極の無為と抵触しないことは『大毘婆沙論』[19]にもはっきりと、

問ふ、無為は何が故に蘊と立てざるや。答ふ、蘊の相無きが故に立てゝ蘊と為さず。謂く蘊は是れ聚積の相なるに、無為には此の相無きが故に立てゝ蘊と為さず。復次に、無為は是れ蘊の究竟して滅する処なるが故に蘊と立てざること、瓶衣等の究竟して滅する処は瓶衣等に非ざるが如し。復次に、諸の有為法は生滅と相応し、因有り縁有りて有為の相を得べきをもて立てゝ蘊と為す可きに、諸の無為法は生滅と相応せず、因無く縁無くして有為相を得せざるが故に蘊と立てず。復次に、諸の有為法は因に属し縁に属し、因縁和合するをもて立てゝ蘊と為す可きも、諸の無為法は此れと相違するが故に蘊と立てず。復次に、諸の有為法は生の為めに起され老の為めに衰せられ、無常の為めに滅せらるゝをもて立てて蘊と為す可きも、諸の無為法は此れと相違するが故に蘊と立てず。復次に、諸の有為法は世に流行し取果・与果し諸の作用有りて能く所縁を了するをもて立てて蘊と為す可きも、

> 諸の無為法は此れと相違するが故に蘊と立てざるなり。復次に、諸の有為法は三世に堕在し、苦と相応し前・後際有り、下・中・上有るをもて立て、蘊と為す可きも、諸の無為法は此れと相違するが故に蘊と立てず。復次に、諸の無為法は五蘊の相無きをもて立て、此の五蘊中に在らしむ可からず、亦、立て、第六蘊とも為す可からず。聚積等の諸の蘊の相無きが故なり。復次に、蘊は是れ作の相なるも、諸の無為法には作の相有ること無きが故に蘊と立てず。復次に、蘊は他より生ずるに、諸の無為法は他より生ぜざるが故に蘊と立てず。是の如き等の種種の因縁に由りて無為は蘊に非ざるなり。

とあり、「蘊」には有為法の特徴である「聚積」（rāśi）の相、「生滅」「因縁和合」「生老無常」「取果与果の諸の作用」があり、「三世に堕在」するものだけを包摂するという。さらに、仮に無為法を「蘊」として加上すれば「第六蘊」となるが、そうしたものは想定しえないという。「第六蘊」（ṣaṣṭhaḥ skandhaḥ）あるいは「無為蘊」（asaṃskṛta-skandha）などの存在しえないことは『倶舎論』[20]でも強調される。しかしながら、「第六蘊」「無為蘊」なるものまで設定しようとした背景には、むろん有為無為の双方を一切法と解する大きな転換があったからである。では、十二処・十八界の場合はどうか。

三　十二処・十八界と「五位」

原始経典に説かれる十二処は、本来眼耳鼻舌身意の六根と色声香味触法の六境とを合わせて有為の一切法を示すものであった。一方、十八界はこうした十二処に認識根拠としての眼耳鼻舌身意の六識を組み込んだものである。しかるに『法蘊足論』になるとこうした法処・法界の概念規定も改変されたことは先に示したように、法処に包摂された具体的な項目を見れば一目瞭然であろう。ところが『品類足論』になると法処にさらに虚空・択滅・非択滅といった無為法までを導入するのである。この点は、次のように明確に定義づけられる。

謂く、法処は或いは有為或いは無為なり。
云何が有為なる。謂く、法処所摂の身・語業及び受・想・行蘊なり。
云何が無為なる。謂く、虚空・二滅なり。[21]

もとより、有部が法処のなかに無為法を導入する以上、一方の法界に対しても同様に無為法を組み入れたことは確かである。すなわち、原始仏教では十二処、十八界といえども五蘊と同様、つねに転変する有為法のみに関する一切法であったものが、有部になると、無為法までを包摂したものと大きく改変されたのである。

ところで、法処、法界に無為法を導入するといった大きな組み変えも南方上座部でも同様に見い出すことができる。たとえば『分別論』には、

このうち法処とはいかなることか? 受蘊・想蘊・行蘊と所有の色の無見無対である法処所属のものと無為界である。[22]

とあり、法処なるものは無為界(いわゆる無為法)を包摂するといった具合である。こうした考え方は、『舎利弗阿毘曇論』にも認められる。

云何が法入なりや。受想行陰、若しは色の不可見無対なる、若しは無為、是を法入と名づく。[23]

ここでの法入(処)の定義は、『分別論』の場合とまったく同趣旨である。ただ『舎利弗阿毘曇論』に具体的に示される項目を行蘊中のものとの重複を除外すれば、次のようになる。

身口の非戒無教・有漏の身口の戒無教・有漏の身進・有漏の身除・正語・正業・正命・正身進・正身除・智縁

尽・非智縁尽・決定・法住・縁・空処智・識処智・不用処智・非想非非想処智。

ここには智縁尽（択滅）・非智縁尽（非択滅）のみならず、決定、法住、縁、空処智、識処智・不用処智・（無所有処）、非想非非想処智といったこの部派独自の無為法まで言及される。この無為法は法入、法界の定義中にも存在するから、これらの部派では、法処、法界に無為法を包摂する同じ傾向がみられ、したがって一切法に対する捉え方はアビダルマになると大きく転換したことが読み取れる。

こうした無為法を法処、法界に組み込む契機は、論師たちが法処、法界という場合の「法」の概念が多義的要素を内包しやすいことに着目したためといえよう。[24]衆賢のごときは法処、法界には択法覚支、法宝など「無量」というべき法がそこに含まれるとまでいう。

こうした法処、法界に比べると、五蘊にはどこにも無為法をはめ込む余地がないことになる。三科相互の対応関係について『品類足論』には、

五蘊と十二処とは五に十二を摂すと為んや、十二に五を摂するや。答う、十二に五を摂す。五に十二を摂するには非ず。何れか摂せざる所なる。謂く、諸の無為なり。[25]

と、五蘊は十二処のうちに収められるが、無為法は不可能とされる。この点は『大毘婆沙論』でも、

此の十二処は無為を除けば、即ち五蘊なるが故に、応に之れを略して五蘊に入るべし。謂く十色処及び法処所摂の色は、即ち色蘊なり、意処は即ち識蘊なり、法処中の受は即ち受蘊なり、想は即ち想蘊なり。余の心所法と不相応行とは即ち行蘊なり。[26]

と説かれ、『倶舎論』になると、これに十八界を加えて、

そして、これら三つは、〔すなわち〕受・想・行蘊は、処・界として立てる場合、無表および無為と共に、法

処・〔法〕界と呼ばれる。すなわちこの七項目〔無表と三無為と受・想・行蘊〕が法処〔と呼ばれ〕、また法界と呼ばれる。[27]

と、明示するようになる。これと同一文は『順正理論』[28]『顕宗論』[29]にも認められる。

ところで、有部アビダルマで改変された新しい十二処を「五位」の枠組と対比すると、上記のように図示できる。

十二処	**五位**
眼処・色処 耳処・声処 鼻処・香処 舌処・味処 身処・触処	色法
意処	心法
法処	心所法 心不相応行法 無為法

そうして見ると、「五位」を形成するのと同じ基盤のもとに十二処・十八界も改変されたことになる。ところで、有部では三科のうち、十二処をことのほか重視したと思われる形跡がある。この点は、『法蘊足論』の「処品」に十二処が一切法であるという経説が引用される[30](「蘊品」「多界品」にはそうした経説は認められない)。あるいはまた『倶舎論』の〈三世実有〉の箇所に、

どのように経においてすべてが存在すると説かれるのか。すべてが有るとは、バラモンよ、十二処の範囲においてすべては有るというのである。三世もまたそうである(kathaṃ ca sūtre sarvamastītyuktam. sarvamastīti brāhmaṇa yāvadeva dvādaśāyatanānīti.)[31]。

と、十二処を説く経典を引用する。こうした経文は『アビダルマディーパ』[32]にも認められる。

これらに引用される原始経典は『相応部』経典の、

比丘らよ、一切とは何か。眼と色であり、耳と声であり、鼻と香であり、舌と味であり、身と触であり、意と法である。比丘

らよ、これを名けて一切という。

や『雑阿含経』第三一九経の、

瞿曇、所謂一切とは云何が一切と名くるや。仏、婆羅門に告げたまはく、「一切とは謂く十二入処の眼色・耳声・鼻香・舌味・身触・意法なり。是れを一切と名く」。

があげられよう。[33]十二処重視に関し、『大毘婆沙論』でも一切法とは有為無為の双方を包摂したものとした上で、三科のうちでも十二処が「最上勝妙」であると次のようにいう。

問ふ、何が故に此の教(十二処)は最上勝妙なりや。答ふ、此は、是の処中に一切法を摂すと説くが故なり。十八界教は、一切法を摂すと雖も、而も是は広説にして受持すべきこと難く、五蘊教は、唯、略説にして解了すべきこと難きに非ざるも、而も亦、一切法を摂すること能わず。蘊は三無為を説せざるを以ての故に。唯、仏所説の十二処教のみ、諸法を説し尽くして、広に非ず、略に非ず。是の故に説きて最上勝妙と為すなり。[34]

ここでは、五蘊が有為のみに限定された「一切法」であるのに反し、十二処十八界は有為無為を含む「一切法」であるとし、さらに十八界は十二処から展開した「広説」であるために、十二処こそが「最上勝妙」と解するのである。

なお、このように三科のうちでも十二処を強調する捉え方は、『大智度論』[35]にも認められる。そこでも一切法の分類としてあげるのは十二処だけである。その理由は示されないが、『大毘婆沙論』の場合と同様に、五蘊は無為を含まず、十八界は十二処を敷衍したものと解したためであろう。

四　二十二根と「五位」

「五位」の成立は、以上のような三科ではなく、二十二根説にもとづいて成立したという説がある。(36) 二十二根説は、原始仏教の後期になって経典に散説されていた「根」(indriya)と名のつく徳目を広範囲に集めたもので、アビダルマになってもそのまま集録されている。具体的には、南伝の『分別論』でも「根分別」なる一章を設けているし、北伝でも『法蘊足論』「根品」、『甘露味論』「浄根品」、『発智論』『大毘婆沙論』の「根蘊」はいずれも、二十二根にちなんだ章名だからである。さらに『倶舎論』でも「法の理論」化を主題とする第二章「根品」の冒頭に置き、それに続いて、「行」論を展開する構成を採用している。しかしながら『倶舎論』の「祖型本」類とされる『阿毘曇心論』『心論経』『雑心論』それぞれにおいて「五位」説を論ずる「行品」では、いずれも二十二根説にまったく言及することがないし、(37)『倶舎論』「根品」での二十二根は「挿入された余分な議論」(38)とされる。たしかにこの二十二根説が「五位」の素材となったと解されるのは、二十二根中の眼耳鼻舌身の五根と女根男根の二根を「色法」に、意根を「心法」に、五受根(楽苦喜憂捨)、五勝根(信勤念定慧)、三無漏根(未知当知、已知、具知)の十三根を「心所法」に、命根を「心不相応行法」にと配当することができる。たとえば心所法中の信勤念定慧が二十二根中の五勝根でもあることは、『倶舎論』「根品」にも、

信(根)などについては心所［の箇所］において説かれるであろう。(39)

とあるからである。しかるに、それ以外の双方の項目はどうか。

この問題に関してすでに『大毘婆沙論』では、心所法と二十二根との関わりが問題とされ、「大地法」を構成する

心所法としての作意・勝解・触・欲・思の五つはいずれも「根」(indriya)と抵触しないとはっきり規定する。

一、作意――能く発動すと雖も、意の趣く所縁の境に於て、一切時に恒に勝用有るに非ざるが故に、根と立てざるなり。

一、勝解――能く心をして境に於て印可決定せしむと雖も、而も生長に於て別の勝用無きが故に、根と立てざるなり。

一、触――心をして境に触対せしめ、諸受を順生せしむと雖も、然も染浄に於て、別の勝用無きが故に、根と立てざるなり。

一、欲――多く浄品に順ずるを諸根と立つるが故に、欲も根と立てざるなり。亦、浄品に於て勝用無きが故に。

一、思――能く心をして善悪を造作せしむるをもて立てて意業と為し、能く身語業を発し能く生死を感ずるをもて、増上の用有ること余法に勝るに、何ぞ根と立てざるや。答う、唯、雑染に順ずるのみにして、清浄品に非ざるが故に根と立てざるなり。[40]

のみならず『倶舎論』[41]でも、十二縁起中の「無明」も「根」の特質である「力」(「増上」ādhipatya)の面があれば、「根」といえるかという問題が提起されるものの、根と抵触するいかなる側面もないとして否定される。

二十二根と「五位」説との関係は、『順正理論』[42]『顕宗論』[43]にも認められ、そこでは以上にあげたもののほか、心所法中の「想」「諸煩悩」「涅槃」のいずれも根とは相容れないとされる。しかし「五位」の体系の上で「涅槃」は無為として、あるいは「想」「諸煩悩」といえども不可欠であることはいうまでもない。

こうした点ばかりでなく、二十二根には「五位」の一角を構成する命根以外の「心不相応行法」、あるいは「無為法」を取り入れる手がかりが見当たらない。すでに論師たち自身も指摘するように、そうした難点が認められる以上、二十二根から「五位」説が形成されたと解することは困難といえよう。

五　有部論書における三科と「五位」

原始経典以来の分類である三科と有部が新しく打ち出した「五位」とは、いったい有部論書においてどのように配置されたであろうか。それは有部論書のうちでももっともまとまった『倶舎論』において、なぜ「五位」説を第一章の「初めから堂々と」[44]説く構成をとらなかったかという問題とも密接に関わるであろう。

『倶舎論』において「五位」説の観念が展開されるのは、すでにふれたごとく第二章「根品」においてである。すでに第一章「界品」で提示された有為法が実際に生起する場合、それら有為法は単独で生ずるのか、あるいは倶生するのか、という問題との関わりから「五位」説を説くという構成をとる。それは次のとおりである。

いま次のことが考察される。これら有為法はその相がそれぞれ別であるようにその生起もそれぞれ別であるか。あるいは、必ず共に生起する〔法〕もあるか。〔必ず共に生起する法も〕ある、という。これらすべての法は五種である。色と心と心所と不相応行と無為とである。そのうちで、無為なるものは決して生起することが無い〔ために、今問題とならない[45]〕。

近年でも、『倶舎論』第一章の冒頭から「五位」説を説かなかった理由がフラウヴァルナー[46]、あるいは桜部建氏[47]によって問題とされている。それによれば、論師たちが蘊処界という原始仏教以来の一切法を仏の直説ゆえに動かし難いものであると見て重視したこと、さらに『倶舎論』が『心論』『心論経』『雑心論』といった三綱要書の論構成を範としたために、それらと同じく「五位」を第一章から説かなかったのであろうとされる。しかし論構成の面からその点が詳しく考証されているわけではない。では、『倶舎論』以前において三科と「五位」とがどのように位置づけられていたか。

そもそも「五位」説を最初に標榜したのは『品類足論』「五事品」であるが、その後、「五位」説だけを一論の綱格とした論書群が出現する。それは『五事毘婆沙論』『阿毘曇五法行経』『薩婆多宗五事論』といった論書であり、とりわけ『薩婆多宗五事論』ではその開巻劈頭から「法有五種」と、いわゆる「五位」説を説き起こす形式をとる。いい換えれば、これらの論書において三科は全く除外されているのである。

この点は、『発智論』『大毘婆沙論』ではどうであろうか。『発智論』は『品類足論』と同じ頃に成立したと思われるが、しかし「五位」の成立史上ほとんど顧慮されることがなかった。しかしながら「五位」に対応する次のような記述のあることは看過しえない。

• 法にして邪見と相応するにも非ず、亦、邪思惟とにも非ざる者有り。謂く、邪見と相応せざる邪思惟と、邪思惟と相応せざる邪見と及び諸余の心心所法と色と無為と心不相応行となり。

• 有る法にして法智と相応するものにも非ず、亦、他心智とにも非ざるものあり、法智と他心智と及び法智と他心智とに摂せず、相応せざる諸余の心心所法と色と無為と心不相応行とをいふ。(48)

これは「五位」の観念が『発智論』においても明確に意識されていたことを示すものである。とはいえ、この文も『発智論』を博捜した結果、見い出せるのであって蘊処界であれ、「五位」であれ、いずれも冒頭から説くといった意図とは程遠い。『発智論』の構成をそのまま継承した『大毘婆沙論』でも、「五位」説に相当する言葉は存するものの、やはり具体的に五つが整然とした形で一つの章内にまとめられるわけではない。『大毘婆沙論』において「五位」に対応するものが言及されるのは、色法は「雑蘊」第六「相納息」(49)や「結蘊」「十門納息」(50)に、心所法は「雑蘊」第八

「思納息」[51]に、心不相応行法のうち異生性は「雑蘊」「思納息」[52]に、残りの心不相応行法の大半は「根蘊」[53]に、無為法中の択滅・非択滅は「雑蘊」の第四「愛敬納息」[54]、第五「無慚愧納息」[55]などに、という様相を呈する。

さて、『倶舎論』の成立を見る上で看過しえない論書に『阿毘曇甘露味論』があるが、そこでは三科と「五位」説の位置づけに関し、『発智論』『大毘婆沙論』とは大きく一線を画す注目すべき点が認められる。[56] まず三科に言及するのは、その品名自体が示すとおり第五章「陰持入品」においてであるが、この「陰持入品」の構成を見ると『倶舎論』「界品」の前段階を予測せしめる多くのものが内包されている。すなわち、まず有漏法、無常・無我・無楽・無浄を示し、順次五蘊・十二処・十八界を論ずるという構成をとり、無為については法処、法界が分析される段に及び、それ以後になって言及される。

これに対し、一方の「五位」は『甘露味論』では第六章「行品」において説かれる。「行品」自体は一切の有為法に対する分析を主眼とし、㈠有為法のうち生住異滅の四相の分析から始まり、㈡心相応、心不相応行法、㈢有為法の生起する機縁たる四縁、㈣六因、㈤諸法の「倶生」の観点から無為法を除いた「五位」説、といった構成をとる。つまりこの㈤における「倶生」の箇所に至って心法、心所法、心不相応行法、色法という四種の概念が展開されるのである。それゆえ『甘露味論』では「陰持入品」で三科を、一方の「行品」で「五位」を説く体裁をとる。

しかるに『甘露味論』「行品」は、その後に位置する『心論』「行品」の構成と対比してみると、注目すべき点がことのほか多い。ともに生住異滅の四相、六因、四縁の順といった形態を示すことからも、『心論』「行品」は『甘露味論』「行品」の列次をわずかに変えて敷衍しただけに過ぎないといっていい。このようにして形成された「行品」が、その後の『心論経』『雑心論』ついには『倶舎論』にまで決定的な影響を及ぼしたことになる。

このように見てくると、『倶舎論』が第二章「根品」で「五位」説を説く遠因は、すでに『甘露味論』「行品」以来のいわば伝統的羈絆を受けたためであることが明白となろう。

『倶舎論』の第一章「界品」の劈頭から堂々と説くという点からみれば、一切法とは有漏無漏、有為無為とある記述がすでに「五位」説を内包すると解すれば、そのように解し得る記述も『心論経』「界品」に見い出すことができる。そこには仏の説かれた一切法は「有漏」「無漏」法などと明確に説かれるから、この点でも『倶舎論』はそれ以前の論構成を承けていることになろう。

以上から、『倶舎論』が三科と「五位」説とを位置づける際に、いかに『甘露味論』および『心論』系三綱要書の構成に影響されているかが知られよう。有部における「五位」説といった新思想を『倶舎論』の劈頭に説かないという点では、有部の教団名である「一切有」に関する議論も第五章「随眠品」にあるというように、いずれも第一章などではない。新思想や教団の基本的立場をまず第一に掲げるかどうかは、先行する論形態や論師たちがどこに比重を置いたかによるであろう。

六　有部的思考

すでに述べたごとく、『法蘊足論』には「五位」説が成立するための重要な要素が認められた。それをまとめると、㈠五蘊説に有漏と無漏との二つがあると明示したこと、㈡行蘊を心相応行蘊と心不相応行蘊の二つに区分し、それが「心不相応行法」となる契機となったこと、㈢行蘊を「思」という一心作用に限定することなく、「造作」のはたらきのある多くの「有為法」を含むと解したこと、㈣五蘊と十二処とは元来、別系統の成立であるが、双方の関わりが分析されるに及んで、十二処に五蘊が吸収されるとしたこと、㈤善不善無記の三性説を分析する箇所に色、心、心所といった言葉がはっきり配列され、「五位」の組織化が認められること、㈥原始仏教における一切法といえば有為法だけを意味したのに対し、有為と対蹠的な無為法まで導入するようになったこと、以上の六点にまとめることができよう。

もっともこのうち㈥に関連して、『集異門足論』には「名色」(nāmarūpa)説が五蘊と無為法を含むと改変されたくだりが認められる。してみると、『集異門足論』においても、一切法とは有為と無為とを合わせたものという考え方の萌芽が存在していたかに見える。もっとも思想的展開の上から見れば、㈡㈢の行蘊について『集異門足論』の高麗本を除く漢訳諸本の「六行身」の箇所に次のようなくだりがある。

> 蘊に略して二種有り。一に心相応行蘊、二に心不相応行蘊なり。云何が心相応行蘊なりや。答う、思触作意乃至諸所有の現観なり。復た、此の余の是の如き類の法にして心と相応するあり。是れを名けて心相応行蘊と為す。云何が心不相応行蘊なりや。答う、得・無想定乃至文身なり。復た此の余の是の如き類の法にして心不相応あり。是の如きを名けて心不相応行蘊と為す。是の中、若しは心相応行蘊、若しは心不相応行蘊なり。[57]

ここには、行蘊には心相応と心不相応の二種があるとし、しかも『法蘊足論』の場合と同項目が示される。しかし、もっとも古い高麗本には、右の引用部分がそっくり欠如しており、さらに前後の文脈から見ても「六行身」の箇所だけにこうした詳細を施すことはきわめて不自然である。したがってこの部分は原典に存在したものでなく後世の付加と思われる。

七　原始仏教における有為法・無為法

南北アビダルマに共通して始まった諸法に対する「観念的・分析的傾向[58]」は、すでに原始経典の後期にその萠芽を見い出すことができる。一切法を有為と無為との統合と解する考え方も、実はアビダルマに至ってはじめて打ち出されたものではなく、原始経典中の『イティヴッタカ』には次のようにいう。

比丘たちよ、あるいは有為、あるいは無為の諸法において離貪はそれら諸法のなかの第一と名けられる。それは僑を無僑とし、愛(pipāsā)を調伏し、愛着(ālaya)を捨て、流転を断じ、渇愛(taṇhā)を尽くし、離貪、滅(nirodha)の涅槃である[59]。

ここではすでに諸法には有為と無為とがあることをはっきり表わしている。これと同一文は『増支部』経典[60]にも認められ、『大毘婆沙論』には『増支部』経典と酷似するものの引用が次のようにある。

契経に説くが如し。仏、苾芻に告ぐ。法に二種有り。一には有為、二には無為なり。有為の起も亦、了知すべく、尽及び住と異も亦、了知すべし。無為は起ること無くして、而も了知すべく、尽と住異無くして、而も了知すべし[61]。

この経文に対応するものは『雑阿含経』にも次のように認められる。

此の如き二法あり。謂く、有為と無為なり。有為は若しは生じ若しは住し若しは異り若しは滅す。無為は生ぜず住せず異らず滅せざるなり[62]。

あるいは『長部』経典「ダスッタラ経」には、

いかなる二法が勝知さるべきか。二界、すなわち有為界と無為界とである。これら二法が勝知さるべきである。(63)

とあり、これに対応するものは『長阿含経』「衆集経」に、

復、二法、二因、二縁有り。一は有為界、二は無為界なり。(64)

とある。こうした一連のくだりはいずれも「法」には「有為」のみならず、「無為」も含まれることをはっきり示したものである。

以上、原始経典には一切法を五蘊・十二処・十八界とする考え方のほかに、有為・無為法とする考え方もきわめてわずかではあるが説かれること、さらに有漏法・無漏法といった一切法に対する考え方を有部独特の立場から融合することによって「五位」の体系を作り上げたといえよう。

註

(1) 和辻哲郎「仏教哲学の最初の展開」(『和辻哲郎全集』第五巻、岩波書店、昭和三十七年)三六七頁。
(2) *Abhidh-k-vy.*p. 167. *ll.* 21-22.
(3) E. Frauwallner, Abhidharma-Studien. *WZKSO.* Wien. 1963. S. 20. J. Imanishi, Das Pañcavastukam und die Pañcavastukavibhāṣā. *NAWG.* Phil.-Hist. Kl. Göttingen. 1969. S. 4ff.
(4) J. Imanishi, Fragmente des Abhidharmaprakaraṇabhasyam in Text und Übersetzung. *NAWG.* Phil.-Hist. Kl. Göttingen. 1975. S. 16.
(5) 『大毘婆沙論』、大正蔵二七、九八七頁中。
(6) *Abhidh-k-vy.* p. 123. *ll.* 13-14.
(7) 『倶舎論頌疏論本』、大正蔵四一、八二三頁中。湛慧はこの文を引用している。(『倶舎論指要鈔』、大正蔵六三、八三二頁中)。
(8) 『大乗百法明門論解』、大正蔵四四、四七頁上。
(9) 『法宗源』卍続蔵、第八三冊、三八三右。
(10) 『法蘊足論』、大正蔵二六、五〇四頁下。
(11) 桜部建『倶舎論の研究』、法藏館、昭和四十四年、六八頁。

(12)『法蘊足論』、大正蔵二六、五〇一頁中。

(13) *SN. III.* p. 87.『雑阿含経』、大正蔵二、一一頁下。R.O. Franke, *Dīghanikāya.* Göttingen. 1913. S. 310. H.W. Schumann, *Saṃkhāra im frühen Buddhismus.* Düsseldorf. 1957. S. 17. 35. 36. 58. 浪花(上杉)宣明「サンカーラの研究」(『仏教研究』第七号、昭和五十三年、二五—六頁)。

(14) *Abhidh-k-bh,* p. 10. *ll.* 20-23. 桜部建『倶舎論の研究』、一六六頁。

(15)『順正理論』、大正蔵二九、三三九頁中、三四〇頁中—三四一頁下。

(16)『法蘊足論』、大正蔵二六、五〇一頁中。

(17) *Dhs.,* pp. 17-18.

(18)『舎利弗阿毘曇論』、大正蔵二八、五二六頁下。

(19)『大毘婆沙論』、大正蔵二七、三八五頁中下。『阿毘曇毘婆沙論』、大正蔵二八、二八九頁上。『アビダルマディーパ』でも無為は時間(adhvan)に入らないから(nādhvasv aparanādibhyo)とされている。(*Abhidh-d,* p. 10. *l.* 10)

(20) *Abhidh-k-bh,* p. 15. *ll.* 1-2.

(21)『品類足論』、大正蔵二六、六九六頁中下、七五六頁下。『衆事分阿毘曇論』、大正蔵同、六三一頁下、六八三頁上。

(22) *Vibh,* p. 72.

(23)『舎利弗阿毘曇論』、大正蔵二八、五二六頁下。

(24)『順正理論』、大正蔵二九、三四六頁下。『顕宗論』巻三、大正蔵同、七八六頁下。

(25)『品類足論』、大正蔵二六、六九八頁上。『衆事分阿毘曇論』巻二、大正蔵同、六三三頁下。

(26)『大毘婆沙論』、大正蔵二七、三四頁中。

(27) *Abhidh-k-bh,* p. 11. *ll.* 2-5. 桜部建、前掲書。一六七頁。

(28)『順正理論』、大正蔵二九、三四二頁上。

(29)『顕宗論』、大正蔵同、七八三頁中。

(30)『法蘊足論』、大正蔵二六、五〇〇頁上。和辻哲郎「仏教哲学の最初の展開」(『和辻哲郎全集』第五巻、岩波書店、昭和三十七年、三三六—三三七頁)。田中教照「『法蘊足論』と『分別論』の蘊・処・界論」(『仏教研究』第一二号、昭和五十七年)参照。

(31) *Abhidh-k-bh,* p. 301. *ll.* 7-9. cf. *Abhidh-k-vy.* p. 4. *ll.* 2-3.

(32) *Abhidh-d.* p. 271. *l.* 17ff. 吉元信行『アビダルマ思想』、法藏館、昭和五十七年、一五一—一五四頁参照。

(33) *SN.* IV. 15.『雑阿含経』、大正蔵二、九一頁上。本庄良文『倶舎論所依阿含全表』(私家版)、昭和五十九年、八〇—八一頁参照。

(34)『大毘婆沙論』、大正蔵二七、三七八頁下。

(35)『大智度論』、大正蔵二五、二五九頁中下。

(36) 水野弘元「心不相応法について」(『駒沢大学研究紀要』第一四号、昭和三十一年、三六頁以降)参照。
(37) つとに『雑心論』「行品」に二十二根を説かないことについては宗性(一二〇二―一二九二)が論ずるところである。『倶舎論明思抄』巻三(仏書刊行会編『大日本仏教全書』巻八六、名著普及会)三七四頁。
(38) 桜部建『倶舎論の研究』、六三頁。
(39) *Abhidh-k-bh*, p. 41. *l*. 6.
(40) 『大毘婆沙論』、大正蔵二七、七三六頁下―七三七頁上。
(41) *Abhidh-k-bh*, p. 41. *ll*. 8-17.
(42) 『順正理論』、大正蔵二九、三七九頁上。
(43) 『顕宗論』、大正蔵同、七九五頁下。
(44) 舟橋一哉「倶舎論の教義に関する二三の疑問」(『大谷学報』第三一巻、第二号、昭和二十七年、三五頁)。桜部建、前掲書、七三―四頁参照。
(45) *Abhidh-k-bh*, p. 52. *ll*. 18-21. 桜部建、前掲書、二七五頁。
(46) E. Frauwallner, Abhidharma-Studien. *WZKSO*. Band VII. Wien. 1963. S. 22ff.
(47) 桜部建、前掲書、七三―五頁。
(48) 『発智論』、大正蔵二六、九二九頁上、九五二頁下。『八犍度論』、大正蔵同、七八四頁上中、八一四頁上。
(49) 『大毘婆沙論』、大正蔵二七、一九八頁上中。『阿毘曇毘婆沙論』、大正蔵二八、一四八頁中。
(50) 『大毘婆沙論』、大正蔵二七、三八九頁中―。『阿毘曇毘婆沙論』、大正蔵二八、二九一頁下―。
(51) 『大毘婆沙論』、大正蔵二七、二二〇頁上―。『阿毘曇毘婆沙論』、一六九頁下―。
(52) 『大毘婆沙論』、大正蔵二七、二三一頁中―。『阿毘曇毘婆沙論』、大正蔵二八、一七八頁上―。
(53) 『大毘婆沙論』、大正蔵二七、七三七頁下―。
(54) 『大毘婆沙論』、大正蔵同、一六一頁上―。『阿毘曇毘婆沙論』、大正蔵二八、一二一頁下―。
(55) 『大毘婆沙論』、大正蔵二七、一九八頁下。『阿毘曇毘婆沙論』、一四八頁中。
(56) 本書第六章「『倶舎論』の祖型本としての『阿毘曇甘露味論』」参照。
(57) 『集異門足論』、大正蔵二六、四一三頁脚注。
(58) 桜部建、前掲書、六九頁参照。
(59) *It*, p. 88. 『本事経』、大正蔵一七、六九七頁上。渡辺海旭氏によると、パーリテキストはセイロン上座部、漢訳『本事経』は有部に属するとされ、しかも漢パ一致する部分は部派以前の原形を示すものと考えられている。だから、この箇所も原始仏教のころに存在していたといえよう。渡辺海旭『壺月全集』上、壺月全集刊行会、昭和八年、四三〇頁。前田恵学『原始仏教聖典の成立史研

究』、山喜房佛書林、昭和三十九年、七二四頁参照。
（60） *A.N.* vol. II. p. 34. vol. III. p. 35.
（61）『大毘婆沙論』、大正蔵二七、一九八頁上。
（62）『雑阿含経』、大正蔵二、八三頁下。
（63） *DN.* III. p. 274.
（64）『長阿含経』、大正蔵一、五〇頁上。

二、「五位」における「心」法――「五位百法」に関連して

一　「心」「意」「識」について

有部では「心」と心のはたらきを別個の法と解し、「心」そのものを一法とする。それがcitta《チッタ》の語で示されることは、「五位」をはじめて説く『品類足論』に、

五法がある。色、心、心所法、心不相応行と無為である((pa)ñca dharmāḥ(:) rūpaṃ cittaṃ caitasikā dharm(āś citta-) viprayuktāḥ saṃskārāḥ asaṃskṛtañ= ca.)(1)。

とあり、あるいは『倶舎論』の場合も、

。心と心所は必ず共に(生起する)(cittaṃ caittāḥ sahāvaśyaṃ.)

。(以上)心と心所を特相にしたがって説いたが、これらはさらに次の名称で説かれる(uktāḥ saha cittena caittāḥ prakāraśasteṣāṃ punarimāḥ saṃjñāḥ paribhāṣyante.)(2)。

とあることによって知られる。

もっとも精神主体を示す語にはcittaのほかにmanas(意)、vijñāna(識)もある。しかし有部アビダルマでは、こ

うした「心」「意」「識」の三つは語源に異なりがあろうと、法相上は同列であるという立場をとる。この点は、まず『法蘊足論』の四神足(欲・勤・心・観)のうち「心神足」の定義中に、

此の中、心とは謂く、出家・遠離が所生の善法に依りて起こる所の心・意・識、是れを心と名く。[3]

とある。これは「心」を定義するに際し再び「心」と反復があるものの、「意」「識」をともにあげるものである。これに対し、「識」を「心」「意」で示す記述も同じ『法蘊足論』に、

此の識は云何。謂く、健達縛が最後の心・意・識の増長し、堅住して、未だ断ぜず、未だ遍知せず、未だ滅せず、未だ変吐せざれば、此の識の無間に母胎の中に於て羯剌藍の自体と和合す…。[4]

とある。このくだりには対応するサンスクリット断片があり、そこには、

tat katarad vijñānaṃ (|) āha (|) yat tad gandharvvasya caramaṃ cittaṃ manovijñānaṃ ācitam upacitaṃ pratiṣṭhitam a[pra]ha …… tam anirodhitam aśāntīkṛtaṃ (|) yasya vijñānasya samanantaraṃ mātuḥ kukṣau kalalātmabhāvo 'bhisaṃmūrcchati.[5]

とある。これによって「識」もやはり「心」「意」とされることが知られる(もっとも十二縁起中の「識」支の定義中に「心」「意」とあっても、逆に識支が「心」(citta)支もしくは「意」(manas)支と表現されることはない)。

次に『品類足論』「五事品」でも、それに対応するサンスクリット断片とともにあげると、

『衆事分』　云何が心。謂く意及び六識なり、云何が六、謂く眼識耳鼻舌身意識なり。[6]

『品類』　心とは云何。謂く心・意・識なり。これは復た云何。謂く六識身、即ち眼識・耳識・鼻識・舌識・身識・意識なり。[7]

梵本　cittaṃ katarat. ci)[tta]ṃ mano vijñānaṃ(.) tat=punaḥ katara(.) [ṣaḍ-] (v)ijñā[n](a-kā)yāḥ(:) cakṣu-

rvijñānaṃ śrotra-ghrāṇa-(jihv)ākā(ya-vijñānāni.[8]
と、やはり「心」が心意識とされる。
ただ『甘露味論』では心意識は同義とする以外に、異説のあることも示唆する。
心と意と識とには差別無し。差別有りと説くも有り。[9]
しかし同系の『阿毘曇心論』でも、心心所の定義中に、
心とは意なり。意とは識なり。実は同じくして名を異にす。[10]
とし、『心論経』でも、
心とは、心意識にして義は一にして名を異にす。[11]
と、やはりほぼ同一形で示される。このように心意識の三概念がいずれも同一主体を示す別表現であることは、『大毘婆沙論』になると次のような比喩で示される。
問ふ、諸の契経中に、心・意・識を説けり。是の如き三種の差別は云何ん。或は説者有り、差別有ること無し。心は即ち是れ意、意は即ち是れ識にして、此の三の声は別なるも、義には異り無きが故に。火を火と名け、亦、焰頂と名け、亦、熾然と名け、亦、生明と名け、亦、受祀と名け、亦、能熟と名け、亦、黒路と名け、亦、鑽息と名け、亦、烟幢と名け、亦、金相と名くるが如く、是の如く、一火に十種の名有りて、声に異り有りと雖も而も体に別無し。天帝釈をも、亦、鑠羯羅と名け、亦、補爛達羅と名け、亦、莫伽梵と名け、亦、婆颯縛と名け、亦、憍尸迦と名け、亦、説芝夫と名け、亦、印達羅と名け、亦、千眼と名け、亦、三十三天尊と名くるが如く、是の如く、一主に十種の名有り。声に異り有りと雖も、而も体に別無し。対法中に説くが如し、「受を受と名け、亦、等受と名け、亦、別受と名け、亦、覚受と名け、亦、受趣と名く」と。是の如く一受に五種の名あり、声に

異り有りと雖も、而も体には別無し。故に契経に心・意・識の三を説くも、声に異り有りと雖も、而も差別無きなり。(12)

これは火に十種の呼称があったり、天帝釈や精神作用の「受」にも別の呼称があるのと同様に精神主体にも別称のあることを示したものである。もっとも『大毘婆沙論』には心意識の語源の違いを指摘することがある。そうして過去・未来・現在の三世それぞれに心意識を当てたり、蘊処界に配当される場合の名称は異なるともいう。(13)『倶舎論』では、はっきりと、

心と意とそして意識とは同義である。積み重ねる(cinoti)から心(citta)である。考える(manute)から意(manas)である。識る(vijānāti)から識(vijñāna)である。(14)

と、それぞれの語源を示し、やはり三者は法相上同義であることをいう。このくだりについてヤショーミトラの注釈には、

同義(ekārtha)とは、心であるものは実に意であり、実に識であって、これは一つの意味であるということである。しかし語源(nirvacana)は差異があるといわれる。(15)

と、心意識それぞれは語源の点では異なりがあるという。

ところで心意識の三者を同義とするのは有部だけではなく、経量部所伝とされる『成実論』にも、

心意識体一而異名。(16)

とある。ちなみに南方上座部の場合、たとえば『法集論』(17)では、心所法を列挙するくだりに触受想思心、尋伺喜楽心一境性……と、精神主体である「心」までも列挙することが看取される。こうした分類は有部には認められないけれども、「心」に対する定義づけは、識蘊の場合の識と、次のように一致する。

その時にある心とは何か。その時に所有の心・意・故意・堅実心(hadaya)・浄意・意処・意根・識・識蘊・相応の意識界がある。これがその時における心である。(18)

その時にある識蘊とは何か。その時に所有の心・意・故意・堅実心・浄意・意処・意根・識・識蘊・相応の意識界がある。これがその時における識蘊である。(19)

ここでは「意」(manas)の語もやはり「心」「識」双方に跨って認めることができる。だから、結局心意識の三者を同義とすることは有部と変わらないことになる。ただし「心」「識」の定義中の hadaya(hṛdaya)あるいは paṇḍaram mano(浄意)は、有部の場合には認められない。有部ではとりわけ hadaya については精神ではなく、もっぱら肉体としての「心臓」の意味で使用されることが多い。南方上座部の集大成書とされる『清浄道論』でも五蘊中の識蘊のくだりに、

識・心・意というのは一つの意味である。(20)

と、やはり同義とする。

してみると、有部、『成実論』、南方上座部のいずれも原則的に(異説を立てる論書もあったが)心意識の三つを法相上同義語としたことになる。

ところでこのように心意識の三つを連ねて表現することは、すでに原始経典に認められる。『長部』経典には、

この心とも意とも識とも呼ばれる我は(yañ ca kho idaṃ vuccati cittan ti vā mamo ti vā viññāṇan ti vā)すべてこれ常恒、堅固、常住であって転変の性なく、常住にかくのごとくのみ住すべきである。(21)

とあり、『相応部』経典、(七、六一)にも

しかるに比丘らよ、またこの心とも意とも識とも呼ばれるものは(yaṃ ca kho etaṃ bhikkhave vuccati cittam iti pi mano iti pi viññāṇam iti pi taṃ)日夜に(転変して)異を生じ異を滅す[22]」

(『雑阿含経』　心意識日夜時尅　臾転変[23])

とある。それゆえ有部・経量部・南方上座部のいずれもが心意識の三者を同義と解するのは、原始経典に胚胎するということになろう。

ところがこの三概念の五蘊十二処十八界にみられる用例となると、処・界中においては意処・意界、五蘊中においては識蘊と峻別され、それが他の概念と互換されることはみられない。ただし「心」(citta)の概念だけは三科のいずれにも位置づけられることがない。もっとも先に示した『大毘婆沙論』には「界」「処」「蘊」の三科と「心」「意」「識」とをおのおの対応させるくだりが認められるから、その部分を異訳[24]『阿毘曇毘婆沙論』や『鞞婆沙論』によって示せば、

『大毘婆沙論』　　復次施設亦有差別。謂界中施設心。処中施説意。蘊中施説識故。

『阿毘曇毘婆沙論』復次説界時名心。説入時名意。説陰時名識。

『鞞婆沙論』　　或曰。界施説心。入施説意。陰施説識。

となる。しかるに『大毘婆沙論』およびその異訳で、十八界中の「意」は「心」とする指摘があるものの、実際に用いられるのは「意」なのである。

してみると「心」(citta)の語だけは五蘊十二処十八界の分類から除外されたままであり、「心」をはじめて明確に採用したのは、有部の「五位」の体系に至ってからとなろう。

「五位」の法体系において「心」(citta)の概念は、物質的概念を示す「色」の語に相対するものである。有部の場合、「心」の初出について『集異門足論』「一法品」で「食」の分析に際し、それが「心」か「非心」か「心相応」か

という形で次のように示される。

問ふ、是の如きの四食は当に心と言ふべきや、当に非心と言ふべきや。当に是れ心所と言ふべきや、当に非心所と言ふべきや。当に心相応と言ふべきや、当に心不相応と言ふべきや。答ふ、段食は応に非心・非心所・心不相応と言ふべく、触・意思食は応に是れ心所にして、心と相応すと言ふべし、識食は応に唯だ是れ心と言ふべし。(25)

『集異門足論』にみられるこの心、非心、心相応、心不相応という分析方法は、まさしく「五位」の成立と深く連動するものであり、しかも「心」の初出といっていいであろう。

有部が構築した新しい「五位」の体系は、新しい法の範疇として「心不相応行法」「無為法」の二つの設定がことのほか強調される。けれども認識主体を表わす語に「心」(citta)を採用したことも特筆すべきであろう。

こうした「心」「非心」「心相応」「心不相応」という視点にもとづく分類方法は、南方上座部の『分別論』に、

色蘊は無所縁であり、四蘊は有所縁である。四蘊は心でなく、識蘊は心である。三蘊は心所であり、二蘊は非心所である。三蘊は心相応であり、色蘊は心不相応である。識蘊は心と相応であるとも心と不相応であるともいうべきでない。(26)

とあり、『法集論』にも五蘊に対してそれが「心法」か「非心法」か「非心所法」かとして次のように用いられる。

一一八七　心法とは何か。眼識・耳識・鼻識・舌識・身識・意界・意識界――これらが心法である。

一一八八　非心法とは何か。受蘊・想蘊・行蘊及び一切の色と無為界と――これらが非心法である。

一一八九　心所有とは何か。受蘊・想蘊・行蘊――これらが心所法である。

一一九〇　非心所法とは何か。心と一切の色と無為界と――これらが非心所法である。

一一九一　心相応法とは何か。受蘊・想蘊・行蘊――これらが心相応法である。

一一九二　心不相応法とは何か。一切の色と無為界――これらが心不相応法である。心は心と相応するとも心と不相応ともいうべきでない[27]。

してみると、精神主体の語として「心」（citta）を用いることは、南北アビダルマに共通していたといえよう。ところで心意識の三つを同義とする原始経典の記述は先に指摘した。とはいえ原始経典では識蘊という場合のように「識」を精神主体の一作用とする用例が多い。一方、「心」と「意」（manas）の場合は、ともに精神主体を表わす概念として用いられることが多いといえよう。たとえば『法句経』の第一偈に、「意」（manas）の何たるかが次のように示される。

ものごと（諸法）は心にもとづき、心を主とし、心によってつくり出される。もしも汚れた心で話したり行ったりするならば、苦しみはその人につき従う。――車をひく（牛の）足跡に車輪がついて行くように[28]。

こうした「意」の用法は原始経典においてその後、「身口意」という場合に固定化していく。あるいは唯識系統では「意」はつねに煩悩に汚れた「染汚意」（kliṣṭam manaḥ）という概念として定着していった。これに対し「心」（citta）の方は『法句経』に独立した一章「心品」（citta-vagga）がみられるように、そこでは「心」はきわめて制し難いものとしきりに説かれる。実践徳目としても「心」は欲（chanda）、勤（vīrya）、心（citta）、観（mimāṃsā）という四つをまとめた「四神足」、あるいは身（kāya）、受（vedanā）、心（citta）、法（dharma）をまとめた「四念住」のなかに組み込まれたりする。「心」（citta）はこうした「四神足」「四念住」中の一徳目であっても、やはり精神主体をあらわす概念である点に変わりはない。

〈七仏通誡偈〉の場合も、伝承によって心を浄めよ（「自浄其意」）、もしくは心を調伏せよ（『自調其意』）といった差異はあるものの、その原語はやはり citta である。

『相応部』経典「有偈篇」[29]でも「心」はかけ廻るもので、修行者を縛りつけるわなであるという。「心」が猿のごとく動き回るものであるという比喩は、『長老偈』（テーラーガター）の第一一一一偈[30]にもある。

さらに心が善、不善、無記のいずれであるかと判断する場合も、つねに citta の語で示され、manas や vijñāna の語が用いられることはない。

ともかく有部が「五位」という新しい一切法の範疇において精神主体を表わす語に「意」「識」のいずれでもなく、「心」（citta)を用いたことは注目していい。

二　有部アビダルマの中国的、日本的展開

古来、有部の一切法は「五位七十五法」、唯識のそれは「五位百法」と呼ばれている。このうち「七十五法」という語の初出は普光の『法宗原』（別名「倶舎論法宗原」）、慧暉の『倶舎論義鈔』、一方「百法」の初出は、世親作『大乗百法明門論』（玄奘訳）と思われる。「七十五」と「百」という数を一書の中で対比することは、わが国でもすでに凝念（一二四〇—一三二一）の『内典十宗秀句』[31]における倶舎宗の一句に、

七十五法ノ之林ニハ茂二有為無為ノ之大樹一。

とあり、一方の「百法」については法相宗の一句として、

百法ノ之園ニハ開キ二森羅焉タル之華ヲ一。

とある。ところで、「七十五法」「百法」いずれも色、心、心所、心不相応行、無為という五位の範疇に法を配当したものであるが、このうち「心法」をとり上げてみると、有部側がそれを一法とするのに対し、唯識側（『大乗百法明門

論』)では八法あげる。

第一心法略有八種。一眼識。二耳識。三鼻識。四舌識。五身識。六意識。七末那識。八阿頼耶識。[32]

すなわち、眼耳鼻舌身意の六種、末那識、アーラヤ識の計八法である。この点は、『瑜伽師地論』摂決択分に、

復次に此の中諸識をば皆な心、意、識と名く。若し最勝なるに就かば阿頼耶識を心と名く。何を以ての故にとならば、此の識は能く一切法の種子を集聚するが故に、一切時に於て執受する境を縁じ、不可知の一類の器境を縁ずるに由ればなり。末那を意と名く、一切時に於て我我所及び我慢等を執し、思量を性と為す。余の識を識と名く、謂く境界に於て了別するを相と為す。[33]

とあり、『中辺分別論』のスティラマティの注釈にも、

そのうち、心(citta)とはアーラヤ識である。すべての有漏法の習気が積集されるが故に。思(cetanā)とは意(manas)のはたらきである。善悪無記[の諸法]に心を催促するはたらきのあるものである。意(manas)とは汚汚の意(manas)である。識(vijñāna)とは六識身である。[34]

とあることによって知られる。

もっとも唯識論書でも初期段階の『唯識二十論』(世親作)では、いまだ末那識、アーラヤ識の概念が見られず、有部の場合同様、心、意、識の三つを同義とするだけである。この点を原語の知り得る『倶舎論』『唯識二十論』、それに南方上座部の『清浄道論』と比較して示すと、こうである。

『倶舎論』 cittaṃ mano 'tha vijñānamekārthaṃ.[35]

『唯識二十論』 cittaṃ mano vijñānaṃ vijñaptiśceti paryāyāḥ.[36]

『清浄道論』 viññāṇaṃ, cittaṃ, mano ti atthato ekaṃ.[37]

ちなみに『唯識二十論』でいまだ末那識やアーラヤ識を立てないのは、この論書が経量部の立場で著わされたためであろうと論証したのは、ハンブルクのシュミットハウゼン氏[38]である。

ところで「心」が具体的に六識を意味することは、有部アビダルマでも同じである。たとえば『集異門足論』「四法品」（四念住）に、

心念住とは云何。答う、六識身なり。謂く眼識乃至意識、是れを心念住と名く。[39]

と、「心」とは「六識」とあるし、これに対応する文脈は『品類足論』のサンスクリット断片の上にも認められる。

(cittasmṛtyupa)sthā(naṃ katarat |) ṣaḍ vijñānakāyāś (cakṣurvijñānaṃ yāvad manovijñānaṃ |)[40].

『大毘婆沙論』でも五蘊と心心所を対比するくだりがあり、

心とは謂く識蘊なり。即ち眼等の六識なり。心所法とは謂く三蘊、即ち受想思等なり。[41]

とある。異訳の『阿毘曇毘婆沙論』では、

心とは是れ識陰なり。心数法とは是れ三陰なり。[42]

とあるだけで六識の語は省略されている。

心法が六識をさすことは、もとより南方アビダルマでも同様であり、この点は『法集論』「概説品」あるいは「義釈品」に、

心法とは何か。眼識・耳識・鼻識・舌識・身識・意界・意識界これらが心法である。[43]

とあることによって知られる。してみると、唯識でいう末那識・アーラヤ識はさておき、「五位」の上に唯識側が六識をそのまますべて計上する以上、有部側もやはり六法とすべきである。

それゆえ「七十五法」と「百法」とがどのような経緯でまとめられたかが問題となる。

まず有部でいう「七十五法」という数が普光の『法宗原』の初出とすれば、「七十五法」の成立は中国においてということになる。一方、「百法」を明確に説く『百法明門論』もその作者は世親とあるものの、はたしてそうかどうか、問題のある書である。世親作者説が疑われるのは第一に、インドのいかなる典籍にも引用された形跡が見当たらないことである。たとえば、『倶舎論』に注釈を加えたヤショーミトラといえども、有部の「十大地法」と唯識でいう「五遍行」「五別境」とが対応することを世親作『大乗五蘊論』だけを引用して示し(44)、「百法」の宣揚を目的とした『百法明門論』にふれることがないのである。このことはヤショーミトラすら、その時点で『百法明門論』の存在を知らなかったことが窺われる。

第二に、『百法明門論』のチベット訳は漢訳からの重訳であるにもかかわらず、その作者が世親でなく、世親以後の護法(Chos skyoṅ, Dharmapāla, 五三〇—五六一)(45)とすり換えられた点である。この点に関し、チベットの『青冊史』(Deb ther sngon po)によれば、護法は西チベットの王イェーシェーウー(Ye shes 'od)に招かれてチベットに来たという(46)。しかしながら、護法の著作はチベットに何も伝わっていないとされる(47)。してみると護法が撰者とされたのは、『百法明門論』および護法らの作とされる『成唯識論』のいずれも六無為法を説く点で一致することから、『百法明門論』を護法の作に帰したと考えられる。

第三に、『百法明門論』には書名の下に「本事分」から要略したと補注(この補注があること自体インドの書としては異例である)があり、後世百の法数だけを抜粋したと考えられることである。たとえば袴谷憲昭氏(48)は世親に帰せられる論典から本書を除外してしまった程である。ただ単に法数を百という数で特定することは、たとえば『瑜伽師地論』菩薩地(49)に百三昧、百如来、百劫、百法門(dharmamukha-śata)というように認めることもできるから、世親作者説もまったく否定し得るわけではない。

ところで有部側の法数を「七十五」と特定した普光は、百法そのものを主題とする『百法明門論』に対しても注釈書『大乗百法明門論疏』を著わしている。したがって普光は有部と『百法明門論』との双方を熟知したうえで、有部側の法数を「七十五」としたことになる。すなわち、普光は心法に関し唯識側が八法とするのを知っていた上で、有部のそれを一法と解したことになる。普光のほか、慈恩大師基も『百法明門論』に対する注釈を著し、そこには「五位百法」の成句が明瞭に認められる。しかし基といえども、『百法明門論』の注釈の中で有部の「七十五法」に言及することがない。つまり両人とも有部と唯識とを対比しようとした意向が認められない。ところが同じ唐代に活躍した曇曠になると、『大乗百法明門論開宗義記』に、

小乗唯明七十五法、今大乗宗広明百法。(50)

とあるから、はっきり七十五法と百法とが対比されている。したがって「七十五法」と「百法」との対比は、中国のこの年代頃ということができる。そうしてわが国でもこの呼称が前述の鎌倉時代の凝念以後、定着した。そこで心法の数の問題に戻ろう。とりわけ心法に関し近世の宗禎禎山(刑部阿闍梨作という別説もある)による『有宗七十五法記』にも、

第二心法但一。謂心王。(51)

とあり、あるいは『七十五法名目』においても、

第二心法此一於心王一。有三名、心意識。(52)

と、やはり心法としては一法という立場を採用する。

しかしながら、唯識側が心法を八法とするならば、有部も同一基準に立ち、それを六法とすべきであろう。それゆえ唯識側が「五位百法」とするならば、有部側は「五位八十法」とすべきである。このように有部の心法を六法と解して「八十法」と表現した学者に明治時代の前田慧雲がいる。

即ち百法の中七十五法は有部と相同し、但し有部は六識を一の心王とする故に、七十五法となれども、実は八十法なり、八十法の中、七十五は同しきなり(53)。

もっとも前田慧雲以前にも、江戸時代の佐伯旭雅がやはり「八十法」という考え方に言及している。

七十五法ニ六識ヲ　一トスルコト何故ゾ
六識心王一ツユヘ　若シ識体ガ別ナラバ
八十法ニ何ゼセヌゾ　八識倶転ノ大乗ハ
識体八ツアルユヘゾ　六識不並ハ有部ノ宗
識体六ツナキユヘゾ　等無間縁八ツ一ツ
八本橋ニ一ツ橋　此等ハ大小識体ガ
一異ト替ル故ナルゾ　論文四ノ巻十三葉
心意識ハ体一ト　婆沙七十二十二葉
六識不同ヲ弁別シ　畢ッテ結釈文言ニ
於其体是則為一ト云　慈恩大師ノ解釈ニハ
大乗心意識体別　有宗ハ爾ラズ心意識
体―一義―別ト判釈ス　恵暉ハ一ノ三十四
眼識意識ト体同デ　二名ヲ以テ説クトイフ
光宝二師モ依ニ約シ　六種ヲ分ツト釈スルハ
識体無別ナル故ゾ　六識並ビ生ゼヌハ

等無間縁一ツユヘ　等無間縁一ナルハ
識体一ナル故ナラン　識ニ別体アルトキハ
何故六識各々ニ　等無間縁立テヌゾヤ
ヨク〳〵道理ヲ明ラメテ　邪解ヲ止メルガ上思案(54)

これによれば、大乗では「識体」を八種、有部では「(識)体」を一とするものの、等無間縁に関係する法は一つであるゆえ識体も一つであるが、もし識体に八種立てるならば、それぞれに等無間縁を立てるべきではないかとし、「よくよく道理を明らめて邪解をやめよ」とまでいう。

以上をまとめると、『百法明門論』の成立に呼応して、中国で有部の法数がまとめられ、それが「七十五」と特定されたこと。そうして「七十五」に特定したのはおそらく普光であり、彼は唯識側が心法を八法と数えていたのを知ったうえで有部側を一法としたと思われる。そもそも普光の『百法明門論疏』は原本に対する注釈というべき性格の書であり、普光自身に有部の法相と比較しようとする視点は認められない。普光は『法宗原』を著わした時点でも『百法明門論』の存在を眼目においていたとは思われない。それゆえ普光自身、心法を唯識で八法、有部で一法とすることに何ら異和感を懐くことがなく、比較の視点を導入したのは曇曠以後のことであろう。

註

（1）J. Imanishi, Das Pañcavastukam und die Pañcavastukavibhāṣā. (*NAWG*) Göttingen. 1969. S. 6.
（2）*Abhidh-k-bh*, p. 54. *l*. 4. p. 61. *l*. 22.
（3）『法蘊足論』、大正蔵二六、四七三頁下。
（4）『法蘊足論』、大正蔵同、五〇七頁下。
（5）S. Dietz, *Fragmente des Dharmaskandha*. Göttingen. 1984. S. 33. *ll*. 17-18. Vgl. S. 34. *l*. 9. ただし cittaṃ manovijñānaṃ は cittaṃ mano vijñānaṃ とすべきであ

る。

(6)『衆事分阿毘曇論』、大正蔵二六、六二七頁上。

(7)『品類足論』、大正蔵同、六九二頁中。

(8)J. Imanishi, *a. a. O.* S. 7.

(9)『阿毘曇甘露味論』、大正蔵二八、九六九頁中。

(10)『阿毘曇心論』、大正蔵同、八一〇頁中。

(11)『阿毘曇心論経』、大正蔵同、八三六頁下。

(12)『大毘婆沙論』、大正蔵二七、三七一頁上中。『阿毘曇毘婆沙論』、大正蔵二八、二八一頁中。『鞞婆沙論』、大正蔵同、四五〇頁上。

(13)水野弘元『パーリ仏教を中心とした仏教の心識論』、山喜房佛書林、昭和三十九年、五三―五四頁参照。

(14)*Abhidh-k-bh*, p. 61. *l.* 22. 桜部建『倶舎論の研究』、法藏館、昭和四十四年、三〇〇頁。吉元信行『アビダルマ思想』、法藏館、昭和五十七年、二〇九―二一一頁。兵藤一夫「心(citta)」の語義解釈―特にヴァスバンドゥの立場を中心として―」(『仏教学セミナー』第三六号、昭和五十七年、二四頁)参照。

(15)*Abhidh-k-vy*, p. 141. *ll.* 13-15.

(16)『成実論』、大正蔵三二、二七五頁下。

(17)*Dhs*, p. 9. p. 75. p. 87.

(18)*Ibid.* p. 10. p. 76. p. 94.

(19)*Ibid.* p. 18.

(20)*Vism*, p. 452.

(21)*DN*. I. p. 21.

(22)*SN*, II. p. 95.

(23)『雑阿含経』、大正蔵二、八一頁下。

(24)『大毘婆沙論』、大正蔵二七、三七一頁中。『阿毘曇毘婆沙論』、大正蔵二八、二八一頁中。『鞞婆沙論』、大正蔵同、四五〇頁上。

(25)『集異門足論』、大正蔵二六、三六七頁下―三六八頁上。

(26)*Vibh*, p. 67.

(27)*Dhs*, pp. 209-210.

(28)*Dhp*, p. 1. 中村元訳『ブッダの真理のことば、感興のことば』(岩波文庫)、岩波書店、昭和五十九年、一〇頁。

(29)*SN*, I. p. 39.

(30)*Th*, p. 99.

(31)『内典十宗秀句』(仏書刊行会編『大日本仏教全書』名著普及会、第三巻)、四一頁、四三頁。

(32)『大乗百法明門論』、大正蔵三一、八五五頁中。

(33)『瑜伽師地論』、大正蔵三〇、六五一頁中。兵藤一夫、前掲論文、二七頁参照。

(34)*Mavt*, p. 236. 山口益訳注『中辺分別論釈疏』、鈴木学術財団、昭和四十一年、三七三頁参照。

(35)*Abhidh-k*-bh, p. 61. *l.* 22

(36)*Vś*. p. 3. *l.* 3. cf. L. Schmithausen, Sautrāntika-

Voraussetzungen in Viṃśatikā und Triṃśikā. *WZKSO*. XIS. 119-121.

(37) *Vism*, p. 452. *ll.* 26-27 なおラモット(E. Lamotte)は Saṃyutta, II, p. 95 = Visuddhimagga, II, p. 452. とし、『清浄道論』のこの一文が『相応部』経典にもあるかのごとく指摘するが、これは同趣旨の文(原文はすでに引用)が「相応部」経典にあるということであり、同一文があるわけではない。E. Lamotte, *La Somme du Grand Véhicule d'Asaṅga*, Tome II, Louvain. p. 4*. (Notes et Références.)

(38) L. Schmithausen, *a.a.o.* S. 109-136.

(39)『集異門足論』、大正蔵二六、三九一頁中。

(40) 今西順吉「品類足論の原文について」(『北大文学部紀要』第四〇号、昭和五十二年、八頁)。cf. V. Stache-Rosen, *Das Saṅgītisūtra und sein Kommentar Saṅgītiparyāya.* (Dogmatische Begriffsreihen im älteren Buddhismus II) Teil 1. Berlin, S. 209.

(41)『大毘婆沙論』、大正蔵二七、九六頁中。

(42)『阿毘曇毘婆沙論』、大正蔵二八、八〇頁上。

(43) *Dhs*, p. 209. p. 253.

(44) *Abhidh-k-v*, p. 127. *ll.* 20-23, p. 309. *ll.* 7-15. なお吉元信行、前掲書、二〇一―二頁参照。

(45) *Peking.* vol. 113. 300-2-3 (170a-3). 池田練成「『大乗百法明門論』チベット訳について」(『曹洞宗研究紀要』第一三号、昭和五十六年、一一―一二頁)参照。

(46) 袴谷憲昭「チベットにおけるインド仏教の継承」(岩波講座『東洋思想、チベット仏教』、岩波書店、平成元年、一二三頁)参照。

(47) 長尾雅人「西蔵に残れる唯識学」(『中観と唯識』、岩波書店、昭和五十三年、四二一頁)参照。

(48) 袴谷憲昭「瑜伽行派の文献」『講座大乗仏教8』、昭和五十七年、六四頁以降参照。

(49)『瑜伽師地論』、大正蔵三〇、五五六頁上中。*Bbh*, p. 332. なお結城令聞「大乗百法明門論の撰述者及び撰述に関する決択」(『季刊宗教研究』一―二、昭和十四年、一六八―一六九頁)参照。

(50)『大乗百法明門論開宗義記』、大正蔵八五、一〇四九頁上。

(51)『有宗七十五法記』、大正蔵七一、八九五頁中。

(52)『七十五法名目』、大正蔵同、八八八頁中。

(53) 前田慧雲『大乗仏教史論』、森江書店、明治三十六年、二四五―二四六頁。

(54)『倶舎論名所雑記』、明治十九年、西村七兵衛、一三左―一四右。

第二章　心所法の分類

一、「大地法」とその批判

「大地法」と呼ばれる心所法は、受・想・思・触・作意・欲・勝解・念・定・慧の十法をいい、「心」とともにつねに束(kalāpa)になって存在すると規定される。有部にとってこの「大地法」は「五位」の法体系の上でも、有部が新たに設定した「相応因」(一つの心作用から次の心作用を引き起こすための因)をみる上でも、重要な位置を占める。もっとも「大地法」として特定された十法が、すべての心作用中に同時存在するという考え方は有部独自のものであり、経量部あるいはのちの瑜伽行唯識学派などはそれに対して批判を加えた。心所に関する法の範疇表のうち、有部論書全体を通じて終始その数が不変であったのは「十大地法」であるけれども、もっとも非難の炮火を浴びたのもこの「十大地法」である。

そこで以下、「十大地法」はいかなるものを素材として成立したか、成立後は心所法以外でどのように適用されたか、次いで「十大地法」に対する批判を譬喩者、覚天、法救、シュリーラータ、世親、瑜伽行唯識学派の順にあげ、最後に有部と批判者双方の問題点を取り上げてみよう。

一　「倶生」の概念と「大地法」の適用

「大地法」として十法を初めて示すのは『界身足論』第一章「本事品」である。この「本事品」に示された定義はそのまま『品類足論』の「七事品」に受け継がれるが、しかし同じ『品類足論』の「五事品」には意味内容の上から示された全く別種の定義も認められるから、双方を対比してあげてみる。

「七事品」

一、受とは云何。謂はく、受・等受・各別等受・已受・受の類、此れを名けて受と為す。

二、想は云何。謂はく、想・等想・増上等想・已想・想の類、是れを名けて想と為す。

三、思とは云何。謂はく、思・等思・増上等思・已思・思の類・心作意業、是れを名けて思と為す。

四、触とは云何。謂はく、触・等触・触の性・等触の性・已触・触の類、是れを名けて触と為す。

五、作意とは云何。謂はく、心を牽引する、随順牽

「五事品」

受とは云何。謂はく、領納の性なり。此れに三種あり。謂はく、楽受・苦受・不苦不楽受なり。

想とは云何。謂はく、取像の性なり。此れに三種あり、謂はく、小想・大想・無量想なり。

思とは云何。心の造作の性なり。即ち是れ意業なり。此れに三種あり。謂はく、善の思・不善の思・無記の思なり。

触とは云何。謂はく、三和合の性なり。此れに三種あり。謂はく、順楽受触・順苦受触・順不苦不楽受触なり。

作意とは云何。謂はく、心の警覚の性なり。此れに三

引する、思惟牽引する・作意・造意心を転変する、心を警覚する、是れを作意と名く。

六、欲とは云何。謂はく、欲・欲の性・増上欲性・現前欣喜・希望・樂作、是れを名けて欲と為す。

七、勝解とは云何。謂はく、心の正勝解・已勝解・當勝解の性、此れを勝解と名く。

八、念とは云何。謂はく、念・随念・別念・憶念・不忘・不失・不遺・不漏・不忘法の性、心明記の性、是れを名けて念と為す。

九、定とは云何。謂はく、心をして住・等住・安住・近住・堅住・不乱・不散・攝止・等持・心一境ならしむるの性、是れを名けて定と為す。

一〇、慧とは云何。謂はく、法に於ける簡択・極簡択・最極簡択・解了・等了・遍了・近了・機黠・通達・審察・聰叡・覚・明・慧の行・毘鉢舎那、是れを名けて慧と為す。(1)

種あり。学の作意・無学の作意・非学非無学の作意なり。

欲とは云何。謂はく、作を楽ふの性なり。

勝解とは云何。謂はく、心の正勝解・已勝解・當勝解の性なり。

念とは云何。謂はく、心の明記の性なり。

定とは云何。謂はく、心一境の性なり。

慧とは云何。謂はく、心の択法の性なり。(2)

『品類足論』「五事品」での定義内容が瑜伽行唯識系の論書にどのように継承されたかについては、吉元信行氏(3)による考察がある。

有部では十法が同時に生起することを「倶生」（「倶起」）もしくは「相応」といい、その原語は『倶舎論』では saṃprayukta[4]、saṃprayoga[5]、『アビダルマディーパ』では sārdhaṃ[6] とある[7]。すでに両者の詳しい概念規定については『尊婆須蜜菩薩所集論』『大毘婆沙論』に認められ、そこでは「相応」の一つとして「倶生」を次のように位置づけている。

『尊婆須蜜論』　或は是の説を作す、倶生の義は是れ相応の義なり、と。問、心不相応行は等生ず、彼をして相応ならしめんと欲するや、答えて曰く、此は因縁に非ず。問、所説の等生の義は是れ相応の義の如き、是の事は然らざるなり[8]。

『大毘婆沙論』　復次に、恒に倶生するの義是れ相応の義なり。問、若し爾らば、四大種は恒に倶生す。彼は相応するや。答、彼に所依無し。若し所依有りて、恒に倶生するものは、乃ち是れ相応なり[9]。

そのほか、『倶舎論』[10]によると、「相応」（saṃprayukta）には saṃsṛṣṭa（「相雑」）と saṃyoga（「所繋」）との二義があるとされるとある。

南方上座部の場合は、sahagata、sahajāta、saṃsaṭṭha[11] の三つは同義とされることが多い。しかしながら『カターヴァッツ』[12]の「相応論」（Sampayutta-kathā）では、「相応」（sampayutta）のもとに sahaja（倶生）、saṃsaṭṭha の概念を包含するから、この点では『尊婆須蜜菩薩所集論』『大毘婆沙論』の概念規定と共通するとみていい。そのほか、『摂阿毘達磨義論』[13]では、sādhāraṇa（〜と共通の、等しい）の語で示すことも見られる。

このように用法の違いがあるとはいえ、有部で心と「大地法」との関係をいう場合は、「倶生」「相応」の双方が区別なく用いられる。

ところで、有部によれば、十種の法は同時に倶生するとはいえ、次のような特徴があるという。それは他者からの非難に抗して有部側が自説を述べる際に示される。この点は『順正理論』に認められ、十法中の一法が顕在化するとき、残りの九法は、

・微劣の故に、相、明了ならず。
・用、微劣なれば、便ち覚知せず。
・或は有時、余法に伏せられ、功能損せらるるを以て、印決ありと雖も、劣にして知り難きが故に。(14)

とある。『倶舎論』の場合、大地法といえども顕在化しない残りの法は、力弱い(durbalatva)状態にあるという。(15) あるいは『大毘婆沙論』では次のように示される。

阿毘達磨諸論師の言はく、「法の倶生を許すことに斯に何の失かあらん。謂く、諸の心所は展転力によりて生ずるも、一心と相応する相と用とは各別なり。(16)」

これらによれば、一つの心がはたらく時、「十大地法」は「倶生」するとはいえ十法すべてが一刹那に顕現するわけでなく、いずれかの法だけが強く顕現するというのである。しかし、この見解が他派から強い非難を浴びることは、のちにふれたい。

こうした「十大地法」は心所法以外のくだりでも適用されることがみられる。もっとも『雑心論』ではわずかに共有因(倶有)の個所に、『倶舎論』や『アビダルマディーパ』でも稀にしか言及されないのに対し、最も浩瀚な『大毘婆沙論』の場合はどうか。

(1) 触

「大地法」中の「触」が十二縁起支中の一支と対応することは明白である。『大毘婆沙論』によると、

又、若し触の体が実有に非ざれば、応と縁起は唯、十一支のみなりと説くべく、契経は応に十二有りと説くべからず。又、若し触の体が実有に非らざれば、但、応に九大地法のみ有りと説くべきに、然かも十有りと説くが故に、触は実有なるなり。…(略)…問ふ、諸の聖教中、或いは一触を説く。心所中に触の心所を立て、十大地法中に触の大地法を立つるが如し。[17]

とあり、十二縁起支中の「触」は「十大地法」中のそれと自性が同じであるという。

『倶舎論』の十二縁起支中の触のくだりでは「大地法」の名で示すことはないが、しかし『順正理論』『顕宗論』の場合、

触の体の別有なることは、大地の中に已に成ぜり。[18]

と、再び「大地法」の概念で示すことがみられる。

(2) 定

『大毘婆沙論』によると五分法身(戒・定・慧・解脱・解脱知見)中の定蘊について、

問ふ、定の体は体一にして、心所法中の三摩地を謂ふに、云何が三種の差別を建立するや。[19]

とあり、空・無相・無願の三三昧の自性は大地法でいう「三摩地」(定)に当たるとされる。さらにそれを五根、五力、七覚支などとともに次のようにいう。

三三摩地有り、空と無願と無相とをいふ。然も三摩地は或は応に一なりと説くべし、心所中の大地法内にては三摩地と名け、又、五根中にては定根と名け、五力中にては定力と名け、七覚支中にては定覚支と名け、八道支中にては正定と名くるものをいふ。[20]

『倶舎論』になると、心一境性と定(samādhi)との関係で「大地法」の概念に言及することが一例ある。それは世

親がもし定を有部のごとく大地法とするならば、定は一切心にあることになり、一切心が一境性になってしまうという形で関説される。

(世親)定が大地法であるならば、一切の心は一境に転ずるという難点がある。(有部)いやそうではない。定の力が劣るからである(mahābhūmikatvācca samādheḥ sarvacittānāmekāgratāprasaṅgaḥ. na durbalatvātsamādheḥ.)[21]。

またこの場合、世親が心所としての「定」を大地法と解さない、つまり有部説を批判することは、のちにとり上げるであろう。

(3) 勝　解

『大毘婆沙論』によると、解脱中、有為法としての「勝解」をいう場合、それは大地法中の「勝解」と同じ自性であるという。

然も一切法中に、唯、二法のみ是れ解脱の自性なるもの有り。謂く無為法中の択滅は是れ解脱の自性にして、有為法中の大地法所摂の勝解は是れ解脱の自性なり[22]。

これに対し、世親はやはり勝解を「大地法」の概念で示すことはない。

(4) 慧

『大毘婆沙論』では八智および四念住の概念規定に際し、その自性は「大地法」中の「慧」と同一とされる。

此の八は皆、心所法中の慧を以て自性と為す[23]。

或は総じて一念住と説く。謂く大地法の慧、慧根、慧力、正見、択法覚支なり[24]。

『倶舎論』[25]でも同じ文脈で、やはり八智、四念住の自性はともに「慧」とされる。

「大地法」の概念はこうした個々の項目だけでなく、次のような教説との関わりでも言及される。

(5) 静慮支と大地法

四静慮のうち、初禅から第四禅に至る禅定中にいかなる心作用が存在するかという点は、すでに原始経典において定型化された表現が認められる。『大毘婆沙論』ではそうした心作用と「大地法」との対応関係が示される。

初禅　一、尋　二、伺　三、喜　四、楽　五、心一境性

二禅　一、内(等)浄　二、喜　三、楽　四、心一境性

三禅　一、(行)捨　二、正念　三、正慧　四、受楽　五、心一境性

四禅　一、不苦不楽受　二、行捨清浄　三、念清浄　四、心一境性[26]

つまり心一境性は「大地法」中の「定」と、正念、念清浄は「念」と、正慧は「慧」と対応するという。

さらに『大毘婆沙論』[27]には「大地法」中、こうした念定慧以外の想思触欲作意勝解はなぜ静慮支と対応しないのかという問いもあり、およそ静慮という概念規定と抵触することがないからという。

(6) 二十二根と大地法

二十二根と「大地法」との関わりも、『大毘婆沙論』[28]に認められる。そこでは「大地法」のみならず、「大善地法」、「不定」法、五蘊、三無為との関わりまでが言及される。そうして十大地法中、念定慧の三つが二十二根中のそれぞれと対応し、残りの作意勝解触欲思は対応しないという。

二十二根と「大地法」との対応関係は『アビダルマディーパ』には、よりはっきり次のように認められる。

もし「最勝」ということが根の意味であれば、「大地法」たる欲触作意想思は真理を最勝とするのになぜ根とならないのか?[29]。

『アビダルマディーパ』では心所法以外で「大地法」という概念に言及することは稀であり、そうした意味でこの

記述は貴重である。

(7) 三十七道品と大地法

三十七道品と「大地法」との対応関係も次のように認められる。とりわけ五根、五力は、

五根とは、信根と精進根と念根と定根と慧根とをいふ。五力も亦爾り。此の五は名に随って、即ち心所中の各々一を性と為す。(30)

とあり、信精進は「大善地」に、念定慧は「大地法」と一致するという。あるいは七覚支中でも、

七覚支とは、一に念覚支、二に択法覚支、三に精進覚支、四に喜覚支、五に軽安覚支、六に定覚支、七に捨覚支なり。択法は即ち慧、喜は即ち喜根、捨は行捨をいふ。余の四は、名の如く、即ち心所中の各々の一を性と為すなり。(31)

と、択法、念、精進、定の四覚支が「大地法」のそれぞれと対応するという。なお『倶舎論』には、三十七道品を心所法との関わりでとらえる記述はない。しかし『順正理論』『顕宗論』になると再び「大地法」との関わりで言及される。

何に縁りてか諸の大心所法中、唯四法を立てて菩提分と為し、実に総じて念住等の中に摂在するや、彼は実に諸の加行善を摂するが故なり。然るに別に念と定と慧とを建立するは、此の三種の順清浄品は勢用増強にして覚分と立つ可きに由るなり。想と思と触と欲とは染分の中に於て、勢用増強なるが故に別に立てざるなり。(32)

(8) 五蘊と大地法

『大毘婆沙論』には「大地法」になぜ五蘊中の受想の二つだけが含まれるのか、という議論がある。

問ふ、大地法等の諸の心所中、何が故に別に受と想とを立てて蘊と為し、余の心所法を別に立てざるや。(33)

(9) 相応因と大地法

有部が創出した因縁に六因説があるが、そのうち「相応因」は心と心所との同時存在を示すために設定されたものである。ちなみに経部のシュリーラータは、

心心所法は同時に起こらず。譬喩者の如し。彼れ是の説を作す、「心心所法は、諸の因縁に依りて、前後して生ず。譬へば商侶の嶮隘の路を渉るに、一り一り度り、二り並び行くこと無きが如く、心心所法も、亦復是の如し。衆縁和合して、一つ一つ生ず。所待の衆縁に、各々異有るが故なり」と。(34)

という立場をとるゆえに、こうした「相応因」の存在を認めない。

『大毘婆沙論』では相応因との関わりで「十大地法」をあげる。

問、何が故に、但十大地法を説きて、相応因と為し、余の法に非ざるや。答、是れ作論者の意欲爾るが故なり。乃至広説。有が説く、「応に説くべくして、而も説かざるは、当に知るべし此義有余なり」と。有が説く、「若し法あり、一切の界、一切の地、一切の趣、一切の生、一切の種、一切の心に得可きものならば、此の中に之を説けども、余法は爾らざるが故に、此に説かざるなり」と。問、大地法とは、是れ何の義なるや。答、大とは謂く心なり。是の如き十法は、是れ心の起こる処にして、大の地なる故に、名けて大地と為す。大地は即ち法なれば、大地法と名けしなり」と。有が説く、「心を名けて大と為す。体と用と勝るが故なり。即ち大は是れ地なるが故に、大地と名くるなり。是れ諸の心所の所依処なるが故に。受等の十法は、諸の大地に於て、遍く得べきが故に、大地法と名くるなり」と。有が説く「受等の十法は、諸の心品に遍きが故に名けて大と為すなり。心は是れ彼の地なるが故に、大地と名け、受等は即ち、是れ大地の所有なれば、大地法と名けしなり」と。(35)

『発智論』でも「十大地法」に対応する受想思などの十法だけを相応因のくだりにあげている。

云何が相応因なるや。答、受は受相応の法の与めに相応因と為り、受相応の法は受の与めに相応因となる。想・思・触・作意・欲・勝解・念・三摩地・慧は慧等相応の法の与めに相応因となり、慧等相応法は慧等の与めに相応因と為るなり。是れを相応因と謂ふ。(36)

それゆえ、「地法」一般を明確に説かない『発智論』といえども、こうして十法を整然とあげる以上、けだし「十大地法」なるものを念頭に置いていたといえるであろう。

以上は『大毘婆沙論』における「大地法」の用例のうちでも主たるものをあげたにすぎない。いずれにせよ、『界身足論』で成立した「大地法」の概念は、それ以後『大毘婆沙論』においてもっとも広範に適用され、しかもいかなる局面に適用されたかの一端を知り得るであろう。なお唯識論書で「大地法」の語に言及するのは『成唯識論』(37)だけであり、有部を批判すべく言及される(この例外的な用法は付加かもしれない)。

註

(1)『品類足論』、大正蔵二六、六九九頁下。
(2)『品類足論』、大正蔵同、六九三頁上。
(3) 吉元信行「心理的諸概念の大乗アビダルマ的分析—遍行・別境心所—」(中村瑞隆古稀記念『仏教学論集』、昭和六十年、一六〇—一六二頁)。
(4) *Abhidh-k-bh*, 62. *ll*. 4-7.(六行目には viprauktāḥ とあるけれども写本では明確に sa(ṃ) prayuktāḥ とある)。p. 433. *l*. 3.
(5) *Abhidh-k-bh*, *p*. 396. *l*. 21, *l*. 24. p. 397. *ll*. 7-9.
(6) *Abhidh-d*, p. 67. *l*. 2.
(7) なお漠然と心と心所法一般との「倶生」という場合には saha の語を用いることが多い。*Abhidh-k-bh*, p. 54. *l*. 4. p. 146. *l*. 15.
(8)『尊婆須蜜菩薩所集論』、大正蔵二八、七三八頁下。
(9)『大毘婆沙論』、大正蔵二七、八一頁上。『阿毘曇毘婆沙論』、大正蔵二八、六六頁上。

（10） *Abhidh-k-bh*, p. 396. *l*. 13. 二義あることについては『大毘婆沙論』にもある。七六九頁下。九五〇頁上。

（11） *Nidd* I. p. 3. *Kv*. pp. 337-338. 水野弘元『パーリ仏教を中心とした仏教の心識論』、山喜房佛書林、昭和三十九年、二一一頁参照。

（12） *Kv*. pp. 337-338.

（13） *Abhidh-s*. (*JPTS*. 1884.) p. 6.

（14） 『順正理論』、十一、大正蔵二九、三八九頁中、三九〇頁上。

（15） *Abhidh-k-bh*, p. 433. *l*. 5.

（16） 『大毘婆沙論』、大正蔵二七、五四七頁中下。

（17） 『大毘婆沙論』、大正蔵二七、七六〇頁中。

（18） 『順正理論』、大正蔵二九、五〇五頁上。『顕宗論』、大正蔵同、八四五頁上。

（19） 『大毘婆沙論』、大正蔵二七、一七二頁上。

（20） 『大毘婆沙論』、大正蔵二七、五三八頁上。巻一四一も同趣旨である。七二七頁上。

（21） *Abhidh-k-bh*, p. 433. *ll*. 4-5.

（22） 『大毘婆沙論』、大正蔵二七、五二四頁下。同様の記述は巻一四八にもある。七五七頁下。

（23） 『大毘婆沙論』、大正蔵二七、七二七頁上。

（24） 『大毘婆沙論』、大正蔵同、九三七頁下。

（25） *Abhidh-k-bh*, p. 341. *ll*. 18-19. p. 401. *l*. 19. 四念住については第三章「「四念住」への影響」参照。

（26） 『大毘婆沙論』、大正蔵同、四一二頁中、四一三頁中下。

（27） 『大毘婆沙論』、大正蔵同、四一四頁上中。

（28） 『大毘婆沙論』、大正蔵二七、七三六頁下—三七頁上。本書第一章「一、蘊処界の改変と五位の成立」参照。

（29） *Abhidh-d*, p. 50. *ll*. 7-8.

（30） 『大毘婆沙論』、大正蔵二七、七二六頁中。

（31） 『大毘婆沙論』、同頁。

（32） 『順正理論』、大正蔵二九、七二八頁下。『顕宗論』、大正蔵同、九四二頁中。

（33） 『大毘婆沙論』、大正蔵二七、三八五頁上。

（34） 『順正理論』、大正蔵二九、三九〇頁下。

（35） 相応因の「相応」に対する多数の語義を述べる際に、『大毘婆沙論』（八〇頁中）では単に「心心所法」とするのに対し、異訳『阿毘曇毘婆沙論』（六五頁下—六六頁上）では具体的に「十大地」と示すことが多い。

（36） 『発智論』、大正蔵二六、九二〇頁下。『八犍度論』、大正蔵同、七七四頁中。

（37） 『成唯識論』、大正蔵三一、一八頁中下。

二　「十大地法」と滅尽定

「心」は「十大地法」と倶生するという考え方、さらに「大地法」の適用という観点から、有部では「滅尽定」(nirodhasamāpatti)をどう解していたかをとり上げてみよう。もとより滅尽定は禅定の最終段階をいい、原始経典では「滅受想定」(saññā-vedayita-nirodhasamāpatti)、「想受滅」(saññā-vedayita-nirodha)とも表現される。『倶舎論』[1]『順正理論』[2]『顕宗論』[3]が滅尽定の出典として引用するのは、『中阿含経』「成就戒経」に対応する「鄔陀夷経」である。通例、「想」と「受」の二つを滅することが滅尽定とされる。

もっとも原始経典における滅尽定といえば、もっぱら「想受」の滅をいうわけでなく、「想思」の滅とすることも見受けられる。それは『雑阿含経』第五六八経に、滅尽定と命終とを峻別する形でこうある。

　寿、暖を捨つれば諸根悉く壊し、身命分離す。是れを名けて死と為す。滅尽定とは身・口・意の行滅し、寿命を捨てず、暖を離れず、諸根壊せず、身命相属するなり。此れ則ち命終と、滅正受に入るとの差別の相なり。[4]

このうち、意行のくだりに、

　想思は是れ意行なり。心に依り、心に属し、心に依りて転ず、是の故に想思は是れ意行なり、と。復た問はく、「尊者、覚観巳に口語に発せば、是の覚観を名けて口行と為し、想思は是れ心の数法にして心に依り心に属して相転ず、是の故に想思を名けて意行と為す」と。[5]

とあり、滅尽定は想受でなく「想思」を滅すべき禅定であることが読み取れる。ところがこの経に対応する『相応部』経典「質多相応」には、

想と受とは心に属するものであり、これらの法は心に縛せられるものである。だから想と受とは心行である。(6)

とあり、これは通常でいう「想受」の滅をいう。パーリ文の『中部』経典「有明小経」(7)にも同じ用法で認められる。また『雑阿含経』第五六八経に類似する別の経典に『中阿含経』「法楽比丘尼経」があり、対応パーリ文は存在しないけれども、シャマタデーヴァの『倶舎論註』にそれが引用され、そこにやはり「想思」が認められる。(8)したがって滅尽定によって滅すべき心所として「想受」のほかに「想思」とするものがあったことは明瞭である。

こうした「想思」のほうを示すことは原始経典ばかりでなく、有部論書の『集異門足論』「三法品」(9)の上にも見い出すことができる。そこで「想受」もしくは「想思」に言及する経典および論書を列挙してみよう。

『中部』経典(想受) saññā ca vedanā ca cetasikā ete dhammā cittapaṭibaddhā (*MN.I.* p. 301)

『相応部』経典(想受) saññā ca vedanā ca cetasikā ete dhammā cittapaṭibaddhā (*SN.IV.* p. 293)

『雑阿含経』(想、思) 想思は是れ心の数法にして心に依り心に属して相転ず。(大正蔵二、一五〇頁中)

『五事毘婆沙』(想、思) 此の二(想思)の心所法は心に依りて起こり、心に属す。(大正蔵二八、九九四頁上)

『倶舎論』(想受) saṃjñā ca vedanā ca caitasika eṣa dharmaścittānvayāccittaniśrita iti sūtre, … (*Abhidh-k-bh*, p. 24. *ll.* 13-14)

『順正理論』(想、思) 若しは想、若しは思、諸の心所法にして是れ心の種類なり、心に依正し、心に繋属し、心に依りて転ず。(大正蔵二九、四二〇頁下)

『ディーパ』(想受) saṃjñā ca vedanā ca caitasika eṣa dharmaḥ iti. (*Abhidh-d.* p. 78. *l.* 1)

してみると、『雑阿含経』系の内容を伝えるものに『集異門足論』のほか、『五事毘婆沙論』『順正理論』のあることが知られる。もっともこれらはいずれも「想思」が心所法の文脈に認められるのであり、滅尽定の文脈においてではない。滅尽定の文脈では、もっぱら「想受」としたことが知られる。
『大毘婆沙論』(10)にはなぜ多くの心作用中、「受」と「想」の二つだけが最後の禅定段階、つまり滅尽定にまであるのかについて諸説があげられる。

問ふ、滅尽定中にては、一切の心心所法を滅するに、何が故に、但、「想受の滅」とのみ言いて、心等の滅を説かざるや。

- 有るが説く、「此の中には最勝なるものを説くなり。諸の心品中、想・受は最勝なるを以つて、勝なるものが滅するを以っての故に、余も亦、随つて滅するなり」と。
- 有るが説く、「此の中には、門を現はし、略を現はし、趣入を現はすが故なり。謂く、心聚中、是根性なるもの有り、非根性なるもの有り、若し受を説けば当に知るべし已に是根性なるものを説くことを。若し想を説けば当に知るべし、已に非根性なるものを説くことを。根性と非根性との如く、有明と無明、有現見と無現見、応観察と不応観察、妙と非妙、尊と非尊、勝と非勝とも応に知るべし亦、爾ることを」と。
- 有るが説く、「想受は是れ諸の瑜伽師が極めて厭患する所なり、受の力に由るが故に、諸の有情をして色界に労弊せしめ、想の力に由るが故に、諸の有情をして無色に労弊せしむ。是の故に世尊は想受の滅を説くなり」と。
- 有るが説く、「想受は二界中にて勝る。受は色界中に於て勝り、想は無色界中に於て勝る」と。
- 有るが説く、「楽受に耽るが故に、倒想を執するが故に、諸の有情をして生死に輪廻して、諸の苦悩を受けしむればなり」と。
- 有るが説く、「想と受とは各別に、蘊を立て及び識住と立つればなり」と。

・有るが説く、「想と受とは、能く愛と見との二種の煩悩を起こす、受の力の故に愛を起こし、想の力の故に見を起こす、一切の煩悩は此の二を首と為せばなり」と。
・有るが説く、「想と受とは、是れ二諍根なり。受に由るが故に、諸欲に耽著し、在家者をして、諸の闘諍を起こさしむ。想に由るが故に、諸の見に耽著し、出家者をして諸の闘諍を起こさしむるなり。二諍根の如く、二辺・二箭・二戯論・二我所・二雑染も応に知るべし亦、爾ることを」と。
・有るが説く、「行者は受・想を憎むが故に滅尽定に入るなり」と。是くの如き義に由るが故に、仏は唯、此の二法を滅することのみを説けるなり。

ここでは心所法のうちでも受想の二つだけが「最勝」であるとか、この二つを滅すれば他の心所法も自動的に滅される(ただし「触」も「最勝」とされることがある)[11]とか、ヨーガ行者にとってこの二つはもっとも制し難いとか、そのほか受想は五蘊としても、「識住」としても立てられることからみて、受と想は他の心所に比べて重視すべきものという。そうして最後のくだりでは、仏(経文)は「想」「受」の二つだけを説いたとして結ぶ。しかしこれらの「有説」は論師たちのさまざまな見解を示したにすぎない。このことはすべての「有説」が本来十法をあげるべきなのを略説して「想」と「受」の二つだけをその代表としたということになろう。

なお、大地法中の受想の二つが五蘊中(むろん成立的には逆であるが)にも立てられるという議論は『大毘婆沙論』[12]『倶舎論』にも認められる。いま『倶舎論』によると、

次にまた、〔他の〕諸心所は〔皆〕行蘊中に一つに集められているのに、受と想と〔だけ〕がそれぞれ別個に蘊とされているのはなぜか。いわれる、

争論のもとと、輪廻との因であることによって、〔また〕順序〔立て〕の因によって、諸心所中、受と想とは別

の蘊と定められる。(一・一二)

争論のもとは二つある―欲に執着するのと見に執着するのとである。この二つにとっての主要な因は、順次に受と想とである。〔すなわち〕、受を享楽することによってさまざまな欲に貪着し、顛倒した想を抱くことによってさまざまな見に〔貪着する〕。これら二つは輪廻の主要な因でもある。(13)

とあり、受想ともに輪廻の直接の原因となるからであるという。してみると、五蘊中に受想の二つを蘊として立てた理由としてこのように輪廻の原因とすることは、滅尽定においてもっとも滅しにくい「受」と「想」の二つをあげる点と通底する。

この点に関し、『順正理論』では五蘊中の受想は「雑染法の生の根本」であり、この二蘊を滅することが「滅尽定」であるとはっきり規定されている。

又、此の受と想とは、能く愛、見の二雑染法の生の根本なるが故に。各別に一、の識住の名を顕はすが故に、此の二を滅するに依りて、滅定を立つるが故に、是くの如き等の因、多くの品類あり。(14)

ところで、滅尽定に入った人には「心」そのものは存在するかという議論があり、譬喩者、分別論者は受想の二心所だけが滅するのであって、「心」そのものは依然として存在するという立場をとる(15)(ちなみに唯識学派でも「有心」とするが、その「心」はアーラヤ識とする)(16)。これに対し、有部は滅尽定に入れば「心」もなくなる、つまり「無心」(acitta)であるという。

譬喩者が「心」は必ず存在するという理由は『順正理論』に次のように示される。

譬喩者は是くの如きの言を作す。「滅尽定の中、唯、受想を滅す。定んで無心の有情あることなきを以てなり。滅定と命終と差別あるが故に。経に「滅定に入るも識は身を離れず」と説くが故に。又、寿、煖、識は互に相い離れずと言うが故に」と。[17]

つまりいやしくも衆生である以上、「心」の存在しないものはあり得ず、さらに「滅尽定」と「命終」(死)とは元来全く別次元のもので、滅尽定の状態といえども命(寿)、体温(煖)、識(心)の三つは必ず存在するという。

もっとも、有部内でも「無心」か「有心」かをめぐって対立があった。この点は『倶舎論』「根品」[18]の上に窺われ、世友は「有心」の立場をとるのに対し、妙音は「無心」の立場をとった。しかるに有部が正説としたのは妙音の見解であり、この「無心」説の論拠は、根境識の三事和合→触→受想思に言及する経文による。つまり「識」(心に相当)が存在すれば、「触」とともに「受想思」が生ずるゆえに、「受想」も「心」と同時に存在するという。逆にいえば、「受想」が滅するならば「心」も存在しないという論法である。

この三事和合→触→受想思に言及する経文は、十大地法の存否をめぐる諍論においてその教証とされる重要なくだりでもある。

世親自身は、譬喩者あるいは世友と同じく、「有心」の立場をとった。世親がのちにこの「心」をアーラヤ識との関わりで解することは、『大乗成業論』[19]『縁起経釈』という論書の上から知られるとおりである。[20]衆賢はといえば「無心」説に立つものの、その根拠としてやはり三事和合―触―受想思を説く経文をあげる。

此の滅定の位は決定して無心なり。一切の心は皆受想と倶に生滅するを以ての故に。契経に説くが如し、「眼、及び色を縁と為して眼識を生ず。三和合の触・受・想・思を倶起す。乃至広説」と。曾て第七識有りて、彼の識、受想を離れて生ずと為す可しと言へる処無し。此の経の倶の言は、同時起を顕はす。[21]

「識」は必ず受想とともに生ずるもので、「倶」の語は「同時起」(『順正理論』では「無間起」[22])、つまり同一時に生ずることとし、受想がなければ心もないとする立場をとった。

ただ有部でも、初期の『集異門足論』には滅尽定を「無心」と解することは見い出せない。けれども『品類足論』やその異本類には、

『阿毘曇五法行経』―滅思惟為何等。二十六天上名為不欲。中得道者。上頭行要出所意念法滅倒。是名為滅思惟。（大正蔵二八、一〇〇一頁上）

『衆事分阿毘曇論』―云何滅尽定。謂無所有処離欲。上地未離欲。作止息想先方便。心反心法滅。是名滅尽定。（大正蔵同、六二八頁下）

『品類足論』―滅定云何。謂已離無所有処染止息想作意。為先心心所滅。（大正蔵二六、六九四頁上）

『薩婆多宗五事論』―云何滅尽等至。謂已離無所有処貪。由止息想作意為先心心法滅為性。（大正蔵同、九九七頁下[23]）

と、はっきり「心心所滅」の語が認められるから、その頃定着したとみることができる。

ところで有部では前述のごとく、「心」がはたらく時に必ず「大地法」の十法が同時生起するという立場をとる。「十大地法」中でも輪廻の原因であり、雑染法の根本とされる「受想」の二つを滅尽する瞬間に「心」も存在しない、つまり「無心」とする有部の考え方は、たしかに「倶生」説と連動する。『大毘婆沙論』では、滅尽定の自性の定義についても、「有説」（あげられるのはすべて「有説」）として、

一、此の定は十一物（＝自性）を体と為す。十大地法と及び心との滅なるを以ての故に。

二、此の定は二十一物を体と為す。十大地法と十大善地法と及び心との滅なるを以ての故に。[24]

とある。したがって有部の場合、この自性の定義からも知られるとおり、滅尽定にも「十大地法」の捉え方が反映していたのである。

註

（1） *Abhidh-k-bh*, p. 72. *l*. 2.

（2） 『順正理論』、大正蔵二九、四〇二頁下。

（3） 『顕宗論』、大正蔵同、八〇七頁下。

（4） 『雑阿含経』、大正蔵二、一五〇頁中。

（5） 『雑阿含経』、大正蔵同、同頁上中。

（6） *SN*. IV. p. 293.

（7） *MN*. I. p. 301. cf. L. Schmithausen, *Ālayavijñāna*. On the Origin and the Early Development of a Central Concept of Yogācāra Philosophy. Part I. Tokyo 1987 p. 97. note. 683.

（8） 本庄良文「シャマタデーヴァの伝へる『大業分別経』と『法施比丘尼経』」（『仏教文化研究』第二八号、昭和五十八年、一〇七頁）参照。

（9） 『集異門足論』、大正蔵二六、三七九頁中。

（10） 『大毘婆沙論』、大正蔵二七、七七五頁上中。

（11） 『大毘婆沙論』、大正蔵同、三八一頁下。『阿毘曇毘婆沙論』巻三九、大正蔵二八、二八六頁下。

（12） 『大毘婆沙論』、大正蔵二七、三八五頁上。『阿毘曇毘婆沙論』巻三九、大正蔵二八、二八八頁下。

（13） *Abhidh-k-bh*, p. 14, *ll*. 15-23. 桜部建『倶舎論の研究』、一七八—一七九頁参照。

（14） 『順正理論』、大正蔵二九、三四四頁下。『顕宗論』もほぼ同文である。大正蔵同、七八五頁上。

（15） 『大毘婆沙論』、大正蔵二七、七七四頁上。七七五頁上。ただし玄奘訳『大毘婆沙論』や同訳『大乗成業論』に「細心」とあり、何らかの心があるように解せるが、しかしその原語は sacitta であって「細」の意味がないことについては袴谷憲昭氏の考察がある。同「nirodhasamāpatti」（『印度学仏教学研究』第二三巻、第二号、昭和五十年、三六—三八頁）参照。cf. L. Schmidthausen. *Ālayavijñāna*. Part I. p. 19. Part II. p. 282. *Abhidh-d*. p. 93. *l*. 13.

（16） *Abhidh-k-v*, p. 167. *ll*. 5-7.

（17） 『順正理論』、大正蔵二九、四〇三頁上。

（18） *Abhidh-k-bh*, p. 72. *l*. 24*ff*.

（19） 『大乗成業論』、大正蔵三一、七八四頁下。佐藤密雄『大乗成業論』（仏典講座）、大蔵出版、昭和五十三年、二〇六頁、二一四頁参照。ただし『成業論』にみられるアーラヤ識の概念が経量部のものでなく、瑜伽行唯識学派のものである点については、次論文参照。L. Schmithausen. Sautrāntika-Voraussetzung in Viṃśatikā und Triṃśikā. *WZKSO*. *XI*. *1967 S*. *112*. *134*. 御牧克己「経量部」（岩波講座『東洋思想　インド仏教1』岩波書店、平成元年、二五三頁）。

(20) 室寺義仁「『倶舎論』・『成業論』・『縁起経釈』」（『密教文化』第一五六号、昭和六十一年、八一―七二頁）参照。
(21) 『顕宗論』、大正蔵二九、八〇八頁上。
(22) 『順正理論』、大正蔵二九、四〇三頁上中。
(23) 伴戸昇空「五事毘婆沙論―研究ノート―」（『ARI紀要』第六号、昭和六十二年、二九頁）参照。
(24) 『大毘婆沙論』、大正蔵二七、七七七頁上。

三　成立過程

(1) 行蘊、法処

「十大地法」はどのようにして成立してきたのか。その語のはっきりとした初出は『界身足論』に見られるが、すでに十法に対応するものはそれ以前の『法蘊足論』「蘊品」（とくに行蘊）、あるいは「処品」（法処）中に見い出すことができる。すべてをくまなく列挙した『法蘊足論』「処品」によると、こうである。

此れは復た云何。謂く、受・想・思・触・作意・欲・勝解・信・精進・念・定・慧・尋・伺・放逸・不放逸・善根・不善根・無記根・一切の結・縛・随眠・随煩悩・纏・諸所有の智・見・現観・得・無想定・滅定・無想事・命根・衆同分・住得・事得・処得・生・老・住・無常・名身・句身・文身・虚空・択滅・非択滅・及び余の所有の意根の所知・意識の所了を、所有の名号・異語・増語・想・等想・施設・言説の、謂ひて法と名け、法界と名け、法処と名け、彼岸と名く(1)。

とりわけ信精進念定慧の部分は、原始経典でいう五根・五力と対応する。それゆえ、元来、そうした項目をそのまま導入し、その後心所法として信精進は「大善地法」に、念定慧は「大地法」にという具合に配当されたと思われる。

というのは、南伝上座部の論書の行蘊中に示される心所法と比較してみると、たとえば『法集論』に、

その時にある行蘊とは何か。触・思・尋・伺・喜・心一境性・信根・精進根・念根・定根・慧根・命根・正見・正思惟・正精進・正念・正定・信力・精進力・念力・定力・慧力・慚力・愧力・無貪・無瞋・無癡・無貪欲・無瞋恚・正見・慚・愧・身軽安・心軽安・身軽性・心軽性・身軟性・心軟性・身適応性・心適応性・身正性・心正性・身直性・心直性・念・正知・止・観・勤励・不散乱あるいはまたその時に受蘊を除き、想蘊を除き、識蘊を除いて他の縁巳生の無色の諸法あり。これがその時における行蘊である。(2)

とあり、五根、七力、八正道(正語、正業を除く)が「根」「力」「正道」の語を付したままで導入されているからである。ここでは実践徳目であったものが、そのまま心所法に導入されていく経緯を露呈している。

ただし『法集論』「行蘊」の場合には、「十大地法」でいう受想作意欲勝解などは含まれないから、すでにその時点で有部と異なる経過を辿ったことになる。では南伝上座部の場合、受想作意はどこに配列されたかといえば、善不善心に共通する心所として、

触・受・想・思・心・尋・伺・喜・楽・心一境性・信根・精進根・念根・定根・慧根・意根・喜根・命根……。(3)

とあるから、そこに数え上げたことになる。このような単なる善不善という基準による分類は、初期の有部論書には認められないものである。

南伝上座部でも後代になるにつれ、「十大地法」の概念と酷似する分類をあげる論書が看取される。それは『摂阿毘達磨義論』であり、そこには一切心と「相応」する法として次の七つをあげている。

触・受・想・思・心一境性・命根・作意(4)

南伝でいうこの「相応」という考え方も水野弘元氏によって「倶起し倶生し相合し同時に起り同時に滅し基(所依)

を一にし所縁を一にすること」[5]といわれるゆえに、有部と同じ意味合いである。ただしこの場合、命根を導入し、欲勝解念慧を入れない点が『摂阿毘達磨義論』の特徴といえよう。

とにかく「十大地法」成立の直接の素材となったものは、行蘊もしくは法処であったろう。そのことは「大地法」以外の「大善地法」「煩悩地法」「心不相応行法」などに対応するものが含まれる点からも頷けるであろう。

(2) 四　禅

そのほか、「十大地法」の素材とみられるものに四禅説があげられよう。ただしそれも原始経典の後期に定型化されたものでなく、それ以前の古型を保った『中部』経典「不断経」(Anupada-sutta)に認められる四禅をいう。そこでは初禅中に存する心作用として次のようにある。

比丘たちよ、ここに舎利弗は諸欲を離れ、諸の不善法を離れ、有尋有伺にして離より生ぜる喜と楽とある初禅を具足して住す。しかるに初禅中に尋と伺と喜と楽と心一境性と触・受・想・思・心・欲・勝解・精進・念・捨・作意、彼にそれらの法が不断に安立されて存在する。[6]

ここに説かれる十六項目のうち、心一境性を定に配当すれば、触受想思欲勝解念作意の九つ(慧はない)までが「十大地法」と対応することになる。

定型化された初禅説の場合は尋・伺・喜・楽・心一境性の五種だけがあるとする点からも、この「不断経」の所説は注目に値しよう。ただし水野弘元氏によると、この「不断経」に対応する漢訳は存在しないゆえに、この経は「部派分裂以後にパーリ仏教で新たに附加されたものではないか」[7]とされる。しかしながら有部論書にも「不断経」の系統をひく四禅説が、『法蘊足論』「静慮品」にはっきり認められる。そこでは初禅、ないし第四禅に至るまでの心作用中、別釈としてであるが、次のものが示される。

此の定の中に在る諸の心・意・識を初静慮倶有の心と名け、諸の思・等思・現前等思・已思・当思・造心意業を初静慮倶有の意業と名け、諸の心勝解・已勝解・当勝解を初静慮倶有の勝解と名け、此の定の中に在る若しは受・若しは想・若しは欲・若しは念・若しは定・若しは作意・若しは慧等を初静慮倶有の諸法と名け、是の如きの諸法も亦初静慮と名くることを得。(8)

すなわち、ここには「十大地法」に採用された「触」を除く九法すべてが認められる。ただ「慧等」とある「等」が「触」を含むものかどうかは知り得ないが、いずれにせよ「不断経」と比べると「触」と「慧」が含まれるかどうかだけの問題といっていい。初禅ないし四禅にとどまらず、無所有処にも同じ心作用が存在するとする点も「不断経」(9)と同様である。

禅定中にきわめて多種の心作用があるとするこうした「不断経」系の分類は、四禅説が定型化するとともに傍系となったけれども、「十大地法」の素材をみるうえでは重視すべきものである。

(3) 名色

「名色」は十二縁起の一支としてばかりでなく、五蘊、十二処、十八界とともに一切法を表わす概念でもあった。五蘊との関わりで配分すれば、「色」は「色蘊」、「名」は「受想行識」の四蘊に対応する。しかし『中部』経典(10)あるいは『相応部』経典の場合、名色の「名」に「受想行識」でなく「受想思触作意」の五つを当てることがある。たとえば『舎利弗阿毘曇論』(11)では、「名」をこうした「受想思触作意」とするから、この論ではそうした系統のものを採用したのである。

このように「名」を「受想思触作意」とする解釈は、瑜伽行唯識学派でいう「五遍行」とも呼応する。ただし有部では「名」を「受想思触作意」でなく、「受想行識」とするほうを一貫して採用するが、しかし「名」を「受想思触作意」とする経典が存在する以上、こうした系統の名色説が「十大地法」成立の素材となったとしても奇異ではない。また十法中の念定慧の三つについてみても、先に示した五根、七力以外にも八正道、七覚支、七妙法が、いずれもこの三つを包含するゆえ、そうした教説といえども無縁といい切ることはできまい。

以上、「十大地法」の直接の素材となったものは、『法蘊足論』に認められるようなアビダルマになって改変された行蘊、もしくは法処であることは確かであろう。さらに遡れば、『法蘊足論』「静慮品」に別釈として示された四禅ないし無所有処があり、「受想思触作意」の五つに限れば名色説の「名」、「念定慧」についてみれば、五根、七力、八正道、七覚支、七妙法などがあげられよう。なお『順正理論』『アビダルマディーパ』には独自に論師たちがその素材とみるべきものをあげている。しかし、その是非についてはのちに論じたい。

註

（1）『法蘊足論』、大正蔵二六、五〇〇頁下。田中教照『初期仏教の修行道論』、山喜房佛書林、平成五年、四四七—四四八頁参照。
（2）*Dhs*. p. 18.
（3）*Ibid*. p. 9. pp. 75-76.
（4）*Abhsaṅg*. (*JRTS*). 1886. p. 6.
（5）水野弘元『パーリ仏教を中心とした仏教の心識論』、山喜房佛書林、昭和三十九年、二一一、二五一頁参照。
（6）*MN*. III. p. 25. 水野弘元、前掲書、二二二頁参照。
（7）水野弘元、前掲書、二二三頁参照。
（8）『法蘊足論』、大正蔵二六、四八三頁下—四八五頁上。巻八、四八九頁上。
（9）*MN*. III. p. 27.
（10）勝又俊教『仏教における心識説の研究』、昭和三十六年、四三一—四三三頁。本書第三章「二、「名色」への影響」参照。
（11）『舎利弗阿毘曇論』、大正蔵二八、六八九頁上。

四　大法地に対する批判

ところで「大地法」として十法を数え上げること、さらに「大地法」の存立そのものを否定する見解も、成立後まもなく起こった。それを㈠譬喩者、㈡覚天、㈢法救、㈣シュリーラータ、㈤世親、㈥瑜伽行唯識学派、の順にとり上げてみよう。

㈠　譬喩者による批判

『順正理論』にあらわれた譬喩者によると、「心法」は存在しても「心所法」はそれと別に存在しないと明言される。その理由は、「心」以外に「心所」の存在を示す経典などはないからと、次のようにいう。

有る譬喩者は、「唯、心ありて別に心所なし」と説く。「心、想の倶時の行相の差別は、不可得なるが故に。何者の行相が、唯、想に在りては有、識の中に在りては無なるや。深遠に推求するに、唯、此の二の名言の差別を聞くも、曽って体の義の差別は知るべき無し。又、教証に至りては、心所なきに由る。①世尊の阿難陀に告げて言ふが如し、「若し識の母胎に入ること有ること無くば、乃至広説」と。又、説かく、②「士夫は即ち是れ六界なり。所謂、地界、乃至、識界なり」。又、説かく、③「我れ今、一法の速疾に廻転すること、猶し心の如き者を見ず」。又、説かく、④「我れ今、一法の若し修習せざれば、則ち調柔せず、堪能する所なきこと、猶し心の如き者を見ず」。又、⑤契経の伽他の中に説くが如し。

心遠く行き、独り行く。身なくして窟に寝ぬ。

能く伏し難きを調伏するを、我れ婆羅門と説く。

此等の諸経は、皆な心所を遮す。

ここには、四つの経文(①②③④)および一つの偈⑤がとり上げられる。このうち、①に関してはこの引文だけでは明確さを欠くけれども、それに続く文は『順正理論』『顕宗論』の「本事品」に認めることができる。

復た、此れに由りて、阿難陀に告げて曰く、「識、若し無ければ、母胎に入らず、心雑染の故に、有情雑染なり。心清浄なるが故に、有情清浄なり。[2]」

これは心の清浄も染汚もすべて「心」のあり方次第という有名な一節であり、したがって①はそれを説くものにほかならない。[3] これらの引文を含む譬喩者のあげる経証すべては確かに、「心」(「識」)以外の心所に関説することがない。

『順正理論』には続けて、譬喩者の心所否定論が引用される。

又、心所に於て多く諍論を興す。故に知んぬ、心を離れて別に体あること無し。謂く、別に心所ありとの論を執する者は、心所の中に於て多く諍論を興す。或は説かく、唯、三大地法ありと。或は四ありと説く。或は十ありと説く。或は十四と説く。故に、唯、識ありて位に随って流るるを多種の心心所の別ありと説く。甘蔗の汁の如く、倡伎人の如し。故に受等の別の体の得べきこと無し」と。[4]

これによると、譬喩者からみて「大地法」を三法、四法、あるいは十法ありとする徒輩があるけれども、「心」以外に有部の主張するような実体としての「心所」法は存在しないというのである。

有部が実体のある心所法とするものを「心」の様態にすぎないという譬喩者の主張は、そのほかに次のように認められる。まず「尋」「伺」の場合、謂く、或は有るが執す、「尋と伺とは即ち心なり」と。譬喩者の如し。彼の執を遮して、尋と伺とは、是れ心所法なることを顕さんが為めなり。[5]

とし、これは尋と伺は心所でないというものであり、それは、「思」と「慮」の場合にも示される。

謂く、或は有るが執す、「思と慮とは是れ心なり」と。譬喩者の如し、彼は思と慮とは、是れ心の差別にして、別に体有ること無しと説く。[6]

「触」の場合も同様に示される。

謂く、譬喩者は説く、「触は実有に非ず、所以は何ん。契経に説くが故なり。契経に説くが如し『眼と及び色とが縁と為りて眼識を生じ、三和合して触あり等』と。眼と色と眼識とを離れて外に実の触の体は得べからざるなり」と。[7]

この場合、有部側はもし触を心所法として認めないなら、「十大地法」は九大地法となり、十二縁起支も十一縁起支となってしまうと次のように反論する。

又、若し触の体が実有に非ざれば、応に縁起は唯、十一支のみなりと説くべく、契経は応に十二有りと説くべからず。又、若し触の体が実有に非ざれば、但、応に九大地法のみ有りと説くべきに、然かも十有りと説くが故に、触は実有なるなり。[8]

ところで、有部は心心所同時倶生説をとるのに対し、譬喩者は心心所次第生起説をとる。

- 謂く、或は有るが執す、「心心所法は、前後して生じ、一時に起るには非ず」と。譬喩者の如し。（巻一六）
- 謂く、或は有るが執す、「諸法の生ずる時は、漸次にして頓に非ず」と。譬喩者の如し。（巻五二）
- 或は復、有るが執す、「心心所法は、次第して起こり、互に相応せず」と、譬喩者の如し。（巻九〇）

・謂く、或は有るが説く、「諸の心所法は、次第して生じ、一時に生ずるものに非ず」と。譬喩者の如し。（巻九五）

・譬喩者の説くが如し、「心心所は次第にして生ず」と。[9]（巻一四五）

譬喩者によれば、心所は同時に存在するのでなく、継時に次々と「心」が変化するというのである。したがって譬喩者は「心」が変化して顕現するさまはむろん承認する。その点は次のようにある。

一、欲界から有頂地に至るまで「心」にはつねに「尋」「伺」のはたらきが存在するという。

・謂く、或は有るが執す、「欲界より乃至有頂には皆、尋伺有り」と。譬喩者の如し。

・謂く、或は有るが説く、「尋伺は是れ心の麁・細の相なるが故に、乃至有頂の諸の染汚心にも皆、尋伺有り。是の故に、尋伺は三界に皆、有るなり」と。譬喩者の如し。

・問ふ、何が故に、此の論を作すや。答ふ、譬喩者の所説を止めんと欲するが故なり。彼は説く、「欲界より乃し有頂に至るまで皆、尋伺有り。」所以は何ん。契経に説くが故なり。契経に説くが如し、「心の麁なる性は是れ尋にして、心の細なる性は是れ伺なり、心の麁細の性は乃し有頂に至る」と。[10]

ここでは尋、伺は「心」の麁、細の性であるとされる。

二、「思」と「受」といえどもそれがなければ、異熟因、異熟果という教義そのものが成り立たないという。

・謂く、或は執するもの有り、「思を離れて異熟因無く、受を離れて異熟果無し」と、譬喩者の如し。彼の宗を止め、異熟因と及び異熟果とは、倶に五蘊に通ずることを顕さんが為めなり。（巻一九）

・謂く、或は有るが執す、「思を離れて異熟因無く、受を離れて異熟果無し」と、譬喩者の如し。（巻五一）[11]

・謂く、譬喩者の説く、「思を離れて異熟因無く、受を離れて異熟果無し」と。（巻一四四）

『アビダルマディーパ』[12]にあらわれた譬喩者は、この異熟の問題に関連して「受」は異熟、「思」(cetanā)は業であるとする。譬喩者は業も「表、無表業には実の体性無し」[13]というように実有と認めない。

三、「愛」と「恚」

煩悩としての「愛」(anunaya)は貪(rāga)と同義語とみてよいが[14]、この「愛」と「恚」(dveṣa)の二つは衆生が衆生としての様態を相続せしめるものという。

謂く、或は執するあり、「唯、愛と恚とのみ、有をして相続せしむ」と。譬喩者の如し。問ふ、彼は何が故に此の執を作すや。答ふ、契経に依るが故なり。謂く、契経に説く、「三事合するが故に、母胎に入ることを得、一には父母交愛和合し、二には母身是の時調適し、三に健達縛正に現在前するなり。健達縛に二心互起こす、愛と恚と倶なるをいふ」と[15]。

四、「智」

「忍」に関しては有部の場合と同じく「智」と同類であるという。

或は復、有るが説く、「現観辺の忍も亦、是れ智の性なり」と。譬喩者の如し。彼は是の説を作す、「無漏智の眼、初めて境に堕するときを説きて名けて忍と為し、後、便ち安住するが如し」と[16]。

五、「受」「想」

「滅尽定」は原始経典では「想受滅」「滅受想定」、saññā-vedayita-nirodha、saññā-vedayita-nirodhasamāpatti とあるように、通例、受と想を滅した状態をいうことはすでに示した。しかし譬喩者は、

問ふ、滅尽定中にては、一切の心心所法を滅するに、何が故に、但、「想受の滅」とのみ言ひて、心等を説かざるや。答ふ、譬喩者は説く、「此の定には、心有るも唯、想受のみを滅すればなり」と[17]。

と、受と想という二つの心所も「心」のはたらきの局面と解したといえる。

すでに加藤純章氏はシュリーラータの心所説を展開する際に、『大毘婆沙論』の譬喩者がすべての心所を否定したかどうか、「一つだけ懸念」[18]があると表明された。たしかに心所の次第生起を説くくだり(巻一六、巻九〇、巻九五)では「心所法」と示すことがあるし、彼と同系のシュリーラータがのちにとり上げるごとく受想思の三心所を認めているからである。

譬喩者は特定の概念を否定する場合、それをはっきり明言する。具体的には心不相応行法の存在自体を認めないから、「名句文身は実有の法に非ず」[19]「択滅と非択滅と無常滅とは実有の体に非ず」[20]としたり、心不相応行法以外のものも「諸の有為相は実有の体に非ず」[21]とか、「実の成就と不成就との性無し」[22]という具合にである。

ここに示したものに比べ、先にあげた「尋」「伺」「触」「思」「受」「愛」「恚」「智」「想」「受」などはいずれも実体のある法として捉えることなく、心の具体的な変化と解していたと考えられる。

註

(1)『順正理論』、大正蔵二九、三九五頁上。(『顕宗論』、大正蔵同、八〇三頁上。)
(2)『順正理論』、大正蔵二九、三四五頁中。『顕宗論』、大正蔵同、七八五頁中。
(3) 桜部建「心染有情染 心浄有情浄」(『仏教学セミナー』第三六号、昭和五十七年、一―三頁)参照。
(4)『順正理論』、大正蔵二九、三九五頁中。
(5)『大毘婆沙論』、大正蔵二七、二一八頁下。『阿毘曇毘婆沙論』、大正蔵二八、一六九頁上。
(6)『大毘婆沙論』、大正蔵二七、二一六頁中。『阿毘曇毘婆沙論』、大正蔵二八、一六七頁下―一六八頁上。
(7)『大毘婆沙論』、大正蔵二七、七六〇頁上中。
(8)『大毘婆沙論』、大正蔵二七、七六〇頁中。
(9)『大毘婆沙論』、大正蔵二七、二七〇頁上。四六三頁上。四九三頁下。七四五頁上。『阿毘曇毘婆沙論』、大正蔵二八、二一〇頁上。

(10)『大毘婆沙論』、大正蔵二七、二六九頁中。四六二頁下。七四四頁中。『阿毘曇毘婆沙論』、大正蔵二八、二〇九頁中。
(11)『大毘婆沙論』、大正蔵二七、九六頁中。二六三頁下。七四一頁中。『阿毘曇毘婆沙論』、大正蔵二八、七九頁下。二〇四頁下。
(12) *Abhidh-d*, p. 139. *ll*. 9-10.
(13)『大毘婆沙論』、大正蔵二七、六三四頁中。
(14) 拙稿「『倶舎論』における愛」(『大正大学院研究論集』創刊号、昭和五十二年、六三頁)参照。
(15)『大毘婆沙論』、大正蔵二七、三〇九頁上。『阿毘曇毘婆沙論』、大正蔵二八、二三二頁下。
(16)『大毘婆沙論』、大正蔵二七、四八九頁中。
(17)『大毘婆沙論』、大正蔵二七、七七五頁上。
(18) 加藤純章『経量部の研究』、春秋社、平成元年、二二八頁参照。
(19)『大毘婆沙論』、大正蔵二七、七〇頁上。
(20)『大毘婆沙論』、大正蔵二七、一六一頁上。『阿毘曇毘婆沙論』(大正蔵二八、一二一頁下)では、「三種の滅には体無し」とある。
(21)『大毘婆沙論』、大正蔵二七、一九八頁上。巻一九五では「実の体性無し」とある。九七七頁中。『阿毘曇毘婆沙論』(大正蔵二八、一四八頁中)でも、「実体有ること無し」という。
(22)『大毘婆沙論』、大正蔵同、四七九頁上。

(二) 覚天による批判

覚天も、心のはたらきは「心」と「心所法」との結びつきによるのでなく、「心」そのものの変化によるという。

・尊者覚天は是の如き説を作す、「諸の心心所の体は即ち是れ心なり。故に世第一法も心を以て自性となす」と。(巻二)

・覚天の所説によれば、「色は唯、大種のみにして、心所は即ち心なり」と。(巻一二七)[1]。

したがって、五蘊中の受想行識についても、

蘊とは諸の四大種を立てて色蘊と為し、諸の心の差別の、有るを名けて受と為し、有るを名けて想と為し、有るを名けて思と為し、有るを名けて識と為し、立てて四蘊と為すなり。(2)

と、心のある様態が「受」であり、「識」であるという。つまり有部のように受想を独立した法と捉えるのでなく、心の動きのあり方を受想行識の四蘊と解したことになる。思うに、譬喩者の立場も同様であったかもしれない。『倶舎論』における覚天の所説は四大種と三世実有の二箇所において紹介されるけれども、心心所の関係については、『アビダルマディーパ』に明確に、

ところで世尊によって説かれた、「比丘たちよ、人士はこの六界であると」。この場合、識界だけが説かれている。それゆえ、心と別の存在でないのが心所である、と大徳覚天はいう。(3)

とある。これは覚天が地水火風空識の六界説に言及する経文を教証として、この六種のうち、精神に対応するものは「識」だけであるから、「識」つまり「心」以外の「心所法」のごときは存在しないというものである。

瑜伽行唯識学派(『成唯識論』(4))でも、心所否定論を説く代表的人物の一人として覚天をあげる。心所否定論を説く人物は、そのほか『成実論』を著したハリヴァルマン(5)もそうである。それゆえ、後世、普光(6)あるいは慈恩大師基(7)によると、心所否定の立場をとるのは経部、覚天、ハリヴァルマンの三者と伝承されている(ただしこの場合の経部とは、のちにとり上げるシュリーラータ〈彼は受想思の三つを心所として認める〉以外をさすのであろう)。

他方、チベットに伝わる伝承(十四、五世紀)によると、覚天は心所を否定するどころか、受想思触作意の五つを認めていたということが御牧克己氏(8)によって考察されている。この点は、以上に取り上げた所説との間に径庭があるが、この伝承に従うならば、覚天の主張は世親および瑜伽行唯識学派の主張と軌を一にしたものとなってくる。

註

（1）『大毘婆沙論』、大正蔵二七、八頁下。六六一頁下。『阿毘曇毘婆沙論』、大正蔵二八、六頁中。
（2）『大毘婆沙論』、大正蔵二七、六六二頁上。
（3）*Abhidh-d*, p. 76. *ll.* 6-7. 吉元信行『アビダルマ思想』、法藏館、昭和五十七年、一九〇頁、加藤純章『経量部の研究』、春秋社、平成元年、一九九頁参照。
（4）『成唯識論』巻一、大正蔵三一、一頁上。
（5）水野弘元『パーリ仏教を中心とした仏教の心識論』、山喜房佛書林、昭和三十九年、一三四―三八頁、加藤純章、前掲書、一九九―二〇一頁参照。
（6）『倶舎論記』、大正蔵四一、七三頁中。
（7）『成唯識論述記』巻一本、大正蔵四三、二三六頁下。
（8）御牧克己「経部師大徳 dPe can について」（『印度学仏教学研究』第二九巻、第二号、昭和五十六年、八七八―七六頁）。同「経量部」（岩波講座『東洋思想、インド仏教1』、岩波書店、平成元年、二二三―二三四頁）参照。

㈢　法救による批判
――『五事毘婆沙論』の立場――

法救に帰せられる論書は多く、しかもそこに説かれる内容に不一致がみられることから、古来、法救ははたして一人かどうかということが論じられてきた。宮本正尊氏[1]は法救に関する本格的な研究の先鞭をつけられ、「婆沙の大徳即ち法救」「譬喩者としての大徳法救」「西方師としての法救」「法救常に譬喩者ならざること」「婆沙中の大徳と法救及び覚天」という項目に区分して検討されている。この小項目をそのまま通覧するだけでも、法救の多様な見解を窺うことができる。

しかし法救の「心」に関する見解をみる上で直接の手がかりとなるのは、『大毘婆沙論』所引の法救、『雑心論』

『五事毘婆沙論』の三つである（法救撰とされる『法句経』あるいは『達磨多羅禅経』にはその手がかりとなるものは見い出せない）。

まず『大毘婆沙論』に登場する法救は、心のはたらきはすべて「思」（cetanā）の変化した様態（差別）という立場をとる。

尊者法救は是の如き言をなす。「諸の心心所は是れ思の差別なり。故に世第一法も思を以て自性と為す」と。尊者覚天は是の如き説を作す。「諸の心心所の体は即ち是れ心なり。故に世第一法も心を以て自性となす」と。彼の二尊者は是の如き言を作す。「信等の思、心は前後各異なり、一並用することなきをもて、信等の五根が、等無間と為りて、見通に入るとは、容有の義に約するが故に是の言を作せしなり。(2)

ところで法救は『大毘婆沙論』によると、

説一切有部に四大論師有りて、各別に三世に異り有りと建立す。謂く、尊者法救は類に異り有りと説き、尊者妙音は相に異り有りと説き、尊者世友は位に異り有りと説き、尊者覚天は待に異り有りと説く。(3)

とあり、あるいは、

有るが説く、「余師の所説を止めんが為なり、謂く、此の部内に二論師有り。一は覚天にして、二は法救なり。(4)

とあるように、覚天とともに基本的には有部の論師としてはっきり公認されている。しかしながら、すべての心所のうち、「思」しか認めない以上、根本的に有部の立場とあい反することになり、この点で覚天や譬喩者の立場と通底するといっていい。

『大毘婆沙論』には譬喩者の考え方と符合する法救の主張が、よほど多いことも宮本正尊氏によって「譬喩者としての法救」の項で指摘されている。してみると法救は、『大毘婆沙論』内において有部四大論師とされるものの、譬喩者の立場でもあったといってよく、この点は法救自身の思想的立場をみる上で重要となる。『大毘婆沙論』は心所を否定する者まで有部の大論師とするからである。

次いで、法救に帰される独立した論書である『雑心論』は、『心論経』を規矩として布衍したものゆえ、やはり有部そのものの教義一般を展開したものであることに異論はない。

もう一つ法救に帰せられる『五事毘婆沙論』の場合は、その巻頭に、

尊者世友、有情を益せんが為に、五事論を製す。我れ今、當に釈すべし。(5)

とあるように、『品類足論』系「五事品」だけに対する注釈書である。『五事毘婆沙論』にはトゥルファン(詳しくはŜorĉug)出土のサンスクリット断片も現存する。もっともその一葉は、改行部以前が『品類足論』系「五事品」であるものの、改行部以後が『五事毘婆沙論』というきわめて珍重すべき体裁をとっている。(6) しかしながら、インドにおける原型からしてそうであったわけではない。というのは、何よりもまずその著者の点で『品類足論』は世友、『五事毘婆沙論』は法救とまったく別人だからである。「五事品」の著者が世友(ヴァスミトラ)であることは、トゥルファン出土断片に、

vakṣye buddhi-proboddh-ārthaḥ
artha(ḥ pañca) vastukam=iti/
ath=ātaḥ sthavira-vasu(mitra) [6]++++++++++(7)

と、あることによって確認される。(8) したがってトゥルファン出土サンスクリット断片は、本来別人の作であったものを、「五事品」に対する注釈という理由で、後世「五事品」と『五事毘婆沙論』とを連写したものであろう。

もっとも『五事毘婆沙論』は『品類足論』系「五事品」に対する注釈とはいえ、「五事品」の記述に沿って注釈す

るわけでなく、法救独自の視点から新たに解釈し直したものである。ただし章構成の上からみると、「色」「心」「心所」の順に構成されることから、色、心、心所、心不相応行、無為という「五位」全体に対する注釈を当初、目論んだものであったかにみえる。しかし『五事毘婆沙論』は「五事品」に対する注釈書と名乗るものの、具体的に示される「五事」とは、

> 問ふ、已に須く五事論を造るべき縁を知る。此れ復、何の為に五事論と名くや。答ふ、此の論の中、五事を分別するに由る。是の故に此の論、五事の名を得。依処と能生と事の義、異り無し。阿毘達磨の諸大論師、咸、是の言を作す。事に五種有り。一に自性事、二に所縁事、三に繫縛事、四に所因事、五に摂受事。当に知るべし、此の中、唯、自性事なり[9]。

とあるにすぎない。『五事毘婆沙論』において「五事」としてつぶさに示されるものが、自性事ないし摂受事だけであることについては、近世の快道(一七五一―一八一〇)も注目するところである。

> 文中云毘婆沙作如是説。五事者。一自性事。二所縁事。三繫縛事。四所因事。五摂受事。此五之中唯就自性。自性五法。謂色。心。心所。不相応。無為。此中唯説初三法自性略後二種。若梵残闕[10]。

『五事毘婆沙論』にはこうした「五事」に関するそれ以上の説明はないが、しかし『大毘婆沙論』『雑心論[11]』『倶舎論[12]』にもこうした「五事」に関説することがみられ、いずれもその説明が認められる。とくに『大毘婆沙論』巻五六と巻一九六[13]ではその内容をつぶさに示し、巻五六の場合は五事の順までが『五事毘婆沙論』と一致する。それを原語とともにあげてみると、それぞれ本性(自性、svabhāva)、対象(所縁、ālambana)、煩悩のまとわり(繫縛、saṃyoga)、原因(所因、hetu)、所有(摂受、parigraha)となる。こうした五つを包括した「事」が何を意味するかについて、「自性事」との関連で七随眠を例にとると、

問ふ、此の七随眠は、何を以て自性となすや。答ふ、九十八事を以て自性となす。謂く、欲貪と瞋恚との随眠は、各の欲界の五部にて十事となり、有貪随眠は、色・無色界の各の五部にて十事となり、慢と無明との随眠は各の三界の五部にて三十事となり、見随眠は三界の各の十二にて三十六事となり、疑随眠は三界の各の四部にて十二事となる。此に由りて、此の七随眠は九十八事を以て自性となす。[14]

とあり、あるいは「(所)因事」とは、

苾芻よ、心、寂静なれば、能く諸事を永断す、
彼は生死を盡すが故に、後有を受けず。[15]

という偈があげられ、さらに「摂受事」の場合、つぶさに「田事」「宅事」「財事」として示される。してみると、この場合の「事」(vastu)は自性、事柄、法、対象という拡い意味で捉えられているといえよう。

「自体」(自性)そのものを「事」とも漢訳することは『大毘婆沙論』に、

一切法の自体は事の声を以て説くなり。[16]

とあることによって知ることができる。さらに「法」と「事」との関わりで、古来〈五位七十五法〉でいう「五位」も「五事」として表現されることは『大毘婆沙論』に次のように認められる。

一切法は五事—謂く、色と心と心所法と不相応行と無為となり—を出でざるに、色蘊は色を摂し、意処は心を摂し、法界は余を摂するなり。[17]

この場合の dharma(法)が vastu(事)と同義と解されることは第一章の一でみたとおりである。してみると、『五事毘婆沙論』は、みずから『品類足論』系「五事品」という品名をそのまま書名としたというものの、その内実は色・心・心所、心不相応行・無為の「五位」でなく、自性事、所縁事などをさすとも解し得ること

になる。しかしその章構成があくまでも「色」「心」「心所」の順である以上、法体系としての「五位」のほうを眼目に置いたとみるのが自然であろう。ただし『五事毘婆沙論』は「色」「心」「心所」の三章から成るとしても、その「心所」といえども「受」という一法だけの注釈に終始し、残りの心不相応行法、無為法を導き出す契機すら何ら見い出せないのも確かである。

譬喩者は『大毘婆沙論』にみられるように、有部が立てる心不相応行法、無為法の存在を真向から否定する立場に立つ。『五事毘婆沙論』に心不相応行法、無為法の二つへの言及すらないことは、この論書が譬喩者の立場から著されたという仮説も想定されよう。

もっとも心不相応行の存在を否定するのは譬喩者ばかりではない。『大毘婆沙論』に登場する法救といえどもやはりそれを否定している。

尊者法救は、是の如き説を作す、「名は二十二なるも、実体は十四なり、謂く、即ち前の五と及び命と捨と定とには別の実体無きが故なり」と。彼は説く、「何が故に命根に実体無きやと問えば、命根は是れ不相応行蘊の所摂なればなりと答えん」と。彼は不相応行蘊に実体無しと説くが故に。(18)

これは法救が二十二根中の命根を認めないのは、そもそも心不相応行蘊を認めないから、というものである。無為法といえども『大毘婆沙論』の法救は、譬喩者と同様にその存在を否認する。たとえば虚空無為について、『大毘婆沙論』でそれを否定する人物は単に「大徳」(19)とある。もっとも大徳即法救と古来みなされてきたが、(20)大徳は覚天をさす場合もある。(21)無為法を否定する人物として『阿毘曇毘婆沙論』では「仏陀提婆」(22)、『鞞婆沙論』では「曇摩多羅」(23)とあるから、譬喩者、覚天、法救の三者いずれもがそうした見解を採用していたことになる。(24)

以上はいずれも譬喩者と法救の所説とが合致するもので、『五事毘婆沙論』が譬喩者の立場から、法救によって著わされたと想定される一つの手がかりである。とはいえ、『大毘婆沙論』の法救と『五事毘婆沙論』との間には相反する見解の認められるのも事実である。たとえば無表色について、『大毘婆沙論』の法救[25]はそれを否認するのに対し、『五事毘婆沙論』[26]ではそれを承認するし、法救の重視する心所は『大毘婆沙論』では「思」一法であるのに対し、『五事毘婆沙論』では「受」を偏重するという具合である。

『五事毘婆沙論』では「受」以外の心所法をどのように扱っていたかというと、「大地法等」[27]という記述が認められるから、「大煩悩地法」、「大善地法」なども承認していたのかもしれない。しかし「大地法」に限ってみても、「受」だけの分析に終始するにすぎず、そのほか、「想思欲等」についての言及はあるものの、わずかに「受」には麁《あら》いはたらきがあるのに対し、「想思欲等」には細かなはたらきがあるという意味で言及されるにすぎない。

これに対し、『大毘婆沙論』の法救も心所をすべて「思」の差別と解したとはいえ、それ以外に「想」という心所も承認していたとみられる形跡がある。その一は、五蘊と二十二根との関わりを議論するくだりに、「大徳」の説としてであるが、「想」に関して次のようにいう。

大徳説きて曰く、「根は是れ主の義にして、他に随はざるも、想は則ち他に随ふ。余の心心所が境を分別し已りて、方に能く相を取るものなればなり。故に根と立てざるなり」と。[28]

「大徳」には前述のとおり覚天が当てられる場合もある。しかしこの議論の個所には覚天の所説もそれと別にはっきり認められるから、この場合の「大徳」は法救と解し得る。この文脈からみる限り、「想」を二十二根中に数えあげはしないものの、「想」という心所は承認していたと思われる。ただし有部のように実体のある法と解したかどうかは、知り得ない。

『大毘婆沙論』の法救が「想」を承認していたとみられる第二のものは、蘊処界について、尊者法救は、「大種を離れて別に造色有りと説き、心所法は即ち是れ心に非ず」と説く。然も「色の中、二の非実有あり、所造触と及び法処の色とを謂ふ。蘊・処・界を立つることは対法宗の如し」と説く[29]。とある。この場合、五蘊説に言及する以上、けだし五蘊中の受想まで否定することはなかったと思われる。

さて、『大毘婆沙論』と『五事毘婆沙論』の間には、双方の論書の前後関係を示唆する好例が認められる。それは「堕に六種あり」のくだりであり、双方を対比してみるとこうなる。

『大毘婆沙論』「結蘊」

此の中、堕するとは、堕に六種有り。一に界堕、二に趣堕、三に補特伽羅堕、四に処堕、五に有漏堕、六に自体堕なり。

界堕とは、此の中、諸の結にして欲界に堕するもの、彼の結は欲界に在り等と説けるが如し。此の中の意に説く、若し是れ此の界の法なれば即ち、此の界に堕すと名くと。若し欲界の法なれば欲界に堕すと名け、若し色界の法なれば色界に堕すと名け、若し無色界の法なれば無色界に堕すと名くるなり。

趣堕とは、説法者の、法施を行ずる時、是の願を発して言ふが如し、「此の法施を以て諸趣に堕せる有情をして速かに生老病死を出しめん」と。補特伽羅堕とは

『五事毘婆沙論』「色蘊」

無表とは云何。乃至広説。堕法処の色とは、堕に六種有り。一に界堕、二に趣堕、三に補特伽羅堕、四に処堕、五に有漏堕、六に自体堕なり。

界堕とは、諸の結にして欲界に堕するは、彼の結は欲界に在り等と結蘊に説くが如し。

趣堕とは、謂く、若し是の如きの趣に摂属する者、是の趣に堕すと名く。

補特伽羅堕とは毘奈耶に説くが如し、「二補特伽羅有

毘奈耶に説くが如し、「二補特伽羅有りて、僧数中に堕し、僧をして和合せしむ」と。

処堕とは、品類足に説くが如し、「云何が色蘊なりや、謂く十色処及び法処に堕する色なり」と。

有漏堕とは、品類足に説くが如し、「云何が堕法なりや、謂く有漏法なり」と。

自体堕とは、大種蘊に説くが如し、「有執受は是れ何の義なりや。答ふ、此は増語の所顕にして自体に堕する法なり」と(30)。


りて、僧数中に堕し、僧をして和合せしむ」と。

処堕とは、此の中に説くが如し、「無表色は云何、謂く堕法処色」と。

有漏堕とは、此の論に説くが如し、「云何有漏堕が堕法なりや、謂く有漏法なり」と。

自体堕とは、大種蘊に説くが如し、「有執受は是れ何の義なりや。答ふ、此は増語の所顕にして自体に堕する法なり」と(31)。


まず『五事毘婆沙論』に「結蘊に説くが如し」とあるくだりが同じ「結蘊」を有する『発智論』にないのに対し、『大毘婆沙論』「結蘊」には明瞭に認められることである。この点で『五事毘婆沙論』が『大毘婆沙論』以後の成立であることを示している。

そのほか、『五事毘婆沙論』の「界堕」の定義において「等」と省略された部分が『大毘婆沙論』では省略されずに示され、また『毘奈耶』に説くとか、「大種蘊」に説くという言及も、両論でまさしく合致することが判明する。また、『五事毘婆沙論』が単に「此論」とするところを『大毘婆沙論』でははっきり『品類足(論)』とする点は『五事毘婆沙論』の本体が『品類足論』「五事品」であることを証するといっていい。

こうした例からみると、『大毘婆沙論』の成立以後に『五事毘婆沙論』が成立したこと、さらに双方の論書にそっくり合致するくだりが存する以上、同一著者つまり法救によって著わされた可能性のきわめて強いことがいえるであろう。『五事毘婆沙論』が『大毘婆沙論』以後の成立とすると、『五事毘婆沙論』のトゥルファン出土断片は『品類足論』「五事品」の成立直後のものでないことになり、この点でもサンスクリット断片はよほど後世になってから、学習のために筆写されたものといえる。

このようにみてくると、『大毘婆沙論』にあらわれた法救と『五事毘婆沙論』、さらに『雑心論』といえども法救が著わしたものと推定され、この三者の法救は年代的にきわめて近く、同一人物である可能性が強まってくる。ただ問題は、『雑心論』を著わした法救との思想的距離である。が、この問題について大きな示唆を与えるのはやはり『大毘婆沙論』の法救の立場である。

先述のごとく『大毘婆沙論』の法救は四大論師とされるにかかわらず、ある場合には有部とはあい容れない譬喩者の見解を採用する。こうした立場は、世親が『倶舎論』において諸説中で理にかなった説だけを採る(「理長為宗」)立場をとったのと酷似するかもしれない。いずれにせよ『大毘婆沙論』の法救は、有部と譬喩者とを折衷した「半有部・半譬喩者(32)」の立場と解することができよう。

一方、『五事毘婆沙論』の法救といえども『品類足論』系「五事品」の注釈をその端緒とし、「大地法等」と言及することからみても有部の立場を眼目に置く姿勢を保持していたことは疑いない。しかし実際には心不相応行法、無為法の存在には触れないことからみて、法救は譬喩者の視点から『五事毘婆沙論』を著したということが推測されよう。古来、法救には有部の法救と同名異人の法救がいたとされてきた。たとえばヤショーミトラは『倶舎論』を注釈する際に、

大徳とは上座である。あるいはその名を有するある経量部師である。しかし聖ヴィシェーシャがいうには、彼は上座法救であると。これにつき私は思う。もし法救が過去未来有を説く者であるならば、彼は経量部でなく譬喩

者という意味になる。というのは「類不同」を立てるのは大徳法救だからである。……これによってこの人は大徳法救よりもほかの経量部の上座比丘であると認められる。[33]

とするように、法救には有部と経量部との二人がいたと解した。あるいは近世の快道(一七五一―一八一〇)も、『大毘婆沙論』の法救と『雑心論』とは、

與婆沙法救同名異人。時処別故。[34]

と、時と活躍(生存)地が異なるから別人であるという。これに反して、『雑心論』と『五事毘婆沙論』の法救との場合は同一人物であると次のようにいう。

法救論師釈世友五事論傍釈品類足初五事一品。天明二年梓此一品。是與雑心主同人。[35]

最近でも、今西順吉氏[36]によって外界を認識するのは「根」か「識」かというういわゆる「根見・識見」の問題の上から、さらに加藤純章氏[37]によって楽受に関する問題の上から、『五事毘婆沙論』と『雑心論』との所説は合致するけれども『大毘婆沙論』の法救説だけはいずれとも一致しないゆえに、別人であろうという見解が示されている。

しかしながら、法救は『雑心論』を有部の立場から、『大毘婆沙論』と『五事毘婆沙論』とを「半有部・半譬喩者」の立場から著わしたとすれば、法救を一人の人物とみても大局的には大きな齟齬をきたさないであろう。

三者の成立順に関しては、『五事毘婆沙論』が『大毘婆沙論』の成立後であるとしても、残りの『雑心論』がどこに位置づけられるかは明確でない。たとえば、虚空無為を例にとってみると、それを否定するのは『雑心論』[38]では譬喩者とするのに対し、『大毘婆沙論』では「大徳」、『鞞婆沙論』では曇摩多羅(法救)とする。これは『雑心論』の法救が自己の立場に反する者を譬喩者としただけで、成立前後をみる上で手がかりとなるものではない。

ただ『雑心論』には細註として、次のようにあることは注目されよう。

尊者は説いて曰く、とは、此の達摩多羅は古昔の達摩多羅を以て尊者と為す[39]。

これは尊者以外に別の「古昔の達摩多羅」という人物のいたことを示唆するものである。細註そのものはおそらく本来の原文になかったものであろうが、もしこの細註に従えば、三者のうちでも『雑心論』がそれらの最後に成立したということになろう。三者の成立問題については今後の解明を待ちたい。

とにかく、「大地法」に限ってみるならば、法救は『雑心論』の時点で、それをはっきり是認していたのに対し、『大毘婆沙論』では有部四大論師とみなされながら「思」だけを認め、それ以外のものを否定した。これに対し、『五事毘婆沙論』は法救が「五事品」を所依としたこと、さらに「大地法」「受」「想思欲等」の語が看取される以上、当初有部の立場を踏まえていたことは確かであろう。しかし「受」の分析のみに終始し、しかも「心不相応行法」、「無為法」について何ら言及しない点からみると、法救は『五事毘婆沙論』を譬喩者の立場から著したと解し得よう。

註

（1）宮本正尊「譬喩者、大徳法救、童受、喩鬘論の研究」（『日本仏教学協会年報』第一号、昭和四年、一一五—一九二頁）参照。

（2）『大毘婆沙論』、大正蔵二七、八頁下。『阿毘曇毘婆沙論』、大正蔵二八、六頁上中。

（3）『大毘婆沙論』、大正蔵二七、三九六頁上。『阿毘曇毘婆沙論』、大正蔵二八、二九五頁下—二九六頁上。

（4）『大毘婆沙論』、大正蔵二七、六六一頁下。

（5）『五事毘婆沙論』、大正蔵二八、九八九頁中。伴戸昇空氏による本論の「国訳」は至便である。「五事毘婆沙論—研究ノート—」（『A.R.I. 紀要』第六号、昭和六十二年、一二一—一二七頁）。

（6）J. Imanishi, Das Pañcavastukam und die Pancavastukavibhāṣā. *NAWG*. Göttingen. 1969. S. 3. 8-9. L. Sander. u.E. Waldschmidt, *Sanskrithandschriften aus den Turfanfunden*. (*SHT*) Teil 5, 1985 S. 268-9.

（7）J. Imanishi, *a.a.O.* S.10, ただし集成本(*SHT*)によると、sthavira-va までしか判読されてない。L. Sander u. E.

Waldschmidt, *a.a.O.* S. 269.

（8）『品類足論』の複数作者説をとる『大智度論』でも、「五事品」に関しては法救撰とする点で一致する。『大智度論』巻二、大正蔵二五、七〇頁上。本書第六章「六足論の成立地」参照。

（9）『五事毘婆沙論』、大正蔵二八、九八九頁中。

（10）『倶舎論法義』、大正蔵六四、四頁中。池田練太郎「『五事毘婆沙論』の成立について（上）」（『駒沢大学仏教学部論集』第四八号、平成二年、五六一頁）参照。

（11）『雑阿毘曇心論』、大正蔵二八、九四六頁下—九四七頁上。

（12）*Abhidh-k-bh*, p. 94. *ll*. 9-17.

（13）『大毘婆沙論』、大正蔵二七、二八八頁上中。九八〇頁中下。なお『阿毘曇毘婆沙論』（大正蔵二八、二二二頁下）では、「事」と「処所」と訳出する。

（14）『大毘婆沙論』、大正蔵二七、二五七頁上。『阿毘曇毘婆沙論』、大正蔵二八、二〇〇頁上。

（15）『大毘婆沙論』、大正蔵二七、二八八頁中。『阿毘曇毘婆沙論』、大正蔵二八、二二三頁上。

（16）『大毘婆沙論』、大正蔵二七、二八八頁中。『阿毘曇毘婆沙論』、大正蔵二八、二二二頁下。

（17）『大毘婆沙論』、大正蔵二七、九八七頁中。玄奘訳『瑜伽師地論』（大正蔵三〇、八七八頁下）でも「五事」と訳される。

（18）『大毘婆沙論』、大正蔵二七、七三〇頁中。

（19）『大毘婆沙論』、大正蔵二七、三八八頁下。

（20）『倶舎論記』、大正蔵四一、三一〇頁中。『倶舎論疏』、大正蔵同、五〇九頁中。

（21）渡辺楳雄『有部阿毘達磨論の研究』、平凡社、昭和二十九年、三九三頁以降参照。

（22）『阿毘曇毘婆沙論』、大正蔵二八、二九一頁中。

（23）『鞞婆沙論』、大正蔵二八、四六〇頁下。

（24）宮本正尊、前掲論文、一六九頁。加藤純章『経量部の研究』、春秋社、平成元年、二二頁、一一八頁参照。

（25）『大毘婆沙論』、大正蔵二七、六六二頁中。

（26）『五事毘婆沙論』、大正蔵二八、九九二頁下—三頁上。

（27）『五事毘婆沙論』、大正蔵同、九九四頁中。

（28）『大毘婆沙論』、大正蔵二七、七三六頁中。

（29）『大毘婆沙論』、大正蔵同、六六二頁中。

（30）『大毘婆沙論』、大正蔵同、二七二頁上。『阿毘曇毘婆沙論』、大正蔵二八、二一一頁中。

（31）『五事毘婆沙論』、大正蔵二八、九九二頁下。

（32）水野弘元氏は「準経部」とされるが、そうすると、有部の四大論師でもあるという立場が弱まってしまうであろう。水野弘元『パーリ仏教を中心とした仏教の心識論』、山喜房佛書林、昭和三十九年、二四〇頁参照。

（33） *Abhidh-k-vy*, p. 44. *ll.* 14-23.
（34）『倶舎論法義』、大正蔵六四、三頁下。
（35）『倶舎論法義』、大正蔵同、四頁中。
（36） L. Imanishi, a.a.O.S. 24-6.
（37） 加藤純章、前掲書、一九一頁参照。
（38）『雑阿毘曇心論』、大正蔵二八、九四四頁上。
（39）『雑阿毘曇心論』、大正蔵二八、九四六頁中。

㈣ シュリーラータによる批判

(1) シュリーラータの三心所論

「心所法」の解釈をめぐってシュリーラータと有部とは相容れない立場にある。有部は心と別なる法として心所を立てるが、シュリーラータは心所とは「心に属する」（caitasika）という本来の意に沿って解釈し、受想思以外はすべて心の変化であるとする。この点は経文にあらわれた「心所」の語に対する解釈の相違の上で顕著である。たとえば、

眼と色の二を縁として、諸の心所法を生ず
識と触と倶なる受・想・諸行の摂は有因なり。[1]

という偈をめぐって、有部（ここでは衆賢）はこの偈を心所法の実在を示す経証とする。これに対し、シュリーラータは、

上座は、此の伽他の義を釈して言はく、「心所と説くは、次第の義の故に、識の言を説くが故に、識を離れざるが故に、別に触あること無し。次第の義とは、生の次第に據る。謂はく、眼色従り、識触を生ず。此れ従り、復た諸の心所法を生ず。倶生の受等を心所法と名く。触は心所に非ず。識の言を説くとは、謂はく、此の中に於て

識を説くを現見す。故に触は是れ心にして、心所法に非ず。(2)

と、「倶生」とされる受想思の三心所以外は、「心」の次第生起、つまり順次変化した様態であるとみる。もっとも「心」といえども、詳しくはその主体となるのは「思」(cetanā)であり、その「思」の変化によって「作意」などが現われるという。

彼の上座は「行蘊は唯、思のみ、余の作意等は是れ思の差別なり」と説く、復た是の言を作す。「作意等の行は、思を離れて、別に体ありと知るべからず。或は余行を離れて、別に少分の思の体得べきあり、此れに由りて、行蘊は一物に非ずと雖も、而も一思の摂なり。是の故に契経に、一思を挙ぐと雖も、而も理に違せず」と。(3)

ところでシュリーラータが受想思の三心所だけを法として認めたことについては、すでに加藤純章氏(4)によって『倶舎論』「世間品」および『順正理論』「縁起品」などを中心として解明されている。では、シュリーラータはなぜ十法中、三心所だけに限って認めたのであろうか。

シュリーラータが三心所だけを実在の法と認めるのは、(5)十二縁起中の「受」を説く際に、その受が根境識の三事和合によって触があり、触によって受想思がともに生ずる(saha 倶生)、つまり根境識→触→受想思に言及する経文に根拠を置いている。(6)

この経文に対応するのは『雑阿含経』巻十一、巻十三に、

眼と色とを縁じて眼識を生じ、触と倶に受・想・思が生ず。(7)

とあるのが、それに当たる。

しかるに、これに対応するパーリ『相応部』経典(8)では、受想思の三つを列挙することも、「倶生」の語も認められないのである。こうした点から水野弘元(9)、加藤純章(10)両氏はパーリ文に対応する語がない以上、『雑阿含経』のこの経

文は、この経を伝持した有部によって後世付加されたものであろうとされている。

ところで、こうした経文は実に多くの論書に引用されている。『倶舎論』だけでも三箇所に渉って認められる。一はむろんこの縁起説の箇所(世間品)、二は「根品」の滅尽定をめぐる箇所、三は「破我品」においてである。「破我品」ではその出典を具体的に「人契経」(Mānuṣyakasūtra)とする。『大毘婆沙論』(11)ではその「雑蘊」、『順正理論』(12)でも「本事品」に二回、「差別品」に一回、『アビダルマディーパ』では「三世実有」の箇所で引用する。このほか、『五事毘婆沙論』(13)、有部以外では『成業論』(14)や『成唯識論』(15)の滅尽定のくだりというように、広範な箇所に認めることができる。

このうち、原文の知られるものだけをあげると、こうである。

一、「世間品」　cakṣuḥ pratītya rūpāṇi cōpadyate cakṣurvijñānaṃ trayāṇāṃ saṃnipātaḥ sparśaḥ sahajātā vedanā saṃjñā cetaneti. (p. 146. *ll.* 12-14.)

二、「根品」　sati hi vijñāne trayāṇāṃ saṃnipātaḥ sparśaḥ. sparśapratyayā ca vedanā saṃjñā cetanetyuktaṃ, ... (p. 72. *ll.* 26-27.)

三、「破我品」　cakṣuḥpratītya rūpāṇi cōtpadyate cakṣurvijñānaṃ trāyaṇāṃ saṃnipātaḥ sparśaḥ. sparśa-sahajātā vedanā saṃjñā cetanā iti, ... (p. 465. *ll.* 11-12.)

四、『ディーパ』　trayāṇāṃ sannipātaḥ sparśaḥ. sahajātā vedanā iti. (p. 270. *l.* 1)

この原文を詳しくみれば、「根品」の場合だけ「触を縁として」(sparśapratyayā)とあったり、「世間品」と『アビダルマディーパ』の場合は「触」と倶生してという場合の「触」の語が欠けるという異なりがあるものの、いずれも受想思の倶生を示すものにほかならない。

(2) 初期有部論書における受想思

受想思の倶生を示すこうした経文が有部論書に引用されるのは『五事毘婆沙論』以後と思われるが、それ以前の『識身足論』には経文と明示されないけれども、次のような文が見い出せる。

六識心有り。謂はく、眼識・耳・鼻・舌・身・意識なり。眼と色とを縁と為して眼識を生じ、三和合の故に触有り。触と倶生して受・想・思有り。(16)

さらにこの『識身足論』には受想思を一まとめにしたものではないが、「触→受」「触→想」「触→思」という認識の生じる過程を説く三通りのくだりがある点でも注目される。それは次のようにある。

又、眼と色とを縁と為して眼識を生じ、三和合の故に触有り。触を縁と為すが故に受を生ず。是くの如き眼触所生の受は唯だ能く諸の色を受し、補特伽羅には非ず。此の補特伽羅は眼触所生の受の所受に非ず。唯だ諸の色有りて眼識所生の受の所受と為す。是の故に此の眼触所生の受は補特伽羅触所生の受には非ず。

又、眼と色とを縁と為して眼識を生じ、三和合の故に触有り。触を縁と為すが故に想を生ず。是くの如き眼触所生の想は唯だ能く諸の色を想し、補特伽羅には非ず。此の補特伽羅は眼触所生の想の所想に非ず。唯だ諸の色有りて眼識所生の想の所想と為す。是の故に此の眼触所生の想は補特伽羅触所生の想には非ず。

又、眼と色とを縁と為して眼識を生じ、三和合の故に触有り。触を縁と為すが故に思を生ず。是くの如き眼触所生の思は唯だ能く諸の色を思し、補特伽羅には非ず。此の補特伽羅は眼触所生の思の所思に非ず。唯だ諸の色有りて眼識所生の思の所思と為す。是の故に此の眼触所生の思は補特伽羅触所生の思には非ず。此の諸法の触を第五と為すに由りて、補特伽羅は得べきに非ず。証すべきに非ず。現有に非ず。等有に非ず。是の故に補特伽羅有ること無し。(17)

すなわち「触を縁と為すが故に受を生ず」とするものとともに、「想を生ず」「思を生ず」とあり、重複を省いて整理すれば、触を縁として生ずるものは「受」「想」「思」の三つに整理できる。同様のくだりは『識身足論』「補特伽羅蘊」[18]にも再三見い出すことができる。

もっとも「触→受」だけの関係に限ってみれば、それ以前の『集異門足論』「六法品」に六受身中の眼触所生受身にちなんで、

云何が眼触所生受身なる。答ふ、眼及び諸の色を縁と為して眼識を生じ、三和合の故に触あり。触を縁と為すが故に受あり。[19]

とあることが認められる。

さらにこの『集異門足論』で重視すべきは、この六受身が六内処・六外処・六識身・六触身・六受身・六想身・六思身・六愛身という一連のものの一つである点である。これは、十二縁起でいう識(六識身)—名色(六外処)—六処(六内処)—受—愛のうち、「受」の部分が「受想思」とされるだけの違いである。ところで十二縁起説はまず無明—行—識—名色—六処—触—受—愛—取—有—生—老死という迷いの生存のあり方を示したものとの二つの部分から成り、後にこの二系列を結合することによって成立したとされている。[20]してみると、「六法品」での六内処ないし六愛身というのは、根境識—触—受想思—愛の系列となり、認識論にもとづくもう一つ別の系列があったことがわかる。

このうち六識身・六触身・六受身・六想身・六思身・六愛身の六つをまとめた形の「六六身」(『大毘婆沙論』[21]では「六法門」)というのが、その後の『界身足論』「本事品」に認められる。のみならずそこでは「六六身」が大地法、大煩悩地法といった有部の新しい法体系とともに並挙されるのである。

三地各十種　五煩悩五見
五触五根法　六六身相応(22)

『界身足論』以後の『品類足論』「七事品」でも蘊界処、大地法、大煩悩地法とともに「六六身」が同列に取り扱われる。

十八界十二処五蘊五取蘊六界。十大地法。十大善地法。十大煩悩地法。十小煩悩地法。五煩悩五触五見五根五法。六識身。六触身。六愛身。六想身。六思身。六愛身。(23)

このように三事和合―触―受想思―愛の系列が、心理分析あるいは認識論の上で蘊処界、大地法、大煩悩地法などとともに並挙されることは、縁起支が十二と確定した以後も、有部アビダルマにおいて軽視されることなく、依然として特定の位置を占めていたことになる。

原始経典の上に縁起支として三事和合―触―受想思―愛の系列でなく、三事和合―触―受―愛の系列のほうを採用した経緯を直接説いたものはないが、『大毘婆沙論』にはその経緯を示唆する記述が認められる。

その一は、二十二根中に受があり、想のない理由として、次のようにいう。

問ふ、若し爾らば染汚の受は、応に根と立てざるべし。答ふ、受は染品に於て勢用増上するが故に立て、根と為すも、煩悩は爾らず。諸受に依りて煩悩を生ずるを以ての故に。問ふ、若し、爾らば想は応に根と立つべし。亦、能く煩悩を生ずるが故に。答ふ、想は能く煩悩を生ずと雖も、而も受の勝なるに及ばず。此の義に由るが故に、亦、想は縁起支中に在りと説かざるなり。(24)

これは「受」というのは染と伴なう場合、その反応が大きいから「根」と立てるのに対し、「想」は「受」ほど反応がないから「根」としないとし、同じ理由から十二縁起中に「想」を立てないというもの。

その二は、「滅尽定」中に受、想があるかという議論において、ある説(有説)として、

有るが説く、「想と受とは、能く愛と見との二種の煩悩を起こす。受の力の故に愛を起こし、想の力の故に見を起こす、一切の煩悩は此の二を首と為せばなり」と。(25)

と示される。ここでは受は「愛」を、想は「見」を惹き起こすものという。とりわけ「受」より「愛」を生ずるという両者の関係はそのまま十二縁起と対応するものである。こうした「受」と「愛」、「想」と「見」というセットになった相互関係は、『順正理論』(26)にも認めることができるから、もはや動かし難いものと解されたのであろう。こうした点から、「受」と「愛」の二つだけが縁起支として採用された背景を窺うことができる。

いずれにしても初期有部論書に触と受想思の倶生を示す文は直接引用されないけれども、「触→受」「触→想」「触→思」という考え方がその背後にあったことは明白である。

(3) 原始経典にみる受想思

では漢訳『雑阿含経』以外の原始経典に根境識―触―受想思という系列を直接示すものはないならば、それに酷似する文、もしくは近接する文は認められるであろうか。

まず『中阿含経』の「蜜丸喩経」には、

眼と色に縁りて眼識を生じ、三事共に会してすなわち「更触」有り、更触に縁りてすなわち「所覚(受)」有り、若し所覚(あれば)すなわち想ひ、若し所想(あれば)すなわち思ひ、若し所思(あれば)すなわち念じ、若し所念(あれば)すなわち分別す。(27)

とあり、根境識の三事が和合すれば、「所覚」「所想」「所思」などの三種のはたらきが生ずるという。これに対応する『中部』経典「蜜丸経」には、

眼に縁りて色において眼識生じ、三事和合して触がある。触に縁りて受がある。受せるものを想す(sañjānāti)。想せむものを覚知(尋)す(vitakketi)。覚知せるものを迷執す(papañceti)。[28]

とある。この経文に対応する一節は『倶舎論』にも引用され[29]、そこには「受想思」とあるものの、『中部』経典では「思」の代わりに「尋」(動詞形であるが)とある点が異なる。もっとも『中部』経典で「尋」のかたちで示したものは『順正理論』に認められる。ただしこの「尋」の解釈をめぐって衆賢とシュリーラータとの間で違いがある。

又、此の経中、別に説くは何の用ぞ。謂はく、契経に言ふ。「若し所受あれば、即ち所思あり。若し所思あれば、即ち所想あり。若し所想あれば、即ち所尋あり」と。彼の宗は既に尋は即ち是れ思なりと許す。尋を挙ぐるは乗と為す。

彼の上座は言ふ。「此の経は乗に非ず。若し尋を挙げざれば、思は即ち是れ作意、欲等なるを疑はん」と。此れ應に疑ふべからず。相に異あるが故に。彼の体は即ち思なれば、相、如何ぞ異ならんや。若し爾らば、尋を挙ぐること、即ち応に無用なるべし。彼は尋と思と其の相、一なりと執するが故に。又、作意等は既に即ち思なりと許す、思は即ち彼なるを疑ふこと、復た何んの過ありや。是の故に彼れの言は都て義あることなし。[30]

シュリーラータは、受想思以外の心作用をすべて「思」の変化したものと解し、「尋」は「思」のこととするのに対し、衆賢は「思」と「尋」との自性は全く別であるという。ここにも両者の心所に対する基本的立場がそのまま反映している。

次いで想思の二つに言及する経文として、『雑阿含経』第二一四経があげられる。

此の三法和合して触し、触し已りて受し、受し已りて思し、思し已りて想するも、此れ等の諸法は無常有為心縁生なり。所謂、触・想・思なり。[31]

これに対応する『相応部』経典には、

比丘たちよ、触れて感じ、触れて思考し、触れて識知する(phuṭṭho bhikkhave vedeti phuṭṭho ceteti phuṭṭho sañjānāti)。[32]

とあり、受想思が「触想思」というように異なりが認められる。

してみると、漢訳『雑阿含経』(巻一一、巻一三)の文に対応する原文が有部論書に認められるにもかかわらず、パーリ文原始経典の上に(類似する経文はある)合致するものがないことから、シュリーラータの三心所説は有部が潤色した経文を論拠としたことが知られる。また『成業論』『成唯識論』などの論書も、この経文に関する限り、有部によって潤色された『雑阿含経』を依り拠としたことになる。

(4) 原始経典にみる六受身・六想身・六思身

もっとも六受身・六想身・六思身という視角からみると、『集異門足論』「六法品」に集録される六内処、六外処、六識身、六受身、六想身、六思身、六愛身というのはその直接の藍本である「衆集経」類にそのまま認めることができる。サンスクリット本によるとこうである。

VI. 1. (yaduta ṣaḍ ā) dhyā(t)m(i)kāya(tanāni. katamāni. ṣaṭ. …
VI. 2. (ṣaḍ bāhyāyatanāni. kata) māni ṣaṭ. …
VI. 3. ṣaḍ vij(ñ)ā(nakāyāh. katame ṣaṭ. …
VI. 4. (ṣaṭ) sparśakāyāḥ. katame ṣaṭ. …
VI. 5. (ṣaḍ vedanākāyāḥ katame ṣaṭ. …
VI. 6. (ṣaṭ saṃ)jñākāyāḥ. …

VI. 7.　ṣaṭ ce(tanākāyāḥ katame ṣaṭ.)…

VI. 8.　(ṣaṭ tṛṣṇākāyāḥ. katame ṣaṭ.)…[33]

この対応文は『長部』経典、[34]『長阿含経』「衆集経」[35]のいずれにも認められる。

こうした六内処ないし六愛身を根境識―触―受想思―愛の別表現と解すれば、原始経典に、かなり六内処から六愛身に至るものを見い出すことができる。たとえば、『雑阿含経』三二三経ないし三三〇経がそうである。

(三二三)(六内入処経)是の如く我れ聞きぬ。一時、仏、舎衛国の祇樹給孤独園に住まりたへり。爾の時世尊、諸の比丘に告げたまはく、『六内入処有り、謂ゆる眼内入処。耳・鼻・舌・身・意内入処なり』と。仏此の経を説き已りたまひしに諸の比丘、仏の説かせたまふ所を聞きて、歓喜し奉行しき。

(三二三)(六外入処経)是の如く我れ聞きぬ。一時、仏、舎衛国の祇樹給孤独園に住したまへり。爾の時世尊、諸の比丘に告げたまはく、『六外入処有り、云何が六と為す。謂ゆる色は是れ外入処。声・香・味・触・法は是れ外入処なり。是れを六外入処と名く』と。仏、此の経を説き已りたまひしに諸の比丘、仏の説かせたまふ所を聞きて、歓喜し奉行しき。

(三二五)(六識身経)是の如し我れ聞きぬ。一時、仏、舎衛国の祇樹給孤独園に住したまへり。爾の時世尊、諸の比丘に告げたまはく、『六識身有り。云何が六と為す。謂ゆる眼識身・耳識身・鼻識身・舌識身・身識身・意識身なり。是れを六識身と名く』と。仏此の経を説き已りたまひしに諸の比丘、仏の説かせたまふ所を聞きて、歓喜し奉行しき。

(三二六)(六触身経)是の如く我れ聞きぬ。一時、仏、舎衛国の祇樹給孤独園に住したまへり。爾の時世尊、諸の比丘に告げたまはく、『六触身有り。云何が六触身と為す。謂ゆる眼触身・耳触身・鼻触身・舌触身・身触身・

意触身なり。是れを六触身と名く』と。仏此の経を説き已りたまひしに諸の比丘、仏の説かせたまふ所を聞きて、歓喜し奉行しき。

(三一七)(六受身経)是の如く我れ聞きぬ。一時、仏、舎衛国の祇樹給孤独園に住したまへり。爾の時世尊、諸の比丘に告げたまはく、『六受身有り。云何が六と為す。眼触生の受、耳・鼻・舌・身・意触生の受なり。是れを六受身と名く』と。仏、此の経を説き已りたまひしに諸の比丘、仏の説かせたまふ所を聞きて、歓喜し奉行しき。

(三一八)(六想身経)是の如く我れ聞きぬ。一時、仏、舎衛国の祇樹給孤独園に住したまへり。爾の時世尊、諸の比丘に告げたまはく、『六想身有り。云何が六と為す。謂ゆる眼触生の想、耳・鼻・舌・身・意触生の想なり是れを六想身と名く』と。仏、此の経を説き已りたまひしに諸の比丘、仏の説かせたまふ所を聞きて、歓喜し奉行しき。

(三一九)(六思身経)是の如く我れ聞きぬ。一時、仏、舎衛国の祇樹給孤独園に住したまへり。爾の時世尊、諸の比丘に告げたまはく、『六思身有り。云何が六と為す。謂ゆる眼触生の思、耳・鼻・舌・身・意触生の思なり。是れを六思身と名く』と。仏、此の経を説き已りたまひしに諸の比丘仏の説かせたまふ所を聞きて、歓喜し奉行しき。

(三二〇)(六愛身経)是の如く我れ聞きぬ。一時、仏、舎衛国の祇樹給孤独園に住したまへり。爾の時世尊、諸の比丘に告げたまはく、『六愛身有り。云何が六愛身と為す。謂ゆる眼触生の愛、耳・鼻・舌・身・意触生の愛なり。是れを六受愛と名く』と。仏此の経を説き已りたまひしに諸の比丘、仏の説かせたまふ所を聞きて、歓喜し奉行しき。[36]

あるいはまた『雑阿含経』二九五経にも、

爾の時世尊、諸の比丘に告げたまはく『此の身は汝の所有に非ず。亦た余人の所有にも非ず、謂ゆる六触入処なり。本修行の願により、此の身を受得せるなり。云何が六と為す、眼触入処・耳・鼻・舌・身・意触入処なり。彼の多聞の聖弟子は、諸の縁起に於て、善く正しく思惟して此の六識身・六触身・六受身・六想身・六思身有るを観察す。所謂此れ有るが故に、当来に生老病死憂悲悩苦有り、是の如く是の如く、純大苦聚集まる。是れを因有り縁ありて世間集まると名く。謂ゆる此れ無きが故に、六識身無く六触身・六受身・六想身・六思身無し。謂ゆる此れ無きが故に、当来に生老病死憂悲悩苦有ること無く、是の如く純大苦聚滅す[37]。

とある。ここでは、もし縁起がなければ、識・触・受・想・思などという集まり（身）もないという。これに対応する『相応部』経典[38]では、十二縁起の概念のみで六識身ないし六思身に言及しないが、しかし有部系のサンスクリット本『ニダーナサンユクタ』に、

その場合、多聞の聖弟子は縁起を実に正しく適切に根本的に熟考する、すなわち次のように。もしこれらがあれば、六識身があり、六触身、六受身、六想身、六思身がある[39]。

とあり、これは『雑阿含経』と同趣旨であることが知られる。もっともこの『雑阿含経』二九五経、『ニダーナサンユクタ』には六愛身が欠落しているものの、たとえば『雑阿含経』二七六経[40]では六内外処、六識身、六触身、六受身、六想身、六思身、六愛身とあるし、『中阿含経』「説処経」では、愛を含む根境識—触—受想思—愛の系列が次のように摂頌に示されている。

陰内外識更　覚想思愛界[41]
因縁念正断　如意禅諦想

『雑阿含経』『中阿含経』『ニダーナサンユクタ』はいずれも有部（根本有部）所伝といえるから、有部系経典だけに

根境識―触―受想思―愛の系列が認められるかにみえる。しかし「衆集経」類については、『長阿含経』（法蔵部）、パーリ文『長部』経典（南伝上座部）のいずれにも六受身、六想身、六思身が説かれるので、有部（根本有部）だけで重視するわけではない。

してみると、原始経典とりわけパーリ文に三事和合―触―受想思を一文で表わす経文は見い出せないものの、しかしそうした考え方は原始経典の上に確固として存在したことになろう。

(5) シュリーラータの「識」論

ところで原始経典における六受身、六想身、六思身という表現は、認識論の系列だけに説かれるわけでなく、五蘊の概念規定にも認めることができる。たとえば『雑阿含経』[42]には五蘊中の受、想、行、の三蘊をそれぞれ六受身、六想身、六思身と説明する箇所がみられる。それは第六一「分別経」である。

> 云何が受受陰なる、謂ゆる、六受身なり。何等をか六と為す。謂ゆる眼の触・受を生じ、耳・鼻・舌・身・意の触・受を生ず。是れを受受陰と名く。復た次に彼の受受陰は、無常・苦・変易の法なり。乃至滅尽し涅槃す。云何が想受陰なる。謂ゆる六想身なり。何等をか六と為す。謂ゆる眼触・想を生じ、乃至意触・想を生ず。是れを想受陰と名く。復た次に彼の想受陰は、無常・苦・変易の法なり、乃至滅尽し涅槃す。云何が行受陰なる。謂ゆる六思身なり。何等をか六と為す。受謂ゆる眼触、思を生じ、乃至触、思を生ず。是れを行受陰と名く。復た次に彼の行受陰は、無常・苦・変易の法なり。乃至滅尽し涅槃す。云何が識受陰なる。謂ゆる六識身なり。何等をか六と為す。謂ゆる眼識身、乃至意識身なり。是れを識受陰と名く。復た次に彼の識受陰は、是れ無常・苦・変易の法なり。乃至滅尽し涅槃す[43]。

これに対応する『相応部』経典にも、

比丘たちよ、また諸行とは何か。比丘たちよ、これら六思身である。色思、声思、香思、味思、触思、法思である。比丘たちよ、これらが諸行といわれる[44]。

とある。あるいは受想行の三蘊について、次のようにある。

比丘たちよ、何を受とするか。比丘たちよ、六受身である、…略…
比丘たちよ、何を想とするか。比丘たちよ、六想身である、…略…
比丘たちよ、何を行とするか。比丘たちよ、六思身である、…略…
比丘たちよ、何を識とするか。比丘たちよ、六識身である、…略…[45]

このうち「行蘊」は、有部になると、心相応行蘊と心不相応行蘊との二つに改変されるが、『大毘婆沙論』には原始経典でいう行蘊と有部でいうそれとを対比して次のようにいう。

問ふ、行蘊とは云何。答ふ、契経の説は此は是れ六思身なり。謂く眼触所生の思乃至意触所生の思なり。阿毘達磨は此の行蘊を説くに略して二種有り。相応行と不相応行とをいふ。乃至広説。

問ふ、世尊は何が故に相応と不相応との行蘊中に於て、偏に思を説きて行蘊と為し、余の行に非ざるや。答ふ、思は行蘊を施設する法中に於て最も上首と為り、思は能く諸行を導引摂養するが故に、仏は偏に説く。愛は集諦を施設する法中に最も上首と為り、愛は能く諸集を導引摂養するが故に仏は偏に説くが如し。復次に、有為を造作するが故に名けて行と為す。思は是の造性なるに、余法は爾らざるが故に、仏は偏に思を説きて行蘊と為すなり[46]。

とりわけ原始経典でいう行蘊とは具体的に「六思身」と規定される。この点は『倶舎論』にも、

四(蘊)以外のものが行蘊である。色・受・想・識の四以外が行で行蘊である。しかるに経において尊師によって

六思身であると説かれる。力すぐれたものだからである。[47]

と、六思身は心作用のうちでも力すぐれたもの(prādhānya)と世尊によって説かれたとする。

ところでシュリーラータは、行蘊には有部のいう心不相応行蘊は含まれないと次のようにいう。

彼の上座は「行蘊は唯、思のみ、余の作意等は是れ思の差別なり」と説く。復た是の言を作す。「作意等の行は、思を離れて、別に体ありと知るべからず。或は余行を離れて、別に少分の思の体得べきあり、此れに由りて、行蘊は一物に非ずと雖も、而も一思の摂なり。是の故に契経に、一思を挙ぐと雖も、而も理に違せず」と。復、云何が作意等の行は一切皆な思を用て自体と為すと知るや。「薄伽梵は契経の中に於て、六思身を説いて、行蘊と為すを以ての故に」[48]

つまり行蘊は「思」だけをいうとし、原始仏教での概念規定に引き戻すのである。

シュリーラータが受想思の三心所だけを認めた典拠として、彼自身のいう三事和合―触―受想思を説く経文を中心にみたが、行蘊を原始経典どおりに、六思身と解すれば、三心所説は五蘊中の受想行の三蘊に対応するという新視点が想定されることになる。

すでに慈恩大師基はシュリーラータと特定することはないけれども、経量部(シュリーラータは経量部に属す)が受想思の三心所だけを主張するのは、ほかならぬ五蘊に準じたためという見解を示している。

論。或は心を離れて別の心所は無しと執す。

述して曰く、此れは第四の計なり。即ち是れ経部と覚天との等きが執ぞ。経部師の説く、仏五蘊を説きたまふ。故に心を離れて外に唯三の心所のみ有り。一には受、二には想、三には思なり。更に余の心所を説いて蘊と名けたまはず。故に三を離れて外に更に余の所は無しと云ふ。[49]

近年でも御牧克己氏は、シュリーラータの三心所説は五蘊中の三蘊にもとづくのではないか、そうでないと「五蘊説は破壊されてしまう」[50]とされる。

慈恩大師それに御牧氏も受想行の三蘊に対応する受想思だけを心所としたという点で一致する。もとより、受想思の三心所は五蘊と呼応することは明瞭である。それならば譬喩者や覚天（チベット伝承では受想思触作意を認めていたという）のように心所法の存在そのものを否定した人びとは、五蘊そのものまで否定したかというと、その点に関する手がかりはない。

さて受想思の三心所は五蘊と深い関連があったとすれば、シュリーラータは五蘊中の残りの識蘊つまり「識」をどう解したのか。「識」を精神主体の一作用たる「識別作用」、あるいは精神主体そのものとみたかという点である。原始経典では色蘊を物質的存在、残りの受想行識の四蘊全体で精神的存在を表わし、とくに識蘊については「識別作用」をいうとする所説が圧倒的に多い。しかしながら、「識」を「精神主体」とする見方もないわけではない。六界説（地水火風空識）でいう識界は「心」のことをいうし、あるいは前述のように[51]、「心」は「意」（manas）なり、「意」は「識」（viññāṇa）なりとする考え方もそのことをいうからである。

有部アビダルマになると、諸法の分析化が進むにつれ、識蘊というのは単なる一精神作用でなく、精神主体そのものであると解される[52]。したがって有部でいう五蘊とは、色蘊と識蘊との接触によって生じた精神作用が受想行の三蘊ということになる。

こうした有部に対し、シュリーラータは心所として受想思の三つしか認めず、しかも受想思を五蘊中の受想行に対応するものとすれば、残りの「識」を有部同様に精神主体と解したと思われる。

註

（1）『順正理論』、大正蔵二九、三八五頁中。
（2）『順正理論』、同右。
（3）『順正理論』、大正蔵二九、三三九頁中。加藤純章『経量部の研究』、春秋社、平成元年、二〇四—二〇五頁参照。
（4）加藤純章、前掲書、一九八—二二八頁参照。
（5）シュリーラータが受想思の三心所を実有としたことは確かであるが、その三つを「大地法」と解することは慈恩大師基の『成唯識論述記』に認められる。巻四末、大正蔵四三、三七一頁上中。
（6）『順正理論』、大正蔵二九、三八四頁中。
（7）『雑阿含経』、大正蔵二、七二頁下。巻十三、八七頁下。
（8）*SN*. II. p. 72.
（9）水野弘元「心・心所思想の発生過程について」（『日本仏教学会年報』第一四号、所集本『仏教教理研究』、二五九頁）。同『パーリ仏教を中心とした仏教の心識論』、山喜房佛書林、昭和三十九年、二二四—二二五頁参照。
（10）加藤純章、前掲書、二〇二頁参照。
（11）『大毘婆沙論』、大正蔵二七、七九頁中。『阿毘曇毘婆沙論』、大正蔵二八、六五頁上。
（12）『順正理論』、大正蔵二九、三三八頁下。三四八頁下。三八四頁中。
（13）『五事毘婆沙論』巻下、大正蔵二八、九九四頁上。
（14）『大乗成業論』、大正蔵三一、七八四頁上。*Ks. Peking*. vol. 162 a-8. 室寺義仁『成業論』、昭和六十一年、二九頁、五九頁参照。
（15）『成唯識論』、大正蔵三一、十八頁下。
（16）『識身足論』、大正蔵二六、五四六頁下。
（17）『識身足論』、大正蔵同、五四六頁上中。
（18）『識身足論』、大正蔵同、五四六頁中。
（19）『集異門足論』、大正蔵同、四二八頁下—四二九頁下。
（20）E. Frauwallner. *Die Philosophie des Buddhismus*. Berlin. 1956. S. 30. 梶山雄一「インド仏教思想史」（岩波講座『東洋思想、インド仏教1』、岩波書店、平成元年、二二頁）。同『空入門』、春秋社、平成四年、一六〇頁参照。
（21）『大毘婆沙論』、大正蔵二七、八七〇頁下。ただしここでは六内処、六外処を加えた八つを「六法門」と呼ぶ。「六法門」の内容は六内処、六外処もしくは六想身、六思身を加えたものの二系統が認められる。シャマタデーヴァの伝える経典では前者である。本庄良文「シャマタデーヴァの伝える阿含資料—世品（6）—」（『仏教研究』第二一号、平成四年、八五頁）参照。
（22）『界身足論』、大正蔵二六、六一四頁中。

（23）『品類足論』、大正蔵二六、六九八頁中下。
（24）『大毘婆沙論』、大正蔵二七、七三六頁中。巻五二、二七〇頁中もこれに準ずる。
（25）『大毘婆沙論』、大正蔵同、七七五頁中。
（26）『順正理論』、大正蔵二九、三四四頁下。
（27）『中阿含経』、大正蔵一、六〇四頁中。
（28）*MN.* I. pp. 111-112.
（29）*Abhidh-k-bh*, p. 146. *ll.* 18-19.
（30）『順正理論』、大正蔵二九、三四一頁下。
（31）『雑阿含経』、大正蔵二、五四頁上。
（32）*SN.* IV. pp. 68-69.
（33）V. Stache Rosen. *Das Saṅgītisūtra und sein Kommentar Saṅgītiparyāya.* (Dogmatische Begriffsreihen im älteren Buddhismus.) Berlin. 1968 S. 160-162.
（34）*DN.* III. pp. 243-244.
（35）『長阿含経』、大正蔵一、五一頁下。*vgl.* S. Behrsing. Das Chung-tsi-king（衆集経）des chinesischen Dīrghāgama. *AM.* 7. 1931. S. 95.
（36）『雑阿含経』、大正蔵二、九一頁下—九二頁上。
（37）『雑阿含経』、大正蔵同、八四頁上中。
（38）*SN.* II. pp. 64-66.
（39）C. Tripāṭhī, *Fünfundzwanzig Sūtras des Nidānasaṃyukta*, Berlin 1962 S. 145.
（40）『雑阿含経』、大正蔵二、七三頁下—七四頁下。
（41）『中阿含経』、大正蔵一、五六五頁下—五六六頁上。
（42）『雑阿含経』、大正蔵二、九頁中下。一五頁中—一六頁上。巻五、三四頁中下。
（43）『雑阿含経』、大正蔵同、一五頁中—一六頁上。
（44）*SN.* III. p. 60. 村上真完「諸行考（II）—原始仏教の身心観—」（『仏教研究』第十七号、昭和六十三年、五五頁）参照。
（45）*SN.* III. pp. 59-61. 村上真完、同論文、六〇—六一頁参照。
（46）『大毘婆沙論』、大正蔵二七、三八三頁下。
（47）*Abhidh-k-bh*, p. 10. *ll.* 19-21. 桜部建『倶舎論の研究』、法蔵館、昭和五十六年、一六六頁参照。
（48）『順正理論』、大正蔵二九、三三九頁中。
（49）『成唯識論述記』巻一本、大正蔵四三、二三六頁下。
（50）御牧克己「経量部」（岩波講座『東洋思想、インド仏教1』岩波書店、平成元年、二三四頁）参照。
（51）*DN.* I. p. 21. *SN.* II. p. 95. 木村泰賢『原始仏教思想論』（『同全集』第三巻、大法輪閣、昭和四十三年、一四五—一四六頁）。本書第一章「二、「五位」における「心」法」参照。
（52）桜部建『倶舎論の研究』、法蔵館、昭和四十四年、六七頁。同『仏教の思想2　存在の分析〈アビダルマ〉』、角川書店、昭和四十四年、五〇頁参照。

㈤　世親による批判

世親は『倶舎論』で「十大地法」を述べるくだりに、

これら十法はあらゆる心刹那においてあまねく存在すると伝説されている。(ime kila daśa dharmāḥ sarvatra cittakṣaṇe samagrā bhavanti.)(1)

と、「伝説」(kila)の語を用いることによって有部の見解に懐疑的であることを示す。(2)その点は、『アビダルマディーパ』での同じくだりに、

そこでまず大地が説かれる。(tatra tāvanmahābaumā nirdiśyante.)(3)

とあるのに比べればきわめて対照的である。ヤショーミトラの注釈(4)によると、この場合世親がkilaの語によって意図するのは、「大地法」としての「欲など」の十法すべてが一切心中に存在するのでなく、その点は世親(ヤショーミトラはアーチャーリヤという)の別の著作『(大乗)五蘊論』(Paṃcaskandhaka)のとおりであるとする。現存する『大乗五蘊論』(5)はむろん、瑜伽行唯識学派一般では有部の「十大地法」に対応するものを「五遍行」と「五別境」に区分けする。ヤショーミトラは『(大乗)五蘊論』の一節まで次のように引用する。

そこにおいて、実に五遍行(sarvatraga)とは受想思触作意をいい、五別境(pratiniyata-viṣaya)とは欲勝解念定慧であることなどが説かれる。(6)

最近の研究によっても、世親の立場は有部→経量部→大乗へ転向したということが彼の具体的な著作の上から再認

識されている。[7] してみると、世親が『倶舎論』を著した時点で「十大地法」に対し単に「伝説」(kila)の語で示すのみであったのは、彼が経量部(もしくは大乗)の立場にあったことを反映したものと解してよいであろう。

世親は『倶舎論』以後、「五遍行」だけが倶生すると解したことは確かであるが、その考え方は『倶舎論』の場合、「大地法」以外の箇所にも見い出せるであろうか。『倶舎論』において世親が「大地法」に対応する心所に言及するものとして、次の三つがある。第一は、四大種をめぐる覚天と有部との論難の帰結部(「界品」)に、

> そうかといって、心がそのまま心所であると〔いう考え方を〕認めることも道理に合わない。「想と受とは心所であり、この法は心に随うがゆえに心に依る」と経に説かれているからであり、また「有貪心」(sarāga-citta)などというからである。[8]

とある。これは「心」と「心所」とは別であるのは、想と受とを心所とする経典が認められるからであるという。この経文に対応するものとして『中部』経典「有明小経」[9]、『相応部』経典「質多相応」[10]があり、世親はこの経文に認められる想と受とを心所として承認していたと考えられる。この二つは瑜伽行唯識学派の分類でいえば、五遍行中に数えられるものである。

他方、心所法の存在を否定した譬喩者や覚天は心所の存在をはっきり説くこの経文に言及することがない。してみると、心所法の存在を否定する人びとは、こうした心所を説く経文を看過もしくは黙視したと考えられる。

次に、世親が心所の存在に言及する第二のものは、縁起支の受に関連して、有部とシュリーラータの議論があり、そこに次のような経文を伴なった一節がみられる。

> それならば、経に「あらゆる受・あらゆる想・あらゆる思・あらゆる識は、あい混わるもの(saṃsṛṣṭa「相雑」)であり、これらの諸法は離れたもの(asaṃsṛṣṭa)ではない」と説かれているから、識が受と離れていることはあ

り得ない[11]。

この経文中の saṃsṛṣṭa の意味の解釈に際し、さらに次のものが引き合いに出される。

寿(āyus)と暖(ūṣman)とが倶有なるべき(sāhabhāvya)ときに〔もまた〕、「あい混わる」(saṃsṛṣṭa)と説かれるゆえに、〔諸法が〕同一の刹那に生ずるという決定(kṣaṇaniyama)が成立する[12]。

ここでは寿(寿命)、暖(体温)、識(いのち)という生命を保持する三大要素といえども「あい混わる」と表現されるように、この三つは同時存在をいい、同様に経文中に説かれる受想思識も同時存在をいうと解する[13]。ヤショーミトラも、この saṃsṛṣṭa の語を倶生(sahotpanna)の意味という。このくだりからみれば世親自身、受想思(識は心そのもの)を心所として認めていたといえよう。

第三は、心一境性の解釈(「定品」)において、有部は心そのものが「定」なのでなく心がそのように作用した時を「定」といい、それを心一境性というとするのに対し、世親は次のようにいう。

定が大地法であるならば、一切の心は一境に転ずるという難点がある[14]。

してみると、世親は「定」を「大地法」と解さなかったとみていい。

仔細にみればこのほかにも大地法に対応する心所にふれる箇所があるかもしれない。しかし少なくともこの三例からみる限り、世親は受想思の三つを心所として認め、「定」についてはそうでないとしたと推測し得る。受想思は五遍行に、「定」は五別境に配当されるものである。してみると、世親が「伝説」(kila)の語によって「十大地法」の設定に不信感を示した時点で、すでに「五遍行」「五別境」の考え方が念頭にあったといえよう。

註

（1） *Abhidh-k-bh*, p. 54. *l*. 19.

（2） ただし桜部建氏は、kila の語がすべて有部に対する不信を表わすとは考え切れないようであるとしている。同『倶舎論』（仏典講座）、大蔵出版、昭和五十六年、六八頁参照。

（3） *Abhidh-d*, p. 68. *l*. 8.

（4） *Abhidh-k-v*, p. 127. *ll*. 20-23.

（5） 『大乗五蘊論』、大正蔵三一、八四八頁下。*Peking*, vol. 113. 14a-3.

（6） *Abhidh-k-vy*, p. 309. *ll*. 13-15.

（7） 松田和信「Vasubandhu 研究ノート（1）」（『印度学仏教学研究』第三二巻、第二号、昭和五十九年、八四―八五頁）参照。

（8） *Abhidh-k-bh*, p. 24. *ll*. 13-14. 桜部建『倶舎論の研究』、法藏館、昭和四十四年、二〇四頁参照。

（9） *MN*. I. p. 301. cf. L. Schmithausen, *Ālayavijñāna*. On the Origin and the Early Development of a Central Concept of Yogācāra Philosophy. Part I. Tokyo 1987 p. 97.

（10） *SN*. IV. p. 293.

（11） *Abhidh-k-bh*, p. 146. *ll*. 16-17. 加藤純章『経量部の研究』、春秋社、平成元年、二〇九頁参照。

（12） *Ibid*, p. 146. *ll*. 21-22. 加藤純章、前掲書、二一八頁参照。

（13） *Abhidh-k-vy*, p. 309. *l*. 25.

（14） *Abhidh-k-bh*, p. 433. *ll*. 4-5.

㈥ 瑜伽行唯識学派による批判

瑜伽行唯識学派が十法中、受想思触作意の五つだけを「遍行」（sarvatraga）とする点は、『成唯識論』によると、経典にこの五つが「遍行」と説かれるからだという。

> 唯、触等の五のみを経には遍行と説けり、十と説けるは経には非ず。応に固執すべからず。然も欲等の五は、触等に非ざるが故に定んで遍行に非ざるべし。[1]

それればかりでなく、実際に遍行を説くという経文が次のように引用される。

此の中に教とは、契経に眼と色とが縁と為って眼識を生ず。三和合して触あり、触と倶生して受・想・思有りと言ふが如し。乃至広説せり。斬に由って触等の四は是れ遍行なり。又契経に、若し根壊せず、境界現前するときは、作意正しく起こって、方に能く識を生ずと説けり。余の経に復若し此に於て作意するときに、即ち此に於て了別す。若し此に於て了別するときに、即ち此に於て作意す。是の故に此の二は恒に共に和合すと言へり。乃至広説せり。此に由って作意も亦是れ遍行なり。此等の聖教の誠証、非一なり。(2)

まず五法中、「触受想思」の四つを遍行とする根拠は、有部のみならずシュリーラータも重視した三事和合→触→受想思を説く経文そのものが、「遍行」の典拠とされている。すなわち、同一の経文を、有部は「十大地法」の、シュリーラータは三心所の、瑜伽行唯識学派(『成唯識論』)は四心所の教証としたことになる。さらに五法中、残りの「作意」も了別するときに「作意」があり、「作意」するときに了別あり、と説く経文にもとづき「遍行」の法になるという。

また『成唯識論』では有部でいう「十大地法」を「五遍行」「五別境」に峻別した理由として、アーラヤ識説との関連から次のようにいう。

此識、幾ばくの心所と相応するや。常に触・作意・受・想・思と相応す。阿頼耶識、無始時来、乃し未転に至るまで、一切位に於て、恒に此の五心所と相応す。是遍行の心所の摂なるを以ての故なり。(3)

遍行とされる五つの心所だけがアーラヤ識と相応するという指摘は、『瑜伽師地論』摂決択分にも、
云何が相応転相を建立するや。謂く阿頼耶識は五遍行の心相応法と恒に共に相応す、謂く作意と触と受と想と思となり。是の如き五法は亦、唯だ異熟の所摂にして最極微細なり、世の聡慧なる者すら亦了じ難きが故なり。(4)

とある。あるいはスティラマティの『唯識三十頌』に対する注釈に、

またこれら触、作意等の五法は一切の心に随い起こるから遍行である。何となれば、これらはアーラヤ識の場合にも、染汚の意の場合にも、また諸転識の場合にも区別なく起こるから。(5)

とあるように、瑜伽行唯識学派では「遍行」である心所はアーラヤ識と相応するという。

水野弘元氏は「微細な潜在識」(6)(これはアーラヤ識のことであろう)の「機能性質」が欲勝解念定慧の五つとは相応しないゆえに、そうした五つを「別境」としたのであろうとされる。しかしながら、この学派の論書では個々の法は定義されるものの、アーラヤ識の「機能性質」がなぜ五遍行の法と相応し、五別境の法とは相応しないのかまで示すことはない。瑜伽行唯識学派では深層心理の最奥にアーラヤ識が存在すると設定されるとともに、「遍行」の五法も機械的にアーラヤ識と相応するとされるようになったのであろう。

註

(1)『成唯識論』、大正蔵三一、二八頁下。

(2)『成唯識論』、大正蔵同、二八頁上。

(3)『成唯識論』、大正蔵同、十一頁中。

(4)『瑜伽師地論』、大正蔵三〇、五八〇頁上中。

(5) S. Lévi, *Vijñaptimātratāsiddhi*. 1925. p. 25. *ll*. 9-10. 宇井伯寿『唯識三十頌釈論』、岩波書店、昭和二十三年、五八頁参照。

(6) 水野弘元『パーリ仏教を中心とした仏教の心識論』、山喜房佛書林、昭和三十九年、三三二頁参照。

五　論争からみた問題点

有部の「十大地法」の設定に対して、以上のように譬喩者、覚天、法救、世親、シュリーラータなどから批判が加えられたが、こうした批判に対して有部(この場合、『倶舎論』に言及されるものと衆賢)はどのように応酬したであろうか。まず、批判を承けて有部側が新たに示した「教証」と論法をみよう。

『倶舎論』「世間品」にみられる有部と経量部との論争で、有部は二つの教証を示す。その一は、三事和合—触—受想思を説く経文をあげ、そこに「識」と「倶生受想思」とある以上、残りの作意欲勝解念定慧という六法も「倶生」するという立場である。つまり受想思の倶生とあるのは、残りの六法もそこに含まれるという論法である。しかしながら、この経文に十法そのものの倶生が説かれないことを鋭く突いたのはシュリーラータであった。有部がこの経文を「十大地法」の倶生説の教証とする限り、有部説はシュリーラータのいうごとく牽強付会ということになろう。

その二は、同じ論争の箇所に、

あらゆる受・あらゆる想・あらゆる思・あらゆる識は、あい混わる(saṃsṛṣṭa)ものであり、これらの諸法は離れたものではない[1]。

という経文がある。この経文中の「あい混わる」が同時存在を示すというのが有部の立場であり、同一の経文は『順正理論』[2]にも引用される。そうして有部はここに言及される受想思識にちなんで、やはり残りの六法までが同時に倶生するというのである。この経文の出典および内容についてはすでに加藤純章氏によって検討されているように、『中部』経典には受想識(「思」はない)、『中阿含経』には覚(受)想思とあり[3]、『倶舎論』所引の経文は受想思識と、いずれも十法が明示されるわけではない。したがって十法すべての倶生をいう場合、有部のあげるこれらの教証はおのずから難点があることになる。

では衆賢のあげる教証はどうか。

まず「触」について衆賢の提示する教証は、次の詩句である。

眼と色の二を縁と為して、諸の心所法を生ず。

識と触と倶なる受、想、諸行の摂は有因なり。(4)

この詩句は、次の『雑阿含経』三〇七経に対応する。

眼と色の二種に縁りて心心法を生ず、

識触及び倶なはば、受想等を生ずる因有り。(5)

これは、根境識の三事和合によって「触」とともに受想等が生ずることを述べたもので、認識の過程を説くものといっていい。衆賢はこの詩句を「受想」の倶生と触の実有論証のために提示するのである。なおシュリーラータ(6)はこのうち「触」について、「触は是れ心にして、心所法に非ず」「三和を離れて別に触の体なし」「三和を触と名く」というように、根境識の三事和合そのものが「触」なのであって、「触」は独立した心所でないとすることはすでに触れた。

「作意」についても、衆賢は、

• 経に説くが如し、心は作意の引発に由るが故に生ず。

• 爾の時、若し能生の作意なくんば、正しく現在前の識は、終に起こらず。

• 作意、爾の時、正しく現前す。(7)

という三つの経文を新たに典拠としてあげる。しかし、論争相手のシュリーラータはこれらの経文も決して実有や倶生を説くものでないとする。

また衆賢が十法中の欲勝解念定慧の同時存在をいうとしてあげる教証は[8]、いずれもそれぞれの定義だけを示すものであって同時存在を示したものではない[9]。

そのほか、衆賢が「十大地法」の倶生を説くと解した経文に、次のものがある。

又、世尊の言はく、「謂はく、一切法は欲を根本と為し、作意を引生し、触を能集と為し、受を随流と為し、念を増上と為し、定を上首と為し、慧を最勝、解脱、堅固とし、涅槃を究竟と為す」と。想思の二法は、説かざるも自が成ず。故に此の経中、略して説かず[10]。

この経文に合致する出典を原始経典のなかに求めるならば、「一切諸法は欲を以て本と為す」の部分に限っては『中阿含経』[11]の上に対応文が認められる。『アビダルマディーパ』でも二十二根中になぜ大地法でいう欲触作意想思が組み入れられないのかというくだりに、

すべての法は欲を根本とし、触を生じさせ作意の功力となる(chandamūlakāḥ sarvadharmāḥ sparśajātīyāḥ manaskāraprabhāvāḥ.)[12]。

という一節を経文として引用する。しかしここでも「欲」「触」「作意」の三つが認められるにすぎない。たとい原始経典中に衆賢の指摘するような全文があったとしても、そこでは「欲」「作意」「触」「受」「念」「定」「慧」の七つにすぎない。しかもこれらの法が同時存在すると説かれたわけではない。十法中に、残りの「想」「思」の二つが存在しない点について衆賢は、

想思の二法は説かざるも自ら成ず、故に此の経中、略して説かず[13]。

と、そこにはおのずから想思も含まれる(「自成」)という解釈をする。この衆賢の経証は他派からみれば十法すべてを説かないゆえに隘路となるものといっていい。衆賢はこの経文を「是れ了義経にして決定して依るべし[14]」とするけれども、経文そのものを重視するシュリーラータからは、反対に「不了義なり。故に依るべからず[15]」と非難されることになる。

なおこの「一切法は欲を根本」と説く経文は、瑜伽行唯識学派の『成唯識論』にも引用されることがある。

有るが説かく、要ず境を希望する力に由って、諸の心心所、方に所縁を取るが故に経に、欲をば諸法の本と為すと説けり。彼が説くこと然らず。心等の境を取ることは、作意に由るが故なり。諸の聖教に、作意現前して能く識を生ずと説けるが故に[16]。

この「有説」とはおそらく「欲」を倶生すると解した有部をいうのであろう。とにかく瑜伽行唯識学派では「欲」を「別境」とするのである。

以上のように、有部や衆賢が十大地法の倶生を説くものとして提示する経文のうち、十法全体を列挙するものは存在せず、受想思もしくは受想思識だけの倶生を説くものを有部流に転釈して十法倶生の教証としたことが浮かび上がってくる。

有部のあげる「教証」にはこのような難点が看取されるが、次にその点を補完する有部の理論的根拠を整理してみよう。すでに勝又俊教氏も十大地法の成立過程を考証された際、「十大地法説が成立しうるか否かを検討しなければならない[17]」とその結びに新たな問いを提起しておられるからである。

ここで有部のいう「大地法」の定義、つまり第一に十法が「染汚不染汚」「有漏無漏」「善不善無記」になり得ること、第二に十法が「倶生」するという点に立ち返ってみよう。[18]
「大地法」というのは善と不善とのいずれにもなり得る法と概念規定されたために、原始仏教での用法に比べると、はたらきそのものの改変された法がある。その好例は念定慧の三つであり、原始経典では八正道、五根、五力、七覚支、七妙法という明らかに「善」なる実践徳目の中に組み込まれていた。この点は南伝の『法集論』の行蘊中に念根(力)、定根(力)、慧根(力)、などと「根」「力」の語を付したままで導入されていることからも知り得るであろう。ところが、この三つは〈五位七十五法〉中に導入するに際し、「善」法を集録した「大善地法」でなく、むしろ「善」の概念を弱めることによって、[19]「善不善無記」の部門たる「大地法」に位置づけられたのである。
ただし実際に念定慧が起きる時には「不善、無記」よりも「善」として作用することが多いという。この点は『大毘婆沙論』に、
然るに大地法は、染汚と不染汚とに通い、大煩悩地法は唯、染汚なるに、念等の五法は善品に順ずること勝ること多きをもて建立して、諸善品中に在り。[20]
と、念定慧作意勝解の五つは「染汚」としての「大煩悩地法」に較べれば、「善」として顕現することが多いという。十法を「清浄」と「染汚」、「還滅」と「流転」という面からみても、とりわけこの五つはやはり相反する二つの面があるし、とりわけ念定慧については『大毘婆沙論』にみられる四静慮と「大地法」[21]、二十二根と「大地法」[22]、あるいは『順正理論』『顕宗論』における三十七道品と「大地法」[23]のいずれの場合も「還滅」「清浄」の面での作用が多いとされる。普光も『倶舎論記』で、
若し義の次第に依れば、一に欲、二に作意、三に思、四に触、五に受、六に想、七に勝解、八に慧、九に念、十に定なるべきに、頌文に此に依って説かざる所以は、一刹那に同時に晋く起ることを顕わし、或は受等の五が

染の用の勝るることを顕し、慧等の五が浄の用の勝るることを顕すものにして作用によりて類説すればなり[24]。

と、受想思触欲の五つには「染」の、慧念作意勝解定の五つには「浄」のはたらきが強いと規定する。このように念定慧の場合は、「大地法」中に導入されたといえども本来の「善」としての面が依然として強調されていたことになる。

ところで、「大地法」をめぐる有部と譬喩者との対論が『大毘婆沙論』には次のようにある。

譬喩者が説く、「若し心に智有れば則ち無知無く、若し心に疑有れば則ち決定無く、若し心に麁有れば則ち細有ること無し」と。然も対法者の所説の法相は鬧叢林の如し。謂く、一心中、智有り、無知有り、非智・非無知有り、疑有り決定有り、非疑非決定有り、麁有り、細有り、非麁非細有り。阿毘達磨諸論師の言わく、「法の倶生を許すこと斯に何の失があらん。謂く、諸の心所は展転力によりて生ずるも、一心と相応する相と用とは各別なり。智とは般若をいい、無知とは無明をいい、非智非無知とは余の心所法をいう。疑とは猶予をいい、決定とは智をいい、非疑非決定とは余の心所法をいう。麁とは尋をいい、細とは伺をいい、非麁非細とは余の心所法をいう。諸の色法が異類倶生するが如く、心所と亦、爾るが故に、失有ること無きなり」と[25]。

ここでは譬喩者が「智」と「無知」、「疑」と「決定」、「尋」と「伺」と全くあい反する心作用が一心中に同時存在することはあり得ないという。シュリーラータ[26]も「念」と「失念」、「定」と「心乱」(散乱)、「慧」と「無知」「疑」を例にとり、それらの法の同時存在はやはりないと主張する。

この点に関し、有部の法体系の成立史をみると、ここに反対作用として言及される「失念」「心乱」「無知」「疑」「邪勝解」といった項目は「五位」の体系中にまったく存在しなかったわけでなく、「五位」説を初めて説く『界身足論』以来『大毘婆沙論』『雑心論』まで「大煩悩地法」中に配置されていたものである。

これら「失念」ないし「邪勝解」という法を削除したのは、『倶舎論』を著した世親である。世親は削除の理由を記さないけれども、『大毘婆沙論』に、

所余の十法は名に十有りと雖も、体は唯、五有り。謂く、大煩悩地法中の忘念は即ち大地法中の念、不正知は即ち彼の慧、心乱は即ち彼の三摩地、非理作意は即ち彼の作意、邪勝解は即ち彼の勝解なればなり。(27)

とあるように、自性が重複するという理由で削除したと思われる。そのために『倶舎論』では「大煩悩地法」の数が従来の十法から六法へと大きく減少したのである。(28)

こうした「失念」ないし「邪勝解」などを従来どおり独立した法として数え上げていれば、少なくともこの点に関する限り、譬喩者やシュリーラータによる非難(いずれも「大煩悩地法」を削減したことに対する直接の非難ではない)はなかったであろう。

また有部と譬喩者のこの対論によって知り得ることは、譬喩者、シュリーラータが「倶生」の意味を法の実際に作用する現象論の立場から一心中に反対作用の法はないとするのに対し、有部は法の存在論の立場から一心中に「大地法」の十法すべてが同時存在するとはいえ、そのうちの特定の法だけが強く作用し、残りの法は弱いと解するのである。この点は前述のように、一法が顕現する場合、残りの法は「明了ならず」「覚知せず」「余法に伏せられ、(略)劣にして知り難き」とされたとおりである。法のはたらきを強弱させるはたらきも他の法であろうが、そうした法とは「結合」などのはたらきのある「得」「非得」が、それに当てられるのであろう。

有部と譬喩者、経量部との間で大きく見解の分かれた問題の一つに、そもそも心所法が独立して存在するかという点がある。三つの心所の実在を認めるシュリーラータはとにかく、譬喩者それに覚天は心所法の存在そのものを否定

する。しかしながら、すでに指摘したように、原始経典には明らかに「心」のほかに「心所法」の存在することを説く経文が認められる。つまり想受もしくは想思は心に属する（心所）法であるという経文である。とりわけ「想受」とする経文は『五事毘婆沙論』『倶舎論』『順正理論』『アビダルマディーパ』などの論書に引用されている。ただ『中部』経典、『相応部』経典では cetasikā ete dhammā(29) と複数形、『倶舎論』『アビダルマディーパ』所引文では caitasika eṣa dharmaḥ(30) と単数形という違いがあるとはいえ、想受が「心」と別の法とされる点で変わりない。

世親もこの経文に従って法としての存在を承認した。しかし心所法の存在を否定する譬喩者、覚天はこの経文に言及することがない。おそらく、彼らはこうした経文を終始、黙視したのであろう。「想受」あるいは「想思」を明示する経文を黙視した譬喩者、覚天はその点で難があり、一方の有部にも「倶生」の論拠とする経文に十法が説かれないという難点があったといえよう。

では原始経典には、有部が「倶生」の教証として提示するもの以外に、十法に近いもの、あるいは「倶生」の意味で示す経文は存在しないかというと、そうでない。

たとえば『中部』経典「不断経」で説く四禅説は、四段階のいずれかに尋・伺・喜・楽・心一境性・触・受・想・思・心・欲・勝解・精進・念・捨・作意（慧はない）のあることを説くものである。『法蘊足論』にもこの四禅説にそのまま対応する経説が引用される。けれども、有部ではこうした経文をなぜか「十大地法」倶生説の典拠とすることはなかった。

註

（1） *Abhidh-k-bh*, p. 146, *ll.* 14-15.

（2） 『順正理論』、大正蔵二九、三九五頁上下。

(3) 『中阿含経』、大正蔵一、七九一頁中。*MN*. I. p. 293. *ll*. 19-28. 加藤純章『経量部の研究』、春秋社、平成元年、二一四―二一五頁参照。
(4) 『順正理論』、大正蔵二九、三八五頁中。なおｂ句が「心所法」でなく「心所」とされる場合もある。同、三八七頁中、四二〇頁下。
(5) 『雑阿含経』、大正蔵二、八八頁中。
(6) 『順正理論』、大正蔵二九、三八五頁中。三八七頁上。
(7) 『順正理論』、大正蔵同、三八九頁下、三九〇頁上。
(8) 『順正理論』、大正蔵同、三八四頁中、三八九頁上中下、三九〇頁中。
(9) 勝又俊教『仏教における心識説の研究』、山喜房佛書林、昭和三十六年、四三五頁参照。
(10) 『順正理論』、大正蔵二九、三八八頁中下。
(11) 『中阿含経』、大正蔵一、六〇二頁下。
(12) *Abhidh-d*, p. 50. *l*. 9.
(13) 『順正理論』、大正蔵二九、三八八頁下。
(14) 『順正理論』、大正蔵同、三八九頁上。
(15) 『順正理論』、大正蔵同、三八八頁下。
(16) 『成唯識論』、大正蔵三一、二八頁中。
(17) 勝又俊教、前掲書、四三七頁参照。
(18) 『大毘婆沙論』、大正蔵二七、二二〇頁中。『阿毘曇毘婆沙論』巻二三、大正蔵二八、一六九頁下―一七〇頁上。
(19) 和辻哲郎「仏教哲学の最初の展開」(『同全集』第五巻、岩波書店、昭和三十七年、三九五―九頁)参照。
(20) 『大毘婆沙論』、大正蔵二七、二二〇頁上。
(21) 『大毘婆沙論』、大正蔵同、四一四頁上中。
(22) 『大毘婆沙論』、大正蔵二七、七三六頁下―七三七頁上。
(23) 『順正理論』、大正蔵二九、七二八頁下。『顕宗論』、大正蔵同、九四二頁中。
(24) 『倶舎論記』、大正蔵四一、七五頁上。
(25) 『大毘婆沙論』、大正蔵二七、五四七頁中下。
(26) 『順正理論』、大正蔵二九、三八九頁中。
(27) 『大毘婆沙論』、大正蔵二七、二二〇頁上。『阿毘曇毘婆沙論』、大正蔵二八、一七〇頁上。
(28) *Abhidh-k-bh*, p. 56. *ll*. 4-5. 本書第二章「四、大煩悩地法」参照。
(29) *MN*. I. p. 301. *SN*. IV. p. 293.
(30) *Abhidh-k-bh*, p. 24, *l*. 13. *Abhidh-d*, p. 78. *l*. 1.

二、「大善地法」——善

一

「五位七十五法」のうち、「大善地法」は『品類足論』に至ってはじめて説かれる。成立史的にみれば、『界身足論』において「十大地法」「十大煩悩地法」「十小煩悩地法」の三つが成立し、その後に「善」についての「大善地法」が形成されたことになる。

なお有部にはもう一つ異なった「地法」の採用過程を示すものに、『心論』『心論経』『雑心論』がある。これらの三論書は『倶舎論』の成立と構成とに直接影響を与えたにもかかわらず、こと心所法の成立過程については、『界身足論』の系譜と一線を画している。というのは『心論』では「大地法」のみしか説かれず、『心論経』になると「大善地法」(善大地)が加わり、大小二つの煩悩地法、「大不善地法」の三地法は『雑心論』に至ってようやく説かれるからである。このことは『心論』系が『界身足論』系を知らず、別の成立過程をたどったかにみえるが、しかし有部論書の成立史からみて、『心論』系が『界身足論』系と没交渉であったとは思われない。

いま『品類足論』(1)によってこの「大善地法」としての十法をあげてみよう。

二、「大善地法」

一、信(śraddhā)とは云何。謂はく、信、信性、増上信性、忍可、欲作、欲為、欲造。心澄浄の性、是れを名けて信と為す。

二、勤(vīrya 精進)とは云何。謂はく、勤、精進、勇健、勢猛、熾盛、難制、励意不息、心の勇悍性、是れを勤と名く。

三、慚(hrī)とは云何。謂はく、慚、等慚、各別慚、羞、等羞、各別羞、厭、等厭、各別厭、毀、等毀、各別毀、尊有り、敬有り、所自在有り。自在転有り所畏忌有りて自在に行かざる、是れを慚と名く。

四、愧(apatrāpya)とは云何。謂はく、愧、等愧、各別愧、恥、等恥、各別恥、厭、等厭、各別厭、毀、等毀、各別毀、怖罪、懼罪、罪に於て怖を見る、是れを名けて愧と為す。

五、無貪(alobha)とは云何。謂はく、心所有りて心と相応し、能く貪を対治する、是れを無貪と名く。

六、無瞋(adveṣa)とは云何。謂はく、心所有りて心と相応し、能く瞋を対治する、是れを無瞋と名く。

七、軽安(praśrabdhi)とは云何。謂はく、身の軽安、心の軽安、已軽安、軽安の類、是れを軽安と名く。

八、捨(upekṣā)とは云何。謂はく、身の平等、心の平等、身の正直、心の正直、無警覚、寂静の住、是れを名けて捨と為す。

九、不放逸(apramāda)とは云何。謂はく、悪法を断じ、善法を具足する中に於て堅作、常作、修習して捨てざるを不放逸と名く。

十、不害(avihiṃsā)とは云何。謂はく、有情に於て毀せず、損せず、傷せず、害せず、悩まさず、触せず、苦に堕せしめず、是れを不害と名く。

これら十法の概念規定については、水野弘元氏の大著『パーリ仏教を中心とした仏教の心識論』があるので、ここでは特別の場合を除き、ふれない。

ところで大善地法に十法を数えることは『品類足論』以後『アビダルマディーパ』に至るまで一定している。ただし十法の列次までが同一順というわけではない。それを示すと、

品類足論	信・勤・慚・愧・無貪・無瞋・軽安・捨・不放逸・不害
大毘婆沙論	信・精進・慚・愧・無貪・無瞋・軽安・捨・不放逸・不害
阿毘曇毘婆沙論	信・猗(軽安)・進・慚・愧・不貪・不恚・不放逸・不害・捨
甘露味論	不貪・不恚・信・猗・不放逸・精進・護・不嬈悩・慚・愧
心論経	諸根・慚・愧・信・猗・不放逸・不害・精進・捨
雑心論	諸根・慚・愧・信・猗・不放逸・不害・精進・捨
倶舎論(真諦)	信・不放逸・安・捨・慚・愧・二根・非逼悩・精進
(玄奘)	信・不放逸・軽安・捨・慚・愧・二根・不害・勤
(梵本)	信・不放逸・軽安・捨・慚・愧・二根・不害・勤
順正理論	信・不放逸・軽安・捨・慚・愧・二根・不害・勤
顕宗論	信・不放逸・軽安・捨・慚・愧・二根・不害・勤
ディーパ(偈)	信・捨・不放逸・軽安・慚・愧・二根・精進・不害
(長行)	信・不放逸・軽安・捨・慚・愧・二根・精進・不害

となる。この表によって見ると、大善地法を初めて説く『品類足論』と『大毘婆沙論』とは同一順である。ただ『大毘婆沙論』の旧訳『阿毘曇毘婆沙論』で信が筆頭に置かれる点で新訳と変わりはないが、しかし猗(軽安)が第二に、捨は最後に置かれる。『阿毘曇甘露味論』および『心論経』『雑心論』では、第一番目に信でなく、諸根(不貪、不恚の二善根)とある。とりわけ『心論経』『雑心論』の場合、諸根をその筆頭に置くのは、それ以前の『心論』において

善心の分類に三善根を第一にあげるから、それがそのまま影響を及ぼしたのであろう。したがって『阿毘曇甘露味論』『心論経』『雑心論』(『心論』も含んでよい)では善の基本となるものとして、なによりも三善根に注目したことになる。いい換えれば、それ以前に筆頭に位置していた信はそのあとに言及されるにすぎない。

それが『倶舎論』『順正理論』『顕宗論』になると、やはり信が第一に置かれ、最後の『アビダルマディーパ』でもその散文では『倶舎論』と同一順であるが、しかし偈の場合は、信のすぐあとに捨を置くといった違いもみられる。

ところで『順正理論』『顕宗論』の二論では、十法中に正式に入れないけれども、それに類するものとして具体的に「欣」「厭」に言及することがある。その説き方は、衆賢が「大善地法」を説く偈文中に「また」[2](ca)とあり、それは欣厭を含むのではないかとしながらも、欣厭は善法とはいえ、「大善地法」の十法と同列に並ぶものでないと自答するのである。同列に扱わないとした点も『順正理論』(『顕宗論』も同じ)に、

此二行相。更互相違。故一心中。無容並起。是故此中。不正顕説。大善地法性不成故。[3]

と、欣厭には一心のなかに並起する程の強いはたらきはないからという。

いったい欣厭というのは、アビダルマ論書においてどのように扱われていたのであろうか。その用例はすでに『集異門足論』以来はっきり認められる。まず欣は、

若法若義由正了知。若法若義便発起欣。欣故生喜。

以心清浄故、遂証得於欣、即従此欣心、復発生勝喜。[4]

とあり、いずれも「欣」から「喜」が生じるという。前者に相当する『衆集経』(有部もしくは根本有部[5])のサンスクリット本には、

かの義を知る者、また法を知る者は欣を起こし、欣より喜が生ずる。(tasyārthapratisaṃvedino dharmapratisaṃvedinaś cotpadyate prāmodyaṃ pramuditasya prītir jāyate.)[6]

とある。しかしまた『集異門足論』には、

最初所発喜名為欣。[7]

と、「最初に発こすところの喜を欣と為す」ともある。これを『顕宗論』では真の喜でないとして「劣喜」[8]という。ともかく欣と喜とは段階的に生ずるとされたり、喜とは欣であるとも解される。さらに『集異門足論』には、

心欣極欣。数欣欣性欣類。適意悦意可意踴躍非不踴躍。悦受適悦調柔性堪任性。歓悦歓悦性。歓喜歓喜性。是名喜等覚支。[9]

と、「喜」を「欣」の概念で注釈する。とにかく『集異門足論』では喜と欣とを酷似する概念と解したといってよい。『法蘊足論』[10]でも「喜」とは「欣」のことで、それは「欲・悪・不善法」を離れた者にのみ存するという。ところでこの「喜」の原語は prīti であり、『大毘婆沙論』には四無量心としての「喜」(この原語は muditā)といえども「欣」とすることがある。

有余師説。此喜無量欣為自性。欣体非受別有心所与心相応。[11]

してみると、「喜」と訳される prīti、muditā さらに「欣」の三者はきわめて密接な概念といえるが。しかしながら有部では、いずれをも正式に「大善地法」にもとり入れないのである。

衆賢の指摘したもう一方の「厭」の場合はどうか。『大毘婆沙論』[12]には厭の本質を無貪としたり、あるいは慧としたり厭そのものであるとする説が認められる。旧訳[13]『阿毘曇毘婆沙論』では、単に慧とする説だけをあげる。

ともかく衆賢といえどもこうした欣厭を「大善地法」に準ずる法と問題提起したことは、浩瀚な『大毘婆沙論』にもみられなかった点である。

とはいえ有部でもこの欣厭を心所法それも善法のくだりにはっきり列挙することがある。それは『入阿毘達磨論』であり、この論書では心所法を「地法」という視点を導入しない代わりに行句義のくだりに数多くの心所法を列挙し、その善法の範疇に欣を説くのである。[14] ただし、一方の厭については善心[15]と明記されることはない。

欣厭の取り扱いについて『成唯識論』に対する慈恩大師基(六三二—六八二)の注釈書『成唯識論述記』[16]によると、正量部も欣と厭とをはっきり善法と解したという。しかし何を典拠としてこのように解したかまでは示されていない。いずれにせよ正量部では善法として欣厭に「無癡」を加えて十三とする立場をとるという。

他方、瑜伽行唯識学派では善法として有部より一法多く十一法を数えあげる。一法多いのは正量部同様、「無癡」を加えたためである。有部の場合、無癡は大地法中に数える「慧」のことと解し、「大善地法」に入れない。この点は、たとえば『心論経』に不癡(善根)について、

　不癡善根体即是慧。大地共故此中不説。[17]

とし、また『倶舎論』でも、

　無癡もまた存するが、しかし慧を自性とする。また慧は大地であり、大善地でないと実に説かれる。[18] (amoho ’py asti sa tu prajñātmakaḥ. prajñā ca mahābhūmiketi nāsau kuśalamahābhūmika evocyate.)

と、無癡と慧の本質(自性)は同一であるというように、法体系の上で重複するものを除いたのであろう。

瑜伽行唯識学派ではむろん心所法を「大地法」「大善地法」などと「地法」の観点から分析しない。しかし心所法をたとえば『瑜伽師地論』決択分には、善法として、

　信慚愧。無貪無瞋。無癡精進。軽安不放逸。捨不害。如是諸法名自性善。[18]

とあり、これは自性そのものを善とする法を列挙したものである。このなかから無癡を除けば、有部の「大善地法」

中の十法にちょうど一致する。さらにここで無貪、無瞋、無癡とあるのは三善根をいい、したがって三善根の観念がそのまま生かされたといっていい。慧もまた別の箇所にはっきり心所法として説かれるから、無癡と慧との重複を避けなかったにすぎない。

善法として無癡の一法を加えることは、もとより『瑜伽師地論』だけでなく『唯識三十頌』[20]でも同様である。ただ『成唯識論』[21]では、有部の『順正理論』などにみられるように偈文(『成唯識論』でも同じく原語に ca のある偈を採用している)にある「及」(ca)の語が、欣厭の二法を含むかどうかを問題としている。しかし、有部同様、独立に数えあげることはない。その理由として、欣は「無瞋の一分なり」、厭は「無貪の一分なり」と、無瞋無貪それぞれの一部分だからという。この解釈のうち、厭を無貪と解することは、『大毘婆沙論』に「一説」として言及されていたものである。

ところで善の心所中に無癡を包含することは、南伝上座部の場合も同様である。たとえば『カターヴァッツ』では善心所として八法をあげ、それは、

無貪、無瞋、無癡、信、精進、念、定、慧[22]

とある。してみると瑜伽行唯識学派同様にやはり三善根をそのまま生かしている。

もとより有部は無癡を善と認めるものの、慧と重複するから除いたのに反し、正量部、南伝上座部、瑜伽行唯識学派ではいずれも三善根の観念をそのまま生かしていることがわかる。

二

有部では「大善地法」を十法とするが、ではこうした十法はどのようにして採用したのであろうか。

㈠ 他地法の影響

「十大善地法」の成立については、すでに成立していた「十大地法」「十大煩悩地法」「十小煩悩地法」の三つとの均衡という視点があげられよう。とりわけ「十大煩悩地法」中の不信、懈怠、掉挙を反対概念にした信、勤、捨の三つ、さらに「十小煩悩地法」中の害を反対概念にした不害の合わせて四法が「大善地法」のなかにあるからである。しかしながらなぜ「十大煩悩地法」のなかでもこの三法のみが、また「十小煩悩地法」の一法だけが「大善地法」中のものと対応するのかは、のちの「自性善」の問題と関連が認められるので、そこで論究したい。「大善地法」の成立については、まずそれをはじめて説く『品類足論』の諸本を検討する必要がある。

㈡ 『品類足論』諸本の分析

というのは『品類足論』には旧訳『衆事分阿毘曇論』があるけれども、この旧訳には「十大善地法」の記述が見い出せないからである。このことは、「十大善地法」は新訳の原本が著わされた時点で成立したことを意味する。

元来『品類足論』諸本は当初から現形をとっていたわけではなく、古くは龍樹(ナーガールジュナ)が『大智度論』[23]にも指摘するように各章に対応するいくつかがまず単一本として成立し、それがある時期に合綴されて現形の『品類足論』に整理されたとされている。[24] 各章に対応し現存するものとして後漢の安世高訳『阿毘曇五法行経』、あるいは法成訳『薩婆多宗五事論』がある。これらはその題名、内容からして『品類足論』の第一章「五事品」の古形であることは明らかである。さらに『品類足論』の第四章「七事品」、第五章「随眠品」に対応するものは現存しないが、経録のうち、最古の『出三蔵記集』巻二[25]に、

七法経一巻　旧録云阿毘曇七法行経 或云七法行今闕此経

阿毘曇九十八結経一巻今闕

とあるし、それ以後のほとんどの経録[26]でもその時点での欠本としてではあるが、明らかに単一本の存在していたことが看取される。したがって「五事品」「七事品」「随眠品」の三品に対応する古形が流布していた可能性は濃厚である。近年ドイツ探険隊によってトゥルファン、詳しくはキジル[27]からもたらされた写本のなかに、『品類足論』に対応するサンスクリット断片の存在することが確認され、すでに今西順吉氏[28]によって校訂されている。そこには「智品」「七事品」「随眠品」「摂等品」に相当する断片が見い出せる。それゆえこのサンスクリット断片は合綴された以後のものであるとみられる。[29]

「十大善地法」のくだりは新訳『品類足論』でいえば、その「七事品」に説かれる。これに対応するサンスクリット断片はないが、しかしヤショーミトラ(称友)の『倶舎論釈』からその原文を回収することができる。

品類足(論)に大地法、大善地法、大煩悩地法、(大)小煩悩地法と四種が説かれる(Prakaraṇa-pāde mahābhūmikāḥ kuśala-mahābhūmikāḥ kleśa-mahābhūmikāḥ parītta-kleśa-mahābhūmikāś ceti caturvidhā paṭhyante.)[30]。

旧訳では「大善地法」を説かないから、この点でヤショーミトラの引文は新訳『品類足論』と対応することになる。

ところで『品類足論』「五事品」には「五位」を説く「七事品」とはまったく別系統の心所法が列挙される。その部分を新旧訳と並べてみると、

〈新〉受・想・思・触・作意・欲・勝解・念・定・慧・信・勤・尋・伺・放逸・不放逸

〈旧〉受・想・思・触・憶・欲・解脱・念・定・慧・信・精進・覚・観・放逸・不放逸[31]

とあり、法を列挙する順序がともに一致する。ところが「念定慧信勤(精進)」の部分に注目すると、サンスクリット本[32]と法成訳による『薩婆多宗五事論』[33]には「信勤念定慧」とあり、サンスクリット本と法成訳はちょうど一致する。してみるとこの点に関する限り、現存するサンスクリット断片は新旧訳よりも法成訳と同系であることが推測される。

こうした「五事品」系の心所法は、『品類足論』以前の『法蘊足論』にもそのまま認められるものである。この点は『法蘊足論』「処品」に、

受想思触作意欲勝解。信精進念定慧。尋伺放逸不放逸[34]。

とあることによって知られる。それゆえこれは『品類足論』「五事品」系統の源流となったもので、いわば旧い分類といっていい。

もっともこうした旧い分類も、その後の『舎利弗阿毘曇論』『阿毘曇甘露味論』『入阿毘達磨論』などに(いくらかの語句の違いといった点はある)受け継がれている。だから、「五位」の法体系にもとづく新しい分類が成立したからといって、消滅したわけではない。また『阿毘曇甘露味論』あるいは『心論』系三論のように、旧い分類と新しい分類とを一章のなかで混交して説く形態をとるものまで認められる。

現存する『品類足論』は現形に至るまでに合冊されたことは疑いなく、『法蘊足論』以来の旧い分類は「五事品」のもとに第一章として、これに対し、新しい分類は第四章「七事品」というように新旧の心所法が別々の章のなかに

置かれるのである。

次に「十大善地法」の素材とみるべきものを『品類足論』以前に遡ってみよう。

(三) 信勤慚愧軽安捨

まずここに示した徳目のうち、信勤の二つを包含するものに「二十二根」がある。この二十二根は「根」の語の付く項目をすべて集めたものであるから重複が多く、それを内容の上からいくつかに区分することが可能である。信、勤については、二十二根中、五作根(信勤念定慧)として認められる。この五作根(五根)は実践徳目としての「五力」ともその包含するものは同一であるから、五根、五力中の信勤の二つは「大善地法」、残りの念定慧は「大地法」と対応する。『大毘婆沙論』[35]では、こうした二十二根中の信勤と「大善地法」中の信勤とが一致することにはっきり言及する。『倶舎論』でも二十二根中の信勤念定慧について、

信などは心所(法)において説かれるであろう(śraddhādīnāṃ caitteṣu kariṣyate.)[36]。

と、これら五つは心所法のくだりで改めて説くという。この点からみても二十二根中の信勤念定慧と心所法中のそれとが同概念であることは明瞭である。

次に、「五力」に慚愧の二つを付加した「七力」については『集異門足論』[37]に認められ、信精進慚愧の四つが大善地法と一致する。してみると「七力」は二十二根や五力よりも、「大善地法」に近い教説ということができる。

また「七財」の場合も、その中の信慚愧捨の四つが「大善地法」の四法と対応する。

次に、「三十七道品」とも深いつながりがみられる。すでにあげた五力は三十七道品にも含まれるように、そのうちの信勤軽安捨の四つが対応する。三十七道品中、この四つが大善地法中の四法と一致することもやはり『大毘婆沙

論』で指摘されている。[38]

次に、『集異門足論』には「七妙法」[39]という教説があり、そのうち信、慚、愧、精進の四つが「大善地法」と共通する。七妙法の残りの念定慧は「大地法」と一致し、また「七妙法」を反対概念にした「七非妙法」と「大煩悩地法」とのあいだにも、後述するようにとりわけ強い対応関係が認められる。[40]してみると七妙法、七非妙法なる教説は、三つの地法に跨る程多くの徳目を包含することになり、法の体系化の上で見逃がせないものの一つといえる。また「七妙(正)法」と明記されないけれども、この七つの徳目は『舎利弗阿毘曇論』[41]にも見い出せる。のちの有部論書では、こうした「七妙法」にほとんど言及しなくなるが、しかし原始経典ではパーリ『相応部』[42]、あるいはサンスクリット本『増一阿含経』[43]、さらにパーリ『長部』「サンギーティ・スッタンタ」[44]などにも認められるから、かなり重要な教説であったことになる。

こうした教説のほかに、『法蘊足論』「神足品」[45]には、欲、勤、信、軽安、念、正知、思、捨という徳目の列挙があり、このうち勤、信、軽安、捨の四つが大善地法と一致するから、やはり見逃がすことのできないものである。また原始経典の『中阿含経』巻九「手長者経」[46]には、「八未曽有法」なる教説も認められる。これは少欲、信、慚、愧、精進、念、定、慧の八つをいうが、そのうち信、慚、愧、精進の四つが「大善地法」と共通する。

以上にあげたのは、信、精進、慚、愧、軽安、捨の六つのいずれかに対応するものである。

(四) 無貪無瞋

次に「十大善地法」のうちで残りの無貪、無瞋、不放逸、不害のうち、無貪無瞋の場合はどうか。いうまでもなくこの二つに無癡を加えれば三善根、すなわちあらゆる「善」の根本となり、これは原始経典のなかに数多く認めることのできるものである。だから論師たちもこのような三善根を念頭に置いたと思われる。無癡のみを「大地法」中の慧と同一の法と解して除いたために、三善根を忠実に採用しなかったことはすでにふれた。なお『大毘婆沙論』になって「大不善地法」が新たに設定されたときに、無貪無瞋の反対概念である貪瞋は、三不善根中であるにかかわらず、なぜか採用されなかった。この点は、「五位七十五法」という法体系が整然としたものでないことをかい間見せる箇所でもある。

㈤ 不放逸

不放逸に関しては、『品類足論』「五事品」あるいは『法蘊足論』「処品」の場合、放逸と一対で説かれる。いま『品類足論』「五事品」にみられる不放逸の定義をあげると、

不放逸云何。謂修善法性。(47)

とあり、善法の性と明確に示され、この定義は『倶舎論』(48)でもそのまま継承される。あるいはまた『集異門足論』の「一法品」にあげられるものは、わずかに「食」「行」「不放逸」の三つだけであり、この点も不放逸を善法として重視すべき徳目としたことを物語ろう。原始経典のパーリ『相応部』「有偈篇」には不放逸について、

さあ、修行僧たちよ、お前たちに告げよう、「もろもろの事象は過ぎ去るものである。不放逸にて修行を完成しなさい」と。(49)

とあり、『雑阿含経』にはとりわけ善法として、

諸の善法はすべて不放逸を根本とした不放逸に結びつく。不放逸をそれら諸法の最上と説く。(50)

とある。それゆえ「大善地法」に不放逸があるのはこうした点にもとづくといえよう。

㈥　不　害

不害の場合はどのようであろうか。まず『集異門足論』「三法品」に三善尋（出離尋、無恚尋、無害尋）があり、そのいずれも「最勝法」(51)と定義される。ここで「無害」と訳されたものは対応するサンスクリット本『衆集経』(52)にavihiṃsāとあるから「不害」のことをいう。

あるいはまた『集異門足論』「三法品」には三界説(53)があり、一つは欲界、恚界、害界、他はこの三界を反対概念にした出離界、無恚界、無害界をいう。この無害（不害界）について『法蘊足論』では、

如是不害界。是善法。乃至能証涅槃(54)。

とあり、不害もやはり「善法」であるとはっきり示される。

大善地法の十法に対応するものは、『品類足論』以前に以上のごとく認められる。

三

ひるがえって、『品類足論』以前の論書で「善法」と規定されるものすべてが、「大善地法」のなかに採用されたのであろうか。もし除かれたものが存在すれば、なぜ十法のみを採用したのかが捉えられよう。

まず『集異門足論』で明らかに「善」と規定される徳目には、先にふれたように「一法品」に不放逸、「二法品」に慚愧、「三法品」に三善根、三善尋（出離・無恚・無害）、三界（出離・無恚・無害）がある。このうち「出離（尋）」とあるのは『長阿含経』巻八「衆集経」(55)あるいはその単本異訳『大集法門経』(56)の場合、「無欲」「離欲」と訳される。

パーリ『長部』経典「サンギーティスッタンタ」[57]ではnekkhammaとあり、サンスクリット本[58]のnaiṣkramyaに当たる。出離尋、出離界の反対概念である欲尋、欲界の「欲」の原語はkāmaとある。とりわけ欲尋の「欲」について『集異門足論』[59]では「欲貪」と注釈する。したがって「出離」とは「欲」(kāma)から離れることを意味する。しかし有部の法体系では「欲」(kāma)は貪(rāga)のことと解され[60]、「出離」といえども抽象概念であって具体的な徳目でないために大善地法から除かれたのであろう。

『集異門足論』でははっきり「善」法としてあげられる教説は、このようなものである。してみるとそこに認められるほとんどの善なる徳目は「大善地法」中の法と対応することになる。

ついで『法蘊足論』をみると、その「覚支品」に善法とは、

云何善法。謂善身語業。善心心所法。善心不相応行。及択滅是名善法。[61]

という定義がある。ここでは具体的に善の徳目を示すことはないが、『法蘊足論』[62]全体を見るならば、善一般として三妙行(身語意)、三善根、十善業道などが認められる。

こうした事情は、他部派の『舎利弗阿毘曇論』[63]においても、善一般のものとして身口意の業、善根、正見乃至正智をあげるだけである。

このように見てくると、『品類足論』以前の論書ではっきり善の徳目とされるのは不放逸、三善根、慚愧、不害だけとなり、それらがそのまま「大善地法」の素材となったのであろう。そのことは「大善地法」中の十法が数多くの善の徳目のなかから取捨選択(欣厭についてはすでにふれた)されたわけでなく、「善」と解されていた徳目をそのまま採用したことを意味する。

この点は、初期の南伝上座部と比較してみるとどうであろうか。

まず『分別論』の場合、「縁行相分別[64]」の箇所に、いかなる法が善かとの問いを設け、具体的にあげるのは三善根だけである。ついで『人施設論』の場合、その「七人品[65]」に信慚愧精進慧の五つが善法としてはっきり説かれる。これを「大善地法」と比較してみると、慧が一致しないだけである。

さらに『法集論』では、善法の徳目が、これら二論よりもはるかに多く説かれる。そもそも『法集論』は論全体の半分までが善不善無記についての叙述に当てられ、そうして善心としてあげる法は五十六に達する。そのうち重複するものを除くと、

信・念・慧・無貪・無瞋・慚・愧・身軽安・心軽安・身軽快性(lahutā)・心軽快性・身柔軟性(mudutā)・心柔軟性・身適応性(kammaññatā)・心適応性・身練達性(pāguññatā)・心練達性・身端直性(ujjukatā)・心端直性

の十九法にまとめられる。もっともこのうち身・心端直性が「大善地法」の「捨」に相当することは、『品類足論』中の捨が「身の正直・心の正直」と定義されることから知られる。したがって右の十九法のなかから身・心端直性、さらに「大地法」に数える信念慧、「大善地法」の無貪無瞋慚愧軽安の十一法を除いて残った身・心軽快性、身・心柔軟性、身・心適応性、身・心練達性の八法が初期南伝上座部における善法の特色といえる。逆にいえば、それらを心所として説かない点が、有部の特色といえよう。

四

二、「大善地法」

「大善地法」として十法を数えることは、『品類足論』以来『アビダルマディーパ』に至るまで一貫していたが、『大毘婆沙論』以後「大善地法」の分類とは別に、「自性善」つまり本質そのものが善であるものを問題とすることが

ある。ただし『大毘婆沙論』によると、何を「自性善」とするかにも諸説があり、霧尊者は慚愧、三善根、分別論者は智、脇尊者は慚愧、三善根、如理作意、五根をあげるといった違いがみられる。(66)

このように大善地法と別に、「自性善」という視点から改めて善の徳目を示すことは『心論経』(67)『倶舎論』(68)にも認められ、とりわけ『倶舎論』ではそれを慚愧、三善根だけとする。このように自性善として慚愧、三善根だけを立てることは、『順正理論』(69)『顕宗論』(70)にも継承される。しかしこの「自性善」の立場から「大善地法」をみてもわかるとおり信、精進、軽安、捨、不放逸、不害の六法は入れられていない。

こうして後期論書において「自性善」という善そのものに関する教説が新たに打ち出された背景には、「地法」にもとづく分類に対する反動が考えられる。というのは、「自性善」に入らない六法のうち、信、精進、不放逸の反対概念である不信、懈怠、放逸は「大煩悩地法」に、さらに不害の反対概念である害も「小煩悩地法」中にあることになり、「大善地法」の十法はそのまま反対概念にしても「大不善地法」とはならないからである。そもそも「大煩悩地法」と「小煩悩地法」という「煩悩」に関する二つの地法の場合は、論師たちによって「不善」「無記」のはたらきがあると規定される。この規定をそのまま反対概念にすれば、「善」「無記」の部門となる。それゆえ「大煩悩地法」中の不信、懈怠、放逸、それに害を合わせた四法を信、精進、不放逸、不害と反対概念にしてもいずれも「自性善」でないと解したのであろう。

十法中、軽安、捨の二法も「大善地法」として不動であったが、しかしその反対概念である惛沈、掉挙は『大毘婆沙論』では「五大不善地法」とされる。けれども、『倶舎論』になると「大不善地法」から除かれる。したがって惛沈、掉挙を反対概念にした軽安、捨も、「自性善」とはされない。それゆえ「十大善地法」のうち、「自性不善」と反対概念となるものだけを「自性善」として立てたのであろう。

したがってアビダルマでも『大毘婆沙論』以後になると、善法を「五位七十五法」におけるものと「自性善」としてのものとの二通りに分け、「十大善地法」というのはその一方だけを代表するにすぎないとされたといえよう。

註

（1）『品類足論』、大正蔵二六、七〇〇頁上。

（2）『順正理論』、大正蔵二九、三九一頁中。『顕宗論』、大正蔵同、八〇〇頁上。偈文は『倶舎論』に存するものと同じである。それは次のものである。śraddhā 'pramādaḥ praśrabdhirupekṣā hrīrapatrapā. mūladvayam-ahiṃsā ca vīryaṃ ca kuśale sadā. (*Abhidh-k-bh*) p. 55. *ll.* 4-5.

（3）『順正理論』、大正蔵同、三九一頁中。『顕宗論』巻五、大正蔵同、八〇〇頁上。

（4）『集異門足論』、大正蔵二六、四二四頁上。四四一頁中。

（5）このテキストの校訂者S・ローゼン氏が所属部派をSarvāstivādin-Mūlasarvāstivādin とすることに、いまは従う。V. Stache-Rosen, Das Saṅgītisūtra und sein Kommentar Saṅgītiparyāya Berlin. 1968. S. 7. ただS・ローゼン氏がそのいずれとも確定していない点はヴァルトシュミット氏も同じである。E. Waldschmidt, Handschriften zu fünf Sūtras des Dīrghāgama. (*Faksimile-Wiedergaben von Sanskrithandschriften aus den Berliner Turfanfunden*) The Hague 1963. S. 6.

（6）V. Stache-Rosen. *a.a.O.S.* 149.

（7）『集異門足論』、大正蔵二六、四二四頁上。

（8）『顕宗論』、大正蔵二九、八〇〇頁上。

（9）『集異門足論』、大正蔵二六、四三五頁中。

（10）『法蘊足論』、大正蔵同、四八三頁中下。

（11）『大毘婆沙論』、大正蔵二七、四二〇頁下。

（12）『大毘婆沙論』、大正蔵同、一四六頁中。九八一頁下―九八二頁上。

（13）『阿毘曇毘婆沙論』、大正蔵二八、一一三頁中。

（14）*Peking*, vol. 119. p. 45-1-6.『入阿毘達磨論』、大正蔵二八、九八一頁下。

（15）*Peking*, ibid. p. 45-4-6.『入阿毘達磨論』、大正蔵同、九八二頁中。

（16）『成唯識論述記』巻六本、大正蔵四三、四三三頁下。普寂も正量部説に言及している。『阿毘達磨倶舎論要解』（仏書刊行会編『大日本仏教全書』巻八九、名著普及会）一一七頁上。

（17）『阿毘曇心論経』、大正蔵二八、八三七頁上。

(18) *Abhidh-k-bh*, p. 55. *ll.* 24-25.

(19) 『瑜伽師地論』、大正蔵三〇、六〇二頁中。

(20) *Triṃśikā*, ed by S. Lévi. pp. 26-28. 山口益、野沢静証『世親唯識の原典解明』、法藏館、昭和二十八年、二六四頁。

(21) 『成唯識論』、大正蔵三一、三〇頁下。

(22) *Kv*, pp. 585-586. p. 535.

(23) 『大智度論』、大正蔵二五、七〇頁上。

(24) E. Frauwallner. Abhidharma-Studien. *WZKSO*. Bd. VIII. 1964. S. 97-98. 桜部建『倶舎論の研究』、法藏館、昭和四十四年、五一頁。今西順吉「品類足論の成立試論（一）」（『三蔵』一一九号、昭和五十一年、一―二頁）参照。

(25) 『出三蔵記集』巻二、大正蔵五五、六頁上中。

(26) 今西順吉「品類足論の原文について」（『北大文学部紀要』第四〇号、昭和五十二年、三二―三七頁）。

(27) E. Waldschmidt, *Sanskrithandschriften aus den Turfanfunden*. Teil. I. Wiesbaden. 1965. S. 12.

(28) J. Imanishi. *Das Pañcavastukam und die Pañcavastukavibhāṣā*, Göttingen. 1969. ders, Fragmente des Abhidharmaprakaraṇabhasyam in Text und Übersetzung. 1975.

(29) ただ『薩婆多宗五事論』はペリオ本の尾題によると、法成によって八四六年に訳出されたことが明記されている。上山大峻「大蕃国大徳三蔵法師沙門法成の研究（下）」（『東方学報』京都、第三九冊、昭和四十三年、一二六頁）。してみれば、全八章を完備した『品類足論』の成立後にさえ単一本が敦煌には流布していた可能性がある。上山氏は、法成本はチベット訳からの重訳ということも十分考えられるとしている。

(30) *Abhidh-k-v*, p. 309. *ll.* 18-19.

(31) 『品類足論』、大正蔵二六、六九二頁下。『衆事分阿毘曇論』、大正蔵同、六二七頁。

(32) J. Imanishi, Das Pañcavastukam und die Pancavastukavibhāṣā. S. 7.

(33) 『薩婆多宗五事論』、大正蔵二八、九九五頁下。

(34) 『法蘊足論』、大正蔵二六、五〇〇頁下。

(35) 『大毘婆沙論』、大正蔵二七、七三七頁上。

(36) *Abhidh-k-bh*, p. 41. *l.* 6.

(37) 『集異門足論』、大正蔵二六、四三六頁中下。

(38) 『大毘婆沙論』、大正蔵二七、四九八頁下。

(39) 『集異門足論』、大正蔵二六、四三七頁上。

(40) 本書第二章「四、大煩悩地法」参照。

(41) 『舎利弗阿毘曇論』、大正蔵二八、七〇五頁上。

(42) *SN*. II. p. 160.

(43) Y. Okubo, The Ekottara-āgama Fragments of the

Gilgit Manuscript. *Buddhist Seminar*. Kyoto. 1982. p. 16. Vgl. S. Dietz, Untersuchungen zur Schulzugehörigkeit der in Ujjain liegenden Gilgit-Fragmente. in : *Zur Schulzugehörigkeit von Werken der Hīnayāna-Literatur*. Erster Teil. hrsg. von H. Bechert. Göttingen. 1985. S. 179.

（44） *DN*. II. pp. 78-79. 『長阿含経』巻二、大正蔵一、一一頁下。

（45） 『法蘊足論』、大正蔵二六、四七二頁上。

（46） 『中阿含経』、大正蔵一、四八四頁下。

（47） 『品類足論』、大正蔵二六、六九三頁上。『衆事分阿毘曇論』、大正蔵同、六二七頁中。

（48） apramādaḥ kuśalānāṃ dharmāṇāṃ bhāvanā. *Abhidh-k-bh*, p. 44. *l*. 7.

（49） *DN*. II. 156. 中村元『ブッダ最後の旅』（岩波文庫）、岩波書店、昭和五十五年、一五八頁参照。

（50） *SN*, *V*. pp. 42-45. 『雑阿含経』、大正蔵二、二二一頁下—二二二頁下。

（51） 『集異門足論』、大正蔵二六、三七七頁中下。三七八頁上。

（52） V. Stache-Rosen, *a.a.O*. S. 65.

（53） 『集異門足論』、大正蔵二六、三七八頁中。

（54） 『法蘊足論』、大正蔵同、五〇四頁上。

（55） 『長阿含経』、大正蔵一、五〇頁上。

（56） 『大集法門経』巻上、大正蔵同、二二七頁下。

（57） *DN*. III. p. 215. *ll*. 3-18.

（58） V. Stache-Rosen, *a.a.O*. S. 65-6.

（59） 『集異門足論』、大正蔵二六、三七七頁上。

（60） 本書第五章「四、倶舎論における渇愛と貪」参照。

（61） 『法蘊足論』、大正蔵二六、四九一頁下。

（62） 『法蘊足論』四七二頁上。四七三頁上。四七四頁中。四七五頁上。四九一頁下。

（63） 『舎利弗阿毘曇論』、大正蔵二八、六一七頁上。

（64） *Vibh*, pp. 169-173.

（65） *Pp*, p. 71.

（66） 本書第二章「三、大不善地法」参照。

（67） 『阿毘曇心論経』、大正蔵二八、八三五頁下。

（68） *Abhidh-k-bh*, p. 202. *l*. 10.

（69） 『順正理論』、大正蔵二九、五四六頁上中。

（70） 『顕宗論』、大正蔵同、八六四頁上。

三、「大不善地法」——不善

一

「大不善地法」(akuśala-mahābhūmika)は『大毘婆沙論』で初めて説かれる。すでに『界身足論』で「大地法」「大煩悩地法」「小煩悩地法」の三つが成立し、『品類足論』で「大善地法」が加わったから、「大不善地法」は「地法」の成立の上でその最後に登場することになる。この「大不善地法」は「大善地法」の反対概念であることも明瞭である。

もっとも『大毘婆沙論』の心所法のくだりでは、「大不善地法」以外に「二大有覆無記地法」も新たに設定された。もとよりこの二つの無記地法は無記(avyākṛta)を有覆(nivṛta)、無覆(anivṛta)に分類したものであり、このうち「有覆無記地法」には無明・惛沈・掉挙を、「無覆無記地法」には「十大地法」と同一の十法を数えている。

そもそも「大地法」(mahābhūmika)の場合はその生起する範囲がきわめて大きく、「染汚不染汚」「善不善無記」などを含む。はたらきの観点からいえば、「染汚」「不善」「無記」の三つを共有するのが「大煩悩地法」「小煩悩地法」、「善」が「大善地法」、「不善」「無記」をおのおの独立させたのが「大不善地法」「大有覆無記地法」「大無覆無記地法」となる。ただし有覆、無覆という二つの無記地法はその後の論書では説かれない。その理由は、「有覆無記地法」に数える無明、掉挙などは「大煩悩地法」「大不善地」中の法と符合し、また「無覆無記地法」も論師たち自身が認めているごとく「大地法」と全く一致することから、法の重複を省いたためであろう。

この「大不善地法」に数えられる法は『大毘婆沙論』に次のようにいう。

大不善地法有五種。一無明。二惛沈。三掉挙。四無慚、五無愧。(1)

すなわち無明・惛沈・掉挙・無慚・無愧の五法が当てられる。ところでこの「大不善地法」の反対概念である「大善地法」は、前述のとおり信・精進・慚・愧・無貪・無瞋・軽安・捨・不放逸・不害の十法である。このうち、「大不善地法」とその自性の共通するのは慚・愧だけである。また「大不善地法」と次にみる大小二つの煩悩地法とはいずれも煩悩法を包含することから、不善地法と煩悩地法とは深い関連が認められる。

では論師たちは明らかに「煩悩」であるものをどのようにして、不善地法と煩悩地法とに分けたのか。

たしかに「地法」の概念規定によれば、煩悩地法は「不善」「無記」、不善地法は「不善」のみの煩悩とされる。『大毘婆沙論』では「大不善地法」に数える五法中、無明・惛沈・掉挙の三法は、「大煩悩地法」「大有覆無記地法」にまで重複して数えられるが、のちの『雑心論』や『倶舎論』になると、「大不善地法」は無慚・無愧の二法のみに減少する。その理由も重複をさけ、無明、惛沈、掉挙の三つを「大不善地法」から排除したのであろう。

二

ところで『雑心論』『倶舎論』になると、それ以前で説かれた「五大不善地法」中、無明、惛沈、掉挙の三つを

「大煩悩地法」に回し、残りの無慚、無愧の二法だけとした。「大煩悩地法」は次項でとり上げ、ここでは無慚、無愧だけをとり上げよう。

語義の上からは無慚は自分に恥じ、無愧は他人に恥じることをいう。[2] もっとも『大毘婆沙論』には諸説があるから、いま『大毘婆沙論』と旧訳『阿毘曇毘婆沙論』とに共通するものだけを示してみよう。[3] (一)恭敬しないことが無慚、怖畏しないことが無愧。(二)煩悩を厭賤しないのが無慚、悪行を厭賤しないのが無愧。(三)悪をなして自ら顧みないのが無慚、悪をなして他に恥じないのが無愧。(四)少人に対して悪をなしても羞恥しないのが無慚、多人に対して悪をなしても羞恥しないのが無愧とある。ともかく無慚・無愧ともに煩悩の範疇であることである。それも「随眠」のグループは「微細」「猛利」「長時相続」「厚重」「習気堅固」のゆえに「根本煩悩」であるのに対し、無慚、無愧は「麁動」「非猛利」「不長時相続」「軽薄」「習気囂虚」のゆえに「随煩悩」のグループと規定される。

ところで煩悩は数多く説かれるけれども、なぜ「不善」の煩悩は無慚無愧の二法のみとされるのか。

善不善の定義も『大毘婆沙論』（第二章「結蘊」）[4]に詳しく、やはり新旧訳に共通するものは、一、四諦を顕示するのが善、これに反するのが不善。二、好ましい（可愛）果および楽受の果を招くのが善。三、好ましい「有」の芽を引くのが善。四、善趣に生ずるのが善。五、還滅品すなわち「寂静」に向かうのが善、流転品に向かうのが不善とある。ところがこの五つに具体的にどのような徳目を当てはめるかとなると議論がある。たとえば霧尊者は「自性」「相応」「等起」「勝義」の四つの観点にもとづき、「自性善」は慚愧、三善根、「自性不善」は無慚無愧、三不善根、「相応不善（善）」は「自性不善（善）」と相応するもの、「等起不善（善）」は「自性不善（善）」から生ずる身語二業および不相応行、「勝義不善」は生死とする。あるいは分別論者は「自性善」を「智」、「自性不善」を「癡」、脇尊者は「自性不善」を非理作意と主張する。このほか「自性不善」として無慚無愧、三不善根、五蓋などとする諸説もあるから、

『大毘婆沙論』の頃、不善と規定する煩悩には無慚無愧以外に相当多かったことが知られる。

しかしながら論師たちは「大不善地法」の場合、無慚無愧の二法のみとしたのである。

ところで『大毘婆沙論』では前述のごとく無慚、無愧を「随煩悩」と規定し、あるいはまたその煩悩論(第二章)には三不善根、七随眠を含む十六種の煩悩群を列挙するものの無慚、無愧についてはそれらいずれの煩悩群中にも数えられない。わずかに三不善根、あるいは十纏に対するその解釈中に言及されるにすぎない。後者の十纏のくだりでは無慚無愧のみを不善と解し、残りの八種を不善としない理由として、

　有説。此二唯是不善。亦与一切不善心倶。忿覆慳嫉雖但不善而非一切不善心倶。(5)

とあり、忿・覆・慳・嫉なども不善であるが、しかしそれらには一切の不善心と同時に生ずるはたらきがないとされる。すなわちここでも無慚無愧だけが一切の不善心中に存在することになる。

煩悩一般を「不善」「無記」と截然と区別するのは、有部がその当初より三界説を導入して諸法を分析し始めた結果である。そうして明確に不善と規定された無慚無愧の二法は、『大毘婆沙論』になると「善不善無記」いわゆる三性という概念規定をするその定義そのものにまで適用される。この点は、

　問何故色無色界煩悩是無記耶。答若法是無慚無愧自性与㆓無慚無愧㆒相応。是無慚無愧等起等流果者是不善。色無色界煩悩不爾。故是無記。(6)

とあり、不善である欲界には必ず無慚無愧の二法が存在し、上二界にはこの無慚無愧がないために無記であるという具合にである。すなわちここでは無慚無愧が不善、無記を判断する基準とすらなっている。

煩悩一般を三性説を導入して不善、無記などと分析することは諸部派でも行なったかというと、そうではない。たとえば譬喩者(Dārṣṭāntika)は煩悩であればすべて「不善」(7)とし、あるいは『舎利弗阿毘曇論』でもその「煩悩品」

の劈頭に、

今当集不善法門。(8)

と、煩悩なるものはすべて不善と規定される。なお『舎利弗阿毘曇論』では三性説そのものを導入しないわけではない。というのは、その「不善根品」に、

三不善根。幾善。幾不善。幾無記。一切不善。(9)

と、明らかに三性説によって分析する例も見い出せるからである。あるいはまた有部であっても『阿毘曇甘露味論』では、「大煩悩地法」（大不善地法なるものは説かない）について次のようにいう。

十大煩悩地。一切不善心中共生。(10)

すなわち「大煩悩地法」は一切の「不善」心中に存するものとされる。しかし『大毘婆沙論』でいう「大煩悩地法」の規定では「不善」「無記」の両方、一方、「不善」だけの法は「大不善地法」とされる。ともかく『阿毘曇甘露味論』でも、煩悩一般を不善と捉えていたことが看取される。

三

『大毘婆沙論』の「五大不善地法」は、『雑心論』『倶舎論』に至って無慚、無愧の二法だけとなるが、幾分系統を異にする三綱要書では前述のごとく『阿毘曇心論』で「大地法」は説くものの、それ以外の地法には言及しない。次の『阿毘曇心論経』に至っても、新たに「善大地」法を加えるだけで不善地法を説かないが、『阿毘曇心論』の場合と同様に不善心が生ずるとき、二十一心が倶生するという箇所で言及する。(11) そのほか、不善とは必ず無慚無愧と相応

した状態をいうとも明記されるようになった。

ところで無慚無愧は、いかに適用され、また煩悩論の場合具体的にどのように位置づけられたであろうか。まず『雑心論』の煩悩論(「使品」)の場合、

此相行品已説。(12)

と、先に心所法を展開する「行品」に述べたとおりであるとする。ちなみに善不善無記の概念規定については、その「業品」に、

染汚者。煩悩所起。彼有二種。隠没無記及不善。隠没無記者。無報無慚無愧不相応一果煩悩等起。不善者。有報無慚無愧相応二果煩悩等起。(13)

とあり、隠没(有覆)無記および不善が、やはり無慚無愧との関わりで規定される。

こうした事情は『倶舎論』ではどうか。『倶舎論』では「大不善地法」とは別に、「業品」に「自性不善」なるものをあげる(これは先の「大善地法」でとり上げた「自性善」の反対概念に当たる)。そこでは、

不善根、無慚、無愧をその自性としている(akuśalamūlāhrīkyānapatrāpyāṇi svabhāvataḥ.)(14)。

とあり、無慚無愧と三不善根とをあげる。なおこの三不善根は、三界説との関連で、

欲界では不善事は業と知るべきである。それ以外のものではない。諸の不善根、無慚、無愧を断つべきだからである(akuśalaṃ vastu karma kāmadhātau veditavyam. nānyatra. akuśalamūlānāṃ prahīṇatvādāhrīkyānapatrāpyayośca.)(15)。

と、色・無色界では無慚無愧および三不善根がないから、不善でないとされる。『大毘婆沙論』では、欲界で不善となるのはそこに無慚無愧が存在するからというが、『倶舎論』では無慚無愧以外に三不善根を新たに加えて欲界と上

二界とを峻別する基準とするのである。

ついで煩悩論（第五章）の場合、そこに「結縛随眠随煩悩纏」という主要な煩悩群をまとめた表現があり、無慚無愧は、このうち纏の中に包含される。『大毘婆沙論』第二章「結蘊」での「纏」の取り扱いは付録的でしかなかったが、『倶舎論』になるとこうして独立した位置が与えられる。

『倶舎論』以後の『順正理論』『顕宗論』の場合も「大不善地法」あるいは「随眠品」における無慚無愧の取り扱いは『倶舎論』の場合とほとんど異なることがない。『アビダルマディーパ』でも無慚無愧の二法のみを「大不善地法」とし、煩悩論（第五章）では十纏の中に数えている。

では、瑜伽行唯識学派の場合はどのように捉えられたか。

もとより瑜伽行唯識学派では、「地法」にもとづく心所法の分析はなく、煩悩一般については「煩悩」と「随煩悩」との二つの部門に分け、そのなかにすべての煩悩を包含する。この点は、初期論書である『瑜伽師地論』[16]以来認められる。ただし「随煩悩」を小中大の三種に分けることがあり、その振り分けかたは『成唯識論』[17]によれば、「小随煩悩」に忿・恨・覆などを、「中随煩悩」に無慚・無愧の二つを、「大随煩悩」に掉挙・惛沈・不信などとする。ところでこれら三種の「随煩悩」の内容は、有部でいう「小煩悩地法」「大不善地法」「大煩悩地法」とちょうど一致する。したがってこうした「随煩悩」（『成唯識論』）という捉え方は、有部の「地法」にもとづく分類と呼応するものと解することができる。

また無慚無愧の二法を纏の煩悩群に包含することも有部と同様である。

なお有部と瑜伽行唯識学派とで無慚無愧はいかなる煩悩に起因して生ずるかという点では違いが認められる。『大毘婆沙論』[18]『倶舎論』[19]では無慚は貪、無愧は癡によるとするのに対し、『阿毘達磨集論』[20]『唯識三十頌』[21]では無慚無愧ともに貪瞋癡の三つに起因するというからである。

あるいはまた、「自性不善」として、有部の場合、無慚無愧、三不善根をあげるけれども、『阿毘達磨集論』「本地分」では、

自性不善とは、謂く染汚の意相応と及び色・無色界の煩悩等を除ける所余の能く悪行を発す煩悩と随煩悩となり。(22)

と、ただ単に「悪行煩悩・随煩悩」とするにすぎない。

四

ところで無慚無愧を「不善地法」に数えあげるに至った背景について論書を順に遡ってみよう。

『大毘婆沙論』が依拠した『発智論』には、たとえば欲漏の箇所に、

欲漏。或不善。或無記。無慚無愧。及彼相応。是不善。余是無記。(23)

とあり、もし法にして無慚無愧と相応すればその法は不善であるとし、さらに、

何纏相応法。皆不善耶。答無慚無愧。(24)

と、やはり無慚無愧の二纏と相応すれば不善であるとする。『大毘婆沙論』では不善地法に五法を数えあげるけれども、してみると『発智論』の時点で「不善」法とは無慚無愧の二つとされていたことになる。

『阿毘曇甘露味論』では「結使禅智品」に九十八使、三結、五順下分結とともに十纏なる煩悩群があり、無慚無愧は、

云何無慚。自作悪不羞。云何無愧。作悪不愧他。是二一切不善法相応。(25)

と、一切の不善法と相応すると規定される。

『品類足論』では心所法の箇所に「五煩悩・五見・五触・五根・五法[26]」という項目が提示され、この「五法」中に無慚無愧を尋、伺、識とともに数えあげる。また八纒なる煩悩群を説くから[27]、そこに無慚無愧が含まれることも明らかである。このように纒とは具体的に無慚無愧などの八法をいうとはっきり示すようになったのは、その前の『界身足論』においてである。

『界身足論』に遡ると、その「本事分」には『品類足論』の場合と同様、「五煩悩乃至五法」という分類がある。さらに「分別品[28]」では無慚無愧と相応する法はいかなるものかという議論があり、もし法であって無慚無愧と相応すれば、その法は不善であるという。こうした分析がみられることからも、無慚無愧の二法を不善とすることはこの論書の場合も同様である。

しかるにこのような考え方は『界身足論』以前ではどうか。『法蘊足論』には、不善法として、「正勝品」に五蓋[29]、「証浄品」に貪瞋癡[30]を具体的にあげ、また「縁起品」には、無明より悪不善法が生じ、それに伴って無慚無愧が生ずるともいう[31](ちなみにこの無慚無愧に言及する文は『相応部[32]』〈四五・一〉に相当する)。してみると、『法蘊足論』の場合、不善法とするものに無慚無愧、五蓋、貪瞋癡があることになる。

では『集異門足論』の場合はどうか。

無慚無愧の二法は一対の形でその「二法品[33]」に認められる。ただその反対概念である慚愧は、七財、七力、七妙法などの実践徳目にも包含されるのに対し、無慚無愧を具体的に数え上げるのはわずかに「七非妙法[34]」(saptāsaddharmāḥ)だけにすぎない。『集異門足論』は『長部』経典の「サンギーティスッタンタ」の体裁を受け継ぐから、『集異門足論』における二法としての無慚無愧[35]および「七非妙法[36]」はそのまま『長部』経典に認めることができる。

五

以上、「大不善地法」として『倶舎論』で確定した無慚無愧の二法は、その当初は『集異門足論』「二法品」、あるいは七非妙法などという形でアビダルマ論書のなかに導入されたのであろう。ただ『法蘊足論』では不善法として無慚無愧以外にも五蓋、三不善根を提示するが、『界身足論』になると、無慚無愧の二法だけが不善法と解されてくる。それが『大毘婆沙論』では再び五蓋、三不善根が復活し、五蓋中の惛沈、掉挙、三不善根中の癡を導入して「五大不善地法」としたのであろう。

註

(1) 『大毘婆沙論』、大正蔵二七、二二〇頁中。『阿毘曇毘婆沙論』、大正蔵二八、一七〇頁上。
(2) 水野弘元『パーリ仏教を中心とした仏教の心識論』、山喜房佛書林、昭和三十九年、四九一―四九八頁参照。
(3) 『大毘婆沙論』、大正蔵二七、一八〇頁上。『阿毘曇毘婆沙論』、大正蔵二八、一三六頁中。
(4) 『大毘婆沙論』、大正蔵二七、二六三頁上―下。七四一頁上中。『阿毘曇毘婆沙論』、大正蔵二八、二〇四上中。なお『鞞婆沙論』巻七(大正蔵二八、四六六頁下)には五に当たる部分はない。
(5) 『大毘婆沙論』、大正蔵二七、六五八頁下。
(6) 『大毘婆沙論』、大正蔵同、二六〇頁中。『阿毘曇毘婆沙論』、大正蔵二八、二〇二頁下。
(7) 『大毘婆沙論』、大正蔵二七、一九六頁上。二五九頁下。『阿毘曇毘婆沙論』、大正蔵二八、一四六頁下。巻二八、二〇二頁上。
(8) 『舎利弗阿毘曇論』、大正蔵二八、六四六頁上。
(9) 『舎利弗阿毘曇論』、大正蔵同、五七〇頁下。

（10）『阿毘曇甘露味論』、大正蔵同、九七〇頁中。cf. S.Sastri, Abhidharmāmṛta of Ghoṣaka. *Visva-Bharati Annals*. V. 1953. p. 66 *l*. 16.

（11）『阿毘曇心論経』、大正蔵同、八三七頁上中。

（12）『雑心論』、大正蔵同、九〇四頁下。

（13）『雑心論』、大正蔵同、八八八頁下。

（14）*Abhidh-k-bh*, p. 202, *l*. 24.

（15）*Abhidh-k-bh*, p. 201, *ll*. 5-6.

（16）『瑜伽師地論』、大正蔵三〇、六〇三頁上—六〇四頁中。

（17）『成唯識論』、大正蔵三一、三三頁中。

（18）『大毘婆沙論』、大正蔵二七、一八〇頁上。『阿毘曇毘婆沙論』、大正蔵二八、一三六頁中。

（19）*Abhidh-k-bh*, p. 312. *l*. 20–p. 313. *l*. 4.

（20）V.V. Gokhale, Fragments from the Abhidharmasamuccaya of Asaṅga. *JBBRAS*. vol. 23. 1947, p. 17. *ll*. 27-29. 吉元信行・玉井威「梵文阿毘達磨集論における煩悩の諸定義」（佐々木現順編『煩悩の研究』、清水弘文堂、昭和五十年、二四六頁）参照。

（21）*Triṁśika*, ed by S. Lévi. p. 31. *ll*. 17-22. 山口益・野沢静証『世親唯識の原典解明』、法藏館、昭和二十八年、三〇四—三〇六頁参照。

（22）V.V. Gokhale, *op. cit*. p. 23. *l*. 29. 『阿毘達磨集論』、大正蔵三一、六六九頁中。

（23）『発智論』、大正蔵二六、九二九頁下。『八犍度論』、大正蔵同、七八五頁上。

（24）『発智論』、大正蔵同、九八一頁上。『八犍度論』、大正蔵同、八五三頁中。

（25）『阿毘曇甘露味論』、大正蔵二八、九七二頁中。

（26）『品類足論』、大正蔵二六、六九八頁下。『衆事分阿毘曇論』、大正蔵同、六三四頁上中。

（27）『品類足論』、大正蔵同、六九三頁下。『衆事分阿毘曇論』、大正蔵同、六二八頁中。

（28）『界身足論』、大正蔵同、六一七頁上中。

（29）『法蘊足論』、大正蔵同、四六八頁上。

（30）『法蘊足論』、大正蔵同、四六一頁下。

（31）『法蘊足論』、大正蔵同、五〇六頁上。

（32）*SN*, V. 1. 『雑阿含経』七四九経、大正蔵二、一九八頁中。

（33）『集異門足論』、大正蔵二六、三六九頁下。cf. V. Stache Rosen : *Das Saṅgītisūtra und sein Kommentar Saṅgītiparyāya*. Berlin, 1968. Teil. 1. S. 50.

（34）『集異門足論』、大正蔵二六、四三六頁下。cf. V. Stache Rosen : *a.a.O*. S. 179.

（35）*DN*, III. 212. 『長阿含経』、大正蔵一、四九頁下。

（36）*DN*, III. 252. 『長阿含経』、大正蔵一、五二頁上。

四、「大煩悩地法」——煩悩

一

法体系において、もっとも変動の多かったのは煩悩に関する部門である。ここではまず「大煩悩地法」の変動をあげ、その後に有部論書が独立した一章とする煩悩論と対比することによって、「大煩悩地法」中の法がきわめて特異であることを論じよう。

初めて大煩悩地法を説くのは『界身足論』であり、そこであげる十法は、

不信(āśraddhya)とは云何。謂はく、不信、不信の性、不現信の性、不印、不可、不已委信、不当委信、不現委信、心を不浄ならしむ、是れを不信と名く。

懈怠(kausīdya)とは云何。謂はく、不精進の性、劣精進の性、昧精進の性、精進を障礙する、精進を止息する、心の不勇悍、不已勇悍、不当勇悍、是れを懈怠と名く。

失念(muṣitasmṛtitā)とは云何。謂はく、空念の性、虚念の性、忘念の性、失念の性、心の不明記の性、是れを失念と名く。

心乱(cetaso vikṣepa)とは云何。謂はく、心散の性、心乱の性、心異念の性、心迷乱の性、心不一境の性、不住一境の性、是れを心乱と名く。

無明(avidyā)とは云何。謂はく、三界の無智なり。

不正知(asaṃprajanya)とは云何。謂はく、非理所引の慧なり。

非理作意(ayoniśomanaskāra)とは云何。謂はく、染汚の作意なり。

邪勝解(mithyādhimokṣa)とは云何。謂はく、染汚作意相応の心の勝解、心の印順、是れを邪勝解と名く。

掉挙(auddhatya)とは云何。謂はく、心の不寂静、不極寂静、不寂静の性、囂挙、等囂挙、心の囂挙の性、是れを掉挙と名く。

放逸(pramāda)とは云何。謂はく、不善法を断じて善法を引集することに於て、堅住して作さず、恒常に作さざる、不親、不近、不修、不習、是れを放逸と名く。(1)

である。(2)『界身足論』ではこの「十大煩悩地法」とともに「十小煩悩地法」も同時に設け、そこには忿、恨、覆、悩、嫉、慳、誑、諂、憍、害の十法を数えあげる。なお後述するように、煩悩地法中、この「十小煩悩地法」はその後、法の数および種類に変わりはみられないから、変動の大きかったのは「大煩悩地法」だけということになる。なお『界身足論』では、こうした「大煩悩地法」「小煩悩地法」に採用しない煩悩として「五煩悩」すなわち欲貪、色貪、無色貪、瞋、疑および「五見」を続けて列挙する方法をとる。

煩悩に直接関わるこうした二つの地法、「五煩悩」「五見」という四つの分類は『品類足論』に至っても変わりはないが、(3)『品類足論』では煩悩に関する一章すなわち「随眠品」が独立して展開される。もっとも『品類足論』「随眠品」はその名が示すように、七随眠(欲貪、有貪、瞋、慢、癡、疑、見の七つ)のみを精細に分析した一章である。

「大煩悩地法」とこうした七随眠とは全く別の範疇であるから、双方を対比してみても一致するのはわずかに癡のみであり、この点からみても心所法の分類と「随眠品」とは別の立場から展開されたことがわかる。『品類足論』のあとに位置する『大毘婆沙論』では、「十大煩悩地法」中の無明、掉挙の二法は「大不善地法」にも数えあげられる。『大毘婆沙論』でこのように一つの法を「煩悩地法」「不善地法」「有覆無記地法」にわたって配置するのは、論師たちが重複をいとわなかったからである。

ところで『大毘婆沙論』第一章にみられる心所法中の煩悩は、第二章「結蘊」すなわち論師たちの自認する煩悩論と比べるとどのような特色がみられるであろうか。

まず『大毘婆沙論』「結蘊」[4]の場合、その中に「大煩悩地法」の語は玄奘訳には認められるけれども、旧訳の『阿毘曇毘婆沙論』あるいは『鞞婆沙論』にはそれに対応するものがない。してみると「結蘊」にみられる「大煩悩地法」なる一例は玄奘による潤色かもしれない。第二章「結蘊」の構成は『発智論』「結蘊」にそのまま準じているから、十六種の煩悩群を列挙する点でも同じである。ただしいずれもその章名が「結蘊」とあるように、七随眠でなく九結の煩悩群を重視したであろうことは、のちにとり上げたい。いずれにせよ『品類足論』「随眠品」では七随眠なるただ一つの煩悩群を分析したことに比べれば、「結蘊」の場合その包括範囲が飛躍的に拡大したことは確かである。

心所法と煩悩論(結蘊)との間で個々の煩悩法を比較してみると、「大煩悩地法」中の無明は三漏、四暴流、七随眠、九結などに、また掉挙も五蓋、五順上分結などに認めることができる。ところが残りの忘念、不正知、心乱、非理作意、邪勝解、不信、懈怠、放逸の八法は、いかなる煩悩群のなかにも見い出せないものばかりである。

ただし「結蘊」に全く言及されないわけではない。そのうち不信、懈怠、放逸の三法については、

不信、懈怠、放逸亦由二過軽微一故不レ説二漏等一。[5]

とあるからである。ちなみにこの文も旧訳の『阿毘曇毘婆沙論』や『鞞婆沙論』には見い出されないから『大毘婆沙論』独自のものであろう。もっともこの文も不信、懈怠、放逸の三つはそのはたらきが弱い(軽微)ものゆえ、漏、暴流などの中に説かないとされる。この点からも『大毘婆沙論』第一章の「大煩悩地法」と第二章「結蘊」との間には相互の交流はなく、それぞれ全く別の視点からまとめられたことがわかる。この点は『品類足論』の場合もその心所法と煩悩章(つまり「随眠品」)とがやはり無交渉であったことと軌を一にする。

では『倶舎論』の構造にきわめて大きな影響を与えた三綱要書すなわち『阿毘曇心論』『阿毘曇心論経』『雑阿毘曇心論』の場合はどうであろうか。

『阿毘曇心論』および『阿毘曇心論経』には、もともと「大煩悩地法」の概念は説かれないけれども、とりわけ不信、放逸、懈怠の三法は心所法の箇所では数えあげられる。(6) さらに『阿毘曇心論経』ではこの三法を「起煩悩」(upakleśa)(つまり「随煩悩」)の分類に入れることも、従来なかった捉え方である。『雑阿毘曇心論』(7) に至ってようやく「十大煩悩地法」が説かれるが、やはり『雑阿毘曇心論』の煩悩章たる「使品」にもその語は見い出せるわけではない。「使品」には十法中、わずかに無明、掉挙だけは認められるが、しかし残りの不信、懈怠、失念、心乱、不正知、非理作意、邪勝解、放逸の八法はやはり論及されない。したがってこれらの三綱要書でも、心所法とそれぞれの煩悩章(「使品」)との交流はなかったことになる。

二

ところで『倶舎論』になると、「大煩悩地法」の数が大きく改変される。まず忘念、不正知、心乱、非理作意、邪

勝解の五法を除外する。その理由は、『大毘婆沙論』巻四二に、

> 謂大煩悩地法中忘念即大地法中念。不正知即彼慧。心乱即彼三摩地。非理作意即彼作意。邪勝解即彼勝解。(8)

と、これら五法は「大地法」中の念、慧、三摩地、作意、勝解とそれぞれ自性(svabhāva)が同じとされることから重複するものを省いたのであろう。そうして新たに「惛沈」(styāna)を採用して「六大煩悩地法」が成立する。もっともこの「惛沈」は『大毘婆沙論』では「大不善地法」にあったものであり、それを『倶舎論』では「大煩悩地法」と配置換えしたのである。

さて、『倶舎論』の場合、その第二章の心所法と第五章「随眠品」との交渉はどうか。たしかに「大煩悩地法」なる語は第五章にも認められる。たとえば随煩悩(upakleśa)の五受根相応分別の箇所に、

> 無慚、無愧、惛沈、掉挙、これら四つの纒はまた五根と相応する。大不善地に関わるから、また大煩悩地に関わるからである(āhrīkyamanapatrāpyaṃ styānamauddhatyaṃ caitāni catvāri paryavasthānāni pañcabhirapīndriyaiḥ saṃprayujyante. akuśalamahābhūmikatvāt kleśamahābhūmikatvācca.)(9)。

と、五受すべてと相応する随煩悩は無慚、無愧、惛沈、掉挙の四つであり、前の二つは「大不善地法」、後の二つは「大煩悩地法」に所属するとある。あるいはまた煩悩一般の六識相応分別を説く箇所に、

> 無慚、無愧、惛沈、掉挙、これらはまた大煩悩地に(相応するもの)といわれる(āhrīkyānapatrāpyastyānauddhatyāni. ye ca kleśamahābhūmikeṣūktāḥ.)(10)。

と、六識すべてに生起する煩悩は修所断の貪、瞋、無明、無慚、無愧、惛沈、掉挙をいい、そのほかは「大煩悩地法」に数えるものとして省略する。この点についてヤショーミトラ(称友)は、

> 大煩悩地といわれるものは、不信、懈怠、放逸である(ye ca kleśamahābhūmikeṣūktā ity āśraddhyakausīdya-

pramādā eva.)[11]。

と、省略されたものは不信、懈怠、放逸の三つをいうと示す。したがって不信、懈怠、放逸の三つは『倶舎論』第五章そのものでないけれども、その注釈書類[12]で初めて指摘されることになる。

作者世親は第五章「随眠品」の叙述に際し、「大煩悩地法」の観念も念頭にあったと推測されるが、しかし「大煩悩地法」と第五章の煩悩とを別グループとみていたことは明白である[13]。

『倶舎論』以後、『順正理論』『顕宗論』になると、「大煩悩地法」中の懈怠について、

怠謂懈怠。於二善事業一。闕二減勝能一。於二悪事業一。順二成勇悍一。無明等流。名為二懈怠一[14]。

と、無明より流れ出たもの、つまり無明の「等流」(niṣyanda)であると懈怠と無明の関係を有部論書で初めて規定するようになる。この点は不信の場合も、

不信者。謂心不澄浄。邪見等流[15]。

と、邪見の「等流」とされる(なお不信については瑜伽行唯識学派の『阿毘達磨集論』[16]では邪見でなく、「癡」の一部とする)。

しかるに看過し得ないのは懈怠、不信という「大煩悩地法」に数える法が、ほかの煩悩に起因して生ずる(つまり「等流」)と定義される点である。「等流」という点で煩悩相互の関係を捉えることは、すでに『大毘婆沙論』にも認められ、「大煩悩地法」の掉挙は貪の等流[17]、惛沈も無明の等流とされる[18]。しかしすべての悪心と同時存在する「大煩悩地法」が、さらにほかの煩悩に起因して生起するというのはきわめて不自然である。こうした矛盾がみられるのは、そもそも論師たちが「大煩悩地法」と一方の煩悩論との関係を顧慮しなかったためと思われる。

たしかに『順正理論』『顕宗論』それぞれの「随眠品」でも不信、懈怠、放逸の三つを認めることができる。

所余一切通依二六識一。謂修所断貪瞋無明。及彼相応諸随煩悩。即無慚愧惛掉及余大煩悩地法所摂随煩悩。即是放逸懈怠不信。[19]

しかしながらこの三法に言及するのはわずかにここだけであり、やはり煩悩章(「随眠品」)全体からみると、付録的な位置づけでしかない。

次いで『アビダルマディーパ』の場合はどうであろうか。「大煩悩地法」を六法とすることは『倶舎論』と同じである。しかし六法の順序が改変され、『倶舎論』で採用した「惛沈」をその筆頭に置くのである。[20]『界身足論』『品類足論』『大毘婆沙論』では「不信」を筆頭に置くが、『倶舎論』では「癡」に変わり、『アビダルマディーパ』になると「惛沈」となる。これは単なる列次ではあるが、惛沈をほかの五法より重視したためであろう。

さらに注目すべきは、この「惛沈」は従来の煩悩章には認められなかったが、煩悩群の中に集録される。[21]その煩悩群(この場合「随煩悩」とされる)とは、「煩悩垢」のなかより誑、諂の二つ、さらに『倶舎論』になかった stambha (昏睡)、kāyadauṣṭhulya (身の堕落)、vijṛmbhikā (ものうさ)、それに「放逸」を加えたものである。

このようにみてくると、有部が自認する煩悩論において不信、懈怠、放逸の三つを説くのは、玄奘訳『大毘婆沙論』「結蘊」、『倶舎論』「随眠品」の注釈書、『順正理論』『顕宗論』の「随眠品」であり、『アビダルマディーパ』第五章では放逸のみが説かれたことになる。それゆえこの三つの煩悩はいずれの煩悩章においても重視されず、あくまでも付録的なものであったことがわかる。

そもそも心所法中で説く煩悩というのは、すでに和辻哲郎氏[22]によって煩悩群が素材となり、論師たちがそのなかから適宜に拾い出したといわれている。たしかに「小煩悩地法」の場合、そこに包括される忿、覆、嫉、慳の四法は「十纒」、また恨、悩、誑、諂、憍、害の六法は「六煩悩垢」と符合する。しかし「大煩悩地法」中の不信、懈怠、放逸の三法はいずれの煩悩群にもないものである。したがって、「大煩悩地法」は煩悩群以外の系統から導入されたことは明瞭である(「小煩悩地法」もそうであることは次項でふれる)。

では「十大煩悩地法」に対応するものを瑜伽行唯識学派ではどうみていたか。

瑜伽行唯識学派で重視する主要煩悩は、『瑜伽師地論』「摂決択分」[23]、『唯識三十頌』[24]によると、貪、瞋、癡、慢、見、疑の六つである。この六つは、有部の「六随眠」に相当するものである。もっともスティラマティの『中辺分別論釈疏』[25]では、『発智論』『大毘婆沙論』で重視する「九結」という煩悩群をとり上げるという違いも認められる。

とにかく瑜伽行唯識学派では、「大煩悩地法」(無明以外)に対応する煩悩は、いわば雑多な煩悩を集めた「随煩悩」という部門に配置する。[26]すなわち「大煩悩地法」中、無明は「煩悩」の分類、残りの九つは「随煩悩」に入れるのである。

ただ『成唯識論』[27]の場合、前述のように「随煩悩」をさらに小中大の三種に分類する。「小随煩悩」とは単発的に生起する忿、恨など、「中随煩悩」は不善心中に生ずる法、「大随煩悩」は「大煩悩地法」に相当する掉挙、惛沈、不信、懈怠、放逸、失念、散乱、不正知の八法に対応するものである。

三

次に「大煩悩地法」の成立過程をみよう。

心所法のうち「大地法」の成立過程は、勝又俊教氏[28]によって詳しく解明された。参考までにその素材としてあげられるものは五蘊、四食、十二縁起、根境識の三事和合、さらに五根、五力、七覚支などであり、それらを勘案して

「大地法」に相応しいものを数えあげたとされている。しかしこれらの教説はいずれも「大煩悩地法」とは対応しないから、別なる教説を探ってみるほかない。

もっとも「大煩悩地法」の成立の上で、同時に成立した「大地法」との関連も見なくてはならない。というのは「大地法」をみればそこには「大煩悩地法」の反対概念のものが数多く見い出せるからである。法の自性の観点からみると、たとえば『大毘婆沙論』では「大地法」中の慧、念、作意、勝解、三摩地と「大煩悩地法」中の不正知、失念、非理作意、邪勝解、心乱とはそれぞれ自性を同じくするという。

そこで『界身足論』以前の論書に「大煩悩地法」の素材といえるものをみていこう。『界身足論』の撰者(プールナ〈Pūrṇa〉か世友〈Vasumitra〉かは伝承によって異なる)がそれ以前に成立していた『集異門足論』『法蘊足論』の二論から影響を受けたかどうかである。

まず『法蘊足論』をみると、そこには「大煩悩地法」に対応する徳目は認められない。「正勝品」[29]に懈怠、「縁起品」[30]のなかに十二縁起の一支としての無明、有処所摂の心所法のなかに放逸[31]、五蓋中の惛沈睡眠蓋と掉挙悪作蓋の二蓋が認められるにすぎない。

しかし『集異門足論』の場合には注目すべき教説が認められる。それは「七法品」中の「七非妙法」(saptāsaddharmāḥ)として、

七非妙法者云何為ㇾ七。答一不信。二無慚。三無愧。四懈怠。五失念。六不定。七悪慧。[32]

とあるからである。このうち無慚、無愧の二法は「大不善地法」と、残りの五法は「大煩悩地法」とちょうど対応する。なお「七非妙法」の「不定非妙法」は、「大煩悩地法」の「心乱」(cetaso vikṣepa)と相応しないかに見えるが、『集異門足論』の独訳者S・ローゼン氏が「不定」の原語をasamāhitaと比定すること、あるいは『倶舎論』[33]で「心

乱」の自性はsamādhiとあることからみて、「不定」が「心乱」に相当することは明らかである。

「七非妙法」に関しては『集異門足論』のもととなった『長部』経典「サンギーティ・スッタンタ」にもそのまま見い出すことができる。そこには、

> 七非正法がある。友よ、ここに比丘があり、不信、無慚、無愧、少聞、懈怠、多忘、悪慧がある（satta asaddhammā. Idh' āvuso bhikkhu asaddho hoti, ahiriko hoti, anottappī hoti, appassuto hoti, kusīto hoti, muṭṭha-ssati hoti, duppañño hoti.）[34]。

とあり、これに当たる漢訳は単訳『大集法門経』にはないものの、『長阿含経』巻九「衆集経」に、

> 謂七非法。無信。無慚。無愧。少聞。懈怠。多忘。無智[35]。

とある。ここで「不定」の代わりに「少聞」（appassuta）とある点に『集異門足論』と幾分異なりがみられるが、これは伝承の過程で生じたものであろう。こうした「七非妙法」は、ほかの原始経典[36]にも見い出すことができる。

ところでこの「七非妙法」は、出家者が実践すべき徳目をまとめた「七妙法」（satta saddhammā）の反対概念であり[37]、したがって実践という観点からまとめられた徳目の一つにほかならない。実践徳目と心所法とが対応関係にあることはすでに『大毘婆沙論』（巻一四一）における五根、五力の叙述に際し、信、精進、念、定、慧の五つと「大地法」「大善地法」に数えるものとの自性が同一と指摘されることからも明確である。この点は、

> 此五随ㇾ名即心所中各一為ㇾ性[38]。

とあるし、あるいはまた五根、五力のみならず、七覚支の場合も、

> 択法即慧。喜即喜根。捨謂二行捨一。余四如ㇾ名即心所中各一為ㇾ性[39]。

とあり、念、定の二覚支は「大地法」、精進、軽安は「大善地法」とそれぞれ同じ自性であるとされる。したがって

論師たちも実践徳目と心所法双方の間で対応関係のあったことを認めているのである。[40] もっとも「七非妙法」と「大煩悩地法」との場合にはそうした指摘はないけれども、きわめて類似した徳目を包含することは明らかである。

ところで原始経典には、「七非妙法」以外にもかなり徳目を体系化したものが認められる。たとえば『増支部』経典には、

assaddhiyaṃ ahirikaṃ anottappaṃ kosajjaṃ muṭṭhasaccaṃ duppaññataṃ.[41]

とあり、これは不信、無慚、無愧、懈怠、失念、悪慧の六法を断ずれば不還果を証することができるというものである。こうした不還果より阿羅漢果に至るにはさらに別の六法を断ずべき[42]という。その六法とは、

thīnaṃ middhaṃ uddhaccaṃ kukkuccaṃ assaddhiyaṃ pamādaṃ.

と、惛沈、睡眠、掉挙、悪作、不信、放逸の六つをあげる。してみると四沙門果を証する上で断つべき法のなかに「十大煩悩地法」に対応するものをかなり見い出すことができる。

さらに類似する徳目として『相応部』経典には次のようなものも認められる。

・不信は不信とともに連関し和合し、無慚は無慚とともに連関し和合し、無愧は無愧とともに連関し和合し、少聞は少聞とともに連関し和合し、妄念は妄念とともに連関し和合し、悪慧は悪慧とともに連関し和合する。

・不信は不信とともに連関し和合し、無慚は無慚とともに連関し和合し、無愧は無愧とともに連関し和合し、少聞は少聞とともに連関し和合し、懈怠は懈怠とともに連関し和合し、妄念は妄念とともに連関し和合し、悪慧は悪慧とともに連関し和合する。[43]

また『雑阿含経』をみると、徳目を三つずつセットにして述べる次のようなくだりもある。

・何等をか三と為す。謂く失念・不正知・乱心なり。復た三法ありて断ぜざるが故に、能く失念と不正知と乱心

とを離れるに堪えず。

•何等をか三と為す。謂く不信・難教・懈怠なり。復た三法ありて断ぜざるが故に、能く不信・難教・嬾堕を離れるに堪えず。

•何等をか三と為す。謂く無慚・無愧・放逸なり。此の三法を断ぜざるが故に、能く恭敬せざると、語るに戻ると、悪知識を習うとなり。(44)

これら以外にも『雑阿含経』には、

不信・無慚・無愧・懈怠・失念・不定・悪慧。(45)

と徳目を列挙することが認められ、無慚・無愧を除けば、いずれのくだりも「大煩悩地法」と対応することになる。してみるとすでに原始経典において、右にみられるように、一定の視点から徳目を体系化することはかなり進展しており、そうしたものが「大煩悩地法」の成立背景にあったと解してよいであろう。この点からも「大煩悩地法」はいわゆる煩悩群と別系統から導入されたこと、またそれらは煩悩章では付録的な取り扱いを受け、あくまでも「五位」の箇所だけで重視されたことが知られる。

註

(1) 『界身足論』、大正蔵二六、六一四下—六一五頁上。

(2) なお南伝ではこのうち、無明、掉挙の二つのみが心所として取り扱われるにすぎない。水野弘元『パーリ仏教を中心とした仏教の心識論』、山喜房佛書林、昭和三十九年、六八八—七〇九頁参照。

(3) 『品類足論』、大正蔵二六、六九八頁下。『衆事分阿毘曇論』、大正蔵同、六三四頁上。

(4) 『大毘婆沙論』、大正蔵二七、二五四頁中。

(5) 『大毘婆沙論』、大正蔵二七、二四八頁中。

(6) 『阿毘曇心論』、大正蔵二八、八一一頁上。『阿毘曇心論経』、大正蔵同、八三七頁中。

（7）『雑阿毘曇心論』、大正蔵同、八八一頁中。

（8）『大毘婆沙論』、大正蔵二七、二二〇頁上。『阿毘曇毘婆沙論』、大正蔵二八、一七〇頁上。

（9）*Abhidh-k-bh*, p. 318. *ll*. 6-7.

（10）*Ibid*, p. 316. *ll*. 1-2.

（11）*Abhidh-k-vy*, p. 495, *ll*. 29-30.

（12）*Sthiramati. Peking*, Vol. 147. p. 180-3-5, *Pūrṇavardhana*. Vol. 118. p. 7-4-7.

（13）なお桜部建氏も『倶舎論』における形式的な不整合の一つとしてこの点を指摘されている。桜部建「倶舎論の論書としての性格の一面」（『大谷学報』第三二巻、第一号、昭和二十八年、四六―四七頁）。

（14）『順正理論』、大正蔵二九、三九一頁下。『顕宗論』、大正蔵同、八〇〇頁中。

（15）『順正理論』、大正蔵同、三九一頁下。『顕宗論』、大正蔵同、八〇〇頁中。

（16）V.V. Gokhale, Fragments from the Abhidharmasamuccaya of Asaṅga. *JBBRAS*. Vol. 23. 1947, p. 17. *l*. 31. 『阿毘達磨集論』、大正蔵三一、六六五頁上。

（17）『大毘婆沙論』巻四七、大正蔵二七、二四五頁下。『阿毘曇毘婆沙論』、大正蔵二八、一九一頁上。『鞞婆沙論』、大正蔵同、四二六頁下。

（18）『大毘婆沙論』、大正蔵二七、二五四頁下。『阿毘曇毘婆沙論』、大正蔵二八、一九八頁中。

（19）『順正理論』、大正蔵二九、六四七頁中。『顕宗論』、大正蔵同、九〇八頁上―中。

（20）*Abhidh-d*, p. 74, *l*. 2.

（21）*Ibid*, p. 311. *l*. 16.

（22）和辻哲郎「仏教哲学の最初の展開」（『同全集』、岩波書店、第五巻、四一九頁）。

（23）『瑜伽師地論』、大正蔵三〇、六〇三頁上。

（24）*Triṃśikā*, ed. S. Lévi. p. 28. *ll*. 11-12. 山口益、野沢静証『世親唯識の原典解明』法藏館、昭和二十八年、二七八頁。

（25）*MVT*, ed. S. Yamaguchi, p. 69. *l*. 5ff.

（26）勝又俊教『仏教における心識説の研究』、山喜房佛書林、昭和三十六年、三六三頁参照。

（27）『成唯識論』、大正蔵三一、三三中。

（28）勝又俊教、前掲書、四二三―四〇頁。なお木村泰賢氏もかなりの教説を指摘している。『阿毘達磨論の研究』（『同全集』第四巻、大法輪閣、昭和四十三年、三三六―三三七頁）参照。

（29）『法蘊足論』、大正蔵二六、四七一頁下。

（30）『法蘊足論』、大正蔵同、五〇五頁下。

（31）『法蘊足論』、大正蔵同、五〇〇頁下。

(32) 『集異門足論』、大正蔵同、四三六頁下。cf. V. Stache Rosen : *Das Saṅgītisūtra und sein Kommentar Saṅgītiparyāya*. Berlin, 1968. Teil. 1, S. 179.

(33) *Abhidh-k-bh*, p. 56. *l*. 15.

(34) *DN*, III. p. 252.

(35) 『長阿含経』、大正蔵一、五二頁上。

(36) 『長阿含十法報経』、大正蔵同、二三六頁中。ただこれに相当するパーリ文(*DN*, III. p. 282)および新訳(大正蔵同、五四頁中)にはそれぞれ appassuta、「少聞」とあるけれども、安世高訳の原本が現存のものと異なることは十分予想される。

(37) 藤田宏達「原始仏教における信の形態」(『北大文学部紀要』第六号、昭和三十二年、七三頁)参照。

(38) 『大毘婆沙論』、大正蔵二七、七二六頁中。

(39) 『大毘婆沙論』、大正蔵同、七二六頁中。

(40) 実践徳目と大地法、大善地法中の法との深い関わりを指摘する箇所は、巻九六、九七にも認められる。(大正蔵同、四九八頁中下。四九九頁下。五〇〇頁上中下。五〇一頁中)。

(41) *AN*, III, p. 421.

(42) *Ibid*, pp. 421-422.

(43) *SN*. II. 159.

(44) 『雑阿含経』、大正蔵二、九五頁下―九六頁上。

(45) 『雑阿含経』、大正蔵同、一三〇頁中。

五、「小煩悩地法」——煩悩

「大煩悩地法」(kleśa-mahābhūmika)があらゆる「染汚」心とともに生起する煩悩とされるのに対し、「小煩悩地法」(parītta-kleśabhūmika)は第六意識においてのみ起こり、無明と倶生する煩悩とされる。

「小煩悩地法」は『界身足論』に初めて説かれ、それは十法、すなわち忿、恨、覆、悩、嫉、慳、誑、諂、憍、害をいう。「大煩悩地法」が十法から『倶舎論』以後、六法へと大きく変わったのに対し[1]、「小煩悩地法」は終始十法で一定していた。ただ『大毘婆沙論』以前の成立である『阿毘曇甘露味論』[2]では、憍、害の代わりに慢、大慢の二つを採用することがある。こうした慢、大慢を忿、恨などとともに数えることは、すでに原始経典の『中部』経典[3]に認めることができるから、『甘露味論』はそうした系統のものを採用したのであろう。ただしこうした大慢を含む「慢」一般は、『倶舎論』の注釈書類に至って「不定法」に含むと推定されたが、『甘露味論』では慢(大慢)をその本質どおり煩悩の地法に入れたことは特筆すべき点である。

「小煩悩地法」が十法であることは有部論書で一定しているが、『順正理論』[4]『顕宗論』[5]では、

論曰。類言為摂不忍不楽憤発等義。小是少義。

と、それに類するものとして「不忍、不楽、憤発等」にも言及する。しかしそれらを正式に採用することはない。この点につき、中国の普光は『倶舎論記』(6)に、

又法蘊足論第九雑事品中。更説レ有二衆多小煩悩名一。

と、『法蘊足論』「雑事品」に説かれる数多くの染汚法には「小煩悩地法」と対応するものがあるという。このように染汚法には数多くの雑多なものがみられるにもかかわらず、なぜ十法のみと限定されたのかははっきりしない。

ところで『倶舎論』(7)によると、こうした十法と主要煩悩との関わりがはっきり規定される。すなわち忿、恨、嫉、害の四つは瞋の、慳、誑、憍の三つは貪の、悩は見取の、諂は五見の、覆は愛または無明もしくは双方からの等流と、つまり十法はいずれもこうした特定の主要煩悩から派生したものと規定されるのである。もっともここに登場する貪、瞋、見、愛、無明の五つは、『品類足論』以後、有部がその煩悩論の上で重視する七随眠、あるいは九結中のものでもある。ところが貪、瞋、見、愛、無明といった主要煩悩のうち、「大煩悩地法」と対応するのは無明のみで、残りの四つは全くそうではない。つまり「五位」の上で「小煩悩地法」の十法の根元とされる煩悩と「大煩悩地法」とは連動してないことになる。

では「小煩悩地法」と論師たちが構築した煩悩論(煩悩章)との関係はどうであろうか。まず『倶舎論』「随眠品」によると、「十小煩悩地法」中の忿、覆、嫉、慳は「十纏」と、残りの六法も「六煩悩垢」と符合することがわかる。また『倶舎論』で「五位」を説く「根品」には、

しかし、これらの説明は随煩悩(の箇所)において説かれるであろう(eṣāṃ tu nirdeśa upakleśeṣu kariṣyate.)(8)。

と、「小煩悩地法」のいくつかの説明は随煩悩の箇所、すなわちのちの第五章「随眠品」でなされるとある。この点『アビダルマディーパ』でも、

しかし、これらの記述は随煩悩の考察、第五章で説かれるであろう(eṣāṃ tu lakṣaṇamupakleśacintāyāṃ pañcame 'dhyāye 'bhidhāyiṣyate.)。[9]と、小煩悩地法の個々についてはやはり第五章の随煩悩の箇所で説かれるという。してみると、「小煩悩地法」は、すでに和辻哲郎氏[10]のいうごとく、纏、垢などという煩悩群のなかから適宜選別されたかにみえるが、果たしてそうであろうか。まず十纏の場合、すでに『集異門足論』[11]『法蘊足論』[12]では特定の煩悩をまとめて「結、縛、随眠、随煩悩、纏」と総称することが認められる。こうした結ないし纏に至る五種の煩悩群はその後、固定化され、のちの『品類足論』「五事品」になると、それがそのまま煩悩群を列挙する際の枠組みとして応用されている。つまり結は九結、縛は三縛、随眠は七随眠、随煩悩は随眠、あるいは随眠以外の行蘊所摂の染汚の心所、纏は八纏という具合にである。

のちの『阿毘曇心論』[13]では、八纏を「上煩悩」(upakleśa)もしくは「使垢」と呼び、『阿毘曇心論経』[14]になると「使垢」の語は消え、「起煩悩」(upakleśa)とされる。それが『雑心論』[15]になって、忿と覆の二つを新たに加えて十纏とし、それとともに「六(煩悩)垢」なる煩悩群も新たに説かれる。すでにあった「使垢」は八纏のことであったが、「六垢」はそれとは別の煩悩群として立てられる。

こうした『阿毘曇心論』などの三論以前の『発智論』「結蘊」では十六種の煩悩群を集録したけれども、むろん「六垢」は入っていない。『大毘婆沙論』も『発智論』を注釈したものゆえ、やはり十六種の煩悩群を注釈するという体裁をとるため、その「結蘊」ではっきり「六垢」を表面に出すことはない。けれども、三不善根、三漏などを注釈する際に言及されるにすぎない。

とにかく六垢という煩悩群は『雑心論』以後の成立であり、「小煩悩地法」を初めて説く『界身足論』の頃にはなかったものである。

「小煩悩地法」の素材は十纒、六垢という煩悩群でないならば、その素材をほかにみる必要がある。まず『法蘊足論』「雑事品」[16]には忿、恨、覆、悩、嫉、慳、誑、諂の八つを続けて列挙することがある。残りの憍および害も「雑事品」全体をみれば認めることができる。「大煩悩地法」を構成する不信、懈怠、放逸が「雑事品」にないのに対し、「小煩悩地法」の十法はすべてそこに出揃った感がある。してみると、「雑事品」は「小煩悩地法」の淵叢となったとみていいであろう。

あるいはまた『集異門足論』[17]をみると、そこには「六諍根法」がある。これは仏を尊崇せず、しかも争いのもとになるものとして、㈠、忿恨、㈡、覆悩、㈢、嫉慳、㈣、誑諂、㈤、邪見倒見、㈥、取著自見の六法を数えるものである。ここには忿、恨、覆、悩、嫉、慳、誑、諂の八つが認められ、残りの憍と害も『集異門足論』全体をみれば、やはり見い出すことができる。

六諍根(本)については『集異門足論』の原型となった『長部』経典「サンギーティスッタンタ」[18]にも認められ、そこに八種の煩悩がやはり同一順で説かれている。してみると、原始経典の段階ですでに八つを整理して列挙することは確立していたことになる。[19]おそらくこれが淵叢となって「十小煩悩地法」に採用されたのであろう。

ところで「雑事品」や六諍根にみられる忿、恨など八つの煩悩の配列順も「小煩悩地法」の成立をみる上で、一つの手がかりを提供している。というのは、のちの『大毘婆沙論』になると十法の列次の組み換えがあったと思われ、もはや手がかりとならないが、『長部』経典「サンギーティスッタンタ」、それにアビダルマの『集異門足論』『法蘊足論』『界身足論』『品類足論』いずれも十法の配列順が一致するのである。この点からみても「十小煩悩地法」は纒や垢などという煩悩群からではなく、こうした系統の教説から直接採用されたと思われる。

註

（1）本書第二章「四、大煩悩地法」参照。
（2）『阿毘曇甘露味論』、大正蔵二八、九七〇頁中下。
（3）*MN*. I. p. 36. 大正蔵一、五七五頁中。
（4）『順正理論』、大正蔵二九、三九二頁上。
（5）『顕宗論』、大正蔵同、八〇〇頁下。
（6）『倶舎論記』、大正蔵四一、七八頁中。
（7）*Abhidh-k-bh*, p. 313, *l*. 17–p. 314. *l*. 1.
（8）ibid. p. 57, *l*. 7.
（9）*Abhidh-d*, p. 76, *l*. 3.
（10）和辻哲郎「仏教哲学の最初の展開」（『同全集』第五巻、四一九頁）。
（11）『集異門足論』、大正蔵二六、三七二頁中。三八三頁上。三九九頁下。
（12）『法蘊足論』、大正蔵同、四八一頁上中。
（13）『阿毘曇心論』、大正蔵二八、八一七頁中。
（14）『阿毘曇心論経』、大正蔵同、八四七頁中。
（15）『雑阿毘曇心論』、大正蔵同、九〇四頁上。
（16）『法蘊足論』、大正蔵二六、四九四頁下。
（17）『集異門足論』、大正蔵同、四三一頁上中。
（18）*D.N.* III, p. 246. 漢訳も『長阿含経』巻八「衆集経」（大正蔵一、五一頁下―五二頁上）及び『大集法門経』（大正蔵同、二二三頁上）に存在する。cf. Stache Rosen : *Das saṅgītisūtra und sein Kommentar Saṅgītiparyāya.* Berlin. Teil. 1, S. 167.
（19）桜部建「特殊な心所法のいくつかについて」（『佛教語の研究』、文栄堂、昭和五十年、四〇頁）。

六、「不定法」――法体系の補遺

一　心所法の分類と「尋・伺・悪作・睡眠」

『倶舎論』では心所法として「大地法」から「小煩悩地法」をあげ、その最後に世親によって特別に「不定」(aniyata)法として追加されたものがある。『倶舎論』のそのくだりには、

これら五種の心所が説かれた。その他、すなわち尋・伺・悪作・睡眠などは不確定である。(1)

とある。「不定」法とはその原意からして「不確定な」という意で、その帰属の特定できない、つまり「補遺」(Appendix)というものである。

ヤショーミトラ(称友)はその注釈でこうした不定法を、

またほかの不定なるものとは、ある時は善心中に、ある時は不善心中に、ある時は無記心中に起こるものである。(2)

と、善不善無記の三性のいずれかに応じてはたらくものと定義づけた。

ただし実際の論書によると、世親のいう尋・伺・悪作・睡眠の四法に適応するものではない。というのは、悪作には無記としてのはたらきがないとされるからである。この点は『大毘婆沙論』に、

・此の中、悪作に総じて、四句有り。一には、悪作の是れ善にして、不善処に起こるもの有り。二には、悪作の、是れ不善にして、善処に起こるもの有り。三には、悪作の、是れ善にして、善処に起こるもの有り。四には、悪作の、是れ不善にして、不善処に起こるもの有り。(3)

・睡眠は唯、欲界の五部の善と不善と無記とに通ずるも、唯不善のもののみを蓋と立つるをもて五事と為り、悪作は唯、欲界の修所断の善と不善とに通ずるも、唯、不善のもののみを蓋と立つるをもて一事と為れり。(4)

とあり、あるいは衆賢もはっきり、

然るに此の悪作は善、不善に通ず。無記に通ぜず。(5)

とすることから知られる。この点でもヤショーミトラによる定義は、自身が新たにあげるほかの法と合致しないことはのちにふれる。

善不善無記の三性に通ずるという点だけでいえば「大地法」も同様である。しかし「大地法」にはさらに三界に通ずるという条件があり、その点で尋・伺・悪作・睡眠のいずれも除外されることになる。悪作・睡眠は『大毘婆沙論』の引用から知られるように欲界のみであり、尋・伺といえども、四禅説において尋・伺ともに欲界にしか存在しないとされるからである。(6)

もっとも尋伺を欲界までとするかどうかについては異論があり、譬喩師のごときは、「心」がはたらく時は常に存在するという立場をとり、三界すべてに存在すると主張した。(7) しかし有部は「心」と尋伺とをあくまでも別個の法と峻別することによって、この主張を採らない。

ところで世親のいう四法中、悪作・睡眠の二つは『倶舎論』以前では「五蓋」あるいは「八纏」という煩悩群の中に位置づけられていたものである。したがってこの二つはそうした煩悩群から拾い上げられたかに見えるが、直接

「五蓋」からとは思われない。「五蓋」には貪・瞋・疑の三つが含まれるけれども、この三つはいずれも『倶舎論』以前の段階での法体系に入っていないからである。

また尋・伺の二つは「不定」法に配置される以前、『法蘊足論』の行蘊、あるいは法処中の心所法中に数え上げられていたものである。

二　四法の設定――唯識学派との関わり――

瑜伽行唯識学派でも、世親と同様に「不定」法を設け、尋・伺・悪作・睡眠の四法をあげることがある。その点は無著（約三二〇―三九〇年）の『顕揚聖教論』に次のように認められる。

不定有四。一悪作二睡眠三尋四伺。(8)

『顕揚聖教論』では心所法を㈠遍行、㈡別境、㈢善、㈣煩悩、㈤随煩悩、㈥不定の六通りに分類する。㈣の「煩悩」法、㈤の「随煩悩」法に関しては有部とよほど異なるものの、「不定」法という設定および具体的にあげる法は合致するのである。

もっともこうした㈠の遍行から㈤の随煩悩に至る分類そのものは『顕揚聖教論』以前の『瑜伽師地論』「摂決択分」(9)にも存する。しかしそこでは尋伺の二法が「不定」でなく「随煩悩」として数えられる点に異なりが認められる。しかし「本事分」では、

幾くか一切処の心に依って生じ、一切地に非ず、一切時に非ず、一切に非ざるありや。答ふ。謂く、悪作等なり、伺を後辺と為す。(10)

とあり、そこでは悪作・睡眠・尋・伺の四法を「不定」と解するから、『瑜伽師地論』には二通りの解釈があったことになる。こうした世親と瑜伽行唯識学派（『瑜伽師地論』本地分、『顕揚聖教論』）との共通点から、世親のいう「不定」法はとりわけ兄の無著からの影響であろうとの見解が立てられた。(11) 水野弘元氏によると、「瑜伽行派では不定という名目こそ存しないけれども、その実質はすでに瑜伽師地論に見い出されるのであるから、おそらく瑜伽行派が最初に不定心所を立て、有部がこれにならったと見るべきであろう」とされるごとくである。

ところですでに『瑜伽師地論』にみられる尋伺の二つに関し、それを「不定」でなく「随煩悩」とする解釈は、世親自身の書ですら認めることができる。

それは世親の『唯識三十頌』においてである（ただし玄奘訳(12)には「不定」の語が認められるけれども、サンスクリット本にはないために、護法(13)（五三〇―五六一）もしくは玄奘による付加(14)であろうとされている）。

これに対し、世親が尋伺を「不定」とするのは、『百法明門論』(15)、同じく『大乗五蘊論』(16)（チベット訳では gshan du yaṅ hgyur ba）である（むろん『大乗五蘊論』に対するスティラマティの注釈(17)も同様である）。

そのほかの瑜伽行唯識学派の論書では『阿毘達磨集論』のサンスクリット本、漢訳本ともに単に心所法(18)とするだけであるが、注釈の『阿毘達磨雑集論』(19)ではやはり「不定」とされている。この間の事情を示してみよう。

弥勒　『瑜伽論』巻三（本地分）――「不定」と明示しないが、そう解し得る（『大正蔵』三一、二九一頁上）
　　　　　　　　巻五五（決択分）――「随煩悩」
無著―┬『顕揚聖教論』　「不定」（『大正蔵』同、四八一頁上）
　　　└『阿毘達磨集論』（決択分）――「随煩悩」

世親―『倶舎論』「不定」(aniyata)
　　├『唯識三十頌』―「随煩悩」
　　│　異訳『転識論』―「小惑」(「随煩悩」に相当[20])
　　├『百法明門論』(護法作?)―「不定」(『大正蔵』同、八五五頁中下)チベット重訳―gshan du ḥgur ba (Peking. vol. 113. 146a-2)
　　└『大乗五蘊論』―「不決定」(『大正蔵』三一、八四八頁下)
　　　　チベット訳―gshan du yaṅ ḥgyur ba(Peking. vol. 113. 14a-2)
安慧『大乗広五蘊論』―「不定」(『大正蔵』三一、八五一頁下)
　　『阿毘達磨雑集論』(本地分)―「不定」

有部の場合、尋伺をはっきりその当初から「随煩悩」と規定することはない。『倶舎論』以前において「随煩悩」とされるのは、「六垢」「八纏」(もしくは「十纏」)それに不信・懈怠・放逸だけであった。もっとも染汚としての「尋」に欲尋・恚尋・害尋・親里尋・国土尋・不死尋・陵蔑尋・仮族尋というのが『法蘊足論』「雑事品」に存し、世親もこうした「雑事品」中の(貪瞋癡以外の)ものを「随煩悩」と解する(後述する)から、欲尋ないし仮族尋は「尋」のたしかに染汚、つまり「随煩悩」としての一面を示したものといえよう。しかしそれは尋の染汚としての一面であるものの、「尋」そのものを瑜伽行唯識学派にみられたように「随煩悩」と規定したわけではない。

尋伺に関する世親自身の見解といえば、『倶舎論』で「不定」、『唯識三十頌』で「随煩悩」、『大乗五蘊論』で「不定」とすることから、一定した立場を堅持したわけでなく「不定」とするか、「随煩悩」とするかで揺れ動いていた

（あるいは単なる無関心）のである。ただし論書の成立順を『大乗五蘊論』を『唯識三十頌』よりも先とすれば、世親は最終的に尋・伺を随煩悩に配当したことになり、終始「不定」法とするのは悪作・睡眠の二つだけとなる。

とにかく『倶舎論』において「不定」法とされたその数は、唯識論書の『瑜伽師地論』「本事分」、『顕揚聖教論』と一致することは確かである。ところが、『倶舎論』において世親は、「不定」法以外の「大地法」「大善地法」「大不善地法」「大煩悩地法」「小煩悩地法」という枠組みについては伝統的な有部説に忠実に従うものの（ただし「大煩悩地法」の数は十から六に修正している）、瑜伽行唯識学派における「不善」法の欠如、「煩悩」「随煩悩」という枠組みを採用するようなことはしない。そうしたなかで「不定」法の部分だけを瑜伽行唯識学派から導入したとするのは、そこだけを接ぎ木した感が残る。『倶舎論』製作時の世親は瑜伽行唯識学派からある程度影響を受けていたであろうし、またすでに瑜伽行唯識学派の立場にあって『倶舎論』を著したという新視点(21)もすこぶる魅力的である。

しかし「不定」法に関して導入説を認定するためには、『倶舎論』以前の有部論書に四法をまとめて説く箇所がないことが条件となる。しかるに『大毘婆沙論』を仔細にみると、尋・伺・悪作・睡眠の四つをまとめて記す箇所が二つ認められる。まず第一は、唐代の普光(22)（―六四五年―）も注目した次の一節である。

> 法にして邪精進と相応し亦、邪念とも相応するもの有り。謂く、邪精進と邪念とに相応する法なり。
>
> 此の中、邪精進と、及び邪念との体を除きて、余の染汚の心心所法を取る。即ち九大地法と八大煩悩地法と十小煩悩地法と無慚と無愧と貪と瞋と慢と疑と惛沈と睡眠と悪作と怖と尋と伺と及び心とにして、是の如き諸法は、是れ染汚なれば、二は倶に相応し恒に倶有なるが故なり。
>
> 法にして邪精進と相応するにも非ず亦、邪念とにも非ざるもの有り。謂く。諸の余の心心所と色と無為と心不相応行となり(23)。

ここにはいわゆる「五位」の語すべて、さらに大地法、大煩悩地法、小煩悩地法、大不善地法（無慚、無愧）、貪瞋慢疑、惛沈、睡眠、悪作、尋、伺などが列挙されている。とりわけ後半部に世親が「不定」法とした尋・伺・悪作・睡眠、それに普光によって「不定」法の「等」であるとされた貪瞋慢疑が存在する（「惛沈」は世親が大煩悩地法に採用）。

『阿毘曇毘婆沙論』の対応部分では、

> 亦与邪方便邪念相応者。除邪方便邪念体。諸余染汚心心数法。彼是何耶。陰念余九大地八煩悩大地睡覚観眠時心。無慚無愧応随相説。非邪方便非邪念相応者。諸余心心数法。謂善心不隠没無記心。色無為心不相応行。(24)

とあり、玄奘訳にあった十小煩悩地法、貪瞋慢疑、惛沈、悪作・怖のいずれも認められないのは伝承の異なりであろう。しかし八「不定」説を主張した普光は玄奘訳に存在する「怖」も「不定」とすべきであるとまでいう。してみると、普光が八「不定」法の典拠としたのはまさしくこのくだりであったと推知される。

第二に、やはり『大毘婆沙論』には二十二根としてなぜ二十二だけが選ばれたのかという問題があり、そこに、五蘊、三無為は根でないという問答に続いて次のような心所法、心不相応行が示される。問いの部分だけを列挙してみよう。

- 問ふ、何が故に受は善と染と無記となるを皆立て、根と為すも、慧と念と定とは、唯、善なるをのみ根と立てて、染と無記とは非ざるや。
- 問ふ、何が故に作意と勝解と触と欲とを立て、根と為さざるや。
- 問ふ、思は能く心をして善悪を造作せしむるをもて立て、意業と為し、能く身語業を発し能く生死を感ずるをもて、増上の用有ること余法に勝るに、何ぞ根と立てざるや。

・問ふ、何が故に善の心所法中、唯、二のみを根と立てゝ、余は皆、立てざるや。
・問ふ、慚愧の二種は、自性善の攝なるをもて説きて白法と為すに、何ぞ根と立てざるや。
・問ふ、無貪と無恚とは名けて善根と為すに、此の中には何が故に立てゝ根と為さざるや。
・問ふ、軽安と不害と不放逸と捨とは、何ぞ根と立てざるや。
・問ふ、欣と厭とは何が故に根と立てざるや。
・問ふ、悪作と睡眠と及び尋と伺とは、何が故に根に非ざるや。
・問ふ、何が故に諸の不相応行蘊に於て、唯、命をのみ根と立つるや。
・問ふ、若し最勝の義是れ根の義なれば、涅槃は一切法中に於て最勝なるに、何ぞ根と立てざるや。(25)

ここには心所法として、大地法の十法、大善地法の十法、欣・厭のあとに、やはり悪作・睡眠・尋・伺が一まとめで説かれるのである。

もとより「不定」法を設定した世親が『大毘婆沙論』のこうした二つのくだりに着目したか否かは知り得ない。しかし心所法の枠組みについて有部の伝統を重視した世親が、こうした二つの文脈に示唆を受けたとみることも十分できるであろう。

三 「等」の解釈

世親は「不定」法のくだりに、尋・伺・悪作・睡眠の四法以外に「等」の語を付加した。この「等」が何を意味するかが問題となっている。

「等」としてすでに指摘したように貪・瞋・慢・疑の四法を設定したのは中国では普光、インドではヴァスミトラ(世友)、スティラマティ(安慧)[26]、プールナヴァルダナ(満増)[27]である。普光は次のようにいう。

等とは貪・瞋・慢・疑を等取するなり。[28]

また、世友(ヤショーミトラによって紹介される)は、

これについて世友は摂偈によって説いた。尋と伺と悪作と睡眠と瞋と著(saktaya)と慢と疑との八は不定と記憶されている。[29]

とする。世友に関しては多くの伝承があるけれども、この場合のヴァスミトラはヤショーミトラ以前にすでに『倶舎論』の注釈をした人物であることを、ヤショーミトラ自身が次のように伝えている。

グナマティと世友などの注釈者たちによって語句の意味の解釈がされているが、その解釈が私からみてよくなされていると認められるならば、この意味はこうであると示す。彼らによってなされた注釈があちこちで正確な意味に背くなら、いつでもその注釈をそのままここに示し、私はほかの注釈を述べる。アビダルマ毘婆沙とアビダルマコーシャ(倶舎)とを研鑚する人びとはこの注釈が理に合うか否かを熟考すべきである。それがもし正しいならそれを採用し、正しくなければ排し、新たに別に示すべきである。われわれの理性が不適当な意味につまずかないとはいえないからである。[30]

これによると、すでにグナマティ(Guṇamati)と世友によるそれぞれの注釈書が存在し、それらの注釈に問題があるときはその都度質したいと言明する。とはいえ、ヤショーミトラが実際に世友の所説を質すのは十箇所ほどで、僅少である。ここに登場する人物たちの年代はフラウヴァルナー(E. Frauwallner)、服部正明氏の見解を承けたM・メヨーア(M. Mejor)によれば[31]、グナマティは四八〇—五四〇、世友は六世紀中葉、ヤショーミトラは七世紀(前半)と

ある。

世親の年代も諸学者によって一定しないが、ひとまず四〇〇年から四八〇年とすれば、世友は世親以後、百年程経ってからの人物となる。「不定」法を八法と解することはスティラマティ（五一〇—五七〇年）、プールナヴァルダナ（八世紀後半）も同様であるゆえに、インドにはそう解釈することが一つの伝統であったことになる。

なお『倶舎論』以後の『アビダルマディーパ』(32)でも「不定」法を『倶舎論』と同様に尋・伺・悪作・睡眠「等」とする。『ディーパ』の成立年代は後五五〇—六〇〇年頃(33)とされており、そうすると『ディーパ』作者は、世友、スティラマティらが提唱した八「不定」説を何ら顧慮しなかったことになる。もっとも『アビダルマディーパ』とこれら注釈家たちの年代はよほど近似するから、ディーパ作者はそれらを知らなかったのかもしれない。

ところでヤショーミトラ自身はこのような八「不定」説を否定した上で、自説を次のように展開する。

「など」（ādi）の語によって、不楽《ふぎよう》、頻申《ひんしん》、瞢瞢《ちようもう》、食不平等性などの随煩悩、および貪などの煩悩もまた不定なるものとして含まれる(34)。

ここに登場する「不楽」（arati）は不快、「頻申」（vijṛmbhikā）は手足を広げ、のびをしてうなること、「瞢瞢」（tandrī）は倦怠、「食不平等性」（bhakte 'samatā）は食事に際し適量を知らないことをいい、いずれもヤショーミトラがいうように「随煩悩」とされるものである。

ここで想起すべきは、ヤショーミトラは「不定」法全体を、善不善無記の三性のいずれかに通ずるものと定義した点である。ところが、これら「不楽」ないし「食不平等性」という四法はいずれも歴然とした染汚法であり、三性中の「善」としてのはたらきはないとされる。この点で「不定」法を三性に通ずるものとしたヤショーミトラの定義は、自身が追加した染汚法とも異なり、世親自身の設定意図であったかどうかもはなはだ疑わしいといっていい。世親がはっきり「不定」法としてあげる「悪作」がこの定義と抵触しないからである。

「不楽」を含む四法などを「不定」法に数えるヤショーミトラの見解が知られて以後、普光の見解にもとづく従来の「五位七十五法」との径庭にどう対処すべきかが桜部建氏によって論述されている。[35] 氏は、「五位」という心所法の分類史においてこうした「不楽」を含む四法などは取り扱われたことがないゆえに、ヤショーミトラの主張はきわめて不自然で、やはり従来どおりの八「不定」説がふさわしいと主張された。

そもそも「不楽」などという四法は『倶舎論』以前においてどのような文脈で言及されたものであろうか。四法中、「瞢瞢」なるものは語義解釈の上からは「惛沈」と同類であるとされる。それは『集異門足論』にはっきり、

惛沈睡眠蓋とは云何が惛沈なる。答ふ、所有《あらゆる》、身の重性、心の重性、身の不調柔性、心の不調柔性、身の惛沈、心の惛沈、瞢瞢、憒悶、是れを惛沈と名く。[36]

とあるからである。惛沈睡眠蓋についての『大毘婆沙論』の解釈では、

惛沈睡眠蓋は五法を以て食と為す。一に瞢憒、二に不楽、三に頻欠、四に食不平性、五に心羸劣性なり、毘鉢舎那を以て対治と為す。[37]

とあり、「惛沈睡眠」蓋は「瞢憒」「不楽」「頻欠」「食不平性」「心羸劣性」が素因となって増大するとされる。ここにはヤショーミトラのいう四法がすべて出揃っている。

『アビダルマディーパ』によると、「瞢憒」「食不調性」の二つは「無明」から、「不楽」は「瞋」から派生する「随煩悩」であると規定される。[38]

たしかに『法蘊足論』「雑事品」[39]においても「不楽」ないし「食不調性」の四つは五蓋（蓋の名はない）に続けて説かれるゆえ、すでにアビダルマ最初期において五蓋とこれら四法とは密接な関係にあったことがわかる。

この点は原始経典に遡ってみても、やはり五蓋と深い結びつきのあったことが知られる。

その一つは『相応部』経典に、五蓋中、「惛沈睡眠」蓋が増大する理由として、

比丘たちよ、いかなる食がいまだ生じない惛沈睡眠を生じ、すでに生じた惛沈睡眠を倍増し増大するのか。比丘たちよ、不楽、倦怠、あくび、食後のものうげ、心の動きの緩慢である。それゆえ如理作意で多く修することのないこの食がいまだ生じない惛沈睡眠を生じ、すでに生じた惛沈睡眠を倍増し増大する。[40]

と、「不楽」などの五つがあげられる。その二は、『中部』経典「ナラカパーナ経」（Naḷakapānasuttanta）[41]において釈尊が真実を見得ない者には、「貪欲」（abhijjhā）、「瞋恚」（byāpāda）、「惛沈睡眠」（thīnamiddha）、「掉挙悪作」（uddhaccakukkucca）、「疑」（vicikicchā）、「不楽」（arati）、「倦怠」（tandī）が心に存在するためであるという。ここにもやはり五蓋と並んで「不楽」「倦怠」とがあげられる。もっともこれに対応する『中阿含経』「婆雞帝三族姓子経」では、

世尊告げて曰く「阿那律陀、若し欲の為に覆はれ悪法に纏はるれば捨楽無上止息を得ず。彼の心、増伺・瞋恚・睡眠を生じ心不楽を生じ、身頻伸を生じ多く食し心憂ふ。[42]」

とあり、「増伺」を「貪」に対応させたとしても、「惛沈」「掉挙悪作」「疑」に当たるものがない。しかし、「不楽」「(身)頻申」は言及されるから変則的とはいえ、これも『中部』経典「ナラカパーナ経」の一異型と解してよいものである。

『増支部』経典「一集、断蓋品」でも、五蓋を増大させるものとしてやはり「不楽」などの四法に言及する。

比丘たちよ、未生の惛沈睡眠を生じ、あるいは已生の惛沈睡眠を生じ、増大する一法をわたしはほかに見ない、比丘たちよ、それはすなわち不楽、倦怠、あくび、食後のものうさ、心の動きの緩慢である。(43)

五蓋という煩悩群の成立は意外と古い。すでに『スッタニパータ』には、

こころの五つの覆いを断ち切って、すべて付随して起る悪しき悩み(随煩悩)を除き去り、なにものかにたよることなく、愛念の過ちを絶ち切って、扉の角のようにただ独り歩め。(中村元訳(44))

とあり、あるいは『ウダーナバルガ』にも、

五つの覆いを捨てて、汚れなく、疑いを断ち、煩悩の矢を離れて、修行僧は、こなたの岸を捨て去る。蛇が脱皮して旧い皮を捨て去るようなものである。(同訳(45))

とあるからである。むろんこの段階ではまだ細かい「不楽」などの四法との結びつきは言及されないから、双方の結合はそれ以後といえる。

ただし「不楽」ないし「食不平等性」が「五蓋」と無関係で説かれる用例が一つある。それは『別訳雑阿含経』に、天と釈尊との一つの対話において登場する。

如是我聞。一時仏在舎衛国祇樹給孤独園。時有一天。光色倍常。於其夜中。来詣仏所。威光普照。遍于祇洹。赫然大明。却坐一面。而説偈言。

睡眠厭頻申　頻申而不楽
飲食不調適　并心下狭劣
五事来覆障　不得見賢道

爾時世尊以偈答曰

若人睡臥厭　頻申而不楽
飲食不調適　并其心下劣
精神捨五事　後必見聖道[46]

これは「心下(狭)劣」をも含めて「五事」としたもので、原始経典としては唯一、五蓋と独立して説かれたものといえよう。

南伝アビダルマに眼を転じると、『分別論』「小事分別」(Khuddakavatthuvibhaṅga)では、染汚法を法数順に列挙し、「不楽」(arati)、「倦怠」(tandī)、「あくび」(vijambhikā)、「食後のものうさ」(bhattasammado)、「心の動きの緩慢」(cetaso līnattaṁ)の五つはまとめて「一法」の箇所に、[47] 五蓋は「五法」の箇所[48]へと配置される。したがって双方の関連があったかどうかは不明であるが、しかし、『中部』経典、『増支部』経典には五蓋と「不楽」などとの密接さが認められ、『法蘊足論』「雑事品」でもやはり五蓋に続けて列挙されるから、『分別論』の場合も元来一緒であったものが、切り離されて列挙されたとみることができる。

ところでヤショーミトラ[49]が「五位」の上ばかりでなく煩悩論(『倶舎論』でいう第五章)の場合にも、「随煩悩」としてこうした「不楽」を含む四法などに言及することは看過し得ない。そこでは『法蘊足論』「雑事品」の後半部にちょうど対応するものがそのまま列挙されるからである。具体的には、

不楽・頻欠・心昧劣性・瞢瞢・食不平等性・種種想・不作意・麁重・䑛突・饕餮《とうでん》・不和軟性・不調柔性・不順同類・欲尋・恚尋・害尋・親里尋・国土尋・不死尋・陵蔑尋・假族尋・愁・苦・憂・擾悩

という二十五法である。これはヤショーミトラが「不楽」ないし「食不平等性」などとして省略したものに当たると推定される。けだしヤショーミトラのいう「不定」法はこれら全体を指すものといっていい。

さて、桜部建氏が指摘されるようにヤショーミトラのあげるこれら「不楽」などの数多い随煩悩は、それ以前の心所法の形成史の上では言及されなかったものである。

もっとも「五位」という心所の分類史に登場しないという点では、世親自身がはっきり「不定」法とする「悪作」「睡眠」「慢」もやはり従来登場しなかったものである（わずかに『甘露味論』[50]だけが「小煩悩地法」として「慢」を数え上げたにすぎない）。すなわち、心所法史に登場しなかったという点では、「不楽」などの随煩悩も「悪作」「睡眠」「慢」も等格といえるのである。

双方の間で明らかに異なるのは、論書中に言及される頻度であろう。頻度からいえば、「不楽」などの多数の随煩悩は、一方の「悪作」「睡眠」「慢」に較べてはるかに少ないといっていい。

ただし唯識系統の、たとえば『瑜伽師地論』[51]における「不楽」などの染汚法の用例は、「雑穢事」（「雑事品」）中の「随煩悩」として言及され、あるいは中観派の『ラトナーヴァリー』[52]でも菩薩の断ずべき過失として大きくとり上げられるようになる。

四　小結

「不定」法の「等」を世友らが貪瞋慢疑の四法とする考え方は、思うに一方の煩悩論（『倶舎論』第五章）の核に置かれた七随眠説との均衡（たとい唯識学派の分類の影響としても、それも七随眠にもとづく）を図ったものといえる。しかし、七随眠中、無明以外の欲貪・有貪・瞋・慢・疑・見の六つは『倶舎論』以前の心所法の形成史ではいずれもその圏外にあったものである。圏外に置かれたその素因は「五位」説を創唱した『界身足論』にある。というのは、その時点で欲貪・色貪・無色貪・瞋・疑の五つはなぜか「五煩悩」[53]として「大煩悩地法」「小煩悩地法」から別立てされ、それがその後の論書にずっと尾を引いているからである。

ただし「慢」に限っては『阿毘曇甘露味論』で「小煩悩地法」に採用されたことがあるものの、その後の『大毘婆沙論』になると、

此の憍と慢とに、多種の差別有り。謂く、慢は是れ煩悩なるも、憍は煩悩に非ず、慢は是れ結・縛・随眠・随煩悩・纏なるも、憍は、結、縛、随眠及び纏に非ずして、但、随煩悩なり。慢は見修所断に通ずるも、憍は唯、修所断なり。慢は大地等の法の攝に非ざるに、憍は是れ小煩悩地法の攝なり。然れども、慢と憍とは、倶に三界繫なり。[54]

と、「憍」は「小煩悩地法」とされるものの、「慢」はいずれの「地法」にも入らないとされ、黙視されてしまった。世友、スティラマティらは、煩悩論においては主要煩悩というべきこれらの欠落を補完すべく「七随眠」説を強く反映させ（スティラマティにはその立場上、瑜伽行唯識学派からの影響があったかもしれない）、貪瞋慢疑の四法が含まれると解したのであろう。これは有部の法体系における貪瞋慢などという主要煩悩の欠落に世親が気づいて（瑜伽行唯識学派からの影響?）採用したとみる説である。後世、「五位七十五法」として修学、記憶に便ならしめたものである。

しかしながら煩悩論の上で重視される七随眠を法体系の上にはっきり反映させると「大煩悩地法」中の法の不自然さが露呈する。六「大煩悩地法」中、「無明」以外の「放逸」「懈怠」「不信」「惛沈」「掉挙」の五法は、煩悩論ではいずれも「随煩悩」つまり副次的な煩悩と規定されるものばかりだからである。しかし表向き、有部の伝統重視の立場を装う世親は有部の法体系を大きく改変することなく、貪瞋慢疑の四法を「不定」法とみなしたというのが世友、

スティラマティ、プールナヴァルダナ、それに普光の見解である。

これに対し、ヤショーミトラは七随眠補填説を否定し、「不楽」など多数の染汚法が含まれるとした。もっとも「雑事品」全体からみれば、そこに列挙される七十八種の染汚法中、後半部の約二十五種だけとした理由は知り得ない。ちなみに「雑事品」前半には、「憤発」「矯妄」「詭詐」「現相」「激磨」「利を以て利を求む」「悪欲」「大欲」「悪友を楽《ねが》う」「不和敬性」「同類に順ぜず」といったものが存する。

ここで看過し得ないのは、世親は瑜伽行唯識学派の立場では「不定」法として尋・伺・悪作・睡眠の四法だけしかあげず「等」を削除したことである。すなわちその時点になると世親にはそれ以上、具体的に示す意図がなかったのである。

ヤショーミトラの生存年代はもとより世親以後であり、彼は自身の注釈書に『(大乗)五蘊論』を引用する(55)以上、世親の「不定」法に対する考えがその時点では四法だけに確定したことを知っていたはずである。ヤショーミトラはそれをも承知の上で、『倶舎論』における世親の見解は、ことさらに「不楽」以下の多数の随煩悩を含んだものと解するのである。

ところでインド、中国の注釈家たちが「等」としてあげるのはいずれも染汚法である。しかるに世親は、数多くの染汚法を列挙する『法蘊足論』「雑事品」の存在を熟知していた。というのは、「随煩悩」の定義中に「雑事品」の名をはっきりあげるから(56)である。

『法蘊足論』「雑事品」はその成立以後、引用も言及もされずに捨て去られていたが、それに再び注目して、そこに列挙される染汚法を「随煩悩」と規定したのは世親である。それからすると、世親は「等」に「雑事品」にみられる数多くの染汚法を含ませていたと解することもできる。これは「等」に世友、普光らのいう貪瞋慢疑はもとより、ヤショーミトラのいう「不楽」などの夥しい数の染汚法が含まれていたという見方であり、ヤショーミトラの見解は捨て去るどころか十分根拠あるものということになる。「不定」法が八法かそれを上回る他数かは、むろん世親だけの知るところである。

ただ「等」が多数であれば世親が繁雑を避けて省略したとはいえようが、それが特定し得る貪瞋慢疑の四法だけならば、わずかなそれだけを省略する必要はなく、はっきり明記したであろうと推察される。むろん明記したからといって、ただちに六大煩悩地法や十小煩悩地法として確定していたものが一挙に崩壊するわけではない。あくまでも「補遺」(Appendix)としてだからである。

しかし私見では「等」には多数の染汚法が含まれるとしたヤショーミトラの見解をとりたい。世親は「雑事品」中の染汚法をとりわけ「随煩悩」として従来なかった解釈をするのがその論拠である。

註

(1) *Abhidh-k-bh*, p. 57. *l*. 8.
(2) *Abhidh-k-vy*. p. 132. *ll*. 13-14.
(3) 『大毘婆沙論』、大正蔵二七、一九一頁中。
(4) 『大毘婆沙論』、大正蔵同、二四九頁中。
(5) 『順正理論』、大正蔵二九、三九二頁下。『顕宗論』、大正蔵同、八〇一頁上。
(6) 水野弘元『パーリ仏教を中心とした仏教の心識論』、山喜房佛書林、昭和三十九年、二二六頁、四四三頁参照。
(7) 『大毘婆沙論』、大正蔵同、二六九頁中、四六二頁下、七四四頁中。本書第二章「一、「大地法」とその批判」参照。
(8) 『顕揚聖教論』、大正蔵三一、四八一頁上。
(9) 『瑜伽師地論』、大正蔵三〇、六〇四頁上、六二三頁下。
(10) 『瑜伽師地論』、大正蔵同、二九一頁上。
(11) 鈴木宗忠「倶舎論の心所説に関する研究」(『宗教研究』新八—四、昭和六年、二二九—二五〇頁)、水野弘元、前掲書、三三四頁参照。
(12) *Triṃśikā*, ed. S. Lévi. p. 29. *l*. 30–p. 30. *l*. 2. 『唯識

三十頌』、大正蔵三一、六〇頁下。

(13) 宇井伯寿『安慧、護法　唯識三十頌釈論』、岩波書店、昭和二十七年、二二四頁参照。

(14) 鈴木宗忠、前掲論文参照。

(15) 『大乗百法明門論』、大正蔵三一、八五五頁中下。*Peking. vol.* 113. 146a-2. 池田練成「『大乗百法明門論』チベット訳について」(『曹洞宗研究紀要』第一三号、昭和五十六年、二八三—二七三頁)参照。

(16) 「大乗五蘊論」、大正蔵三一、八四八頁下。*Peking. vol.* 113. 14a-1.

(17) 『大乗広五蘊論』、大正蔵同、八五一頁下。

(18) V.V. Gokhale, Fragments from the Abhidharmasamuccaya of Asaṅga. *JBBRAS. vol.* 23. 1947. p. 15. 『大乗阿毘達磨集論』、大正蔵同、六六四頁上。吉元信行・玉井威「梵文阿毘達磨集論における煩悩の諸定義」(佐々木現順編『煩悩の研究』、清水弘文堂、昭和五十年、二二四—四九頁)参照。

(19) 『大乗阿毘達磨雑集論』、大正蔵同、六九七頁上。なおサンスクリット本には「不定」の語はない。N. Tatia, *Abhidharmasamuccaya-bhāṣyam.* 1976. Patna. p. 4.

(20) 『転識論』、大正蔵同、六二頁中。

(21) この見解に関する最新のものとして原田和宗氏による次の論文がある。「言語に対する行使意欲としての思弁(尋)と熟慮(伺)—経量部学説の起源(1)—」(『密教文化』第一九九・二〇〇号、平成十年)。

(22) 『倶舎論記』、大正蔵四一、七八頁中。

(23) 『大毘婆沙論』、大正蔵二七、二三六頁上。

(24) 『阿毘曇毘婆沙論』、大正蔵二八、一八一頁中。

(25) 『大毘婆沙論』、大正蔵二七、七三六頁下—七三七頁下。

(26) *Abhidh-k-ṭ-T, Peking. vol.* 147. 224b-6.

(27) *Abhidh-k-ṭ-N, Peking. vol.* 117. 164a-7.

(28) 『倶舎論記』、大正蔵四一、七八頁中。

(29) *Abhidh-k-vy,* p. 132. *ll.* 20-22.

(30) *ibid,* p. 1. *ll.* 11-18. 青原令知「倶舎論注釈家 Guṇamati とその弟子 Vasumitra(1)」(『印度学仏教学研究』第三六巻、第二号、昭和六十三年、九一九—九一八頁)参照。

(31) M. Mejor, Vasubandhu's Abhidharmakośa and the Commentaries preserved in the Tanjur (Alt-und Neu-Indische Studien. 42). Stuttgart 1991. pp. 41-52. cf. E. Frauwallner, Landmarks in the history of Indian logic. in: *Kleine Schriften.* p. 858f.

(32) *Abhidh-d,* p. 79. *ll.* 5-6.

(33) 吉元信行『アビダルマ思想』、法藏館、昭和五十七年、七四頁参照。

(34) *Abhidh-k-vy,* p. 132. *ll.* 14-15.

(35) 桜部建『増補　仏教語の研究』、平成十年、文栄堂書店、四四―四五頁参照。
(36) 『集異門足論』、大正蔵二六、四一六頁中。
(37) 『大毘婆沙論』、大正蔵二七、二五〇頁下。
(38) *Abhidh-d*, p. 310. *l*. 14―*p*. 311. *l*. 19.
(39) 本書第四章「『法蘊足論』と『ラトナーヴァリー』―「雑事品」の系譜―」参照。
(40) *SN*. V. 63.
(41) *MN*. I. 463-464.
(42) 『中阿含経』、大正蔵一、五四四頁下。
(43) *AN*. I. 3.
(44) *Sn*. 66. 中村元訳『ブッダのことば』(岩波文庫)、岩波書店、昭和三十三年、一二一頁。*Th*. 74も同一偈。
(45) F. Bernhard, *Udānavarga*. Band I. Göttingen 1965. 32-76. (S. 456). 中村元『ブッダの真理のことば、感興のことば』(岩波文庫)、岩波書店、昭和五十九年。
(46) 『別訳雑阿含経』、大正蔵二、四三七頁下。
(47) *Vibh*, 345. 352.
(48) *ibid*, 348. 378.
(49) *Abhidh-k-vy*, pp. 493-4.
(50) 『阿毘曇甘露味論』、大正蔵二八、九七〇頁中下。
(51) 『瑜伽師地論』、大正蔵三〇、八〇二頁中―八〇三頁中。*Peking. vol*. 109. 222a-6〜7.
(52) M. Hahn, *Nāgārjuna's Ratnāvalī*, Bonn. 1982. pp. 132-144. 前掲拙稿参照。
(53) 『界身足論』、大正蔵二六、六一四頁中。
(54) 『大毘婆沙論』、大正蔵二七、二二三頁上。ただ『阿毘曇毘婆沙論』には、「小煩悩地法」「大地法」に当たる語はない(大正蔵二八、一七一頁下)。
(55) *Abhidh-k-vy*, p. 64. *ll*. 25-28. p. 127. *ll*. 21-23. p. 309. *ll*. 7-15.
(56) *Abhidh-k-bh*, p. 312. *l*. 9.

第三章　新しい一切法の影響

一、「四念住」への影響

四念住は実践徳目を集めた三十七道品の一部でもあり、有部アビダルマの、たとえば『倶舎論』「賢聖品」では「別相」念住、「総相」念住という形で位置づけられる。

一　四念住の自性

四念住の本質(自性)を何とするかは、諸部派によって異なりがみられる。有部の場合、すでに初期の『集異門足論』(1)に「慧」(prajñā)と規定され、『甘露味論』(2)でもこれは三十七道品(重複した実践徳目を集める)の枠組みを取り払って整理した結果、慧根、慧力、四念止(念住)、択法覚支、正見の五つをともに「慧」と整理することがみられる。この点は『大毘婆沙論』に、

四念住とは、一に身念住、二に受念住、三に心念住、四に法念住なり。然も此の念住は総じて説けば唯一なり。謂く心所中の一なる慧を自性とし、根中の慧根、力中の慧力、覚支中の択法覚支、道支中の正見をいふ。(3)

と、明確に述べている。もっとも『大毘婆沙論』にはその自性を「慧」でなく、「念」(smṛti)とする異説もみられ、「慧」の本質とされる「観」(anupaśyanā)の概念が「念」にはないとして、やはり「慧」とする立場を正説とした。こうして自性を「慧」と解することは『倶舎論』(4)の場合も同様である。

他方、大乗の『瑜伽師地論』(5)『大乗阿毘達磨集論』(6)『雑集論』(7)では、その自性を「慧」と「念」との両方とする立場をとるから、これは『大毘婆沙論』にみられた異説を折衷したものとなる。

南方上座部の場合、『分別論』(8)には自性としての定義はみられないが、四念住には「正勤」「正知」(sampajāna)「正念」の三つの働きがあるという。あるいはまた、法蔵部所伝とされる『舎利弗阿毘曇論』(9)でも「精進」「正智」「念」の三概念で示すことがあるから、「慧」「勤」(精進)「念」の三つが自性に相当するものと解されたと見てよいであろう。しかしながら「慧」「勤」「念」の三つを同列に位置づけることは、有部でも初期の『法蘊足論』に、

一時、薄伽梵は室羅筏に在りて、逝多林の給孤独園に住す。爾の時、世尊の苾芻衆に告ぐらく、吾れ当さに汝が為めに略して四念住法を修習することを説くべし。謂はく、苾芻有り、此の内身に於いて循身観に住し、若し正勤・正知・正念を具せば、世の貪憂を除く。彼の外身に於いて循身観に住し、若し正勤・正知・正念を具せば、世の貪憂を除く。内・外身に於いて循身観に住し、若し正勤・正知・正念を具せば、世の貪憂を除く。内と外と倶との受・心・法の三に於いても、広く説くこと亦爾なり。是れは現に四念住法を修習するなり。過去・未来に苾芻の四念住法を修習するも、応さに知るべし、亦爾なりと。(10)

と、経文およびその注釈に「正勤」「正知」「正念」と並記することが認められるから、この表現は有部でも当初はあったことになる。

二　四念住と四顛倒

この四念住の実修によって断ずべき対象を四顛倒（常楽我浄）と規定することは、『阿毘曇心論』[11]以後に認められる。もっとも『雑心論』『大毘婆沙論』[12]では四顛倒以外に、四食、四識住、五蘊、四修などもあげる。それが『倶舎論』になると別相念住の段階で四顛倒を断じ、次の総相念住では四行相を観ずるものとする。その後の『順正理論』[13]『顕宗論』[14]になると別相念住で四顛倒とともに、再び『大毘婆沙論』にあった四食を復活させている。

ところで、たとえば『中部』経典「念処経」[15]の場合、四念住によって断ずるのは「貪憂」（abhijjhādomanassa）とされることがあり、この見解は初期有部の『法蘊足論』[16]、『舎利弗阿毘曇論』[17]、あるいは南伝の『分別論』[18]にもそのまま継承されている。してみるとそれが「四顛倒」に入れ替わったのは『甘露味論』以後ということになろう。

三　一切法と四念住

ところで四念住を一切法との関わりで解することは、『大毘婆沙論』[19]『雑心論』[20]、さらに『異部宗輪論』[21]『カターヴァッツ』[22]『大智度論』[23]などに認めることができる。とりわけ有部論書では、直接それを説くというその経文も示される。実際に原始経典を見てみると、パーリ・ニカーヤには認められないものの、漢訳の『雑阿含経』巻二一には、それに対応する記述が次のように認められる。

是の如く我れ聞きぬ。一時、仏、巴連弗邑の鶏林精舎に住したまへり。爾の時世尊、諸の比丘に告げたまはく、

「説く所の一切法、一切法とは謂ゆる四念処なり。是れを正説すと名く。何等をか四と為す、謂ゆる身の身観念に住し、受・心・法の法観念に住するなり」と。仏此の経を説き已りたまひしに、諸の比丘、仏の説かせたまふ所を聞きて、歓喜し奉行せり。(24)

四念住と一切法との結びつきは、それが身(kāya)、受(vedanā)、心(citta)、法(dharma)の四つから成り、とりわけ法念住の概念規定が大きく改変されたことに起因する。

まず『中部』経典「念処経」の場合、法念住の「法」の概念内容として具体的に示されるものに五蓋、五取蘊、六内処、六外処、七覚支、四諦があり、対応漢訳の『中阿含経』(25)では五蓋、六内処、七覚支をあげる。また南伝の場合、『分別論』(26)では五蓋、七覚支、有部の『法蘊足論』(27)「念住品」では、五蓋、六結、七覚支などをあげる。したがってこれらはいずれも原始経典の内容がそのまま継承されたといえるものである。

ところが有部でも『集異門足論』(28)の場合、「法」を受蘊以外で非色の法処としたり、さらに『品類足論』『大毘婆沙論』になると、従来みられなかった無為法(虚空、択滅、非択滅)までを含むと定義される。

法念住は或ひは有漏、或ひは無漏なり。云何が有漏や。謂はく有漏の想・行蘊なり。云何が無漏なりや。謂はく無漏の想・行蘊と及び三無為となり。幾か有為なりや等は、三は有為にして、一は応さに分別すべし。謂はく法念住は或ひは有為、或ひは無為なり。云何が有為なりや。謂はく想・行蘊なり。云何が無為なりや。謂はく三無為なり。(29)

こうして「法念住」の「法」に無為法までを当てることは、有部の新しい法体系たる「五位」説の体系化と同根とみるべきで、それがここにも反映したということができよう。

たしかに原始経典で一切法という場合、五蘊十二処十八界とするもの以外に、有為法、無為法という記述(30)もわずかながら認められる。そうして有部アビダルマでは「五位」という一切法の分類に無為法を位置づけたが、法念住に対してもそれを反映させるのである。

それならば、「法」の語を冠するほかの徳目、たとえば法智、択法覚支、法随念、法証浄、法無礙解、法宝、法帰なども同様に改釈されたかというとそうではない。したがって原始経典以来、「法」の語を冠する徳目がいかにあろうとも、無為法と結びつけられたのは四念住だけであろう。

註

（1）『集異門足論』、大正蔵二六、三九一頁下。
（2）『甘露味論』、大正蔵二八、九七七頁下。
（3）『大毘婆沙論』、大正蔵二七、七二四頁上。九三八頁中下。
（4）*Abhidh-k-bh*, p. 342. *ll.* 10-12.
（5）*Śbh*, p. 306. *ll.* 13-15.『瑜伽師地論』、大正蔵三〇、四四二頁上。
（6）『大乗阿毘達磨集論』、大正蔵三一、六八四頁中。吉元信行「アビダルマ仏教における三十七菩提分法の体をめぐって」（加藤純章博士還暦記念『アビダルマ仏教とインド思想』、平成十二年、五一―一八頁）参照。
（7）*Abhidh-sam-bh* (Tatia), p. 83. *ll.* 5-6.（『雑集論』、大正蔵三一、七三九頁上）。
（8）*Vibh*, pp. 193-194.
（9）『舎利弗阿毘曇論』、大正蔵二八、六一三頁上―下。
（10）『法蘊足論』、大正蔵二六、四七五頁下―四七六頁上。
（11）『阿毘曇心論』、大正蔵二八、八一八頁上。
（12）『大毘婆沙論』、大正蔵二七、九三八頁上中。
（13）『順正理論』、大正蔵二九、六七五頁中―六七七頁下。
（14）『顕宗論』、大正蔵二九、九一九頁下―九二一頁上。
（15）*MN*. I. p. 56.
（16）『法蘊足論』、大正蔵二六、四七五頁下。
（17）『舎利弗阿毘曇論』、大正蔵二八、六一三頁上。
（18）*Vibh*, pp. 193-5.
（19）『大毘婆沙論』、大正蔵二七、九三六頁下―九三七頁上。
（20）『雑心論』、大正蔵二八、九〇九頁上。
（21）*Peking*. vol. 127. 173b. 6-7.『異部宗輪論』、大正蔵四九、一六頁中。

(22) *Kv*, p. 155. 塚本啓祥「アンダカ派の形成と他派との論争」（雲井昭善記念『仏教と異宗教』、一四三—一五八頁参照）。

(23) 『大智度論』、大正蔵二五、二〇一頁上。

(24) 『雑阿含経』、大正蔵二、一七五頁下。

(25) 『中阿含経』、大正蔵一、五八四頁上中。

(26) *Vibh*, p. 193f. cf. J. Bronkhorst, Dharma and Abhidharma. *BSOA*. 48-2. 1985. p. 310.

(27) 『法蘊足論』、大正蔵二六、四七八頁中—四七九頁上。

(28) 『集異門足論』、大正蔵二六、三九一頁中。

(29) 『品類足論』、大正蔵二六、七四〇頁下。

(30) 本書第一章「一、蘊処界の改変と五位の成立」参照）

二、「名色」への影響

一

有部アビダルマになると「五位」説という新しい型の一切法が説かれるが、この新しい一切法を反映した概念に「名色」(nāmarūpa)説がある。すなわち原始経典には見られなかった独自な解釈がされ、それが「五位」説と深く関わることについて注目してみよう。

仏教において名色といえば原始仏教以来、まず縁起説における一支として広く知られている。ことに十二支としてまとまった縁起説における名色の位置づけは、識—名色—六処—触の部分であり、六種の感覚器官を意味する「六処」、対象(境)としての「名色」、それに「識」の三つが和合(三事和合)して次の「触」の生ずることをいう。各支の前後関係も原始仏教以来、定型的に識—名色—六処とされる。しかしながら名色—識—六処と配置する場合も原始経典に認められる。その例として『相応部』経典に、

それと同じく尊者よ、名色を縁として識あり、識を縁として名色あり[1]。

とあることから明らかであろう。識、名色、六処の三つが実際に作用する際、必ずこの三つが同時に存在しなければ

認識が成立しない。だから三者のうちいずれを前後に配置しようと、次の支である「触」に至る上で問題ないといえる。こうした識と名色の関係は有部論書にも認められ、『法蘊足論』「縁起品」では縁起支相互の関係を次のように示す。

一、無明を縁として行がある(avidyāpratyayāḥ saṃskārāḥ)。
二、行を縁として識がある(saṃskārapratyayaṃ vijñānam)。
三、識を縁として名色がある(vijñānapratyayaṃ nāmarūpam)。
四、名色を縁として識がある(nāmarūpapratyayaṃ vijñānam)。
五、名色を縁として六処がある(nāmarūpapratyayaṃ ṣaḍāyatanam)。
六、名色を縁として触がある(nāmarūpapratyayaḥ sparśaḥ)。
七、六処を縁として触がある(ṣaḍāyatanapratyayaḥ sparśaḥ)。
八、触を縁として受がある(sparśapratyayā vedanā)。
九、受を縁として愛がある(vedanāpratyayā tṛṣṇā)。
一〇、愛を縁として取がある(tṛṣṇāpratyayam upādānam)。
一一、取を縁として有がある(upādānapratyayo bhavaḥ)。
一二、有を縁として生がある(bhavapratyayā jātiḥ)。
一三、生を縁として老、死、愁、歎、苦、憂、擾悩がある(jātipratyayaṃ jarāmaraṇaśokaparidevaduḥkhadaurmanasyopāyāsāḥ)[2]。

この記述によれば「名色」の位置づけに識→名色、名色→識という二つの様態がみられ、したがって十二支のうちでも、とりわけ「名色」の位置づけを固定しにくかったことが知られる。

有部では十二縁起説を理解するに際し、三世両重の因果という後世〈胎生学的解釈〉と呼ばれる考え方をとり、有情(人間)がどのような過程で三世に相続するかを問題とする。それゆえ人間以外の存在に関して問題としないというのが通説である。しかしながらすでに中村元氏(3)による指摘があるように、有部の説く縁起説はもっぱら三世両重の因果を示すという点で諸伝一致するわけではない。というのは、縁起説は有情を含む有為法までを含むという見解も認められるからである。その点は『品類足論』に、

縁起法とは云何。謂く、有為法なり。非縁起法とは云何。謂く、無為法なり(4)。

とあることからも確かめられる。のみならず『順正理論(5)』でも「上座」(シュリーラータ)の説とはいえ、縁起説は有情だけでなく「非有情」つまり有為法一般に関するものという主張がある。こうした縁起説の解釈を念頭に置くならば、その一支たる名色説もやはり有為法に関わる概念ということになる。

二

では、名色説は原始経典以来どのように概念規定されてきたであろうか。まず『雑阿含経(6)』には、名色を五蘊説で定義することがみられる。すなわち受想行識の四蘊を「名」に、残りの色蘊を「色」に当てるのである。この考え方に従うならば、十二縁起説において六処の対象となる名色は、つぶさには五蘊ということになる。

このように名色を五蘊説で定義する考え方は、その後の有部論書にも受け継がれていく。『法蘊足論』「縁起品」、『甘露味論』「因縁種品」あるいは『倶舎論』「世間品」に説かれる名色は、いずれも色蘊以外の四蘊を「名」に、四

大種および四大所造色を「色」に配当させる点で一致している。
このように五蘊説で名色を定義することはアビダルマの時代になると、有部ばかりでなく、南方上座部の場合にも認めることができる。たとえば初期の『分別論』「縁行相分別」には、
名があり、色がある。そのうちいかなるものが名なのか。受蘊、想蘊、行蘊であり、これを名という。いかなるものが色か。四大種と四大種所造の色であり、これを色という。[7]
とあり、ここでは五蘊中の識蘊を欠くものの、たとえば『法集論』[8]「概説品」をみれば明らかに識蘊をも「名」に当てるから、南伝アビダルマではつねにそれが除外されるわけではない。
もっとも『分別論』にみられるように「名」に識蘊を包摂させない見解も、すでに原始経典に存在していた。そのような見解のある理由として、和辻哲郎氏[9]は、元来、十二縁起説と五蘊説とはまったく別の範疇に属するにもかかわらず、縁起説の解釈に五蘊説を導入するのは、原始仏教経典製作者すら両者を熟知していなかった結果（氏によると「縁起説への無理解を暴露」）であり、両者を「機械的」に関係づけたために十二縁起中の一支としての識と重複する五蘊中の識を除外したのであろうとする。和辻氏は原始経典をもとにこうした見解を導き出されたが、この点はアビダルマ論書になっても問題視される。『順正理論』に登場する「上座」（シュリーラータ）が、この点に着目し、
上座は此に於て、難言を仮設す。「若し名色の言は五蘊を総摂するならば、世尊は識は名色に依ると説くが故に、識は則ち応に二有るべし。謂く能依と所依となり。即ち自ら釈して言わく、此の難は理に非ずと。已に名の中に於て識を簡出するが故に。謂く已に識を挙げて、説いて能作と為す。准じて知る、識の所依は、但余の名色を取る」[10]と。
とするのに対し、衆賢は等無間縁の考え方などから二通りの識が存在しても矛盾しないとして、シュリーラータの主

張を斥ける。

もっとも原始経典における名色の定義は、いずれも五蘊説だけで定義されるわけではない。色に関しては四大および四大所造色とする点で変わりはないものの、名を「受想思触作意」と五種の精神的はたらきで定義することがある。この点は『中部』経典に次のようにある。

受想思触作意、これを名という。四大および四大所造色、これを色という。[11]

名をこのように「受想思触作意」と解することは、このほか『相応部』経典[12]にも認められる。ちなみにこれら受想思触作意の徳目は、そのまま有部が心所法中の「大地法」とするものに対応する点で興味深い。

名をこのように「受想思触作意」で定義することは有部論書には認められないけれども、『舎利弗阿毘曇論』ではこの考え方を採用している。『舎利弗阿毘曇論』[13]では「緒分」中に「名色品」を独立させて説く点で独自な論形式をとるが、そこにおいて有為法であって非色のもの、つまり「受想思触作意」を「名」に当てるのである。

このように原始経典には、「名」に「受想行識」という五蘊説を配当するもの、もしくは「受想思触作意」とするものの二通りが認められ、有部が採用したのは前者の「名」を受想行識、「色」を色蘊または四大種に当てたほうであることがわかる。

三

では、「名」そのものの語義はどのように解されているか。『倶舎論』では縁起支としての名色の箇所で詳しくその語義をあげる。

また名色というその意義は何か。色はすでに詳しく説かれた。一方の名は無色の諸蘊である。その理由は、名と根と境との諸勢力によって多くの義(artha)において転変する(namati)というのが名である。どのような名の勢力によってであるのか。いったいこの世において極成されたものでそれぞれの義を知らせる牛馬色味といったようなものである。これにはまたどうして名の性(nāmatva)があるのか。それぞれの事物においてその名が転変するからである。

他の人びとは、この世において身を捨する時、ほかの生に転変することから名は無色の諸蘊であるという[14]。

ここで名とは対象に namati（従いゆく）のものと解されるが、この namati を真諦は「随属」、玄奘は「転変」と訳す。あるいは『順正理論[15]』では、「表召」の語で示される。しかるに南方上座部の体系書『清浄道論』に認められる縁起支としての名の定義は、

一、向うことが名である(namatī ti nāmaṃ.)[16]。

二、名は向うことを相とする(namanalakkhaṇaṃ nāmaṃ.)[17]。

三、名とは所縁に対して向うものゆえに、受等の三蘊をいう(nāman ti ārammaṇābhimukhaṃ namanato vedanādayo tayo khandhā.)[18]。

とある。してみると、ここでも『倶舎論』の場合同様、「名」とは所縁に向かう、つまり namati あるいは namana を特徴とするといった具合に捉えられる。だから、語義の点で南北両伝でちょうど対応することになる。

ところで「名」を明確にするためにやはり「名」を説く名句文身としての「名身」(nāmakāya)と比較してみよう。この名句文身説はいうまでもなく言語論の上から立てられたもので、そこでの「名」は「想[19]」(saṃjñā)という心作用によって表象されたものと定義される。そうしてアビダルマでいう五蘊の範疇に配当すれば、名句文身の「名」は

心不相応行蘊に当たるという。これに対し、名色中の名は四蘊をいうから、有部論書では同じ「名」といえども、心不相応行蘊としての「名」と四蘊としての「名」の二種あることになる。名句文身の場合の「名」について、『大毘婆沙論』[20]では多くの解釈をする。そこでは「名」とは「能顕」「非色」「無見」「無対」「有為」「無記」「堕三世」「欲色界繋」「非学非無学」「修所断」「不染汚」「無異熟」「非異熟」「不相応」「苦集諦」であるという。

『大毘婆沙論』ではこうした名句文身中の「名」と名色中の「名」との関わりに言及することがみられる。

> 問ふ、名句文身は、是れ不相応行蘊の所摂なるに、何が故に仏、四蘊を説いて名と名けしや。答ふ、仏、有為に於て総じて二分を立つ。謂く色と非色なり。色とは是れ色蘊にして、非色とは即ち是れ受等の四蘊なり。非色の聚中、能く一切法を顕了する名あるが故に、非色の聚を総じて説きて名と為すなり。[21]

すなわち二種の「名」のうち、名色中の「名」は「一切法」の意義を担うという(旧訳では「義」を顕わすとする)。したがって名句文身の「名」と名色の「名」とはその内容が「想」もしくは「受想行識」という点で峻別され、一切法の視点で捉えられるのは、もっぱら名色中の「名」である。

四

名色そのものは仏教以外でも認められる。従来、仏教で説く名色とバラモン文献でのそれとがどのように関連するかもしばしば問題とされてきた。たとえばウパニシャッドでは名色は「個人存在」あるいは「現象世界」を表わすものとして[22]、その系統のヴェーダーンタ学派でもブラフマンの顕現した「現象世界」(vyākṛta)あるいは梵(Brahman)と一でも異でもないものとして論じられるように重要な概念である。[23]すでに原始経典に説かれる名色は「有情の心身」か、あるいは「現象世界」つまり有為法を表わすのかについて、H・オルデンベルク[24]とM・ヴァレザー[25]との間に論争のあったことも和辻氏[26]によって紹介されている。この点は縁起説を有情の心身、あるいは広く有為法全般に関するものと解するかという問題とも深く関わる。ところで有部には縁起説の系列以外で説かれる名色説が認められるので、次にそれをあげてみよう。

それは最初期の『集異門足論』[27]に諸法分析の一部門として名色が認められる点である。そこでは四食(段・触・意思・識)を分析するに際し、段食を「色」、残りの触・意思・識の三つを「名」とする。名色を諸門分別の一つとして取り扱うことは、そのほか、「行」(saṃskāra)というのは名と色のいずれに属するかとして適用され[28]、「寿行」ならば「名」であるという具合に用いられる。諸法を分析するに際し、「諸門分別」は概念規定の上で重要な役割を担うけれども、『集異門足論』で諸門分別の一つとしてこのように名色説を採用することはその後の有部論書にみられないものである。

『集異門足論』でさらに注目すべきは、原始経典になかった名色の定義が看取される点である。それは「二法品」に、名と色との二つを次のようにいう。

此の中、二法有り。謂く名と色となり。名とは云何。答う、受蘊・想蘊・行蘊・識蘊及び虚空・択滅・非択滅、是れを名と謂う。色とは云何。答う、四大種及び所造色、是れを色と謂う。[29]

すなわち名色は有為法以外に、虚空などという無為法を包摂したものと改変される点である。名色を説くことは、もとより『長部』経典の「衆集経」[30]「十上経」[31]、あるいは『増支部』[32]経典にも認められるが、しかし『集異門足論』で名色を無為法まで包摂したものとすることは大きな改変であるといっていい。

名色が有為ばかりでなく無為を含む一切法をいうことは、その後の『大毘婆沙論』においても一切法の分類の一つとして名色をはっきり位置づけている。
一、一切とは十八界を謂う。
二、一切とは五蘊及び無為とを謂う。
三、一切とは四諦及び虚空、非択滅とを謂う。
四、一切とは名と色とを謂う。
五、一切の法性は皆、此の十二処中に摂入す。(33)

そもそも名色が一切法を表わすものであることは、仏教最初期の『スッタニパータ』にその用例が認められる。たとえばその第三五五偈に、

かれはこの世において名色に関する妄執を断ち切ったのである。長いあいだ陥っていた悪魔の流れを断ち切ったのである。(34)

とあり、あるいはまた第九〇九偈には、

見る人は名称(nāma)と形態(rūpa)とを見る。また見てはそれらを(常住または安楽であると)認め知るであろう。見たい人は、多かれ少かれ、それらを(そのように)見たらよいだろう。真理に達した人々は、それ(を見ること)によって清浄になるとは説かないからである。(35)

とある。後者の偈(九〇九偈)に対応するものは、『大智度論』にも次のように引用される。

復た一切法あり、所謂、名色なり。仏が利衆経の中の偈に説きたまふが如し。
若し真観を求めんと欲せば、但だ名と色と有り。若し実知を審かにせんと欲せば、亦た当に名・色を知るべし。
癡心、多想を離れて諸法を分別するに、更に異事あつて、名色を出づる者なし。(36)

ところで「名色」に無為法を包摂させることは南方上座部にも認められる。『法集論』の巻末に二法に関する一節が存在し、そこに名色が次のように説かれる。

そこで名とは何か。受蘊・想蘊・行蘊・識蘊と無為界、これを名という。同様に色とは何か。四大種および四大種所造の色、これを色という。[37]

『法集論』において法数の上で二法として列挙される教説の大半が『長部』経典「衆集経」と酷似することは、『法集論』といえども『集異門足論』同様、「衆集経」類を底本としたものと思われる。[38]

このように名色は無為法を含んだものと改変することが、南北アビダルマに共通して認められるのはなぜか。すでに原始経典の後期には、諸法を存在論的、並列的に捉えるいわゆるアビダルマ的傾向がみられるが、その傾向は論書が成立とともにますます強まり、一切法の捉え方まで南方上座部でも大きく転換するようになったためであろう。先にみたように、原始仏教における一切法といえば、主として有為法だけを意味するものであったのが、アビダルマになると、十二処、十八界といえども無為法を包摂したものに改変された。この点も南北のアビダルマに共通して認められた。[39] 教義学者たちはこうした無為法を名色に対しても適用したのである。

M・ヴァレザーが名色の概念を「存在するもののカテゴリーを形成した最初の試み[40]」と解したり、木村泰賢氏[41]が名色から六界、四食、五蘊、十二処、十八界といったさまざまな一切法の体系が成立したとすることは符合し、アビダルマになると無為法まで含むとされたことが知られよう。

註

（1） *SN*. II. p. 113.

（2） S. Dietz. *Fragmente des Dharmaskandha. Ein Abhi*

dharma-Text in Sanskrit aus Gilgit. AAWG, Phil.-Hist. Kl. 3 Folge, Nr. 142. Göttingen. 1984. S. 7. 24ff.

（3） 中村元「アビダルマの縁起説」（『福井博士頌寿記念東洋文化論集』昭和四十四年、七二〇—七二二頁）。

（4） 『品類足論』、大正蔵二六、七一五頁下。『衆事分阿毘曇論』、大正蔵同、六四八頁上中。

（5） 『順正理論』、大正蔵二九、四八二頁上。

（6） 『雑阿含経』、大正蔵二、八五頁上中。『縁起経』、大正蔵同、五四七頁下。

（7） *Vibh*, p. 136.

（8） *Dhs*, p. 227.

（9） 和辻哲郎「原始仏教の実践哲学」（『同全集』第五巻、岩波書店、昭和三十七年、二一九頁）参照。

（10） 『順正理論』、大正蔵二九、五〇三頁中。

（11） *MN*. I. p. 53.

（12） *SN*. II. pp. 3-4. 『雑阿含経』、大正蔵二、八五頁上中。

（13） 『舎利弗阿毘曇論』、大正蔵二八、六八九頁上。

（14） *Abhidh-k-bh*, p. 142. *ll*. 15-20.

（15） 『順正理論』、大正蔵二九、五〇二頁下。

（16） *Vism*, p. 527.

（17） *Ibid*, p. 528.

（18） *Ibig*, p. 587.

（19） *Abhidh-k-bh*, p. 80. *ll*. 13-14.

（20） 『大毘婆沙論』、大正蔵二七、七二二頁下—七二三頁上。『阿毘曇毘婆沙論』、大正蔵二八、六〇頁上。

（21） 『大毘婆沙論』、大正蔵二七、七三頁中。『阿毘曇毘婆沙論』、大正蔵二八、六〇頁中。

（22） *Chānd, Up*. VI, 3, 2. *Muṇḍ. Up*. III. 2. 8. cf. Frauwallner, *Geschichte der indischen Philosophie*. I. Wien. 1953. S. 206. 中村元『原始仏教の思想 II』、春秋社、昭和四十六年、二一七頁参照。

（23） P. Hacker, Eigentümlichkeiten der Lehre und Terminologie Śaṅkaras : Avidyā, Nāmarūpa, Māyā, Īśvara. *ZDMG*. Bd. 100. 1950. S. 258ff.

（24） H. Oldenberg, *Buddha. sein Leben・seine Lehre・seine Gemeinde*. Stuttgart. S. 242. 245. 428. 492.

（25） M. Walleser, *Die philosophische Grundlage des älteren Buddhismus*. Heidelberg. 1925. S. 51ff.

（26） 和辻哲郎、前掲書、二一三—二二〇頁。

（27） 『集異門足論』、大正蔵二六、三六七頁下。

（28） 『集異門足論』、大正蔵同、三六九頁上。

（29） 『集異門足論』、大正蔵同、三六九頁下。

（30） *DN*, III. p. 212. V. Stache-Rosen, *Das Saṅgītisūtra und sein Kommentar Saṅgītiparyāya*. Berlin. Teil. I. 1968. S. 49.

（31） *DN*, III. p. 273. K. Mittal, *Fragmente des Daśottara-*

sūtra aus zentralasiatischen Sanskrit-Handschriften. Berlin. 1957. S. 56.

（32） *AN*, I. p. 83.

（33）『大毘婆沙論』、大正蔵二七、三七八頁下。

（34） *Sn*, 355.（中村元訳『ブッダのことば』〈岩波文庫〉昭和三十三年、七五頁）。

（35） *Sn*, 909.（同右、一九八―一九九頁）。

（36）『大智度論』、大正蔵二五、二五九頁中。

（37） *Dhs*, p. 226-227.

（38） C. Tripāṭhī, Saṅgīti-Sūtra, Nipāta II, und Ekottarāgama-Parallelen. in : *Zur Schulzugehörigkeit von Werken der Hīnayāna-Literatur.* Erster Teil. hrsg. von Heinz Bechert. Göttingen. 1985. S. 196.

（39） 本書第一章「一、蘊処界の改変と五位の成立」参照。

（40） M. Walleser, *a.a.O* S. 32. 和辻哲郎、前掲書、二一三―二一四頁参照。

（41） 木村泰賢『原始仏教思想論』（『同全集』第三巻、大法輪閣）二三二頁。

付記　ウェイマンに名色を論じた論文がある。論題のとおり広範な立場からのものであるが、しかしアビダルマについてはふれていない。A. Wayman, A study of the Vedāntic and Buddhist Theory of nāma-rūpa. in : *Indological and Buddhist Studies.* (Volume in Honour of Professor J.W. de Jong on his Sixtieth Birthday). Canberra. 1982. pp. 617-642.

三、「五位七十五法」と「五位百法」——心・心所法に対する世親の立場

一　「七十五法」「百法」の選定は同一基準か

「百法」という用語は世親作『大乗百法明門論』の書名にあり、それに「五位」を冠して「五位百法」とすることは慈恩大師基(六三二―六八二)の『大乗百法明門論解』(1)に認められる。一方の「七十五法」の語は玄奘門下の普光(活躍年代、―六四五年―)の『倶舎論法宗原』に初めて登場する。しかし普光には『大乗百法明門論』に対する注釈(『疏』)もあるから、「百法」の存在を知りながら有部側を「七十五法」としたことになる。(2)

ところで「百法」を書名に名乗る『大乗百法明門論』といえども、はたして世親自身の作かどうかはなはだ疑わしい(3)ことも第一章二でふれたとおりである。しかし、「七十五法」「百法」は古来、有部と唯識双方の法相をみる上できわめて至便なものとして重視されてきた長い歴史がある。

いまここで対比を試みるのは、そのうち心・心所法についてである(もっともそれ以外の色法・心不相応法・無為法は有部のものを増広しただけにすぎない)が、とりわけ有部・唯識の双方に跨る位置にあった世親が、どう対処したかに注目してみよう。世親が『倶舎論』を著わした時点で『瑜伽師地論』『顕揚聖教論』などはすでに存在してい

たのはむろん、すでに唯識そのものの立場にあって『倶舎論』を著したという見解も、ごく最近あるからである。

二 「心法」――意識（有部）と八識（唯識）

七十五法

- 色法
  - 眼根・耳根・鼻根・舌根・身根・
  - 色境・声境・香境・味境・触境・無表色
- 心法
  - 意識
- 心所法
  - 大地法
    - 受・想・思・触・作意・
    - 欲・慧・念・勝解・三摩地
  - 大善地法
    - 信・勤・捨・慚・愧・無貪・
    - 無瞋・不害・軽安・不放逸
  - 大煩悩地法
    - 無明・放逸・懈怠・不信・
    - 惛沈・掉挙
  - 大不善地法
    - 無慚・無愧
  - 小煩悩地法
    - 忿・覆・慳・嫉・悩・
    - 害・恨・諂・誑・憍
  - 不定法
    - 悪作・睡眠・尋・伺

百　法

- 色法
  - 眼根・耳根・鼻根・舌根・身根・
  - 色境・声境・香境・味境・触境・法処所摂色
- 心法
  - 眼識・耳識・鼻識・舌識・身識・意識・
  - 末那識・阿頼耶識
- 心所法
  - 遍行
    - 触・作意・受・想・思
  - 別境
    - 欲・勝解・念・定・慧
  - 善
    - 信・慚・愧・無貪・無瞋・無癡・
    - 勤・軽安・不放逸・行捨・不害
  - 煩悩
    - 貪・瞋・癡・慢・疑・悪見
  - 随煩悩
    - 忿・恨・覆・悩・嫉・慳・誑・
    - 諂・害・憍・失念・散乱・不正知
  - 不定
    - 悔・眠・尋・伺

- 心不相応法
  - 得・非得・同分・無想果・無想定・滅尽定・命根・生・住・異・滅・
  - 名身・句身・文身
- 無為法
  - 虚空無為・択滅無為・非択滅無為

- 心不相応法
  - 得・命根・衆同分・異生性・無想定・
  - 滅尽定・無想事・名身・句身・文身・
  - 生・老・住・無常・流転・定異・相応・
  - 勢速・次第・方・時・数・和合・不和合
- 無為法
  - 虚空無為・択滅無為・非択滅無為・
  - 不動無為・想受滅無為・真如無為

心法を有部で一法、唯識で八法とするのは、「七十五法」「百法」を設定した時点での基準が異なっていたからである。なるほど末那識、阿頼耶識といった唯識独特のものはともかく、それ以外の六識（眼識・耳識・鼻識・舌識・身識・意識）は有部・唯識ともに同一のものをいう。したがって唯識側のようにそれらを六法とする以上、有部も同様に「六法」とすべきこともすでにふれた。ともかく「百法」という標記を知った上で有部側を「七十五法」としたのは普光、基と思われるが、二人ともいずれも同一基準で選定したわけでなく、その後の曇曠といえども、心法の数を何ら問題視しなかったのである。

三　「大善地法」（有部）と「無癡」（唯識）

唯識では善法として有部のあげない「無癡」を加えるために一法だけ多い。「無癡」を加えるのは「善」の根本とされる「三善根」（無貪・無瞋・無癡）の理念をそのまま生かしたことによる。この点は次のように善法の列挙のありかたに表われている。

『顕揚論』　慚・愧・無貪・無瞋・無癡[4]・精進

『集論』　慚・愧・無貪・無瞋・無癡・勤

hrī, apatrāpya, alobha, adveṣa, amoha, vīrya[5]

『三十頌』　慚・愧・無貪等三根(alobhādi-trayaṃ)[6]・勤

『明門論』　慚・愧・無貪・無瞋・無癡・軽安

『五蘊論』(漢訳)慚・愧・無貪善根・無瞋善根・無癡善根・精進

(チベット訳)ṅo tsha śes, khrel yod pa, ma chags paḥi dge baḥi rsa ba, śe sdaṅ med paḥi dge baḥi rsa ba, gti mug med paḥi dge baḥi rsa ba brtson ḥgyus.[7]

このうち『(大乗)五蘊論』では、無貪・無瞋・無癡の三つに明瞭に「善根」(kuśalamūla)の語が付されるばかりでなく、『顕揚聖教論』『阿毘達磨集論』『百法明門論』ではこの三つが続けて列挙されるし、『唯識三十頌』でもサンスクリット本に単に「三」(-trayaṃ)としかないものの、それが漢訳でいう「三(善)根」の略であることは明白である。『成唯識論』でも、

無貪とは無瞋・癡を等ず。此の三を根と名くることは、善を生ずること勝れたるが故なり。三不善根を近く対治するが故なり、

有義は、無癡は即ち慧をもつて性と爲す。集論に此は報と教と証と智との決択をもつて体と爲す。生得と聞と思

> と修との所生の慧を次での如しと説けり。皆是れ決択の性なるが故なり。此は即ち慧なりと雖、善品に勝功能有りといふことを顕さむが為なり。煩悩の見の如くなるが故に復別に説くといふ。
> 有義は、無癡は即ち是れ慧なるには非ずして、別に自性有るべし。正しく無明に対して無貪瞋の如し。善根に摂せらるるが故なり。
> 貪・瞋・癡は六識と相応し、正煩悩の摂なり。悪を起こすこと勝れたるを以ての故に、不善根と立つ。彼を断ずるときに、心ず通と別との対治に由る。通といふは唯善の慧のみなり、別といふは即ち三根なり。此に由つて無癡は必ず応に別に有るべし。(8)

と、やはり「三善根」の視点が重視され、対立概念である三不善根を対治すべく独立して立てるという。

もっとも有部といえども、「大善地法」の設定の上でやはり「三善根」をはっきり念頭に置くことに変わりはない。この点は『倶舎論』に次のように「根」（つまり「善根」）の語が認められるからである。

> 善には信・不放逸・軽安・捨・慚・愧・二種の根・不害と精進がつねにある（śraddhā 'pramādaḥ praśrabdhir-upekṣā hrīr-apatrapā. mūladvayamahiṃsā ca vīryaṃ ca kuśale sadā）(9)

しかし「三善根」中、無癡だけを「大善地法」としない理由を世親は次のようにいう。

> 二根とは二善根で、無貪と無瞋である。無癡も（善根）であるが、しかし「慧」（prajñā）を自性とする。慧はまた大地（法）であるから、これ（無癡）は大善地（法）といわない。(10)

これによると、「無癡」の自性は「大地法」中の「慧」と同一であるから重複してあげないという。「善法」に関する有部・唯識における一法の違いは、この「無癡」の取扱いによる。しかるに世親は『倶舎論』では有部の伝統に、唯識論書では唯識の伝統に従っている。

四　「大煩悩地法」（有部）と「六煩悩」（唯識）

煩悩法に関し『倶舎論』で世親は『界身足論』以来伝承されてきた「大煩悩地法」の法数を十から六に改変する。すなわち「失念」「心乱」「不正知」「非理作意」「邪勝解」の五法を「大地法」中の念・定・慧・作意・勝解とそれぞれの自性が同一であるとして削除し、新たに「惛沈」を追加した。

もっとも追加された惛沈は『大毘婆沙論』では「大不善地法」にあったものであり、それを世親は配置換えしたのである。配置換えの理由を世親は、

この二つ（惛沈・掉挙）は決して倶行性を棄てないからである。[11]

と、惛沈は掉挙と切り離せないものだからという。たしかに惛沈・掉挙はすでに仏教最初期の『スッタニパータ』[12]あるいは『テーラガーター』[13]以来、五蓋のなかに集録されるように連結した形で説かれることが多い。世親は、分離するのは不均衡と解したのである。

しかしこの惛沈に対し、世親は『倶舎論』であえて「大煩悩地法」とするのに対し、一方の『唯識三十頌』『大乗五蘊論』では唯識の伝統どおり「随煩悩」の範疇に入れたままである。この点でも双方が異なることになる。

五　「大不善地法」（有部）の撤廃

「大不善地法」（無明・惛沈・掉挙・無慚・無愧）は『大毘婆沙論』で初めて成立する。このうち無明・掉挙の二法

の場合、それ以前の『界身足論』では「大煩悩地法」中にあったが、『大毘婆沙論』になると「大煩悩地法」「大不善地法」「大有覆無記地法」（これは『大毘婆沙論』のみで説く）の三地法に跨って採録する形をとった。

しかし重複のまま採録したのは『大毘婆沙論』のみで『雑心論』以後、再び一法一範疇に戻る。その結果、「大不善地法」中の「不善」「無記」双方のはたらきのある無明・掉挙、惛沈の三つは「大煩悩地法」に、「不善」のみと規定する無慚・無愧の二法は『雑心論』『倶舎論』では「大不善地法」とするのである。

そうしてこうした「不善」である無慚・無愧の有無によって善不善無記の三性を判定基準とすることは、『発智論』に認められる。

三漏中、一は無記なり。二は応分別なり、謂く、欲漏は或は不善、或は無記なり。無慚無愧及び彼と相応するものは是れ不善にして、余は無記なり。無明漏は、或は不善、或は無記なり。無慚無愧と相応するものは、是れ不善にして、余は無記なり。[14]

しかしながら無慚・無愧よりも「三不善根」のほうが煩悩の中でも最も断ち難いことに変わりはない。三不善根が「大不善地法」から除外されたのも三性説を導入した結果であることはすでにふれた。

ところで「大不善地法」である無慚・無愧は『大毘婆沙論』[15]によると無慚は「貪」、無愧は「癡」から派生（「等流」）したものと規定され、また『法蘊足論』でも、

また世尊により次のように説かれた。比丘たちよ、無明が支配し、あらかじめ相となるために多くの悪・不善法の続発としての災いすなわち無慚と無愧とがある。[16]

と、無慚・無愧のいずれも「癡」と、その根源を何にするかに違いはあるもののいずれも根源的な煩悩から派生したものと解している。『法蘊足論』における捉え方はすでに原始経典の『雑阿含経』に、

是の如く我れ聞きぬ。一時、仏、舎衛国の祇樹給孤独園に住したまえり。爾の時世尊、諸の比丘に告げたまはく、若し無明無相と為るが故に諸の悪不善法を生じ、時には随って無慚・無愧を生ず。[17]

とあるから、その系統を引くものである。

ところで、『発智論』『大毘婆沙論』における煩悩論(「結蘊」)には十六種の煩悩群が列挙解説されるが、この無慚・無愧はいずれにも含まれない。もっとも蓋と対比する形で言及されることがあるけれども、それも、

尊者仏陀提婆の説きて曰く、「無慚と無愧とは、戒蘊を障ゆると雖も、彼の勢用は貪瞋に及ばず、定蘊を障ゆると雖も、彼の勢用は掉挙と及び悪作とを以てするに及ばず、慧蘊を障ゆると雖も、彼の勢用は惛沈と及び睡眠とを以てするに及ばざるが故に、蓋と立てざるなり」と。[18]

と、五蓋の群に無慚・無愧が含まれないのは、五蓋中のものより力が弱いからという形である。しかし『発智論』以後、十六種以外に成立した新しい煩悩群に十纏があり、そこに至って初めて煩悩群として集録された。「大不善地法」に採録された無慚・無愧は一方の煩悩論ではこうした取り扱われかたをするのである。

他方、唯識では十纏すべてをそのまま「随煩悩」の範疇に採用する。もっとも「随煩悩」といえども、そのはたらきに応じて四通りに細分化されることは『瑜伽師地論』にこうある。

若し是の如き煩悩に随順し、煩悩と倶行する煩悩の品類あらば随煩悩と名く。云何なるを随煩悩と名くるや。略して四相に由りて差別建立す、一には一切の不善心に通じて起こり、二には一切の染汚心に通じて起こり、三には各別の不善心に於て起こり、四には善と不善と無記心とに起こるも、一切処に非ず一切時に非ざるなり。謂はく無慚と無愧とを一切の不善心に通じて起こると名く。[19]

つまり、㈠一切の「不善心」に通ずるもの、㈡一切の「染汚心」に通ずるもの、㈢個別に不善として生起するもの、

(四)不規則に善不善無記として生起するものの四つである。
無慚無愧はこのうち、(一)の分類に分配された。この点は『阿毘達磨集論』にも次のようにいう。
無慚と無愧とは、すべての不善に相応する。自他に対する無関心以外に、不善の現起の出現がないからである。[20]
このように唯識では「不善地法」を設定しないから無慚・無愧を「随煩悩」の範疇に入れるとはいえ、詳しくは不善心中に恒に存在するものという点では有部と一致することになる。

六　「小煩悩地法」(有部)と「随煩悩」(唯識)

唯識では「随煩悩」として二十法をあげる。もっとも初期の『瑜伽師地論』の場合、「随煩悩」の捉え方は多様であり、次の四種が認められる。
(一)貪瞋癡の三つだけを「随煩悩」とするもの。
随煩悩とは三つの随煩悩で貪・瞋・癡である(upakleśā iti traya upakleśā rāgadveṣamohāḥ)。[21]
原始経典では「煩悩」「随煩悩」の概念はともにそれほど差異なく用いられ、それがここに反映したのである。有部ではこの解釈は主流とならなかったものの、随煩悩の定義に貪瞋癡などと付されることがあるから、[22]この捉え方を保存していたことも事実である。
(二)「癡」と「煩悩」までをも含む場合。これは衆生たちを末世まで汚すものとして、(1)癡、(2)無慚・無愧、(3)嫉・慳、(4)苦(duḥkha)、(5)麁重(dauṣṭhulya)、(6)煩悩(kleśa)、(7)悪行(duścarita)、(8)放逸、(9)懈怠、(10)不信の十種をあげたもの。[23]

これも「随煩悩」の包括概念を「煩悩」以上に広いとする見方をする例である。

(三) 復次に、随煩悩の自性は云何ん。謂はく忿、恨、覆、悩、嫉、慳、誑、諂、憍、害、無慚、無愧、惛沈、掉挙、不信、懈怠、放逸、妄念、散乱、不正知、悪作、睡眠、尋、伺なり、本地分は已に広く詮説せしが如し、是の如き等の類を随煩悩の自性と名く。(24)

これはまさしく「百法」でいう「随煩悩」の分類に対応し、その後の唯識論書にも採用されたものである。

(四)A、又定地の諸の随煩悩あり、謂はく尋、伺、誑、諂、惛沈、掉挙、憍、放逸、懈怠等なり、初静慮地に初の四種あり、余は一切地に通ず。若し雑事の中の世尊の所説の諸の随煩悩、広説乃至、愁歎、憂、苦、随煩悩等及び摂事分に広く分別する所の是の如き一切の諸の随煩悩は、皆是れ此の中の四相の差別なり、其の所応に随って相摂すること応に知るべし。

B、又貪瞋癡忿恨等あり、乃至広説、諸の雑砕の事は説す摂事分の中に我れ当に広説すべし。

C、復次に、随煩悩とは、謂はく貪不善根・瞋不善根・癡不善根、若しは忿、若しは恨、是の如く広説諸の雑穢の事を説く。(25)

このうち(四)の三例(ABC)はいずれも詳しくは「雑事」「雑砕事」「雑穢事」のごとしとして省略されるが、この「雑事」はいずれもその内容からみて有部の『法蘊足論』「雑事品」をさすことは明らかである。こうした「雑事」の三例は、『倶舎論』の「随煩悩」の定義の上でも看過し得ない。というのは、『法蘊足論』では「雑事品」中のものを単に染汚法とするだけであったけれども、それを明白に「随煩悩」(貪瞋癡等を除く)と規定するのは、有部の場合、世親が初めてだからである。(26) しかし論書の成立順からいえば、『倶舎論』よりも『瑜伽師地論』のほうが先であるから、『瑜伽師地論』で「雑事品」全体を「随煩悩」とする解釈を世親は『倶舎論』で採用したとも考えられる。

また「百法」に対応する㈢の場合は、同じ『瑜伽師地論』で説く心所法(「心所有法」)のくだりと合致する。

彼の助伴とは、謂はく作意触受想思。欲勝解念三摩地慧。信慚愧無貪、無瞋無癡。精進軽安不放逸捨不害。貪恚無明慢見疑。忿恨覆悩嫉慳誑諂憍害。無慚無愧。惛沈掉挙。不信懈怠放逸。邪欲邪勝解忘念散乱不正知。悪作睡眠尋伺。(27)

したがって「百法」中にある随煩悩の典拠は、従来からの心所法にそのままもとづくといっていい。ところでこの心所法を有部の『法蘊足論』の行蘊(法処も同じ)と対比すると、

『法蘊足論』法処―受・想・思・触・作意・欲・勝解・信・精進・念・定・慧・尋・伺・放逸・不放逸・善根・不善根・無記根・一切の結・縛・随眠・随煩悩・纏(28)

とあり、『瑜伽師地論』では有部にない邪欲・邪勝解・忘(邪)念・散乱・不正知(悪慧)をあげる点が大きく異なる。これがそのまま「随煩悩」に対する双方の違いとなっている。

有部ではこの行蘊(法処)の定義を『大毘婆沙論』『俱舎論』でも変えた形跡はないから、そのまま継承されたとみていい(なお『瑜伽師地論』の邪欲・邪勝解の二つは、その後の唯識論書になると「随煩悩」から除外される)。

次に唯識側の随煩悩の分類中、一切の染汚(つまり「不善」「無記」)に通ずとされるものの場合、次表のごとく不信・懈怠・放逸・惛沈・掉挙(論書によって若干の出入りがある)であり、これは『俱舎論』以前における「大煩悩地法」中のものと合致する。だから一切の染汚法に通ずるとするものもやはり有部・唯識ともに一致することになる。

『瑜伽師地論』①巻五十五、―不信・懈怠・放逸・妄念・散乱・悪慧

②巻五十八、―放逸・掉挙・惛沈・不信・懈怠・邪欲・邪勝解・邪念・散乱・不正知(29)

『集論』―惛沈・掉挙・不信・懈性・放逸[30]
『成唯識論』―掉挙・惛沈・不信・懈怠・放逸・失念・散乱・不正知[31]

個々の「妄念」(邪念)、「散乱」「不正知」(「悪慧」)「邪欲」「邪勝解」の五つは、有部では『大毘婆沙論』『雑心論』まで「大煩悩地法」とされていたものである(ただし有部では「邪欲」の代わりに「非理作意」とある)。しかしながら、こうした「妄念」ないし「邪勝解」の五つを「大煩悩地法」から削除したのは『倶舎論』の世親なのである(世親が削除した理由は、先述のごとく「大地法」中の反対概念のものと自性(体)が同一ということである)。ところが世親は『倶舎論』では削除した「妄念」ないし「邪勝解」の五つを、唯識(『唯識三十頌』『大乗五蘊論』)では一転して「随煩悩」として採用するのである。法として位置づけることだけからいえば、『大毘婆沙論』の形態に戻したことになる。

有部では「忘念」ないし「邪勝解」の五つを行蘊に入れない代わりに、『大毘婆沙論』では「大煩悩地法」に含めていたものである。これに対し、唯識ではこの五つを心所法(行蘊)に含める点に大きな違いがあり、この違いがそのまま有部と唯識の法数に現われたことになる。

七 「不定」法の設定

「五位」に関し『倶舎論』に初出の「不定」法(尋・伺・悪作・睡眠)については『瑜伽師地論』[32]『顕揚聖教論』にも存在することから、世親は唯識側から「不定法」という分類を導入したとされることがある。『倶舎論』と唯識の影響関係をみる上で四法中、とりわけ悪作・睡眠の二つに注目したい。というのは、悪作・睡眠ともに煩悩であるにもかかわらず、なぜ煩悩地法でなく「不定」法つまり「補遺」(Appendix)に回されたかが問題だからである。

悪作・睡眠は有部の煩悩群では五蓋中に掉挙悪作蓋、惛沈睡眠蓋という形でそのまま置かれる。五蓋はそのほか貪欲蓋、瞋恚蓋、疑蓋の三つを含むが、この三つはいずれも欲界(上二界にはない)に存在するものと規定される。この点は『大毘婆沙論』に明確に定義づけられる。

問ふ、此の五蓋は、何を以て自性となすや。答ふ、欲界の三十事を以て自性となす。謂く、貪欲と瞋恚とは、各、欲界の五部にて十事となり、惛沈と掉挙とは各、三界五部の不善と無記とに通ずるも、唯、不善のもののみを蓋と立つるをもて十事と為り、睡眠は唯、欲界の五部の善と不善と無記とに通ずるも、唯、不善のもののみを蓋と立つるをもて五事と為り、悪作は唯、欲界の修所断の善と不善とに通ずるも、唯、不善のもののみを蓋と立つるをもて一時と為り、疑は、三界の四部に通じて不善と無記とに通ずるも、唯不善のもののみを蓋と立つるをもて四事と為る。此に由りて五蓋は欲界の三十事を以て自性となす[33]。

ところがこの定義によると、睡眠は善不善無記、悪作は善不善に通ずとされる。すなわち睡眠・悪作ともに「善」のはたらきがあるという。このように「善」のはたらきがある以上、「善」と無縁の染汚に関する「地法」とは乖離することになる。こうした捉え方はすでに『発智論』にも認めることができる。

- 心に睡眠有るも、惛沈と相応するように非ざるもの有り。謂く、無染汚心にして、睡眠性有るものなり。(略)睡眠は善なりと言ふべきや。乃至広説。睡眠は、善なりと言ふべきや。不善なりや。無記なりや。答ふ、睡眠は、或は善、或は不善、或は無記なり、と言ふべし。云何が善なりや。謂く、善心の、睡眠し、惛微にして転ずる心の味略性なり。云何が不善なりや。謂く、不善心の、睡眠し、惛微にして転ずる心の味略性なり。云何が無記なりや。謂く、無記心の、睡眠し、惛微にして転ずる心の昧略性なり。

・心に悪作有るも、掉挙と相応するに非ざるもの有り。謂く、染汚心無くして、追悔性有るものなり。(34)

とりわけ惛沈睡眠蓋、掉挙悪作蓋の場合、全体で一つの蓋つまり汚染法とされていたものがアビダルマ特有の分析の結果、「惛沈睡眠蓋」は「惛沈」と「睡眠」に、「掉挙悪作蓋」は「掉挙」と「悪作」に解体され、「睡眠」は染汚との関わりのない「眠り」「悪作」も悪事をなした後の「後悔《こうかい》」（後悔という心作用は善とみる）と、ともに「善」の側面が表面化したのである。この点は初期の『法蘊足論』に見られる五蓋中の睡眠、悪作それぞれに対する概念規定が、

云何が睡眠なるや。答ふ、染汚心中の所有の睡夢の任持すること能はざる心の昧略の性なる、是れを睡眠と名く。

云何が悪作なるや。答ふ、染汚心中の所有の心をして変悔せしむる、悪作せしむる悪作の性なる、是れを悪作と名く。(35)

とあることからみても、著しく改変されたことになる。

注目すべきは、こうして染汚法を分析化、細分化の結果、「善」の側面が表面化するのは睡眠と悪作の二つだけである。もっともこのように睡眠・悪作に「善」の側面があると解することは、すでに『瑜伽師地論』でもはっきり示される。

復次に、随煩悩は云何んが展転して相応するや。当に知るべし、無慚、無愧は一切の不善と相応し、不信、懈怠、放逸、妄念、散乱、悪慧は一切の染汚心と相応し、睡眠、悪作は一切の善、不善、無記と相応すと。所余は当に知るべし互に相応せずと。(36)

この解釈は、『発智論』と共通するものである。それゆえ、睡眠・悪作の二つは染汚法から突出することが一因で「不定」法に採録されたのであろう。もう一つの理由は、十纏中、惛沈・掉挙は「大煩悩地法」、無慚・無愧は「大不

善地法」、忿・覆・慳・嫉は「小煩悩地法」とそれぞれ対応するのに対し、睡眠・悪作だけがいずれにも採録されなかったことである。この点も世親がこの二つを「不定」法とした理由と考えられる。

また「不定」法とされた尋・伺・悪作・睡眠の四つは、すでに指摘したように[37]、『大毘婆沙論』で一つのセットとして説くことが二箇所にわたって認められる。そうしてみると、世親が尋・伺・悪作・睡眠を「不定」法とすることは唯識からの影響をみなくても有部内にもすでにあったことになる。

八 小結

一、「五位」の成立はいうまでもなく『界身足論』であるが、すでにその体系に主要な煩悩である貪瞋慢疑を採用しなかった作者世友は、それらを「五煩悩」[38]（欲貪・色貪・無色貪・瞋・疑）という形で法体系の付録とした。しかるにこの世友の見解はその後の有部論書にずっと継承され、貪瞋慢疑は明白に位置づけられることなく、付録という形で終わる。

二、『品類足論』以後、法体系に「善」「不善」の範疇を加えたことは、有部としては大きな組み換えであった。「大善地法」「大不善地法」が新設されたからである（有部としてはというのは、むろん唯識では終始「不善」の部門はないからである）。しかるに有部では「善」「不善」に関して法体系とは別に、「自性善（不善）」という教義を設定している[39]。世親は『倶舎論』でそれに対応する徳目を具体的に三善（不善）根、慚（無慚）、愧（無愧）とあげる。とりわけ三善（不善）根は原始経典以来、その名のとおり「善」（不善）の根本とされるものである。

ところが「善」としての三善根は、「大善地法」の文脈にすら「善根」の語が認められるように、「善根」がはっきり意識されているのに対し、三不善根に至っては「癡」だけが「大煩悩地法」に採用され、残りの貪瞋は当初から圏外に置かれたままであった。もっともその「癡」といえども『倶舎論』では「不善」「無記」双方のはたらきがあるとされ、「大不善地法」から「大煩悩地法」に移された。その結果「大不善地法」としては「癡」よりもはたらきの弱い無慚・無愧の二法だけが残り、それが配置されるのである。

これに対し、唯識ではまさしく「自性善」、「自性不善」の考え方が法体系の上にも反映されている。唯識では有部でいう「不善」の部門はないが、その理由は「大不善地法」と「自性不善」とは連動せず、しかも他の煩悩と比べてはたらきの弱い無慚・無愧だけを別立てする必要がないと解したためであろう。さらに唯識側が染汚法の範疇を主要煩悩(「煩悩」)と枝末煩悩(「随煩悩」)という基準だけで二分することは簡潔素朴であるものの、有部側よりもはるかに明解である。

三、世親の基本的立場は「不定」法以外、大筋で『倶舎論』では有部の、唯識では唯識の伝統にくみしているといっていい。しかし、世親が『大毘婆沙論』の十大煩悩地法にあった邪念・散乱・不正知・邪欲・邪勝解の五つを『倶舎論』では敢えて除外したのに対し、唯識側に立つなりその伝統に従い、「随煩悩」の範疇とはいえ、明瞭に組み入れるという相反する見解が認められた。

四、「五位」の体系の上で、世親が『倶舎論』撰述に際し唯識から導入したとされる点に、次の二つがある。(1)『法蘊足論』「雑事品」中の染汚法(七随眠以外)を「随煩悩」と規定することは、成立史的にみれば、すでに『瑜伽師地論』に認められること、(2)「不定」法を四つに特定することも『瑜伽師地論』『顕揚聖教論』に認められることである。では(1)(2)ともに世親がそれらの見解を唯識から『倶舎論』に導入したのであろうか。

まず(2)の尋・伺・悪作・睡眠の四法を一群とする「不定」法の場合、『瑜伽師地論』『顕揚聖教論』と同様の着想が

『倶舎論』以前の『大毘婆沙論』に看取されることである。

もし『倶舎論』の法体系の上に唯識の影響をみようとするならば、世親は「不定」法という補遺よりも、むしろ染汚法の根幹というべき貪・瞋・慢・疑を唯識同様、法体系にはっきり位置づけるほうが先決であったのではないか。貪・瞋・慢・疑に関し、世親は省略してしまい全く無関心であったことは確かである。

してみると世親は『倶舎論』の心所法の場合、唯識側の見解を採用することなく、それぞれの伝統にそのまま従った（細部に異同のあることは前述のとおり）と解してよいであろう。⑴の「雑事品」全体を「随煩悩」と捉えることも世親がそれを「随煩悩」と判断することは、『瑜伽師地論』の影響をみなくとも十分可能と思われる。

註

（1）『大乗百法明門論解』、大正蔵四四、四七頁上。
（2）本書第一章「二、「五位」における「心」法」参照。
（3）池田練太郎「『大乗百法明門論』の諸問題」（『印度学仏教学研究』第二九巻、第一号、昭和五十五年、六六―七一頁）参照。
（4）『顕揚聖教論』、大正蔵三一、四八一頁上。
（5）『阿毘達磨集論』、大正蔵同、六六四頁上。V.V. Gokhake, Fragments from the Abhidharmasamuccaya of Asaṃga. *JBBRAS*. 23. 1947. p. 16. *ll*. 9-12. 『集論』を中心に有部と唯識との心所法を対比したものに吉元信行氏の研究がある。同『アビダルマ思想』、法藏館、昭和五十七年、二〇一―二〇七頁。同「心理的諸概念の大乗アビダルマ的分析」（『仏教学セミナー』第三九号、昭和五十九年、中村瑞隆古稀記念『仏教学論集』、昭和六十年）。
（6）『唯識三十頌』、大正蔵三一、六〇頁中。Triṃśikā, ed. S. Lévi. p. 26.
（7）『大乗五蘊論』、大正蔵三一、八四八頁下。*Peking*. vol. 113. 13-5-6～7.
（8）『成唯識論』、大正蔵三一、三〇頁上。
（9）*Abhidh-k-bh*, p. 55. *ll*. 4-5.
（10）*ibid*, p. 55. *ll*. 23-24.

(11) *ibid*, p. 56. *l*. 26.
(12) *Sn*. 17.
(13) *Th*. 74.
(14) 『発智論』、大正蔵二六、九二九頁下。
(15) 『大毘婆沙論』、大正蔵二七、一八〇頁上。
(16) S. Dietz, *Fragmente des Dharmaskandha*, Göttingen. 1984. S. 25. 13～16. 『法蘊足論』、大正蔵二六、五〇六頁上。
(17) 『雑阿含経』、大正蔵二、一九八頁中。*SN*. *V*. p. 1.
(18) 『大毘婆沙論』、大正蔵二七、二五一頁中。
(19) 『瑜伽師地論』、大正蔵三〇、六二二頁中。
(20) N. Tatia, *Abhidharmasamuccaya-bhāṣyam*. Patna. 1976. p. 57. *ll*. 1-2. 『阿毘達磨雑集論』、大正蔵三一、七二三頁上。
(21) V. Bhattacharya, *The Yogācārabhūmi*. Calcutta. 1957. p. 169. *l*. 2. 大正蔵三一、三一四頁下。
(22) 『品類足論』、大正蔵二六、六九三頁下。*Abhidh-k-bh*, p. 312. *ll*. 4-5. 『倶舎論』、大正蔵二九、一〇九頁中。
(23) U. Wogihara, *Bodhis-bh*, p. 14. *l*. 24f. 『瑜伽師地論』、大正蔵三〇、四八一頁上。
(24) 『瑜伽師地論』、大正蔵同、六〇四頁上。
(25) 『瑜伽師地論』、大正蔵同、六二二頁下。七七〇頁下、八〇二頁中。*Peking*. vol. 110. p. 281-1-3. vol. 111, p. 241-1-6～7. p. 153-1-6–7. 「雑事」の概念が三箇所に認められることについては広沢隆之氏の御教示による。
(26) *Abhidh-k-bh*, p. 312. *l*. 9.
(27) 『瑜伽師地論』、大正蔵三〇、二八〇頁中。
(28) 『法蘊足論』、大正蔵二六、五〇〇頁下。
(29) 『瑜伽師地論』、大正蔵三〇、六〇四頁上。六二二頁下。*Peking*. vol. 110. 117-2-3.
(30) N. Tatia, *op. cit*. p. 57. *ll*. 2-4.
(31) 『成唯識論』、大正蔵三一、二二頁下—二三頁中。
(32) 『瑜伽師地論』、大正蔵三〇、二九一頁上。水野弘元『パーリ仏教を中心とした仏教の心識論』、山喜房佛書林、昭和三十九年、三一八頁以降参照。
(33) 『大毘婆沙論』、大正蔵二七、二四九頁中。
(34) 『発智論』、大正蔵二六、九二五頁中。
(35) 『法蘊足論』、大正蔵同、四九七頁上中。本書第四章「二、『法蘊足論』と『ラトナーヴァリー』」参照。
(36) 『瑜伽師地論』、大正蔵三〇、六〇四頁上。
(37) 本書第二章「六、不定法」参照。
(38) 『界身足論』、大正蔵二六、六一四頁中。
(39) 『大毘婆沙論』、大正蔵二七、二六三頁上中。*Abhidh-k-bh*, p. 202. *ll*. 10-12. 『倶舎論』、大正蔵二九、七一頁上。

第四章　『倶舎論』以前の煩悩論

一、原始仏教・アビダルマにあらわれたカーマ（欲望）

一　ダルマ・アルタ・カーマ

ヒンドゥー教では人生に三大目的（trivarga）があるという。すなわちダルマ（dharma 法）、アルタ（artha 財産）、カーマ（kāma 欲望、愛）である。これにモークシャ（mokṣa 解脱）を加えて四大目的とする場合もある。[1] ダルマは正しい行為、社会的な規範、アルタは財産、利得、カーマは欲望、男女の愛をいう。

たとえばヒンドゥー教のバラモンがたどる人生の諸段階に学生期、家長期、林住期、遍歴期があり、このうち一家を成し家の後継者（息子）をつくる時期が家長期で、夫婦の「愛、享楽」をカーマに当てている。ヒンドゥー教では神々すら妻（神妃）がいる。梵天には神妃サーヴィトリー、ヴィシュヌ神には複数の妃、シヴァ神にはパールヴァティーという具合である。[2] あるいは男性のシンボルつまりリンガ（linga）を神格化して崇拝する。

こうした欲望肯定のありかたは『カーマスートラ』（Kāmasūtra）に示されるだけでなく、『マヌ法典』にも次のように認められる。

［人間が］欲望（カーマ）を本質としていることは褒められない。しかしこの世において、欲望がない状態という

のはありえない。実に、ヴェーダの学習も、ヴェーダに規定される行為の実行も欲望によって生じる。（二・二）欲望のない者の行為などこの世のどこを探しても認められない。なにをしようともそれはすべて欲望のなせることである。(3)（二・四）

世の宗教のうちでも、ヒンドゥー教の場合はカーマを肯定したり、否定したりするきわめて珍しい形態をとる。(4)ヒンドゥー教徒に最も広まった聖典『バガヴァッド・ギーター』（紀元後一世紀ごろ）には、否定すべきカーマが次のように示される。人は何に突き動かされて悪をなすのかについて、

アルジュナはたずねた。

「それでは、クリシュナ。人間は何に命じられて悪を行なうのか。望みもしないのに。まるで力ずくで駆り立てられたように。（三六）」

聖バガヴァットは告げた。――

それは欲望《カーマ》である。それは怒りである。激質《ラジャス》という要素《グナ》から生じたものである。それは大食で非常に邪悪である。この世で、それが敵であると知れ。（三七）

火が煙に覆われ、鏡が汚れに覆われ、胎児が羊膜に覆われるように、この世はそれ（欲望、怒り）に覆われている。（三八）

知識ある者の知識は、この永遠の敵に覆われている。アルジュナよ、欲望という満たし難い火によって。(5)（三九）

とあり、それは「カーマ」と「怒り」（krodha）によるという。この二つを絶ち切ることによって涅槃に近づくという。

カーマと怒りを離れ、心を制御し、自己《アートマン》を知った修行者たちにとって、ブラフマンにおける涅槃は近くにある。(6)

（一六）

「カーマ」「怒り」に「貪欲」を加えた三つは地獄の門であるという。

カーマ、怒り、貪欲。これは自己を破滅させる三種の地獄の門である。それ故、この三つを捨てるべきである。(7)

（二一）

「カーマ」の根源には「執着」があるともいう。

人が感官の対象を思う時、それらに対する執着が彼に生ずる。執着からカーマが生じ、カーマから怒りが生ずる。

（六二）

怒りから迷妄が生じ、迷妄から記憶の混乱が生ずる。記憶の混乱から知性の喪失が生じ、知性の喪失から人は破滅する。(8)（六三）

ここでは「執着」（saṅga）→「カーマ」→「怒り」（krodha）→「愚癡」（saṃmoha）という連鎖で示される。仏教では「愚癡」もしくは「渇愛」という最も断ち難い煩悩から種々の煩悩が生じ、それ以前にいかなる「執着」「カーマ」「怒り」のようなものを想定しないことと対比すれば興味深いものがある。

『バガヴァッドギーター』を翻訳した上村勝彦氏によれば、『ギーター』でカーマを否定するのは「禁欲的な」(9)立場から説かれたためとされる。カーマを肯定する思想の淵源はすでにウパニシャッドに認められる。『ブリハッド・アーラニヤカ・ウパニシャッド』には、

いま「人びとはつぎのように」いう。「人間（またはプルシャ）はただ欲望（カーマ）からなるものである」、と。かれは欲求するように意向するものとなり、意向するとおりに行為をおこない、行為をおこなうと、それ（行為に応じた結果）となるのである。（4・4・5・C）

……以上は欲望をいだいている者である。つぎに欲望をいだいていない者である。欲望をいだかず、欲望なく、アートマンを欲望として、欲望が達成した人からは気息は出ていかない。〔それらは(気息は)〕その同じところに合一するのである。〔かれは〕ほかならぬブラフマンでありながら、ブラフマンと合一するのである。(4・4・6)[10]

とある。ここでは人間に二通りの型のあることを示す。また『チャーンドーギヤ・ウパニシャッド』に、

このアートマンを知り、これを認識する人は、一切の世界、一切の欲望(カーマ)を獲得する。(8・7・1)[11]

とあるのは、真実の自己にめざめれば一切のカーマを獲得するというものである。『マヌ法典』にある「この世において、欲望(カーマ)がない状態というのはありえない」という現実認識の背景には、こうしたウパニシャッドの考え方が反映したのであろう。このような肯定面のカーマが、そのまま三大目的の一つとしてのカーマとなったと考えられる。

原実氏によれば、『マハーバーラタ』には結婚という大前提、つまりカーマの遂行を無視して遁世したバラモンは「無責任な脱落者」[12]という記述のあることが紹介されている。

二　原始経典類におけるカーマ

仏教では、「カーマ」は悟りの障害になることから、むろん否定される。それゆえ否定すべきカーマの概念を仏典の上にいくら求めても無意味と人は思うかもしれない。しかし多様な煩悩概念の一つとしてカーマがあり、それが原始経典、アビダルマ論書の上にどのように位置づけられたかは、とりわけアビダルマの煩悩論をみる上で一つの手が

かりとなると思われる。デンマークのフィシャー氏[13]は、パーリ仏典の上に「涅槃」(nibbāna)の語よりもカーマの語のほうが断然多いことに驚嘆している。そうした意味では『倶舎論』でも「涅槃」「解脱」の用例よりカーマのほうがはるかに多い。用例の多さは、悟りに至る上でカーマがいかに障害となるものかを物語る一つのあかしでもある。

まず原始経典の場合である。

最も古いとされる『法句経』には、煩悩を直接扱う章として、第十七「怒り」(kodha)、第二十四「渇愛」(taṅhā)の二つがある。カーマに関する一章はないけれども、カーマにふれないわけではない。その主なものをあげれば、

一八六　たとえ貨幣の雨を降らすとも、カーマの満足されることはない。「カーマの味は短くて苦痛である」と知るのが賢者である。

三八三　バラモンよ。流れを断て。勇敢であれ。諸のカーマを去れ。諸の現象の消滅を知って、作られざるもの(=ニルヴァーナ)を知る者であれ。

四一五　この世のカーマを断ち切り、出家して遍歴し、カーマの生活の尽きた人、――かれをわれは〈バラモン〉と呼ぶ[14]。

と、いずれもカーマを避けよとされる。さらに次のように説くこともある。

二一三　愛情(pema)から憂いが生じ、愛情から恐れが生ずる。愛情を離れたならば憂いが存在しない。どうして恐れることがあろうか?

二一四　快楽(rati)から憂いが生じ、快楽から恐れが生じる。快楽を離れたならば憂いが存在しない。どうして恐れることがあろうか?

二一五　カーマから憂いが生じ、カーマから恐れが生じる。カーマを離れたならば、憂いは存しない。どうして恐れることがあろうか。

二一六　妄執から憂いが生じ、妄執から恐れが生じる。妄執を離れたならば、憂いは存しない。どうして恐れることがあろうか。(15)

ここでは「愛情」(pema)、「快楽」(rati)、「カーマ」、「妄執」(taṇhā)の四つが並列して示される。ついで『ウダーナバルガ』の場合、第二章が「カーマ」、第三章が「渇愛」、第二十章が「怒り」に当てられる。むろんそれ以外にもカーマにふれる詩は頻出するが、とりわけカーマの語を煩悩の総称としたものに、

二九―一七　森は楽しい。世の人々はここで楽しまないが、情欲のない人々はここで楽しむであろう。かれらはカーマを求めないからである。

二九―三七　カーマにひとしい激流は存在しない。(不利な骰の目を投げたとしても)怒りにひとしい不運は存在しない。迷妄にひとしい網は存在しない。妄執にひとしい河は存在しない。

三〇―一九　世にあって、情欲を離れ、諸のカーマを超えているのは、楽しい。「おれがいるのだ」という慢心をおさえよ。これこそ最上の安楽である。(16)

がある。主要煩悩を列挙することも第三十二章に次のようにある。

六八　大きな激流が極めて弱い葦の堤を壊《こわ》すように、情欲(rāga)をすっかり断ち切ってしまった修行僧は、こなたの岸を捨て去る。蛇が脱皮して旧い皮を捨て去るようなものである。

六九　大きな激流が極めて弱い葦の堤を壊《こわ》すように、憎しみ(dveṣa)をすっかり断ち切ってしまった修行僧は、こなたの岸を捨て去る。蛇が脱皮して旧い皮を捨て去るようなものである。

七〇　大きな激流が極めて弱い葦の堤を壊《こわ》すように、迷妄(moha)をすっかり断ち切ってしまった修行僧は、こなたの岸を捨て去る。蛇が脱皮して旧い皮を捨て去るようなものである。

七一　大きな激流が極めて弱い葦の堤を壊《こわ》すように、慢心(māna)をすっかり断ち切ってしまった修行僧は、こなたの岸を捨て去る。蛇が脱皮して旧い皮を捨て去るようなものである。

七二　大きな激流が極めて弱い葦の堤を壊《こわ》すように、貪ぼり(lobha)をすっかり断ち切ってしまった修行僧は、こなたの岸を捨て去る。蛇が脱皮して旧い皮を捨て去るようなものである。

七三　大きな激流が極めて弱い葦の堤を壊《こわ》すように、愛執(tṛṣṇā)をすっかり断ち切ってしまった修行僧は、こなたの岸を捨て去る。蛇が脱皮して旧い皮を捨て去るようなものである。

七四　疾はやく勢よく奔はしり流れる妄執(tṛṣṇā)の水流を涸渇させて、妄執をすっかり断ち切ってしまった修行僧は、こなたの岸を捨て去る。蛇が脱皮して旧い皮を捨て去るようなものである。

七五　諸の欲望(kāma)の対象をすべて捨てて、欲望に関する絆《きずな》をすべて断ち切って、修行僧は、こなたの岸を捨て去る。蛇が脱皮して旧い皮を捨て去るようなものである。[17]

ここでは「カーマ」が「貪欲」(rāga)、「憎しみ」(dveṣa)、「迷妄」(moha)、「慢」(māna)、「貪ぼり」(lobha)、「愛執」(tṛṣṇā)とともに同列に扱われる。ちなみに先の『法句経』の二一三ないし二一六詩と比較してみると、「愛情」(pema)、「快楽」(rati)の二つがない。

さらに『スッタニパータ』ではカーマは第四章に一節として組み込まれたり、あるいは七つの敵(軍隊)の一つとして次のようにあげる場合もある。

四三六　汝の第一の軍隊は欲望(カーマ)であり、第二の軍隊は嫌悪であり、第三の軍隊は飢渇であり、第四の軍隊は妄執といわれる。
四三七　汝の第五の軍隊はものうさ、睡眠であり、第六の軍隊は恐怖といわれる。汝の第七の軍隊は疑惑であり、汝の第八軍隊はみせかけと強情と、
四三八　誤って得られた利得と名声と尊敬と名誉と、また自己をほめたたえて他人を軽蔑することである。[18]
ついで『テーリーガーター』をみると、
四五一　愚者どもが迷うもろもろのカーマは、苦《にが》くて、蛇の毒にも譬えられます。かれらは、地獄に落ちるように定まっていて、長いあいだ、苦しみ、害《そこ》なわれます。
四八五　そのとき、もろもろのカーマを求めず、迷妄を離れたスメーダーは、かれに向って、こう言った、――もろもろのカーマを喜んではいけません。もろもろのカーマにはわざわいのあることを見なさい。
四八六　四洲（全大陸）の王マンダータルは、カーマに耽溺することを極めた人でしたが、ついに満足することなく死にました。かれの欲求はかなえられませんでした。
四八七　たとい雨を降らす神が、七つの宝をあまねく十方に降らそうとも、もろもろのカーマは満足されることがありません。人々は、満足することなしに、死にます。
四八八　もろもろのカーマは、剣や槍に譬えられます。もろもろの欲望は、蛇の頭に譬えられます。それは、炬《たい》火《まつ》のように焼きつくします。それは骸骨に似たもので、〔無残に打ち砕かれます〕。
四八九　もろもろのカーマは無常にして、はかなく、苦しみ多く、毒も大きいのです。灼熱した鉄丸のようなものです。罪の根本であり、報いとして苦悩を生じます。
四九〇　もろもろのカーマは、樹の果実のごとく、肉塊のごとく、苦しみをもたらすものです。もろもろのカー

マは、夢のごとくに人を欺くものであり、借り物のようなものです。
四九一　もろもろのカーマは、刀や槍のごとく、疾病であり、腫瘍であり、罪深き破滅者であります。炭火をおさめる穴のように、邪悪の根本であり、殺害であります。
四九二　このように、もろもろのカーマは、多くの苦しみをもたらし、障害をなすものだと、説かれました。立ち去ってください。わたし自身は、この生存にたいしてなんの信頼もしていないのです。[19]

と、カーマに起因する苦しみが列挙される。仏典でも古いといわれる『相応部』「有偈篇」には、

・「人間のあいだにある諸々のカーマで常住なるものは存在しない。この世には諸々の美麗なるものが存在し、ひとはそれに束縛されている。それらに耽って怠けている人は、死の領域から脱して〈もはや輪廻の範囲に戻ってくることのない境地〉に来ることがない」と。

・「勇敢に流れを断て。諸々の欲望(カーマ)を去れ。バラモンよ。諸々の欲望(カーマ)を捨てなければ、聖者は(瞑想における)合一に達することができない。[20]

とあり、カーマの本源まで追求したくだりも次のようにある。

世間における種々の美麗なるものが欲望の対象なのではない。〔むしろ〕カーマは人間の思いと欲情である。世間における種々の美麗なるものは、そのままいつも存続している。しかし気をつけて思慮する人々は、それらに対する欲望(chanda)を制してみちびくのである。[21]

ここではカーマを起こす原因として、人間の「思い」(saṅkappa)と「貪欲」(rāga)をあげる(注釈(『サーラッタパッカーシニー』[22])では「思いにもとづく貪欲」とある)。
ところで人が欲望を起こす時の外界の対象のことをカーマから造語したカーマグナ(kāmaguṇa)とする場合が多い。

これも『ウダーナバルガ』に、

三一　汝はつとめておれ。なおざりになるな。――欲情の対象が汝の心を乱さないように。なおざりのゆえに鉄丸を呑むな。地獄では(灼熱した鉄丸で)焼かれるときに泣き叫ぶが[23]――。

とあり、『スッタニパータ』にも、

五〇　実にカーマは色とりどりで甘美であり、心に楽しく、種々のかたちで、心を撹乱《かくらん》する。欲望の対象には この患《うれ》いのあることを見て、犀の角のようにただ独り歩め。

一七一　世間には五種の欲望の対象があり、意(の対象)が第六であると説き示されている。それらに対する貪欲を離れたならば、すなわち苦しみから解き放たれる[24]。

とある。五欲の対象を個別に区分けして次のようにいう場合もある。

二　その時パセーナディ王を上首とする五人の王は、五欲を満たし、すっかり楽しみ、五欲の対象に取り巻かれていたが、かれらのあいだで、次のことを論議した、――諸々の欲楽のうちで最上のものは、何だろう、と。

三　そこで、或る人々は次のように言った、――「諸々のカーマのうちでは、〔眼に見える〕色かたちが最上である」と。或る人々はこのように言った、――「諸々のカーマのうちでは、〔妙なる〕音声が最上である」と。或る人々はこのように言った、――「諸々のカーマのうちでは、芳香が最上のものである」と。或る人々はこのように言った、――「諸々のカーマのうちでは、美味が最上である」と。或る人々はこのように言った、――「諸々のカーマのうちでは、触れられるものが最上である」と。そのとき、それらの諸王は互いに他人を説得することができなかった[25]。

欲望、享楽、愛を「カーマ」で示すことは仏伝文学の上にも認められる。釈尊の母マーヤー夫人が懐胎、出産したのちの夫(スッドーダナ)との享楽生活は相応しくないことを『マハーヴァストゥ』では次のようにいう。

なぜそういわれるのか。私のような無双の者を身ごもっているのに、その後、享楽(kāma)に耽るのはふさわしくない。[26]

仏伝文学の『ニダーナカター』によると、太子時代のシッダールタが宮廷で後宮の女性たちと過ごした日々も「カーマ」の生活である。

ある者はよだれをたらして身体を唾液でぬらし、ある者は歯ぎしりをし、ある者はいびきをかき、ある者は寝言を言い、ある者は口を開け、ある者は着物をはだけていやらしい陰部を露わにしていた。かれはかの女たちのその変わった姿を見て、ますます欲情(カーマ)がなくなってしまった。[27]

もっとも欲望(カーマ)の生活が太子自身の所望によるものでなく、父王からの強い勧めであることは『仏本行集経』に次のようにある。

太子、復、家を捨てて出家する莫らんや。我今、太子の為に、更に五欲の事を加へて、太子を増長し、五欲に著して、捨てて出家せざらしむべしと。時に浄飯王、即ち太子に五欲の具を益して、復、倍増長す。而して偈有りて説かく、

太子久しく宮闇の中に任《とど》まり、出でて園に向ひて五欲を受けんと欲し
路に一瘦羸《るい》の病者を見て　便ち慾を厭離せんとの想ひを生じて廻《かえ》り
端坐して老患の因を思惟す　「我今未だ超えず何ぞ楽を得ん」と
色、声、香、味等、諸触は　最妙最勝なり厭ふべからず
大士昔に行ぜる善業の縁もて　今極楽を受くること比《たぐひ》有るなし

是の如き次第にて、太子、宮内に在るの時、具足して五慾の功徳を受け、昼夜絶ゆる無し。(28)

世俗人のうちであらゆる欲望を極め得る立場にあるのが王であることは、『テーリーガーター』に次のようにある。

四六四　王権のうちには、命令権、財宝、権勢、楽しい快楽(bhoga)があります。そなた(王女)は、まだ若い。カーマを享受しなさい。そなたは結婚なさい。わが子よ。(29)

これは一人の王女が釈尊の教えを知り、出家を決意したことに対して、両親が思い止まらせようとした内容である。あるいは『長部』経典には、王と釈尊とを対比して、

彼、この相を具足して、もし在家に止まれば転輪聖王となって…略…。王となって何を得るのか。カーマを享受する者の最もすぐれ、上首で、最上で、第一人者となる。王であることはこれを得る…略…。ブッダとなって何を得るのか。すべての衆生の中で最もすぐれ、上首で、最上で、第一人者となる。ブッダとなってはこれを得る。(30)

とある。同様のくだりは同じ『長部』経典に、

彼、この相を具足して、もし在家に止まれば転輪聖王となって…略…。王となって何を得るのか。富裕者である。大富、多財があり、多くの金銀、多くの財物、多くの金銭、穀物があり、豊富で蔵に充ちている。王となってはこれを得る…略…。ブッダとなって何を得るのか。富裕者である。大富、多財がある。彼の富財とはすなわち信財、戒財、慚財、愧財、聞財、施財、智慧財である。ブッダとなってこれを得る。(31)

とある。これはカーマ、財産を否定する者としてブッダを示すものである。総じて王たるものは五欲にまみれ、あげくの果ては地獄に落ちることも『過去現在因果経』『方広大荘厳経』といった仏伝文学に描かれる。

古昔の諸王も、及び今現在のも、皆悉く五欲の楽を受けて、然る後に出家す。太子云何ぞ永絶して顧みざる。又、人の世に生るゝ、宜しく人行に順ふべし。国を棄てゝ、道を学するものあることなし。唯願はくは、太子、五欲

を受けて、子息あらしめ、王嗣を絶たざれ。爾の時、太子、之に答へて言く、誠に所説の如し。但、我、国を捐つるを以ての故に、爾るにあらず。亦復、五欲に楽なしと言はず。老病生死の苦を畏る丶を以ての故に、五欲に於て、敢て愛著せざるなり。汝が向に言る所、「古昔の諸王は、先づ五欲を経て、然る後に出家す」と。此の諸王等、今、何許にか在る。是の如き輪転の苦あるを以ての故に、或は地獄に在り、或は餓鬼に在り、或は畜生に在り、或は人・天に在り。是の如き輪転の苦あるを以ての故に、是を以て、我、老病の苦、生死の法を離れんと欲するのみ。(32)

これは太子が出家を思い止まらされたのに対し、太子自身が往古の王は五欲のために死後、苦しみを蒙むると喝破したものである。次のくだりも太子自身が「五欲」により悪趣に赴くことを示したもの。

五欲に無辺の過あり。能く地獄・餓鬼及び畜生に堕せ令む。智者は当に之を遠ざけて、棄捨すること涕唾の如くすべし。

若し五欲に著すれば、即ち解脱の楽を失ふ。誰か智慧有る士にして、大苦の因を求めんや。

我れ五欲を受くと雖も、而も貪著を生ぜず。寂滅の楽を求めんが為に、是の故に今出家せり。(33)

もっとも、通常の王のありかたを捨て、真実の姿にめざめた一人の王（パセーナディ）の話が『相応部』経典「有偈篇」にみられる。

傍らに坐したコーサラ国王パセーナディは、尊師に次のように言った、――

「尊いお方さま。わたくしがここに独り隠れて坐して沈思していたときに、このような心の思考が起こりました。――『世の中では、種々莫大な富を得ても、酔わず、なまけず、カーマに耽らず、生ける者どもに対して過ったことをしない人々は、少ない。ところが世の中では、莫大な富を得て、酔い、なまけ、カーマに耽り、生ける者どもに対して過ったことをする人々は、さらに多い』」と。(34)

すなわち王たる者、この世で富を得れば、欲に耽るのが常であるのに対し、これは一人の王がこの世の実相を知ったことを告白したものである。

このようにみると、太子（シッダールタ）が約束された王位を継承することなく出家した理由も、王権にまつわる「欲望」、「欲望」に起因する「輪廻」「苦」という問題があったといえよう。ブッダの立場、仏教哲学からみれば王は所詮、欲あるいは煩悩の権化とされる。この点は『出曜経』に、

王を論ずる所以は其の憍慢を現はす。

王とは我慢なり。[35]

とあったり、『八犍度論』では王を定義して「煩悩に染った心」（「有漏の心意識」[36]）、『発智論』でも「有取識」[37]とあることからも知られよう。

もっとも人間界ばかりでなく、天界も「カーマ」の世界である。『ウダーナバルガ』には次のようにある。

四五　人間の欲望（カーマ）を捨て、天界の欲望（カーマ）を越え、すべて世間の絆をはなれた人、――かれをわれは〈バラモン〉と呼ぶ。[38]

あるいは『相応部』「有偈篇」にも、

尊師は、次のことを説いた、「修行僧らよ。昔、三十三天に属する或る神が、歓喜園において、天女の群れに囲まれ、天の五欲をさずけられ、具えて、給せられていたが、そのとき、この詩句をとなえた。

『誉れ高き三十人の神々なる人々の住居である〈歓喜の園〉を見ない人々は、〔真の〕楽しみを知らない』と。[39]

とあり、天は五欲を享受するところという。あるいはパーリ律にも、

そなたはこの世より死んで、身体破壊して、死後、よき境涯天界に生まれ、そこにおいて天の五欲の対象を具足

し楽しむべきである、と。(40)

とある。『相応部』「有偈篇」には欲のとりことなった天(神々)として、

四 〔悪魔いわく、——〕

「三十三神と、ヤーマ天の神々と、トゥシタ(兜率)天の神々と、化楽天の神々と、〔他化〕自在天の神々、——〔かつて以前のあなたが住んだ〕そのところに、〔生まれようと願って〕心を専念なさい。〔そこへ生まれたならば〕あなたは快楽(rati)の喜びを享受するでしょう。」

五 〔尼いわく、——〕

「三十三神(忉利天)と、ヤーマ天の神々と、トゥシタ(兜率)天の神々と、化楽天の神々と、〔他化〕自在天の神々、——かれらはカーマの絆《きずな》に縛られて、もとどおり悪魔に支配されます。(41)」

と、三十三天、夜摩天、トゥシタ天、他化自在天(「六欲天」は「欲」に由来する)をあげる。これらの神々はその階層では下位に位置づけられた。

『大毘婆沙論』には人間界にあるものの天界に欠如するものとして、

契経に説く、人に三事の諸天に勝ること有り。一、勇猛、二、憶念、三、梵行なり。(42)

という。総じて俗世をカーマの世界と捉えることは、戒律書にもはっきり認められる。俗世に生きる在家人は結局欲望そのものの世界にあるという。

もろもろのカーマを享受する在家者のごとくである。(43)

これは出家であっても欲を断てない者の比喩としてしばしば言及される。『摩訶僧祇律』には、出家にとっての欲(婬欲)に関し、

耶舎よ、汝常に聞かずや、我れ無数に方便して婬欲を訶責せしを、「欲は迷酔たり、欲は大火の如くにして人の善根を焼く、欲は大患たり」と。我れ常に種々に方便して、欲を離れ、欲を断じ、欲を度せんことを称歎せるに、汝今、云何是の不善を作《な》せしや。[44]

と、説かれることがある。この「欲」がカーマを指すことは対応する原本（『比丘尼律』[45]）から知られる。

これらが原始経典、仏伝文学などにみられるカーマの主な用例である。

三　アビダルマにおけるカーマの位置づけ

三界説は有情の生存領域を分類したもので、この分類は原始経典の後期ごろに成立したとされる。[46]ところでバラモン教でいう三界は「天」「空」「地」を意味したり、[47]あるいはシヴァ神が「三界の主師」と呼ばれる場合の三界は、「天界」「地界」「下界」であるという。[48]これらはいずれも物理的分類である。これに対し、仏教の三界は「欲」（カーマ）の有無、物質の有無をその基準とした。したがって欲界は欲望のままに生きる世界、色界はなお少しだけ欲のある世界、無色界はもはや欲のない純粋に精神だけの世界をいう。こうした三界説を五道に配当することも、すでに『長阿含経』「世記経」にはっきり認めることができる。

仏、比丘に告げたまはく。欲界の衆生に十二種あり。何等を十二となす。一は地獄、二は畜生、三は餓鬼、四は人、五は阿須倫、六は四天王、七は忉利天、八は焰摩天、九は兜率天、十は化自在天、十一は他化自在天、十二は魔天なる。

色界の衆生に二十二種あり。一は梵身天、二は梵輔天、三は梵衆天、四は大梵天、五は光天、六は小光天、七は無量光天、八は光音天、九は浄天、十は小浄天、十一は無量浄天、十二は遍浄天、十三は厳飾天、十四は小厳飾天、十五は無量厳飾天、十六は厳飾果実天、十七は無想天、十八は無造天、十九は無熱天、二十は善見天、二十一は大善見天、二十二は阿迦尼吒天なり。無色界の衆生に四種あり。(略)(49)

『大毘婆沙論』には欲界のありさまが次のように詳しく定義される。

○欲界は是れ不定界にして、修地に非ず、離染地に非ざるを以ての故に、……色・無色界は是れ修地・是れ離染地なるが故に。

○欲界は断じ難く、破し難く、越度すべきこと難きが故に、……色・無色界は断じ易く、破し易く、越度すべきこと易きが故に。

○欲界は過患増盛し、過患堅固、過患衆多なるを以ての故に……。

○欲界の煩悩は、猶、瀑流の如く、越度すべきこと難きを以ての故に……。

○欲界は是れ嶮難界にして、煩悩増重し、作業増重なること、猶、重きを担いて越度すべきこと難きが如くなるを以ての故に……。

○欲界は是れ雑穢界なること、猶、淤泥の諸糞穢を雑え、出離す可きこと難きが如くなるを以ての故に……。

○欲界には、男身女身ありて、越度す可きこと難きを以ての故に……。

○欲界には、男根女根ありて越度す可きこと難きを以ての故に……。

○欲界には不善と無記との二種の煩悩ありて、越度す可きこと難きを以ての故に……。

○欲界には苦根・憂根・無慚・無愧・嫉・慳・段食及び婬欲・愛・五蓋・五欲・諸悪趣等の種々の過患ありて、出離す可きこと難きが故に……。

○欲界には、具に十八界、十二処等の多くの有漏法ありて、出離す可きこと難きが故に……。[50]

こうした三界説はアビダルマになると煩悩の分析にも盛んに採用される。この三界説はとくに「欲」を冠する煩悩概念に対して次のように適用される。

1　欲貪と有貪

七随眠(欲貪、有貪、瞋、慢、無明、見、疑)中の欲貪、有貪について『倶舎論』に次のようにある。経において貪の区別がされ、欲貪と有貪である。何が有貪であるか?　有貪というのは二つの界に生ずる。色、無色界に生ずる貪が有貪とされる。なぜこのようにいわれるのか?　内面に向かってはたらくがゆえに、解脱の想いを遮するためにである。主に、色・無色界の三昧に至りたいという貪がある、内面に向かって転ぜられることから有貪という。なぜ説かれたかといえば、伝説によると二つの界(色・無色)の解脱の想いを捨てるべく一類の人びとが説いたのである。しかし自体がすなわち有(bhava)である。上二界の衆生は有所依である三昧を味わいながら、自体そのものを味わうのである。[51]

欲(界)を離れた貪であるから、この貪は有貪と呼ばれる。原始経典における欲貪は「欲に対するむさぼり」、有貪は「存在に対するむさぼり」と解されていた。それがこのように欲貪は欲界の貪、有貪は上二界に存在する貪と解されたのである。[52]

2　欲漏、欲軛、欲取

「欲」を冠するこれら三つの概念も「欲」の語を「欲界」と転釈することが認められる。欲漏(三漏の一)、欲軛(四

軛の一)、欲取(四取の一)の場合がそうである。この点は、たとえば『倶舎論』の欲漏の概念規定に、
その中において、欲におけるもろもろの纒を持つ煩悩が欲漏といわれる、癡を除いて。無明を除くほかの欲界の煩悩と纒とともに欲漏と知るべきである。四十一の自性がある。(53)

とあることから知られる。もっとも欲軛と欲界の結合は、次のように『集異門足論』ではまだ導入されていない。

云何が欲軛なる。答ふ、世尊の説くが如し。苾芻、当に知るべし、諸の愚夫、無聞の異生有り。欲の集・没・味・患・出離に於て、如実に知らず。彼れは欲の集・没・味・患・出離に於て如実に知らざるが故に、諸の欲の中に於ける、所有の欲・貪・欲欲・欲親・欲愛・欲悶・欲耽・欲嗜・欲憙・欲蔵・欲隋・欲著が心を纒圧す。是れを欲軛と名くと。

云何が、有軛なる。答ふ、世尊の説くが如し。苾芻、当に知るべし、諸の愚夫、無聞の異生有り。有の集・没・味・患・出離に於て、如実に知らず。彼れは有の集・没・味・患・出離に於て、如実に知らざるが故に、諸の有の中に於ける所有の有貪・有欲・有親・有愛・有楽・有悶・有耽・有嗜・有憙・有蔵・有随・有著が心を纒圧す。是れを有軛と名くと。(54)

これは原始経典でいう次の欲軛、有軛の解釈と対応する。

比丘たちよ、欲軛とは何か。比丘たちよ、世に一類の者がいる、欲の集、没、味、過患、出離をそのごとくに知らず、彼は欲の集、没、味、過患、出離をそのごとくに知らないことから、もろもろの欲において欲貪、欲喜、欲親、欲悶、欲渇、欲悩、欲著、欲愛あって生起する、比丘たちよ、これを欲軛という。以上は欲軛である。また有軛とは何か。

比丘たちよ、世に一類の者がいる。有の集……出離をそのごとくに知らず、彼は有の集……出離をそのごとくに

知らないことからもろもろの有において有貪、有喜、有親、有悶、有渇、有悩、有著、有愛あって生起する、比丘たちよ、これを有軛という。(55)

この定義は残りの見軛、無漏軛の場合でも、同様に、「集・没・味・過患・出離」を理解しないこととあるから、いずれも三界説が導入されたものではない。欲軛に関する経文そのものは、『俱舎論』にも引用される。

しかるに経に尊師が説かれた、欲軛とは何か。広説すればこれはもろもろの欲における欲の貪、欲の欲、欲の親、欲の愛、欲の楽、欲の悶、欲の耽、欲の嗜、欲の喜、欲の蔵、欲の著、そういうものが他の心を押しのけた状態である、と。(56)

ところでカーマをみる上で、この引用文にみられるような「欲喜」ないし「欲愛」(有部の煩悩群のいずれにもない)という煩悩がある。『俱舎論』が引用する経文に対応するものは『増支部』経典に認められる。見軛の注釈にも「見貪・見喜・見親・見悶・見渇・見悩・見著・見愛」とある。いずれも「欲」、「有」(これは「有軛」)、「見」に対する貪ぼり、喜び、親しみなどをいい、三界説にもとづく解釈ではない。してみると『集異門足論』の段階ではいまだ「欲」の語をすべて「欲界」と改変したわけではないことになる。(57) しかしそれ以外の「欲漏」「欲暴流」「欲取」の場合はいずれも「欲界」の意に改変されている。この点は次のとおりである。

○欲漏とは云何。答ふ、欲界繫の無明を除く諸の余の欲界繫の結・縛・随眠・随煩悩・纏・是れを欲漏と謂ふ。有漏とは云何。答ふ、色・無色界繫の無明を除く諸の余の色・無色界繫の結・縛・随眠・随煩悩・纏・是れを有漏と謂ふ。

○云何が、欲暴流なる。答ふ、欲界繫の諸の見と無明とを除ける諸の余の欲界繫の結・縛・随眠・随煩悩・纏は是れを欲暴流と名く。
○云何が、有暴流なる。答ふ、色・無色界繫の諸の見と無明とを除く諸の余の色・無色界繫の結・随眠・随煩悩・纒は、是れを有暴流と名く。
○云何が、欲取なる。答ふ、欲界繫の諸の見、及び、戒禁取を除く諸の余の欲界繫の結・縛・随眠・随煩悩・纒は、是れを欲取と名く。[58]

それゆえ『集異門足論』の段階では「欲」の語が一挙に転釈されたわけでなく、有部では徐々に三界説を浸透させていったことが窺われる。

3　五下分結、五蓋

アビダルマでは五下分結(貪欲、瞋恚、有身見、戒禁取、疑)をすべて欲界の煩悩とするが、これは「下分」(avarabhāgīya)を欲界と解することにもとづく。『五下分結』は、たとえば『テーリーガーター』では、

一六五　カーマをもとめる欲求、怒り、自身を執するあやまった見解、邪《よこし》まな誓戒についての執著、第五に疑惑——

一六六　下位の領域にみちびくこれらの束縛を捨てたので、尼僧よ、そなたはもはやこの世に還って来ることはないであろう。[59]

とあり、中村元氏は「下分」を「下位の領域」、ノーマン(K. R. Norman)氏も the lower-world とする。[60]「五下分結」に対する「五上分結」の「上分」(ūrdhvabhāgīya)も「上の、高い領域」の意と解する。他方、南伝上座部の『人施設論』では、「五下分結」と「五上分結」とを対比して、

内的結の人とは何か。その人の五下分結を断つことのないのが、これ内的結の人といわれる。外的結の人とは何か。その人の五上分結を断つことのないのが、これ外的結の人といわれる。(61)

とする。これは「下分」を「内的」(ajjhatta)、「上分」を「外的」(bahiddhā)とみたもので、いずれも三界説との関わりは認められない。もっとも煩悩の分析に三界説を導入することは有部だけでなく、南伝上座部の場合にも認められる。たとえば『分別論』でみられる三愛(欲愛・有愛・無有愛)は、

このうち欲愛(kāmataṇhā)とは何か。欲界に相応する貪、等貪、ないし心の等貪である。これを欲愛という。色界……無色界に相応する貪、等貪ないし心の等貪である。これを有愛という。(62)

と、明らかに三界説によって分析されるからである。しかしながらとくに「下分」を欲界、「上分」を上二界と解するのは有部アビダルマになってからであろう。この点はすでに『集異門足論』にはっきり定義づけられている。

○順下分結とは、下分とは、謂はく欲界なり。上分とは、謂はく色・無色界なり。

○順上分結とは、下分とは、謂はく欲界なり。上分とは、謂はく色・無色界なり。(63)

次に、五蓋(貪欲、瞋恚、惛沈睡眠、掉挙悪作、疑)もすべて欲界のみに生起すると次のように定義される。

問ふ、此の五蓋は、何を以て自性となすや。答ふ、欲界の三十事を以て自性となす。謂く、食欲と瞋恚とは、各、欲界の五部にて十事となり、惛沈と掉挙とは各、三界五部の不善と無記とに通ずるも、唯、不善のもののみを蓋と立つるをもて十事と為り、睡眠は唯、欲界の五部の善と不善と無記とに通ずるも、唯、不善のもののみを蓋と立つるをもて五事と為り、悪作は唯、欲界の修所断の善と不善とに通ずるも、唯、不善のもののみを蓋と立つるをもて一事と為り、疑は、三界の四部に通じて不善と無記とに通ずるも、唯、不善のもののみを蓋と立つるをもて四事と為る。此に由りて五蓋は欲界の三十事を以て自性となす。(64)

これによると、上二界にはもともと不善のはたらきはなく、五蓋は不善のみの煩悩をいうから、五蓋は欲界だけの煩悩とするのである。(65)

もっとも『集異門足論』の段階でも五蓋を「欲界」と規定することはない。貪欲蓋についても、

云何が、貪欲なる。答ふ、諸の欲の境に於ける諸の貪、等貪・執蔵・防護・堅著・愛楽・迷悶・耽嗜・遍耽嗜・内縛・希求・耽湎・苦の集・貪の類、貪の生、是れを貪欲と名く。

云何が貪欲蓋なる。答ふ、此の貪欲に由りて、心を障し、心を蔽し、心を鎮し、心を隠し、心を蓋し、心を覆し、心を纒し、心を裹す。故に、貪欲蓋と名く。(66)

と、「欲」の語を「欲界」と規定することはみられない。だから、五蓋を欲界の煩悩と規定するのはやはりそれ以後になってからである。

4　カーマとラーガ（貪）

ところでカーマを定義づけるに際し、それを「貪」（rāga）とすることがある。それは『倶舎論』「世間品」に、何をカーマと名けるか。要約すれば、食（kavaḍīkarāhāra）と性（maithuna）に対するラーガ（むさぼり）である。(67)

とある。欲の内容をここで具体的に食欲と性欲とする点は興味深い。

もっとも「貪」（rāga）とカーマの関係について、『倶舎論』の注釈者ヤショーミトラは、

ラーガとはカーマのことである。(68)

とする。これは『相応部』「有偈篇」の注釈に、カーマとは「思いにもとづく貪（ラーガ）」とあったことと通ずるであろう。

アビダルマにおけるカーマの問題をみる上で一つの興味深い挿話がある。それはブッダの異母弟ナンダ（難陀）の話であり、彼は最愛の女性と楽しい日々を送っていたが、兄のブッダによって出家こそが最善の道だと諭される。そうして俗世の女性よりも天女のほうがよほど美しいとして、女性への愛着を絶つべくブッダとともに天界を訪問し、その後、ついに出家することになる。こうした経緯はいくつかの仏典（『増一阿含経』『出曜経』）にもあり、とりわけ馬鳴がそれを独立したカーヴィヤ（美文学）体の物語（『サウンダラナンダ』）にして謳いあげたことは有名である。

『大毘婆沙論』ではこうしたナンダの人間像を、

○補特伽羅を以ての故にとは、欲貪随眠は、難陀（Nanda）等の如く、瞋恚随眠は、気嘘・指鬘（Aṅgilimālya）等の如く、有貪随眠は、遏壟多（Asita）・阿邏荼（Ārāḍaḥ-kālāma）・嗢達洛加（Udraka-rāmaputra）等の如く、慢随眠は傲士（Mānastabdha）等の如く、無明随眠は鄔盧頻螺婆迦葉波（Urubilbā-kāśyapa）等の如く、見随眠は善星等の如く、疑随眠は摩洛迦子（Māluṅkyā-putra）等の如きを言ふ。(69)

○此の中、本性に熾然猛利なる貪煩悩を具足すとは、難陀等の如く、熾然猛利なる瞋煩悩を具足すとは、指鬘等の如く、熾然猛利なる癡煩悩を具足すとは、迦葉波等の如し。(70)

と、「欲貪」(71)（カーマラーガ）もしくは「貪」つまり愛欲の象徴として造形する。ここではとりわけ「欲貪」をナンダ、「有貪」をアシタ仙などとするのは注目すべき点である。ここに登場するアシタ仙は太子誕生時の予言者で、太子が悟りを開いた時に自分は長寿ゆえ立ち会えないことを深く嘆いた。つまりより長寿の生存を願う者、いい換えれば「生存に対するむさぼり」すなわち「有貪」の象徴とされるのである。この場合の「欲貪」「有貪」は語本来の意味で用いられているといっていい。このくだりも「欲」「有」の語に三界説を導入しなかった例として特筆されよう。

もっとも俗世の社会生活を営む上では、夫からみれば「妻は（この世での）最上の友」に変わりはない。夫もむろんである。この点は夫婦のありかたを説いた原始経典の『シンガーラの教え』（漢訳『六方礼経』）から知ることができる。しかしナンダの場合は、本来仏法つまりダルマを求めるべき立場にあるのに、カーマに執着した者と造形されたのである。

なおカーマの語をさらに抽象概念化したカーマター（kāmatā）という表現が、『倶舎論』『アビダルマディーパ』にみられる。

『倶舎論』　欲とはなそうと欲することである（chandaḥ kartukāmatā）(72)。

『ディーパ』(73)　欲とはなそうと欲することで、精進の一種のありさまである（chandaḥ kartukāmatā vīryāṅgabhūtaḥ）。

これは「大地法」としての「欲」（chanda）つまり「意欲」の定義であって欲望の意ではない。むろんカーマの原義からいえば意欲の意もあるが、しかしこの用例はあくまでも kāma からの派生語であるから、当面の問題から除外してよいであろう。

原始経典でのカーマの用例は、煩悩を意味するほかの概念と比較してもよほど多い。『ウダーナバルガ』の場合、その一章としてカーマ（「欲望」）を設定するものまでが認められるし、あるいは世俗社会全体を「カーマ」の世界とみたり、王がめざすのも、男女の愛も、天上界にあるのもいずれもカーマと表現されるからである。それがアビダルマになると、煩悩論での用例は原始経典と比べても、他の煩悩概念と比べても決して多いとはいえない。また煩悩論に登場するカーマの多くは、欲界の意味に改変された。『大毘婆沙論』以後、「欲貪」「欲漏」「欲軛」「欲取」の「欲」の語はいずれも「欲界」の意とされるからである。それとともにカーマは「貪」、「貪」はカーマとされるように、教義学上は「貪」との結びつきの深いことが知られる。

註

（1）原実「トリヴァルガ」（岩波講座『東洋思想　インド思想3』、昭和五十八年、二六四頁以降）参照。

（2）中村元『ヒンドゥー教と叙事詩』（決定版）、春秋社、平成八年、二二一―二三四頁参照。

（3）渡瀬信之訳『マヌ法典』（中公文庫）、四〇頁。同『マヌ法典』（中公新書）、平成二年、五一頁参照。

（4）山崎利男『世界の宗教6、神秘と現実　ヒンドゥー教』、淡交社、昭和四十四年、一三九―一四〇頁参照。

（5）上村勝彦訳『バガヴァッド・ギーター』（岩波文庫）、平成四年、四八頁。

（6）同書、六〇頁。

（7）同書、一二五頁。

（8）同書、四一頁。

（9）上村勝彦『NHK文化セミナー、古代インドの宗教、ギーターの救済』、平成七年、一七七頁参照。

（10）*Eighteen principal Upaniṣads.* vol. 1. Poona 1958. p. 248. 松濤誠達『人類の知的遺産　ウパニシャッドの哲人』講談社、昭和五十五年、二七一―二七二頁。湯田豊『ウパニシャッドの哲学』（サーラ叢書二八）、平楽寺書店、昭和六十年、一五五頁参照。

（11）*Eighteen principal Upaniṣads.* p. 167. 湯田豊前掲書、九一―九二頁参照。

（12）原実「家長期」（藤田宏達博士還暦記念『インド哲学と仏教』、昭和六十四年）一三八頁参照。

（13）I. Fiser, Pāli vinaya and Sanskrit kāma-śāstra in : *Studies on Buddhism* (in Honour of Prof. A. K. Warder) Toronto 1993 p. 57.

（14）*Dhp.* 186. 383. 415. 中村元訳『ブッダの真理のことば、感興のことば』（岩波文庫）、三六頁、六四頁、六八頁参照。

（15）*Dhp.* 213~216. 中村元訳、同書、四〇頁参照。

（16）*Uv.* 29-17. 29-37. 30-19. 中村元訳、同書、二六二頁参照。

（17）*Uv.* 32-68~75. 中村元訳、同書、二九二頁参照。

（18）*Sn.* 436. 437. 438. 中村元訳『ブッダのことば』（岩波文庫）、八九頁参照。

（19）*Thī.* 451. 485-492. 中村元訳『尼僧の告白』（岩波文庫）、八八頁、九三―九四頁参照。

（20） *SN.* I. 22. 49. 中村元訳『ブッダ、神々との対話』（岩波文庫）、五五頁、一一四頁参照。
（21） *SN.* I. 22. 中村元訳、同書、五六頁参照。
（22） *Sāratthа-ppakāsinī.* p. 63. 中村元訳、同書、二五八頁参照。
（23） *Uv.* 31-31. 中村元訳『ブッダの真理のことば、感興のことば』、二七九―二八〇頁参照。
（24） *Sn.* 50. 171. 中村元訳『ブッダのことば』、一九頁、四一頁参照。
（25） *SN.* I. 79-80. 中村元訳『ブッダ、神々との対話』、一七八―一七九頁参照。
（26） *Mvu.* I. 199.
（27） 藤田宏達訳『ジャータカ全集1』、春秋社、昭和五十九年、七一頁。中村元『ゴータマブッダⅠ』（決定版）、平成四年、一八二頁参照。
（28） 『仏本行集経』、大正蔵三、七二二頁下―七二三頁上。
（29） *Thī.* 464. 中村元訳『尼僧の告白』、九〇頁参照。
（30） *DN.* III. 154.
（31） *Ibid.* III. 162-163.
（32） 『過去現在因果経』、大正蔵三、六三一頁中。
（33） 『方広大荘厳経』、大正蔵同、五七九頁下―五八〇頁上。
（34） *SN.* I. 73-74.
（35） 『出曜経』、大正蔵四、七五〇頁下、七七四頁下。
（36） 『八犍度論』、大正蔵二六、九一五頁上。
（37） 『発智論』、大正蔵二六、一〇二九頁下。
（38） *Uv.* 33-45. 中村元訳『ブッダの真理のことば、感興のことば』、三〇一頁参照。
（39） *SN.* I. 5. 中村元訳『ブッダ　神々との対話』、二二頁参照。
（40） *Vin.* III. 72.
（41） *SN.* I. 133. 中村元訳『ブッダ　悪魔との対話』（岩波文庫）、昭和六十一年、七六頁参照。
（42） 『大毘婆沙論』、大正蔵二七、八六七頁下。
（43） *Vin.* I. 185. 186.
（44） 『摩訶僧祇律』、大正蔵二二、二二九頁中。五一五頁中にも同文がある。
（45） *BhiVin(Mā-L).* p. 83. *ll.* 6-8.
（46） 宇井伯寿『仏教汎論』、岩波書店、昭和三十七年、二七四頁。藤田宏達「三界説について」（『印度学仏教学研究』第八巻第二号、昭和三十五年）四六七頁参照。
（47） 中村元『原始仏教の思想Ⅱ』（決定版）、春秋社、平成六年、七二四頁参照。
（48） 中村元『ヒンドゥー教と叙事詩』、二二二頁参照。
（49） 『長阿含経』、大正蔵一、一三五頁下―一三六頁上。
（50） 『大毘婆沙論』、大正蔵二七、一三九頁下―一四〇頁中。
（51） *Abhidh-k-bh,* p. 279. *ll.* 5-13.

（52） 桜部建「九十八随眠説の成立について」（『大谷学報』第三五巻、第三号、昭和三十年、二三―二六頁）参照。

（53） *Abhidh-k-bh*, p. 306. *ll.* 6-9.

（54） 『集異門足論』、大正蔵二六、三九九頁上。

（55） *AN.* II. 10.

（56） *Abhidh-k-bh*, p. 308. *ll.* 1-4.

（57） 欲軛が欲界の意でないことは、四離繋中における欲軛の定義でも同じである。大正蔵二七、三九九頁中参照。

（58） 『大毘婆沙論』、大正蔵二七、三八三頁上、三九九頁下。

（59） *Thī.* 165. 166. 中村元訳『尼僧の告白』、三八頁参照。

（60） K. R. Norman, The Elders' Verses II. Therīgāthā.（*PTSTS*）London. 1971. p. 19.

（61） *Puggalapaññatti*（*Pp*）. p. 22.

（62） *Vibh*, p. 365.

（63） 『集異門足論』、大正蔵二六、四一九頁下、四二〇頁上。

（64） 『大毘婆沙論』、大正蔵二七、二四九頁中。

（65） *Abhidh-k-bh*, p. 311. *ll.* 6-13.

（66） 『集異門足論』、大正蔵二六、四一六頁中。

（67） *Abhidh-k-bh*, p. 113. *ll.* 1-2.

（68） *Abhidh-k-vy*, p. 257. *l.* 17.

（69） 『大毘婆沙論』、大正蔵二七、二五七頁下。

（70） 『大毘婆沙論』、大正蔵同、五九九頁下。

（71） この部分に対応する『阿毘曇毘婆沙論』では「欲愛」とある。大正蔵二八、二〇〇頁中。

（72） *Abhidh-k-bh*, p. 54. *l.* 21.

（73） *Abhidh-d*, p. 69. *l.* 8.

二、『法蘊足論』「雑事品」の性格

『法蘊足論』「雑事品」は染汚法を論じたもので、貪瞋癡を冒頭に置き、最後の「擾悩」に至る七十八法を順次解説する。そこには有部の煩悩論で重視される六種の染汚法つまり貪瞋癡慢見疑も見い出せるから、「煩悩」と「随煩悩」という視点に立てば、それらは未分化のまま集録したものとみることができよう。しかしそうした貪などの六つを含んだままで「随煩悩」とする捉え方も原始経典や唯識論書には存在する。では「雑事品」はそのうち、どの立場で説かれたものか、また「雑事品」ははたして後世の煩悩論の基盤となったものであろうか。

『倶舎論』「随眠品」には「随煩悩」の定義があり、それは二つにまとめることができる。

(1) 「煩悩」とは「随煩悩」のことをいう。

(2) 「煩悩」とは異なったもので、行蘊に摂せられる染汚の心所をいい、具体的には「雑事」(kṣudravastuka)のなかに説かれるものである。

(2)でいう「雑事」が『法蘊足論』「雑事品」を指すことは、ヤショーミトラや『アビダルマディーパ』の記述から知ることができる。しかし『倶舎論』では貪などの六つを「煩悩」と解するゆえ、ヤショーミトラは「雑事」の中にその六つに言及せず、『ディーパ』でも十纏六垢などの「随煩悩」は「煩悩」つまり貪などの六つより派生(nisyanda)したものという立場をとる。

他方、瑜伽行唯識学派の『瑜伽師地論』をみると、貪など六つの主要煩悩に対する二通りの、しかも相反する捉え方が認められる。第一は心所法(決択分、巻五五)において六「煩悩」とそれ以外を「随煩悩」、つまり「煩悩」と「随煩悩」に峻別する方法、第二は煩悩群を列挙し(本地分巻八、摂事分巻八九)、貪瞋癡の三つを含んだままで「随煩悩」とし、また「雑穢事」(「雑事」と同じ)のものとする方法である。この「雑穢事」としてあげられる貪瞋癡などは、『法蘊足論』「雑事品」とちょうど符合するものである。してみると『瑜伽師地論』摂事分の立場から『法蘊足論』「雑事品」を見れば、「雑事品」は「随煩悩」を論じた一章となる。『成唯識論』の場合でも「雑事」に説かれる貪などを含む染汚法はすべて「随煩悩」であるという記述が認められる。

この点で想起すべきは、すでに原始経典の『スッタニパータ』『増支部経典』などに「随煩悩」は「煩悩」と相対するものでなく、すべての染汚法を包括したものと説かれることである。してみると、「随煩悩」の語であらゆる染汚法をまとめる捉え方は原始経典や『瑜伽師地論』『成唯識論』だけでなく、『法蘊足論』「雑事品」にもあったと解し得る。

『品類足論』や『俱舎論』における「随煩悩」の定義の一つに「煩悩」(実際の用語は「随眠」)は「随煩悩」とあるのは、「随煩悩」の語を染汚法全体を含むものと解した点でこうした考え方を反映しているのであろう。これは「煩悩」と「随煩悩」との両概念を差異なく同等に取り扱うことによって原始仏教以来の「随煩悩」の考え方を付説としてであるが、存続させたとみることができよう。

さらにまた「雑事品」そのものは、『瑜伽師地論』『成唯識論』(次項でみるように中観派の『ラトナーヴァリー』)

に至るまで大きな変化を蒙ることなく、一定していた。もっとも有部の心所法とくに「大煩悩地法」中の核を形成する不信、懈怠、放逸、失念、心乱、邪勝解のごときは「随煩悩」とされるにもかかわらず、当初から「雑事品」に入っていない。それゆえ「雑事品」といえども有部のいうすべての「随煩悩」を網羅したものではない。

三、『法蘊足論』と『ラトナーヴァリー』――「雑事品」の系譜

一 「雑事品」とは

『法蘊足論』の「雑事品」は、後世、煩悩章とか、「五位七十五法」にみられる煩悩法の淵叢と解されることがある。この「雑事品」はその成立後、その存在もそこに説かれる大半の染汚法も有部の最も浩瀚な『大毘婆沙論』あるいは『阿毘曇心論』では看過されたままであったけれども、『倶舎論』になると「随煩悩」の定義中に、とり上げるようになったことは前項で述べたとおりである。「随煩悩」の名のもとにこの「雑事品」中のものをあげることは、『順正理論』(1)『顕宗論』(2)『アビダルマディーパ』(3)にも継承されていった。とりわけ『ディーパ』では「雑事品」中の具体的な染汚法をその定義とともにすべて列挙するようになる。

ところで『法蘊足論』「雑事品」に対応するものは、初期南方上座部の『分別論』にも「小事分別」(khuddakavatthu-vibhaṅga)として認められる。ただそこでは染汚法を法数順に列挙し、四不応行、四顚倒、四非聖言、五慳、五心栽、六諍根という項目も列挙する点で大きな距たりがある。

「雑事(品)」はその後、中観系の論書においても伝承されていく。龍樹(一五〇―二五〇)作『ラトナーヴァリー』

(Ratnāvalī)の第五章に導入されるのが、それである。そこでは出家者が断つべき「罪過」(doṣa)として五十七項目があげられ、[4]それを断ち切ったならば、次に六パラミツを実践すべきことを述べる。ここで注目すべきは、五十七項目が『倶舎論』以後にみられるように「随煩悩」でなく、「罪過」と規定される点である(ただし漢訳者真諦は doṣa を煩悩の意で捉え、「惑」と訳出している[5])。

もっとも『ラトナーヴァリー』では染汚法や煩悩をつねに「罪過」(doṣa)とするわけでない。同じ第五章には、善き友をもつことは「煩悩」(この箇所のみサンスクリット本が判読不能であるが、S・ディーツ氏、M・ハーン氏ともにチベット訳の ñon moṅs[6]、漢訳の「悪」[7]から kleśa と復元している)を鎮める智慧であるとか、「随眠」(anuśaya)を調伏する、という用例が認められるからである。

もっとも染汚法一般をこのように「罪過」(漢訳で「過失」とされる)の名のもとに収録することは、『大毘婆沙論』にもみられる。その煩悩章である「結蘊」には、三結から九十八随眠に至る十六種の煩悩群をまとめて、

謂く、前所説の四十二章に総じて三類有り、二十二根乃至見・修所断と無断との法を境界類と名け、四聖諦乃至三重三摩地を功徳類と名け、三結乃至九十八随眠を過失類と名くるを謂ふなり。[8]

という。『大毘婆沙論』では、染汚法は「煩悩」もしくは「結」と総称されるが、こうした用法もあり、より広い包括概念としたと推測される。

『ラトナーヴァリー』でいう「五十七罪過」の出典について、すでにM・ハーン氏と岡田行弘氏[9]は『法蘊足論』「雑事品」を指摘し、その漢訳本『宝行王正論』、さらに『倶舎論』のヤショーミトラ釈、『アビダルマディーパ』とを対比して字句対照表(Konkordanz)を提示している。しかし「雑事」に言及する論書にはそのほか『瑜伽師地論』『成唯識論』『成実論』があるから、それらと対比してみたいと思う。

『瑜伽師地論』には、初期有部以来認められる「結縛随眠随煩悩纏」というおおよその煩悩群を定型化した表現があり、そのうちの「随煩悩」について、

> 復次に、随煩悩とは謂はく貪不善根・瞋不善根・癡不善根、若しは忿、若しは恨、是の如く広説諸の雑穢事を説く。(10)

と、個々のものを列挙する。この「雑穢事」の語はチベット訳に dños pa phran tshogs(11)(kṣudravastu(ka))とあるから、『法蘊足論』「雑事品」を指すことは明瞭である。

また『成唯識論』では随煩悩を「小随煩悩」（忿恨覆悩嫉慳誑諂害憍）、「中随煩悩」（無慚無愧）、「大随煩悩」（掉挙惛沈不信懈怠放逸失念散乱不正知）と分けるくだりに、

> 与と并と及といふ言(偈文のもの)は、随煩悩は唯二十のみにあらずといふことを顕わす。雑事等に、貪等の多種の随煩悩ありと説けるが故なり。(12)

とあり、そうして「雑事」で示される染汚法一般は「随煩悩」とされている。

一方、経量部の『成実論』では染汚法に関する章立てを多用するが、その一つに「随煩悩品」がある。そこでも『法蘊足論』「雑事品」のものに対応する二十一項目が示される。(13)『成実論』は初期有部論書以後の成立であるから、そこにあげられる二十一項目もやはり『法蘊足論』「雑事品」以来のものといえる。

なお「雑事品」中の染汚法に対応する個々のものについては、散説された形で認めることができる。たとえば『大毘婆沙論』の場合、惛沈睡眠蓋と掉挙悪作蓋の二蓋のくだりに、

> 惛沈睡眠蓋は五法を以て食となす。一に瞢憒、二に不楽、三に頻欠、四に食不平性、五に心羸劣性なり、毘鉢舎那を以て対治となす。此の同食同対治に由るが故に共せて一蓋と立つ。掉挙悪作蓋は四法を以て食となす。一に

親里尋、二に国土尋、三に不死尋、四に念昔楽事なり。奢摩他を以て対治となす[14]。

とあり、ここには瞢憒、不楽、頻欠(申)、食不平(等)性の四つが認められる。この点については桜部建氏の指摘[15]がある。

親里尋、国土尋などについても、すでに『雑阿含経』第四一〇経[16]に貪覚(尋に相当)、瞋覚、害覚、親里覚、国土人民覚、不死覚として認められるものである。

もっとも原始経典に説かれる染汚法のすべてが「雑事」に収録されたわけではない。たとえば『中部』経典「随煩悩経」には次のものが列挙される。

① vicikicchā(疑)、② amanasikāra(非理作意)、③ thīna(惛沈)、④ middhaṃ(睡眠)、⑤ chambhitattaṃ(恐怖)、⑥ ubbillaṃ(歓喜)、⑦ duṭṭhullaṃ(麁重)、⑧ accāraddhaviriyaṃ(過精進)、⑨ atilīnaviriyaṃ(甚しい懈怠)、⑩ abhijappā(欲望)、⑪ nānātthasaññā(種々想)、⑫ atinijjhāyitattaṃ rūpānaṃ(不観色)[17]

この経に対応する『中阿含経』「長寿王本起経」では次のものをあげる。

無念、身病想、睡眠、太精勤、太懈怠、恐怖、喜悦、高心生、若干想、不観色心患[18]。

ここに認められる「太精勤」(パーリでいう accāraddhaviriyaṃ)、「太懈怠」(atilīnaviriyaṃ)、「不観色」(atinijjhāyitattaṃ rūpānaṃ)などは、「雑事品」中にはない。したがって「雑事品」といえども原始経典に説かれるあらゆる染汚法を集録したわけでなく、あくまでも『法蘊足論』が特定の染汚法を集録したものといえる。

ところで『法蘊足論』「雑事品」の直接の素材となったとみるべき経典は『雑阿含経』の一八七経であろう。双方を対比してみるとこうなる。

『雑阿含経』第一八七経

貪・恚・癡・瞋・恨・呰・執・嫉・慳・幻・諂・無慚・無愧・慢・慢慢・増慢・我慢・増上慢・邪慢・卑慢・憍慢・放逸・矜・高・曲・偽・相・規・利誘利・悪欲・多欲・常欲・不敬・悪口・悪知識・不忍・貪嗜・不貪・悪貪・身見・辺見・邪見・見取・戒取・欲愛・瞋恚・睡眠・掉・悔・疑・惛悴・踊躍・贔屓・懶・乱想・不正憶・身濁・不直・不軟・不異・欲覚・恚覚・害覚・親覚・国土覚・軽易覚・愛他家覚・愁・憂・悩・苦[19]

『法蘊足論』「雑事品」

貪・瞋・癡・忿・恨・覆・悩・嫉・慳・誑・諂・無慚・無愧・慢・過慢・慢過慢・我慢・増上慢・卑慢・邪慢・憍・放逸・傲・憤発・矯妄・詭詐・現相・激磨・以利求利・悪欲・大欲・顕欲・不喜足・不恭敬・起悪言・楽悪友・不忍・耽嗜・遍耽嗜・染貪・非法貪・著貪・悪貪・有身見・有見・無有見・貪欲・瞋恚・惛沈・睡眠・掉挙・悪作・疑・瞢憒・不楽・頻申欠呿・食不調性・心昧劣性・種々想・不作意・麁重・觝突・饕餮・不和軟性・不調柔性・同類に順せず・欲尋・恚尋・害尋・親里尋・国土尋・不死尋・陵蔑尋・仮族尋・愁・歎・苦・憂・擾悩。

この第一八七経に対応するものはパーリ・ニカーヤにないけれども、この経が『法蘊足論』「雑事品」の出典とみるべきことは、『順正理論』で「雑事(品)」に言及するくだりに次のような経文の引用がみられるからである。

世尊、諸の苾芻に告げて言うが如し、「若し一法のために覆障せらるれば、則ち、眼は是れ無常なりと了する能わず。一法とは謂はく、貪なり。乃至広説」と。一一別に説くこと雑事の中の如し[20]。

これは『雑阿含経』第一八七経の文脈とまさしく合致するものである。

ところで、「雑事品」に説かれる染汚法全体を「煩悩」(kleśa)でなく、「随煩悩」(upakleśa)とするようになったのはいつ頃からか。

『倶舎論』『順正理論』『顕宗論』『アビダルマディーパ』といった有部論書、経量部の『成実論』、瑜伽行唯識学派の『瑜伽師地論』『成唯識論』のいずれも「随煩悩」とするのに対し、『ラトナーヴァリー』だけが「過失」(doṣa)という異質な捉え方をする。しかしながら『法蘊足論』「雑事品」、およびその素材とみるべき『雑阿含経』第一八七経では「随煩悩」とも「過失」とも規定するようなことはない。『法蘊足論』の場合、いずれとも規定しないのは、そこに貪瞋癡などの「六随眠」があったからと思われる。

有部アビダルマでは、『法蘊足論』以後、染汚法を「煩悩」と「随煩悩」とに区分けする方向に進む。『法蘊足論』「雑事品」の成立後、この「雑事品」は等閑視されていたが、そこで説く染汚法一般を「随煩悩」と明記したのは前述のとおり『倶舎論』においてである。『阿毘曇心論』系の三綱要書において「随煩悩」といえば、『心論』『心論経』では八纏、『雑心論』では十纏六垢だけとしていた(21)。こうした点からも「雑事品」から「六随眠」を除外して残ったものすべてを「随煩悩」と解したのは『倶舎論』の著者すなわち世親ということになる。

註

(1)『順正理論』、大正蔵二九、六四八頁下―六四九頁上。
(2)『顕宗論』、大正蔵同。
(3) *Abhidh-d*, p. 305. *l*. 14f.
(4) S. Dietz, The Fifth Chapter of Nāgārjuna's Ratnāvalī. *JNRC*. *vol*. 4. 1980. pp. 189-220. M. Hahn, Nāgārjuna's Ratnāvalī. Bonn. 1982.
(5)『宝行王正論』、大正蔵三二、五〇二頁下。
(6) S. Dietz, *op. cit.* p. 119. M. Hahn, *op. cit.* p. 164.
(7)『宝行王正論』、大正蔵三二、五〇五頁上。
(8)『大毘婆沙論』、大正蔵二七、四六六頁中。
(9) Y. Okada u. M. Hahn, Zur Quelle der 57 Fehler in der Ratnāvalī des Nāgārjuna. *IIJ*. 28. 1985. S. 123-134.
(10)『瑜伽師地論』、大正蔵三〇、八〇二頁中―八〇三頁中。
(11) 横山紘一・広沢隆之『漢梵蔵対照 瑜伽師地論総索引』、山喜房佛書林、平成八年、六九三頁。

（12）『成唯識論』、大正蔵三一、三四頁下。
（13）『成実論』、大正蔵三二、三一九頁中下。
（14）『大毘婆沙論』、大正蔵二七、二五〇頁下。
（15）桜部建『仏教語の研究』、文栄堂、昭和五十年、四三—四六頁参照。
（16）『雑阿含経』、大正蔵二、一〇九頁下。
（17）*MN*. III. 159. 162.
（18）『中阿含経』、大正蔵一、五三八頁中下。五三九頁上中。
（19）『雑阿含経』、大正蔵二、四八頁下—四九頁上。
（20）『順正理論』、大正蔵二九、六四八頁下—六四九頁上。
（21）本書第五章「三、『倶舎論』「随眠品」の構成」参照。

二　定義集

一、**貪**　云何が貪なる。謂はく、欲の境に於ける諸の貪・等貪・執蔵・防護・堅著・愛楽・迷悶・耽嗜・遍耽嗜・内縛・悕求・耽湎苦の集・貪の類・貪の生を総じて名けて貪と為す。

傍線部分については「縁起品」の断片から回収できる。そこには、

rāgaḥ saṃrāgaḥ ālayo niyaṃtir adhyavasānaṃ tṛṣṇā. (*Dhsk*. S. 47. 48. 51.)

とある。

Abhidh-d.　なし

Ratnāv.　なし

瑜伽　貪不善根（「本地分」V. Bhattacharya, *YBhū*, p. 169. *l*. 2. ではこの貪を「随煩悩」とする）

二、**瞋**

云何が瞋なる。謂はく、有情に於て、損害を為さむことを欲する、内に栽杌を懐く、擾悩を為さむことを欲する、已瞋、当瞋、現瞋なる、楽うて過患を為す、極めて過患を為す、意の極めて憤恚する、諸の有情に於て、各、相ひ違戾する、過患を為さむことを欲する、已に過患を為す、当に過患を為す、〔是れらを〕総じて名けて瞋と為す。

Abhidh-d. なし

Ratnāv. なし

瑜伽　瞋不善根(同)

三、**癡**

云何が癡なる。謂はく、前際に於ける無知、後際の無知、前後際の無知、内に於ける無知、外の無知、内外の無知、業に於ける無知、異熟の無知、業と異熟との無知、善作業に於ける無知、悪作業の無知、善・悪作業の無知、因に於ける無知、因の所生法の無知、仏に於ける無知、法の無知、僧の無知、苦に於ける無知、集の無知、滅の無知、道の無知、善法に於ける無知、不善法の無知、有罪法に於ける無知、無罪法の無知、応脩法に於ける無知、不応脩法の無知、下劣法に於ける無知、勝妙法の無知、黒法に於ける無知、白法の無知、有敵対法に於ける無知、縁生法に於ける無知、六触処の如実に於ける無知、是くの如きの無知・無見・現観・黒闇・愚癡・無明・盲冥・罥網・纏裹・頑騃・渾濁・障蓋・盲を発すること、無限を発すること、無智を発すること、劣慧を発し、善品を障礙して涅槃せざらしむること、無明漏・無明瀑流・無明軛・無明毒根・無明毒茎・無明毒枝・無明毒葉・無明毒花・無明毒果・癡・等癡・極癡・欣・等欣・極欣・癡の類・癡の生、〔是れらを〕総じて名けて癡と爲す。

Abhidh-d.　なし
Ratnāv.　なし
瑜伽　癡不善根(同)

四、忿

云何が忿なる。謂はく、忿に二種有り。一には愛に属するの忿、二には非愛に属するの忿なり。愛に属するの忿とは、謂はく、父母・兄弟・姉妹・妻妾・男女・及び余の随一の親属・朋友に於て、発生する所の忿なり。有るが忿言するが如し。「如何ぞ、我れに此の物を与へずして、而も我れに是くの如きの物を与ふるや。如何ぞ、我が与めに此の事を作さず、而も我が与めに是くの如きの事を作すや」と。此れに由りて発生する諸の忿・等忿・遍忿・已忿・当忿・現忿・熱・極熱、烟・極烟・焰極烟、凶勃・麁悪心の憤発して、悪色を起こし、悪言を出す、是れを愛に属するの忿と名く。非愛に属するの忿とは、謂はく、一類有り、是の思惟を作さく、彼れは、今、我れに於て無義を為さむと欲し、不利益を為さむと欲し、不安楽を為さむと欲し、不滋潤を為さむと欲し、不安隠を為さむと欲し、然して彼れは我れに於て已に無義を作し、当に無義を作し、現に無義を為す。諸有の、我れに於て、無義、乃至、不安隠を為さむと欲するあり。而も復た彼れに於て、有義を為さむと欲し、利益を為さむと欲し、安楽を為さむと欲し、滋潤を為さむと欲し、安隠を為さむと欲し、然して復た彼れに於て已に有義を作し、当に有義を作し、現に有義を作す。諸有の、我れに於て、有義、乃至、安隠を為さむと欲するあり、而も復た彼れに於て、無義、乃至、不安隠を為さむと欲すと。此れに由りて発生する諸の忿・等忿、乃至、悪色を起こし、悪言を出す、是れを非愛に属するの忿と名く。

此の愛と非愛とに属するを総じて名けて忿と為す。

Abhidh-d. parāpakāraṇimittodbhavo 'parityāgayogeṇa caṇḍībhāvaḥ krodhaḥ. *p.* 309. *l.* 4.

Ratnāv. krodhaś cittaprakopo.（3. 以下、この偈番号は M. Hahn, Nāgārjuna's Ratnāvalī にもとづく）
khro ba sems kyi 'khrug pa ste.

瑜伽　若し瞋恚の纒の能く面貌を惨裂し奮発せしむるを説いて名けて忿と為す。

五、**恨**　云何が恨なる。謂はく、一類有り、是の思惟を作さく、彼れは既に我れに於て無義を為さむと欲し、広く説くこと前の如し。我れも当さに彼れに於て、亦、是くの如く作すべしと。此の能く忿を発する、瞋に従つて而も生じて常に憤結を懐く、諸の恨・等恨・遍恨・極恨、業難迴を作す、業纒縛を為す、業堅固を起こす、怨を起こす、恨を起こす、心の怨恨の性、〔是れら〕を総じて名けて恨と為す。

Abhidh-d. upanāhaḥ pratighaniṣyando vairānubandhakṛdrandhrāvadhānatā. p. 307. *ll.* 1-2.

Ratnāv. asminn upanāho 'nu〔bandhakṛt〕. 3.
de daṇ rjes 'brel khon du 'dzin.

瑜伽　内に怨結を懐くが故に名づけて恨と為す。

六、**覆**　云何が覆なる。謂はく、一類有り、戒を破り、見を破り、浄命を破り、軌範を破り、本受の戒に於て究竟すること能はず、純浄なる能はず、円満すること能はず。〔而も〕彼れ既に所犯を自覚し已りて、久しく、是の思惟を作さく、我れ、若し他に向つて、所犯の諸の事を宣説し、開示し、施設し、建立せば、則ち悪称・悪誉有り、弾せられ、厭せられ、或ひは毀せられ、或ひは挙せられ、便ち他が為めに恭敬・供養せられざらむ。我れは寧ろ此れに因って三悪趣に堕せむのみと。終ひに自ら上の所犯の事を陳せず。彼れは既にして悪称・悪誉を得ることを怖れ、乃至、恭敬・供養を失ふことを怖れて、自らの所犯に於て、便ち諸の覆・等覆・遍覆、隠・等隠、遍隠、護・等護・遍護、蔵・等蔵・遍蔵、已覆・当覆・現覆を起こす、〔是れを〕総じて名けて覆と為す。

Abhidh-d. avadyaṃ chādayate cittāpalepo mrakṣaḥ, cittaṃ mrakṣayatīti mrakṣaḥ. p. 308. *l.* 7.

Ratnāv. pāpapracchādanaṃ mrakṣaḥ. 3.
'chab pa sdig pa 'chab pa ste.

瑜伽　衆悪を隠蔵するが故に名けて覆と為す。

七、悩

云何が悩なる。一類有り、僧等の中に於て、法・非法に因りて、而も闘訟を興こし、諸の苾芻等は和息の為めの故に、勧諫・教誨するも、而も固く受せざるときは、此の勧諫を受せざるの性、教誨を受せざるの性、極執の性、極取の性、左取の性、右取せざるの性、捨を勧め難きの性、拙応対の性、獅子執の性、心蛆螫の性、心佷戻の性、〔是れを〕総じて名けて悩と為す。

Abhidh-d. santoṣyamānasyāpyadharmadṛḍhagrāhitā pradāśaḥ. p. 307. *ll.* 2-3.

Ratnāv. pradāśaḥ pāpasaṅgitā. 3.
'tshig pa sdig la źen pa'o.

瑜伽　染汚驚惶するが故に熱悩と名く。

八、**嫉**

云何が嫉なる。謂はく、一類有り、他が恭敬・供養・尊重・讃歎・可愛の五塵・衣服・飲食・臥具・医薬及び余の資具を獲得するを見て、是の思惟を作さく、彼れは既已に恭敬等の事を獲るも、而も我れは得ずと。此れに由りて発生する諸の戚・極戚、苦・極苦、妬・極妬、嫉・極嫉、〔是れを〕総じて名けて嫉と為す。

Abhidh-d. parasampattyamarṣaṇamīrṣyā. p. 308. *l*. 8.

Ratnāv. īrṣyā paraguṇais tāpo. 4.

phrag dog gźan gyi yon tan gduṅ.

瑜伽 心に染汚を懐き、他の栄を憙ばざるが故に名けて嫉と為す。

九、**慳**

云何が慳なる。謂はく、慳に二種有り。一には財慳、二には法慳なり。

財慳とは、謂はく、諸所有の可愛の五塵・衣服・飲食・臥具・医薬及び余の資具に於て、障礙・遮止して、他をして得ざらしめ、自らの所有の可愛の資具に於て、施さざる、遍施せざる、随遍施せざる、捨せざる、遍捨せざる、随遍捨せざる、心の悋惜の性、是れを財慳と名く。

法慳とは、謂はく、所有の素怛纜・毘奈耶・阿毘達磨、或ひは親教・軌範の教授、教誡、或ひは展転して伝来する諸の祕要法を障礙・遮止して、他をして得ざらしめ、自らの所有の如上の諸法に於て、他に授与せざる、亦、為めに説かざる、施さざる、遍施せざる、随遍施せざる、捨せざる、遍捨せざる、随遍捨せざる、心の悋惜の性、是れを法慳と名く。

此の財・法慳を総じて名けて慳と為す。

Abhidh-d. svavastunyāgraho mātsaryam, matto mā saredetaditi niruktiḥ. p. 309. *ll.* 4-5.

Ratnāv. mātsaryaṃ tyāgabhīrutā. 4.

ser sna gtoṅ bas 'jigs pa ñid.

瑜伽　資生の具に於て深く鄙悋を懐くが故に名けて慳と為す。

一〇、**誑**　云何が誑なる。謂はく、他が所に於て偽斗・偽斛・偽秤を以つて、詭言・施詐・誑誘して、他をして実と謂はしむる諸の誑・等誑・遍誑・極誑を総じて名けて誑と為す。

Abhidh-d. parābhisandhānāya mithyōpadarśanakārī paravañcanā māyāḥ(yā). p. 307. *ll.* 3-4.

Ratnāv. māyeti vañcanā. 4.

sgyu ni sems rgyud gya gyu la.

成実　諂心にして事の成るを誑と名く。

瑜伽　彼れを欺謂せんが為に内に異謀を懐き、外に別相を現わすが故に名けて誑と為す。

一一、**諂**　云何が諂なる。謂はく、心の隠匿の性・心の屈曲の性・心の洄復の性・心の沈滞の性・心の不顕の性・心の不直の性・心の無堪の性を総じて名けて諂と為す。

Abhidh-d. tatra cittakauṭilyaṃ śāṭhyaṃ cittasyānṛjutā vakrībhāvaḥ. p. 307. *l.* 1.

Ratnāv. śāṭhyaṃ cittasaṃtānajihmatā. 4.

gyo ni śin tu slu ba ste.

成実　曲心にして善を詐るを諂と名く。

瑜伽　心、正直にあらず、明ならず、顕ならず、解行邪曲なるが故に名けて諂と為す。

一二、**無慚**　云何が無慚なる。謂はく、慚無き、所慚無き、別慚無き、羞無き、所羞無き、別羞無き、敬無き、敬無きの性、自在無き、自在無きの性、自在者に於て怖畏の転ずる無きを総じて無慚と名く。

Abhidh-d.　akāryaṃ kurvataḥ svātmānamavekṣyālajjanā ’hrīḥ. p. 308, 8- p. 309. *l.* 1.

Ratnāv.　ahrīkatānapatrāpye svapareṣām alajjane. 5.

ṅo tsha med daṅ khrel med pa/raṅ daṅ gźan la mi ’dzem pa’o.

成実　自ら悪を作して羞じざるを無慚と名く。

瑜伽　所作の罪に於て已に望めて羞じざるが故に無慚と名く。

一三、**無愧**　云何が無愧なる。謂はく、愧無き、所愧無き、別愧無き、恥無き、所恥無き、別恥無き、諸の罪の中に於て、怖せず、畏せず、怖畏を見ざるを総じて無愧と名く。

Abhidh-d.　paramapekṣyālajjanā ’napatrāpyam. p. 309. *l.* 1.

Ratnāv.　無慚に含む。

成実　衆の中にて悪を為して羞じず憚《はば》からざるを無愧と名く。

瑜伽　所作の罪に於て他に望めて恥ざるが故に無愧と名く。

一四、**慢**　云何が慢なる。謂はく、劣に於て、已れ勝ると謂ひ、或ひは等に於て、已れ等なりと謂ひ、此れに由りて起こす慢・已慢・当慢・心の挙恃・心の自取を総じて名けて慢と為す。

Abhidh-d.　なし

Ratnāv.　tatrābhimanyamānasya hīnad dhīnaṃ samāt samam. hīnād vādhikam ātmānaṃ samād vā māna ucyate.

7.

de la mṅon par rlom byed pa/dman pa dman źiṅ mñam daṅ mñam/mñam pas lhag pa mñam sñam pa/bdag ñid ṅa rgyal źes pa'o.

瑜伽　他の下劣に於て已を勝たりと謂ひ、或は復、等に於て已を等たりと謂い、心をして高挙せしむるが故に名けて慢と為す。

一五、**過慢**　云何が過慢なる。謂はく、等に於て、已れ勝ると謂ひ、或ひは勝に於て、已れ等なりと謂ひ、此れに由りて起こす慢乃至心の自取を総じて過慢と名く。

Abhidh-d.　なし

Ratnāv.　yo 'dhamas tulyam ātmānaṃ viśiṣṭād abhimanyate. so 'timāno viśiṣṭebhyo viśiṣṭaṃ yo 'bhimanyate.

8.

chos gaṅ bdag ñid khyad 'phags daṅ/mñam par rlom pa gaṅ yin de/lhag pa'i ṅa rgyal khyad 'phags pas/khyad par 'phags par rlom pa gaṅ.

瑜伽　等に於て勝と謂い、勝に於て等と謂い、心をして高挙せしむるが故に過慢と名く。

一六、**慢過慢**　云何が慢過慢なる。謂はく、勝に於て、已れ勝ると謂ひ、此れに由りて起こす慢、乃至心の自取を総じて慢過慢と名く。

Abhidh-d.　なし

Ratnāv.　mānātimāno yo 'tyarthaṃ samucchraye samucchrarah. piṭako vātisaṃrabdho gaṇḍopari samutthitaḥ. 9.
śin tu mtho bas mtho sñam pa/ṅa rgyal las kyaṅ ṅa rgyal te/'bras kyi steṅ du phol mig dag/byuṅ ba bźin du thu ba yin.

瑜伽　勝に於て勝と謂い、心をして高挙せしむるを慢過慢と名く。

一七、**我慢**　云何が我慢なる。謂はく、五取蘊に於て、我或ひは我所を等随観見し、此れに由りて起こす慢、乃至心の自取を総じて我慢と名く。

Abhidh-d.　なし

Ratnāv.　yad upādānasaṃjñeṣu skandheṣv eteṣu pañcasu. mohād aham iti grāhaḥ so 'smimāna udāhṛtaḥ. 10.
ñe bar len pa źes bya ba/ṅa po stoṅ pa de dag la/rmoṅs pas ṅa sñam 'dzin pa gaṅ/de ni ṅa'o sñam par bśad.

瑜伽　妄りに諸行を観じて我我所と為し、心をして高挙せしむるが故に我慢と名く。

一八、**増上慢**　云何が増上慢なる。謂はく、未得を得と謂ひ、未獲を獲と謂ひ、未触を触と謂ひ、未証を証と謂ひ、此れに由りて起こす慢、乃至心の自取を総じて増上慢と名く。

Abhidh-d. なし

Ratnāv. abhimāno yad aprāpte phale prāptābhimānitā. 11.

'bras ma thob par thob sñam pa/gaṅ yiṅ mṅon pa'i ṅa rgyal te.

瑜伽 其の殊勝なる所証の法の中に於て、未だ得ざるを得たり、と謂って心をして高挙せしむるを増上慢と名く。

一九、**卑慢** 云何が卑慢なる。謂はく、多く勝るに於て、已れ少しく劣ると謂ひ、此れに由りて起こす慢、乃至心の自取を総じて卑慢と名く。

Abhidh-d. なし

Ratnāv. niṣprayojana evāham iti yā [tv ātmanin]danā. so 'dhamo māna ity ete saptāpy uktāḥ samāsataḥ. 12.

bdag dgos med pa ñid do źes/bdag ñid smod pa gaṅ yin des/dman pa'i ṅa rgyal źes bya ste/de dag mdor bdun bśad pa'o.

瑜伽 多勝の中に於て、已は少しく劣なり、と謂って心をして高挙せしむるを下劣慢と名く。

二〇、**邪慢** 云何が邪慢なる。謂はく、已れ徳無くして、而も徳有りと謂ひ、此れに由りて起こす慢、乃至心の自取を総じて邪慢と名く。

Abhidh-d. なし

Ratnāv. pāpakarmakriyā ślāghyā mithyāmānaṃ vidur budhāḥ. 11.
sdig las byed la bstod pa ni/mkhas pas log pa'i ṅa rgyal rtogs.

瑜伽　実に其の徳無きに、已に徳あり、と謂って心をして高挙せしむるを邪慢と名く。

二一、**憍**　云何が憍なる。謂はく、一類有り、是の思惟を作さく、我が種姓・家族・色力・工巧・事業・若しは財、若しは位、戒・定・慧等の随一の殊勝なりと。――此れに由りて起こす憍・極憍、酔・極酔、悶・極悶、心の傲逸、心の自取、起・等起、生・等生、高・等高、挙・等挙、心の弥慢の性を総じて名けて憍と為す。

Abhidh-d.　（他章で述）

Ratnāv. mado darpaḥ. 6.
rgyags pa dregs.

瑜伽　心に染汚を懐き、栄誉を随恃し、形相疎誕なるが故に名けて憍と為す。

二二、**放逸**　云何が放逸なる。謂はく、不善法を断じ、善法を集むるの中に於て、脩せず、習せず、恒作せず、常作せず、加行を捨するを総じて放逸と名く。

Abhidh-d. tatra doṣapravaṇasya guṇānabhisaṃmukhyaṃ pramādaḥ. p. 311. *l.* 16.

Ratnāv. pramādas tu kuśaleṣv aprayogitā. 6.
bag med pa/dge ba rnams la mi sbyor ba'o.

成実　心が不善に随うを放逸と名く。

瑜伽　諸の善品に於て勤修することを楽わず、諸の悪法に於て心に防護無きが故に放逸と名く。

二三、**傲**　云何が傲なる。謂はく、一類有り、応に供養すべき者を而も供養せず、応に恭敬すべき者を而も恭敬せず、応に尊重すべき者を而も尊重せず、応に問訊すべき者を而も問訊せず、応に礼拝すべき者を而も礼拝せず、応に承迎すべき者を而も承迎せず、応に請坐すべき者を而も請坐せず、応に譲路すべき者を而も譲路せず、此れに由りて発生する身の不卑屈・不等卑屈・不極卑屈・身の傲・心の傲・自ら傲誕なるの性を総じて名けて傲と為す。

Abhidh-d.　pūjārheṣvasaṃnna(na)tiḥ stambhaḥ. p. 311. *ll.* 16-17.

Ratnāv.　asaṃnatikṛtaḥ stambhaḥ. 5.

kheṅs pa 'dud par mi byed pa.

瑜伽　諸の尊重なるもの、及び福田に於て心の謙敬ならざるを説いて名けて傲と為す。

二四、**憤発**　云何が憤発なる。謂はく、身の擒害の性・心の擒害の性・身の戦怒の性・心の戦怒の性・身の憤発・心の憤発・已の憤発・当の憤発を総じて憤発と名く。

Abhidh-d.　parānvimardiṣataḥ pāṇipādauṣṭhakapolaśarīrakampayonirbhrāntamanasaḥ kṣobhaḥ saṃrambhaḥ. p. 311. *ll.* 8-9.

Ratnāv.　saṃrambhaḥ kopivibhramaḥ. 5.

ñes rtsom khros pas bslad pa'o.

瑜伽　若し煩悩の纒能く発起せしめ、刀仗を執持し、闘訟違諍するが故に憤発と名く。

二五、**矯妄**　云何が矯妄なる。謂はく、多貪の者の供養の為めの故に、資具の為めの故に、恭敬の為めの故に、名誉の為めの故に、髪を抜き、髭を燂し、灰に臥し、露体となり、徐行し、低視し、高声し、威を現じ、自らの伎能を顕はし、苦行等の事あるを総じて矯妄と名く。

Abhidh-d.　lābhādyarthameva guṇapr̥(pri)yālapanakr̥llapanāḥ(nā). p. 310. *ll.* 2-3.

Ratnāv.　lapanā lābhasatkārahetoś cāṭupuraskriyā. 13.

kha gsag rñed daṅ bkur sti'i phyir/tshig 'jam sṅar ni smra ba'o.

成実　奇特を現じ、利養の為の故に、口にて人の意を悦ばしむるを羅波那と名く。

瑜伽　心染汚を懐き、已が徳を顕わさんが為に、仮に威儀を現ずるが故に名けて矯と為す。

二六、**詭詐**　云何が詭詐なる。謂はく、多貪の者の、前の如きの供養等を得むが爲めの故に、他家に往至して、是くの如きの語を作さく、汝等、今者、善く人身を得、諸有の、経・律・対法を誦持し、善く法要を説き、妙に伝記を閑らひ、疏論を製造し、阿練若を楽《よろこ》び、但だ三衣を楽び、常旋礼を楽び、糞掃衣を楽び、行乞食を楽び、一鉢食を楽び、一受食を楽び、一坐食を楽び、樹下に居ることを楽び、露地に居ることを楽び、塚間に処することを楽び、坐して臥せざることを楽び、得るに随つて坐するを楽び、不浄観を得、持息念を得、四静慮を得、四無量を得、四無色を得、四聖果を得、六通慧を得、八解脱を得る、此れ等の賢聖は但だ汝が家に入り、皆な汝等の供養・恭敬・尊重・讃歎を得て為めに依怙と作る。我れの行と徳とも未だ前の人より減ぜず。今、汝が家に至る。固より彼れ［等］と同じきを望むと。是れを詭詐と名く。

復た詭詐有り、謂はく、多貪の者の前の如きの供養等を得むが為めの故に、他家に往至して是くの如きの語を作さく、汝は応さに我れに於て父母の如きの想あるべく、我れも、亦、汝に於て男女の如きの想あらむ。今より已後は共に親眷と為り、憂・喜・栄・辱、咸な悉く是れを同じくすべく、先来、世間は汎く我れを号して沙門釈子と為すも、今より向去は皆な悉く我を称して汝が家の沙門と為さむ。凡そ我が所須の資身の衆具・衣薬等の物は汝皆な見供せよ。汝若し能はざれば、我れは、脱して別に余の敬信の家に往かむ。汝、豈に辱じざらんやと。是くの如きの所作、種々の不実の方便・語言を総じて詭詐と名く。

Abhidh-d. lābhasatkārayaśolobhādabhūtaguṇadarśanārthamīryāpathavikalpakṛccaittaviśeṣaḥ kuhanā. p. 310. *ll.* 1-2.

Ratnāv. kuhanā lābhasatkārahetor indriyasaṃvaraḥ. 13.
tshul 'chos rñed daṅ bkur sti'i phyir/dbaṅ po sdom par byed pa ste.

成実 実に功徳無きに、相を示して、人をして有りと謂わしむるを詐と名く。

瑜伽 心に染汚を懐き、已が徳を顕わさんが為に或いは親事を現し、或いは輭語を行ずるが故に名けて詐と為す。

二七、現相　云何が現相なる。謂はく多貪の者の、前の如きの供養等を得むが為めの故に、他家に往至して、是くの如きの語を作さく、賢士・賢女よ、此の衣、此の鉢、此の坐・臥の具、此の衫裙等は、我れ、若し之れを得れば甚だ済要と為す。当さに常に保護して、以って汝を福すべし。汝の能く捨するを除かば、誰か当さに見恵せんと。此の方便を作して、而も利を獲る者を総じて現相と名く。

Abhidh-d. upakaraṇārthitvanimittadarśanakṛccaittaviśeśo naimittakatā. p. 310. *ll.* 3-4.

Ratnāv. naimittikatvaṃ tatprāptyai paradravyapraśaṃsanam. 14.

gźogs sloṅ de ni thob bya'i phyir/gźan gyi rdzas la bsṅags byed pa.

成実　他物を得んと欲する相を表わして、此の物は好し等と言うが如きを名けて現相と為す。

瑜伽　心に染汚を懐き、所求あらんことを欲し、矯めて形儀を示すが故に現相と名く。

二八、激磨　云何が激磨なる。謂はく、多貪の者の、前の如きの供養等を得むが為めの故に、他家に往至して、是くの如きの語を作さく、汝が父母等は浄信・戒・聞・捨・恵を具足し、斯の善業に乗じて、已に人天に生じ、及び、解説を得たり。而も汝は信・戒・聞・捨・恵無く、既に善業無し。後、若し命終せば、定んで悪趣に生ぜむ。其れ之れを如何するやと。是くの如く讃毀して以って利を求むる者を総じて激磨と名く。

Abhidh-d. paraguṇavaddoṣavacananiṣpeṣaṇakṛdeva caitasiko naiṣpeṣikatā. p. 310. *l.* 4.

Ratnāv. naiṣpeṣikatvaṃ lābhārthaṃ samakṣaṃ parapaṃsanam. 14.

thob kyis 'jal ba rñed pa'i phyir/mṅon sum gźan la smod byed pa.

成実　若し此の人を呰毀せんが為の故に余人を称賛して、汝の父は精進なるも、汝は及ばずと言うが如きを名けて懺切と為す。

瑜伽　現に遮逼を行じて乞匃する所あるが故に研求と名く。

二九、**利を以つて利を求む**　云何が利を以つて利を求むなる。謂はく、一類有り。先きに余家より衣鉢、及び、余の随一の身命を支ふるの縁を求得し、持して余家に往き、而も之れを現して曰はく、彼の某甲の家は我れに此の者を与ふ。然れども、彼の施主は長時中に於て、恒に我れに衣鉢等の物を資給せり。汝が家も若し能く彼の施者の如くせば、便ち、亦、是れ我が所依止の処ならんと。前の方便に因りて後の利を獲る者、是くの如きを総じて利を以つて利を求むと名く。

Abhidh-d. labdhalābhakhyāpanenānyalābhaniścakīrṣaṇatā [lābhena lābhasya niścikīrṣatā]. p. 310. *ll.* 4-5.

Ratnāv. lābhena lipsā lābhānāṃ pūrvalabdhapraśaṃsanam. 15.
rñed pas rñed pa rnams 'dod pa/ sṅar thob pa la bsṅags byed pa'o.

成実　若し施を以て施を求めて、是の施物は某の辺より得たりと言はば、是の如き等を利を以て利を求むと名く。

瑜伽　得る所の利に於て喜足を生ぜず、他の利を獲ることを説いて更に勝利を求む、是の故に説いて利を以て利を求むと名く。

三〇、**悪欲**　云何が悪欲なる。謂はく、一類有り。実には経・律・対法を誦持せず、広く説いて、乃至、実には八解脱を証得する者に非らずして、而も他をして已れを実に是れ経・律・対法等を誦持する者と知らしめむと欲し、斯れに因りて、而も供養・恭敬・尊重・讃歎を得て爲めに依怙と作り、又、自ら実には出家・遠離が所生の善法無くして、而も他人の爲めに宣説・開示して、已れは斯くの如き等の類を証得すと顕はす、〔是れを〕総じて悪欲と名く。

Abhidh-d. parairabhūtaguṇasambhāvanecchā pāpecchatā. p. 310. *ll.* 5-6.

Ratnāv. pāpecchatā nirguṇasya guṇavatprakriyāvidhiḥ. 21.
sdig 'dod yon tan med bźin du/yon tan ldan par tshul 'chos pa'o.

瑜伽　財利に耽著して不実の徳を顕わし、他をして知らしめんと欲するが故に悪欲と名く。

三一、**大欲**　云何が大欲なる。謂はく、多貪の者の、広大の財利等を得むが爲めの故に、而も欲・已欲・当欲を起こすを総じて大欲と名く。

Abhidh-d. lābhasatkāraparivāraprārthanā mahecchatā. p. 310. *l.* 6.

Ratnāv. mahecchatātipranayaḥ saṃtoṣaśrīvilaṅghanam. 22.
'dod chen śin tu brkam pa ste/chog śes dpal las 'da 'ba'o

瑜伽　大人の所に於て広大なる利養恭敬を欲求するが故に、大欲と名く。

三二、**顕欲**　云何が顕欲なる。謂はく、一類有り。実に是れ経・律・対法を誦持し、広く説いて、乃至、持息念を得、及び、預流・一来果を得る者なるも、但だ名誉無く、人の知らざる所なれば、意、他をして此の徳有ることを知らしめむと欲し、斯れに因りて、便ち、供養・恭敬・尊重・讃歎を獲、為めに依怙と作り、又、自ら実に出家・遠離が所生の善法有りて、而も他人の為めに宣説・開示して、已れは斯くの如き等の類を証得すと顕はす、〔是れを〕総じて顕欲と名く。

Abhidh-d. lobhātparairbhūtaguṇasambhāvanecchā icchasvitā. p. 310. *l.* 7.

Ratnāv. icchepsutā kathaṃ vidyuḥ sadbhūtair māṃ guṇair iti. 22.
thob 'dod bdag ñid ci nas kyaṅ/yon tan yaṅ dag ldan śes 'dod.

瑜伽　染汚心を懐いて不実の徳を顕わし、他をして知らしめんと欲するを自の希欲と名く。

三三、**不喜足**　云何が不喜足なる。謂はく、一類有り、已に獲得せる色・香・味・触及び余の資具に於て喜足を生ぜず。復た悕し、復た欲し、復た楽ひ、復た求むるを総じて不喜足と名く。

Abhidh-d. layo nāma doṣaguṇatyāgārjanaṃ prati ātmaparibhavajaścittasaṃkocaḥ. p. 310. *l.* 17.

Ratnāv. なし

瑜伽　なし

三四、**不恭敬**　云何が不恭敬なる。謂はく、一類有り、若しは親教・親教の類、軌範・軌範の類、及び、余の随一の尊重すべく、信ずべく、往還すべき朋友の、如法に告げて曰はく、汝、今より去、身業を壊すること勿れ。語業を壊すること勿れ。意業を壊すること勿れ。不応行処を行ずること勿れ。悪友に親近すること勿れ。三悪趣業を作ること勿れと。是くの如きの教誨の、法に称ひ、時に応じ、所脩の道に於て随順し、磨瑩し、増長し、厳飾し、宜しく便ち常に助・伴資糧を委しうするに、而も彼の友情は欣せず、喜せず、愛せず、楽はず、師等の言に於て違戻・左取して、而も右取せず、毀呰・非撓する、諸の是くの如き等を不恭敬と名く。

Abhidh-d. guṇeṣu guṇavatsu cābahumānavṛttiraṇā(nā)daratā. p. 310. *l.* 18. ~ p. 311. *l.* 1.

Ratnāv. anācāro ya ācārya-gurukāryeṣv anādaraḥ. 23.

tshul med slob dpon bla ma yi/bya ba rnams la ma gus pa'o.

瑜伽　自ら已が徳を現わし、謙恭を遠離し、尊重す可きに於て而も尊重せざるが故に、不敬と名く。

三五、**悪言を起こす**　云何が悪言を起こすなる。謂はく、一類有り、若しは親教・親教の類、軌範・軌範の類、及び、余の随一の尊重すべく、信ずべく、往還すべき朋友の、如法に告げて言はく、汝、今より去、身業を壊すること勿れ。語業を壊すること勿れ。意業を壊すること勿れ。不応行処を行ずること勿れ。悪友に親近すること勿れ。三悪趣業を作ること勿れと。是くの如きの教誨の、法に称ひ、時に応じ、所脩の道に於て随順し、磨瑩し、増長し、厳飾し、宜しく便ち常に助伴・資糧を委しうするに、而も彼の友情は欣せず、喜せず、愛せず、楽はず、師等の言に於て違戻・左取して、而も右取せず、毀呰・非撓し、及び、師等に於て、勃詈の言を起こす、諸の是くの如き等を悪言を起こすと名く。

Abhidh-d. dharmānuśāstṛṣu sāsūyitapratimantrakṛddaurvacasyam. p. 311. *l.* 1.

Ratnāv. なし

瑜伽　なし

三六、**悪友を楽《ねが》ふ**　云何が悪友を楽ふなる。謂はく、一類有り、好んで悪友に近づく、悪友と言ふは、謂はく、諸の屠羊・屠鶏・屠猪・捕鳥・捕魚・猟獣・劫盗・魁膾・典獄・縛龍・煮狗、及び罝弶等、是れを悪友と名く。復た一類有り、尸羅を毀犯し、悪法を習行し、内には腐敗を懐いて外には堅貞を現ずること、穢蝸牛、螺音の狗の行に類し、実には沙門に非ずして自ら沙門と称し、実には非梵行ありて自ら梵行を称する、〔是れも〕、亦、悪友と名く。〔而して〕是くの如き等の諸の悪友の所に於て親近し、承事し、随順し、愛楽するを悪友を楽ぶと名くるなり。

Abhidh-d.　śīladṛṣṭayācāravipannānāṃ ratikṛtā saṃsevā pāpamitratā. p. 310. *l.* 13.

Ratnāv.　なし

成実　悪人を喜楽せば楽悪友と名く。

瑜伽　諸有の朋畴引導して非利益の事を作さしむるを名けて悪友と為す。

三七、**不忍**　云何が不忍なる。謂はく、一類有り、寒・熱・飢・渇・風・雨・蚊・虻・蛇・蝎の悪触及び余の苦事を堪忍すること能はず。復た一類有り、他の、暴悪にして、能く自身の猛利・剛獷・切心・奪命・辛楚の苦受を発する凶・勃・穢言に於いて堪忍すること能はず。即ち此れと、及び、前とを総じて不忍と名く。

Abhidh-d.　sahyāsahiṣṇutā 'kṣāntiḥ. p. 311. *l.* 7.

Ratnāv.　akṣāntir aparādhānāṃ [duḥ]khānāṃ cāsahiṣṇutā. 23.

mi bzod gnod pa byed pa daṅ/ sdug bsṅal dag kyaṅ mi bzod pa'o.

瑜伽　罵らるるに於て反って罵るを名けて不忍と為し、瞋に於て反って瞋り、打たるるに於て反って打ち、弄せらるるに於て反って弄するも当に知るべし、亦爾なりと。

三八、**耽嗜・遍耽嗜**　云何が耽嗜・遍耽嗜なる。謂はく、下品の貪・瞋・癡・纏を耽嗜と名け、即ち此れが中品を遍耽嗜と名く。復た次に、中品の貪・瞋・癡・纏を耽嗜と名け、即ち此れが上品を遍耽嗜と名く。

Abhidh-d.　なし

Ratnāv.　gardho 'lpaparyavasthānaṃ kāmarāgasamudbhavam. parigardho 'rthakāmotthaṃ paryu[ttha]naṃ mahattaram. 19.

źen pas kun nas dkris pa chuṅ/'dod pa'i 'dod chags las byuṅ ba'o/yoṅs źen 'dod pa las byuṅ ba'i/kun nas dkris pa che rab yin.

瑜伽　自の諸欲に於て深く貪愛を生ずるを名けて耽嗜と為し、他の諸欲に於て深く耽著を生ずるを遍耽嗜と名け、勝に於ても劣に於ても其の所応に随って当に知るべし、亦た爾なりと。

三九、**染貪**　云何が染貪なる。謂はく、諸の欲に於ける諸の貪・等貪・乃至、貪の類・貪の生を総じて染貪と名く。

Abhidh-d.　なし

Ratnāv.　なし

瑜伽　なし

四〇、**非法貪**　云何が非法貪なる。謂はく、母・女・姉・妹、及び、余の随一の親眷に於て、起こす貪・等貪・執蔵・防護・堅著・愛染を非法貪と名く。

Abhidh-d. なし

Ratnāv. adharmarāgo varjyāsu strīṣv abhiṣvaṅgasādhutā. 21.
spaṅ bya bud med chags ston pa/chags pa ma yin ’dod chags so.

瑜伽 諸の悪行に於て深く耽著を生ずるを非法貪と名く。

四一、**著貪** 云何が著貪なる。自らの財物、及び、摂受する所に於て、貪・等貪・執蔵・防護・堅著・愛染を起こす、是れを著貪と名く。

Abhidh-d. なし

Ratnāv. lobhaḥ svadravyasaṃgṛddhi-rāgāvyavasitaṃ manaḥ. 20.
chags pa raṅ gi rdzas la ni/chags pas ’dod chags ldan pa’i yid.

瑜伽 自の父母等の諸の財宝に於て正しく受用せざるを名けて執著と名く。

四二、**悪貪** 云何が悪貪なる。謂はく、他が財物、及び、摂受する所に於て、起こす貪・等貪・執蔵・防護・堅著・愛染、是れを悪貪と名く。復た悪貪有り。他が生命を規り、皮・角等を貪し、飲血・噉肉す。是くの如きの二種を総じて悪貪と名く。

Abhidh-d. なし

Ratnāv.　paradravyeṣv abhiṣvaṅgo viṣamo lobha ucyate. 20.
gźan gyi rdzas la źen pa ni/mi rigs chags pa źes bya'o.

瑜伽　他の委寄せる所有る財物に於て規って抵拒せんと欲するが故に、悪貪と名く。

四三、**有身見**　云何が有身見なる。謂はく、五取蘊に於て、我・我所想を起こし、此れに由りて忍・楽・慧・観・見を生ずるを有身見と名く。

Abhidh-d.　なし

瑜伽　妄りに諸行を観じて我我所と為し、或いは分別起、或いは倶生なるを説いて名けて見と為す。

四四、**有見**　云何が有見なる。謂はく、我、及び、世間に於て、常恒想を起こし、此れに由りて忍・楽・慧・観・見を生ずる、是れを有見と名く。

Abhidh-d.　なし

瑜伽　薩迦耶見を所依止と為して、諸行の中に於て常見を発起するを名けて有見と為す。

四五、**無有見**　云何が無有見なる。謂はく、我、及び、世間に於て、非常・非恒想を起こし、此れに由りて忍・楽・慧・観・見を生ずるを無有見と名く。

Abhidh-d.　なし

Ratnāv.　なし

瑜伽　断見を発起するを無有見と名く。

四六、**貪欲**　云何が貪欲なる。謂はく、諸の欲の境に於て、起こす欲楽・欣喜・求趣・悕望、是れを貪欲と名く。有るが是の説を作さく、諸の欲の境に於ける諸の貪・等貪、乃至、貪の類・貪の生を総じて貪欲と名くと。

Abhidh-d.　なし

Ratnāv.　kāmacchando vibhāvo yaḥ kāmānāṃ guṇapañcake. 30.
’dod ’dun yon tan lṅa dag la/’dod pa don du gñer ba ñid.

瑜伽　なし

四七、**瞋恚**　云何が瞋恚なる。謂はく、諸の有情に於て、損害を為さむことを欲する内に栽杌を懐く、乃至現に過患を為すを総じて瞋恚と名く。

Abhidh-d.　なし

Ratnāv.　vyāpādo navahetūthā parasyānarthacetanā. ātmamitrā[ri]pakṣeṣu traikālyānarthaśaṅkinaḥ. 31.
gnod sems bdag daṅ grogs daṅ dgra’i/phyogs la dus gsum don min pa/dogs pa’i gźan la gnod pa’i sems/rgyu dgu las ni byuṅ ba yin.

瑜伽　なし

四八、**惛沈**　云何が惛沈なる。謂はく、身の重性・心の重性、乃至、瞢瞢、憒悶を総じて惛沈と名く。

Abhidh-d. kāyākarmaṇyatā styānaṃ tandrīparyāyavacanam. p. 309. *ll.* 1-2.

Ratnāv. styānaṃ yat kāyamanasor gurutvād apakarmatā. 32.

lus sems lci phyir las bral ba/gaṅ yin pa ni rmi ba'o.

瑜伽 なし

四九、**睡眠** 云何が睡眠なる。謂はく、諸の眠夢の任持すること能はざる、心の昧略性を総じて睡眠と名く。

Abhidh-d. kāyacittākarmanya(ṇya)tā middhaṃ cittābhisaṃkṣepaḥ svapnākhyaḥ, sa tu kliṣṭa eva paryavasthānam. p. 309. *ll.* 2-3.

Ratnāv. middhaṃ nidrāndhyam. 32.

gñid ni gñid ñid.

成実 心重くして眠らんと欲するを睡と名け、心摂して覚を離るるを眠と名く。

瑜伽 なし

五〇、**掉挙** 云何が掉挙なる。謂はく、心の不寂静・掉挙・等掉挙・心の掉挙の性を総じて掉挙と名く。

Abhidh-d. cittāvyupaśāntir auddhatyam. p. 309. *l.* 3.

Ratnāv. auddhatyaṃ kāyacittāpraśāntatā. 32.

rgod pa ni/lus sems rab tu ma źi ba'o.

成実 心が諸塵に散ずるを掉と名く。

瑜伽　なし

五一、**悪作**　云何が悪作なる。謂はく、心の変・心の懊・心の悔・我悪作・悪作の性を総じて悪作と名く。

Abhidh-d.　kukṛtabhāvaḥ kaukṛtyam. p. 309. *ll.* 5-6.

Ratnāv.　kaukṛtyaṃ kukṛte śokaḥ paścāttāpasamudbhavaḥ. 33
'gyod pa ṅan par byas la 'gyod/phyis gduṅ ba las byuṅ ba'o.

成実　心が憂結を懐くを悔と名く、所謂応に作すべからざるを而も作し、応に作すべきを而も作さざるなり。

瑜伽　なし

五二、**疑**　云何が疑る。謂はく、仏法僧及び苦集滅道に於て生起する疑惑・二分・二路・乃至現に一趣に非ざるを総じて名けて疑と為す。

Abhidh-d.　なし

Ratnāv.　vicikitsā matidvaidhaṃ satyaratnatrayādiṣu. 33.
bden daṅ dkon mchog gsum sogs la/blo rnam gñis ni the tshom mo.

瑜伽　なし

五三、**瞢憒**《もうけ》　云何が瞢憒なる。謂はく、身の重性・心の重性・身の無堪任の性・心の無堪任の性・身の瞢憒の性・心の瞢憒の性・已瞢憒・当瞢憒・現瞢憒を総じて瞢憒と名く。

Abhidh-d. jṛmbhikodgama(mā)dakṣivartmastambhanidrāspadaḥ caittaviśeṣaḥ styānākhyā tandrī. p. 311. *l.* 2.

Ratnāv. tandrī gātrāvasādottham ālasyam atarasvinaḥ. 28.

sñoms pa brtson pa med pa'i lus/sgyid lug don ni ñes pa yin.

成実　若し人にして睡るを喜ぶ病有らば、単致利と名く。

瑜伽　所欲の如くならず非時は睡纏に随縛せらるるが故に、懜憒と名く。

五四、**不楽**　云何が不楽なる。謂はく、一類有り、好親教・親教の類、軌範・軌範の類、及び、余の随一の尊重すべく、信ずべく、往還すべきの朋友の教誡・教授を得るも、繫念して房舎・臥具を思惟して、而も心の喜せざる、愛せざる、楽ばざる、悵望・惨慼を総じて不楽と名く。

Abhidh-d. kāmyānviṣayānanusmarato rativiparītamanasaḥ pravṛttiraratiḥ. p. 311. *l.* 11.

Ratnāv. aratir luptadhairyasya samutkaṇṭhāvilaṃ manaḥ. 28.

mi dga' brtan pa med pa yi/phrad 'dod brñogs pa'i yid yin no.

瑜伽　非処に思慕するを説いて不楽と名く。

五五、**頻申・欠呿**　云何が頻申・欠呿なる。謂はく、身の低挙・手足の巻舒を名けて頻申と曰ひ、鼻面の開蹙・脣口の喎張を名けて欠呿と為す。

Abhidh-d. kleśasamutthitaḥ kāyasyānamanavinamanakṛccaitto vijambhikā. p. 311. *l.* 19.

Ratnāv. vijṛmbhikā klesávaśāt kāyavaktravijirṃbhaṇam. 29.

'gyur ba ñon moṅs dbaṅ gis ni/lus daṅ kha dog 'gyur ba'o.

成実　若し人にして頻申し、身は調適ならずして睡眠の因縁を為さば、名けて頻申と為す。

瑜伽　麁重剛強にして心調柔ならず、身を挙げて舒布するが故に頻申と曰う。

五六、**食不調性**　云何が食不調性なる。謂はく、不食、或ひは食の過量、或ひは食の匪宜を以つて、而も苦受を生ずるを総じて食不調性と名く。

Abhidh-d.　kuśalapakṣānukūlabhojanasamatāprativedhaścetaso bhaktāsamatā. p. 311. *l.* 3.

Ratnāv.　bhaktasaṃmadam atyāśād āhuḥ kāyasya mūrcchanam. 29.
zas mi 'dod pa bza' drags pas/lus mi bde ba yin par bśad.

成実　若し人にして飲食の多少を調適することを知らずは、食不調と名く。

瑜伽　飲食する所に於て善く通達せず、若しは過ぎ若しは減ず、是の故に名けて食に量を知らずと為す。

五七、**心の昧劣の性**　云何が心の昧劣の性なる。謂はく、心の惛昧・劣弱・蹉跼を総じて心の昧劣の性と名く。

Abhidh-d.　cittāpaiśalyamanārjavatā. p. 311. *l.* 12.

Ratnāv.　cetolīnatvam uddiṣṭaṃ cittasyātyarthadīnatā. 30.
sems ni śin tu dma 'ba ñid/sems źum yin pa ñid du bstan.

瑜伽　自ら転蔑するが故に心下劣と名く。

五八、**種種想**　云何が種種想なる。謂はく、有蓋纏者が所有の染汚の色・声・香・味・触想、不善想、非理所引の想、定を障礙するの想を総じて種種想と名く。

Abhidh-d.　kleśakṛtā vividhālambanaṃ(na)saṃjñā nānātvasaṃjñāḥ. p. 311. *ll.* 19-20.

Ratnāv.　nānātvasaṃjñā saṃjñā yā rāgadveṣatamovṛtā. 17.

tha dad 'du ses 'du ses gaṅ/chags sdaṅ mun gyis bsgribs pa'o.

瑜伽　なし

五九、**不作意**　云何が不作意なる。謂はく、出家・遠離が所生の善法に於て、引発せざる、憶念せざる、思惟せざる、已に思惟せざる、当に思惟せざる、心の警覚無きを総じて不作意と名く。

Abhidh-d.　kuśalāsamanvāhāra audāsīnyayogeṇāmanasikāraḥ. p. 310. *l.* 18.

Ratnāv.　amanaskāram āhus taṃ yac cittasyānavekṣaṇam. 17.

yid la mi byed gaṅ yin de/sems la lta ba med par bśad.

瑜伽　所応作に於て而も便ち作さず、所応作に非ざるに更に反って作し、聞・思・修習する所の如き法の中に放逸を先と為して功用を起こさざるを不作意と名く。

六〇、**麁重**　云何が麁重なる。謂はく、身の重性・心の重性・身の無堪忍の性・心の無堪忍の性・身の剛強の性・心の剛強の性・身の不調柔の性・心の不調柔の性を総じて麁重と名く。

Abhidh-k-vy.　kāya-dauṣṭhulya.

Abhidh-d.　なし
Ratnāv.　なし
瑜伽　なし

六一、觝突

云何が觝突なる。謂はく、一類有り、授食の時に於て、熟を索むるに生を与へ、生を索むるに熟を与へ、麁を索むるに細を与へ、細を索むるに麁を与へ、与ふること平等ならず、与ふること如法ならず、識と不識と而して与と不与とに於て、中に於て、数、相違の語言を起こす、是れを觝突と名く。復た一類有り、若しは親教・親教の類、軌範・軌範の類、及び、余の随一の尊重すべく、信ずべく、往還すべき朋友の告げて言はく、具寿よ、汝は如是如是の事業に於て、応さに次第もて作すべしと。彼れの、是の念を作さく、何事の衆業ぞ我れをして是くの如きの次第もて而も作さしむるやと。中に於て、数、相違の語言を起こす、是れを觝突と名く。復た一類有り、或ひは自ら来りて過を謝し、或ひは他が教へて過を謝せしめ、或ひは自ら啓請すること有り、或ひは他が教へて啓請せしむるに、中に於て、数、相違の語言を起こす、是れを觝突と名く。是くの如く、或ひは料理・衣服・営造・事業に因りて、中に於て、数、相違の語言を起こすを総じて觝突と名く。

Abhidh-d.　nimittamātreṇa sātatyaviheṭhanakṛcchṛṅgī. p. 311. *ll*. 9-10.
Ratnāv.　śiṅguḥ prakopitasyānyais tat tad yad anuśiñjanam. 15.
skyon zlos gźan gyis khros gyur pa/de daṅ de ni gaṅ zlos pa'o.

瑜伽　性となり他を悩ますが故に、抵突と名く。

六二、**饕餮**《とうでん》　云何が饕餮なる。謂はく、一類有り、財利を分つの時、一を捨し、一を取りて、情貪の定まり無き、是れを名けて饕と為し、前後の食時に、飲食所に往いて、此れを嘗め、彼れを歠して、好悪の定まらざる、是れを名けて餮と為し、此れと、即ち、及び、前と総じて饕餮と名く。

Abhidh-k-vy. bhittirīkā.
Abhidh-d.　なし
Ratnāv.　なし
瑜伽　なし

六三、**不和軟性**　云何が不和軟性なる。謂はく、心の剛強・心の堅鞕・心の憒悷・心の明浄ならざる、心の潤滑ならざる、心の柔軟ならざる、心の堪忍無きを総じて不和軟性と名く。

Abhidh-k-vy. anārjavatā.
Abhidh-d.　なし
Ratnāv.　なし
瑜伽　なし

六四、**不調柔性**　云何が不調柔性なる。謂はく、身の剛強・身の堅鞕・身の憒悷・身の明浄ならざる、身の潤滑ならざる、身の柔軟ならざる、身の堪忍無きを総じて不調柔性と名く。

Abhidh-k-vy. anārdavatā.

Abhidh-d. ativīryabhaktāsamatānirja(rjā)takāyavaiṣamyābādha(dhaḥ) kāyadauṣṭhulyam. p. 311. *ll.* 20-21.

Ratnāv. なし

瑜伽 なし

六五、**同類に順ぜず** 云何が同類に順ぜずなる。謂はく、一類有り、親教・親教の類・軌範・軌範の類・及び余の随一の尊重すべく、信ずべく、往還すべき朋友に於いて、正しく随順せざる、是れを同類に順ぜずと名く。

Abhidh-k-vy. asvabhāvānuvartitā.

Abhidh-d. kalyāṇamitrāṇāṃ guṇeṣvananuśikṣā asabhāgānuvartanatā. p. 311. *ll.* 21-22.

Ratnāv. pratirūpakriyāsv ālasyād yā gauravahīnatā. guruṣv abhagavadvṛttir eṣā durjanasaṃmatā. 18.

mthun par bya ba rnams la ni/le los bkur sti ñams pa gaṅ/bla mar bcom ldan tshul min te/skye bo ṅan pa yin par 'dod.

瑜伽 なし

六六、**欲尋** 云何が欲尋なる。謂はく、欲貪相応の諸の心の尋求・遍尋求・近尋求・心の顕了・極顕了・現前顕了・推度・構画・思惟・分別を総じて欲尋と名く。

Abhidh-d. kāmarāgapratisaṃyukto vitarkaḥ kāmavitarkaḥ. p. 310. *ll.* 7-8.

Ratnāv. なし

瑜伽 同分にして転ずるも、心に愛染を懐き、諸欲を攀縁し、意言を起発し随順し随転するを欲尋思と名く。

六七、**恚尋** 云何が恚尋なる。謂はく、瞋恚相応の諸の心の尋求・遍尋求、乃至、思惟・分別を総じて恚尋と名く。

Abhidh-d. vyāpādārtha-prayukto vitarko vyāpādavitarkaḥ. p. 311. *ll.* 12-13.

Ratnāv. なし

瑜伽 心に憎悪を懐き、他に於て不饒益の相を攀縁して、意言を起発し随順し随転するを恚尋思と名く。

六八、**害尋** 云何が害尋なる。謂はく、害相応の諸の心の尋求・遍尋求・乃至、思惟・分別を総じて害尋と名く。

Abhidh-d. vihiṃsāsaṃprayukto vitarkaḥ [vihiṃsāvitarkaḥ]. p. 311. *l.* 13.

Ratnāv. parānudayatāyu[k]to vitarko yat parān prati. snehavyāpādasaṃsparśād dhitāhitavicintanam. 27.
gźan rjes chags daṅ ldan pa yi/ rnam rtog gaṅ yin gźan dag la/ chags daṅ gnod sems reg pa yis/ phan daṅ mi phan rnam sems pa'o.

瑜伽 心に損害を懐き、他に於て悩乱の相を攀縁し、意言を起発し、余は前説の如くなるを害尋思と名く。

六九、**親里尋** 云何が親里尋なる。謂はく、親里に於て、安楽ならしめ、勝朋伴を得、悩・害有ること無く、一切の無悩害法を成就し、王臣の愛重し、国人の敬慕し、五穀豊熟し、降沢、時を以ってせしめむことを欲し、此れ等に縁るが故に起こす心の尋求・遍尋求、乃至、思惟・分別を総じて親里尋と名く。

Abhidh-d. jñātisnehaparītasya tadāvāhavivāhakṛṣivaṇigrājasevādīnāṃ gṛhasandhārana(ṇa)mupajīvanopāyānāṃ rājataskarādibhayapraśamanopāyānāṃ ca vitarkāṇāṃ[vitarkaḥ] jñātivatarkaḥ. p. 310. *ll.* 8-10.

Ratnāv. vitarko jñātisaṃbandho jñātiṣu snehasaṅgitā. 24.
ñe du daṅ 'brel rnam rtog ni/ñe du la byams chags pa'o.

瑜伽 心に染汚を懐き、親戚を攀縁し、意言を起発し、余は前説の如きを、是の故に説いて親里尋と名く。

七〇、**国土尋** 云何が国土尋なる。謂はく、所愛の国土・人衆に於て、安楽ならしめ、広く説いて、乃至、降沢、時を以つてせしめむことを欲し、此れ等に縁るが故に起こす心の尋求・遍尋求、乃至、思惟・分別を総じて国土尋と名く。

Abhidh-d. paryāptajīvitopakaraṇāparituṣṭasya lokaci(mi)tratā, chandarāgāpahṛtacetasasteṣāṃ janapadānāṃ bhūmiramaṇī(ṇī)yatāsubhikṣākṣematāpracuragorasekṣu vikāragodhūmaśālyādīnāṃ vitarkaṇājjanapadavitarkaḥ. p. 310. *ll.* 10-13.

Ratnāv. tathā jānapadas ta[d ya]d atyarthaṃ tadguṇoktitā. 25.
de bźin yul sred de don du/de yi yon tan brjod pa'o.

瑜伽 心に染汚を懐き、国土を攀縁し、意言を起発し、余は前説の如きを、是の故に説いて国土尋思と名く。

七一、**不死尋** 云何が不死尋なる。謂はく、一類有り、是の思惟を作さく、我れは仏教所説の勝定に於て、且らく未だ修習せず。先きに応さに経・律・対法を誦持し、諸の有情の為めに、法要を宣説し、諸の伝記を学び、疏論を製造し、阿練若に居し、但だ三衣を持して広く説いて、乃至、得るに随つて而も坐すべく、此の事を作し已りて、然る後、定を習せむと。復た一類有り、是の思惟を作さく、我れは仏教所説の勝定に於て、且らく未だ修習せず。先きに応さに山川・国土・園林・池沼・巌窟・塚間を歴観し、制多を礼旋し、諸寺を遊観すべく、此の事を為し已りて、然る後、定を習せむと。復た一類有り、是の思惟の作さく、我れは仏教所説の勝定に於て、且らく未だ修習せず。七年・六年・五年・四年・三年・二年・一年を過ぎ、或ひは七月乃至一月を過ぎ、或ひは七日乃至一日を過ぎ、或ひは此の昼を過ぎ、或ひは此の夜を過ぎ、此の時を過ぐるを待ち已りて、然る後、定を習せむと。[諸の]、是くの如く思惟して、自身の命に於て危脆を了せずして起こす心の尋求・遍尋求・乃至、思惟・分別を総じて不死尋と名く。

Abhidh-d. なし

Ratnāv. tathāmaravitarko yan na mṛtyubhayaśaṅkitā. 25.

de bźin mi 'chi rtog pa daṅ/'chi ba'i 'jigs pas mi dogs pa.

瑜伽 心に染汚を懐き、自義を攀縁して推託し遷延し、後時に得んことを望んで意言を起発し、余は前説の如きを、是の故に説いて不死尋思と名く。

七二、**陵蔑尋** 云何が陵蔑尋なる。謂はく、一類有り、是の思惟を作さく、我が種姓・家族・色力・工巧・事業、若しは財、若しは位、戒・定・慧等の随一の殊勝なりと。此れを恃んで他に方うて而も陵蔑を生じ、此れ等に由るが故に起こす心の尋求・遍尋求、乃至、思惟・分別を総じて陵蔑尋と名く。

Abhidh-k-vy. avamanyanā-pratisaṃyukto vitarka.

Abhidh-d. なし

Ratnāv. anuvijñaptisaṃyukto vitarkaḥ katham eva mām. sataiva guṇajātena guruṃ kuryuḥ parā iti. 26.
rjes rnam rig daṅ ldan rtog ni/bdag ñid ci nas gźan dag gis/yon tan bdog pa'i rnam pa yis/bla mar byed par 'gyur sñam pa'o.

瑜伽 なし

七三、**仮族尋** 云何が仮族尋なる。謂はく、一類有り、親族に非ざるものに於て、託りに親族と為して、安楽ならしめ、勝朋伴を得、悩・害有ること無く、一切の無悩害法を成就し、王臣は愛重し、国人は敬慕し、五穀豊熟し、降沢、時を以つてせしめむことを欲し、此れ等に縁るが故に起こす心の尋求・遍尋求、乃至、思惟・分別を総じて仮族尋と名く。

Abhidh-k-vy. kulodayatā-pratisaṃyukto vitarka.

Abhidh-d. なし

Ratnāv. parānudayatāyu[k]to vitarko yat parān prati. snehavyāpādasaṃsparśād dhitāhitavicintanam. 27.
gźan rjes chags daṅ ldan pa yi/rnam rtog gaṅ yin gźan dag la/chags daṅ gnod sems reg pa yis/phan daṅ mi phan rnam sems pa'o.

瑜伽 なし

七四、**愁** 云何が愁なる。謂はく、一類有り、或ひは父母・兄弟・姉妹・師友の死するに因るが故に、或ひは親族の滅亡・都尽するに因り、或ひは財・位の一切喪失するに因りて、便ち自身に猛利・剛獷・切心・奪命・辛楚の苦受を発するに、彼れの、爾の時に於て、心の熱し、等熱し、内熱し、遍熱して、便ち愁・已愁・当愁・心中の愁箭を発するを総じて愁と為す。

Dhsk. śokaḥ kathama. āha. yat tan mātṛmaraṇena pitṛmaraṇena bhrātṛmaraṇena bhaginīmaraṇena jñātikṣayād dhanakṣayād bhogakṣayāt spṛṣṭasya śārīrikābhir vvedanābhir duḥkhābis tīvrābhiḥ kharābhiḥ kaṭukābhir amanāpābhiḥ prāṇahāriṇībhir yo dāghaḥ saṃdāghaḥ śokaḥ śocanā śokāyitatvam ayam ucyate śokaḥ. (S. Dietz. S. 69)

瑜伽　愁(如前応知)

七五、**歎**　云何が歎なる。謂はく、一類有り、父母・兄弟・姉妹・師友の死等に因りて、便ち自身に、乃至、苦受を発するに、彼れの、爾の時に於て、心の熱し、乃至、心中の愁箭［を発し］、此の縁に由るが故に而も傷歎して言はく、苦なる哉、苦なる哉、我が父・我が母、広く説いて乃至、我が財・我が位の、如何ぞ一旦にして、忽ち此に至るやと。此の中の所有の傷怨の言詞・種種の語業を総じて名けて歎と為す。

Dhsk. paridevaḥ kathama. āha. tathā dahyate tathā paridahyate. hā aṃba hā tāta hā bha[g]ini hā bhrātaḥ. tad upādāya yad vākyaṃ vaccanaṃ vyāhāro bhāṣā gīr nniruktir vvākpatho vāgghoṣo vācā vākkarmma vāgvijñaptir ārttir bhāṣyaṃ vipralāpo lālapyaṃ lālapyanatā paridevaḥ paridevanatā ayam ucyate paridevaḥ. (S. 69)

瑜伽　歎(如前応知)

七六、**苦**　云何が苦なる。謂はく、五識相応の不平等の受を総じて名けて苦と為す。

Dhsk. duḥkhaṃ kathamad. āha. paṃcavijñānasaṃprayuktam asātaṃ veditaṃ vedanāgatam idam ucyate duḥkhaṃ. (S. 69)

七七、**憂**　云何が憂なる。謂はく、意識相応の不平等の受を総じて名けて憂と為す。

Dhsk. daurmmanasyaṃ katarad. āha. manovijñānaṃsaṃprayuktam asātaṃ veditaṃ vedanāgatam idam ucyate daurmmanasyaṃ. (S. 69)

七八、**擾悩**　云何が擾悩なる。謂はく、心の擾悩・已擾悩・当擾悩・擾悩の性・擾悩の類を総じて擾怖と名く。

Dhsk. upāyasaḥ katama. āha. yaś cetasa āyāsa upāyāsaḥ upāyāsanatā ayam ucyate upāyāsaḥ (S. Dietz. S. 70)

三　個々の諸問題

(一)　貪瞋癡と tamas

いわゆる三不善根という場合の「癡」の原語は moha が一般的である。が、『倶舎論』には同じ語根√muh から成る mūḍhi がみられるのはともかく、『アビダルマディーパ』『ラトナーヴァリー』では tamas の用例も認められる。

『倶舎論』『アビダルマディーパ』双方の三不善根のくだりを示すと、

kāmo 'kuśalamūlāni rāgapratighamūḍhayaḥ. (*Abhidh-k-bh*, p. 291. *l*. 4)

kāmeṣvakuśalaḥ śeṣāḥ rāgadveṣatamāṃsyataḥ. (*Abhidh-d*, p. 243. *ll*. 4-7)

とある。一方『ラトナーヴァリー』では「種々想」(nānātvasaṃjñā)を定義する際に、

rāgadveṣatamovṛtā.(貪、瞋、闇に覆われた)

とあるのは、三不善根に当たるであろう。説一切有部では moha と avidyā とを同義語とみるが、しかしそのいずれでもなく tamas の語を当てることはインド哲学、とりわけサーンキヤ学派にも認められる。仏典でも原語の知り得るものに馬鳴(アシュヴァゴーシャ)作『ブッダチャリタ』[1]があり、そこには「無明」(avidyā)を tamas、moha、mahāmoha、tāmisra、andhatāmisra の五種に分けるといった興味ある分類もたしかに認められる。『アビダルマディーパ』が直接馬鳴から思想的影響を受けたとは思われない。しかし先にあげた「癡」の定義をみると、その中に「黒闇」が認められ、その原語は tamas と推定し得るから、『ディーパ』『ラトナーヴァリー』ではそうした tamas を前面に出したのであろう。

㈡「種々想」について

『法蘊足論』「雑事品」における以上に示した定義は、「無色品」にも、あるいは『集異門足論』にもそのまま認めることができる。もっとも『倶舎論』「世間品」では、前出のいずれとも幾分異なる次の定義が認められる。

想が多種であるから種々想である。それ(種々想)が彼らにあるから想が異なる。楽と苦と不苦不楽となるからである(nānātvena saṃjñā nānātvasaṃjñā. saiṣāmastīti nānātvasaṃjñinaḥ. sukhaduḥkhāduḥkhāsukhasaṃjñitvāt.)[2]

㈢ 惛沈・瞢憒・不調柔性の三法について

『法蘊足論』「雑事品」におけるこの三法はそれぞれ別個の染汚法として取り扱われるけれども、その内容からみる限り、同内容の別表現と解することができよう。この点に関し、『集異門足論』では「惛沈」に対して次のような定義があるからである。

惛沈睡眠蓋とは云何が惛沈なる。答ふ、所有《あらゆる》、身の重性、心の重性、身の不調柔性、心の不調柔性、身の惛沈、心の惛沈、瞢瞢《ちようもう》、憒悶、是れを惛沈と名く。(3)

ここには、三概念が列挙されている。ただ『順正理論』にみられる惛沈の定義は幾分異なる。

惛は、謂わく惛沈なり。瞢瞢不楽等の所生にして、心の重き性を説いて惛沈と名く。斯に由りて心を覆蔽して、便ち惛昧ならしめ、堪任する所なし。瞢憒の性なるが故に。(4)

これによると、惛沈は瞢瞢より生ずると因果関係で捉えられている。

註

（1） *Buddhac.* XII-33 ~ 37.
（2） *Abhidh-k-bh*, p. 115. *ll.* 24-25.
（3） 『集異門足論』、大正蔵二六、四一六頁中。
（4） 『順正理論』、大正蔵二九、三九一頁下。

四　諸論の特色

(一)『分別論』（Vibhaṅga）「小事分別」

『分別論』では「雑事品」に酷似する染汚法を一法から十法まで法数順に多数あげるが、末尾に「十八愛行」、「六十二(成見)」を加える点が『法蘊足論』と異なる。最後の「六十二」については、『大毘婆沙論』では改めて独立した一章「見蘊」を設ける程、大きく扱っている。

なお「憍」について『法蘊足論』では単にそのままあげるにすぎないが、本論では生憍、種憍、無病憍、血気憍、命憍、利得憍など二十七に分類する。この点は「慢」も同様で、「慢」「過慢」「慢過慢」などといった七慢は説一切有部と共通するものの、それ以外に十二種まであげている。

(二)『法蘊足論』

「雑事品」が『雑阿含経』第一八七経の系統を引くであろうことはすでに示した。とりわけ五蓋に対応するものとして双方ともに連続して列挙するのは、「蓋」という群名を取り払って採用したとみることができる。

また「雑事品」にあげる七十八法中、末部の「愁・歎・苦・憂・擾悩」の五つについては、十二縁起中の「老死」と結合した形で説かれることがある。この点は『法蘊足論』「縁起品」の場合でも同様であり、その「縁起品」にみられる「愁・歎・苦・憂・擾悩」のくだりは、S・ディーツ氏によってサンスクリット断片も回収されている。(1) 後者の「愁」ないし「擾悩」に至る五つの定義は漢訳本でみる限り、「雑事品」のものと全く同文であるから、掲出部分のサンスクリット文は「縁起品」のものをそのまま適用してある。とにかく『法蘊足論』にみられる個々の染汚法の定義は、以上に示したとおり他論書に比べて最も詳細であり、その点に本論の特色が窺える。

(三)『倶舎論』ヤショーミトラ釈

ヤショーミトラが「雑事」中のものとして指摘する「不楽」から「愁・歎・苦・憂・擾悩」に至る二十五法は、そのまま『法蘊足論』「雑事品」の後半部に対応する。しかし前半部の忿・恨・覆・憍・放逸・傲・憤発などをなぜ省略したのかは示されない。後半部に劣らず重要と思われる。

(四)『アビダルマディーパ』

『アビダルマディーパ』の随煩悩のくだりでは、まず十纏六垢をあげ、こうした纏垢はいかなる根本煩悩から派生(等流)したかを論じ、さらに派生したものに詭詐、矯妄、現相など数十種があるという体裁をとる。たとえば「愛」(anunaya、「貪」(rāga)と同義語)から派生した随煩悩として次の十六種をあげる。

そのうち愛の等流は無慚、無愧などである。これらの随煩悩は貪(rāga)の等流である。すなわち無慚・無愧・掉挙・憍・慳・詭詐・矯妄・現相・激磨・以利求利・悪欲・大欲・顕欲・欲(尋)・親里(尋)・国土尋・悪友である。(2)

このように「雑事」において根本煩悩とそれから派生したものとを列挙する方法を採用するのは、『アビダルマディーパ』の特色である。

㈤『成実論』

『成実論』「随煩悩」品に列挙される二十一種の随煩悩は、いずれも『法蘊足論』「雑事品」に認められるが、二十一種としたその選択は何によるのであろうか。二十一種とは次のものである。

①睡　②眠　③掉　④悔　⑤諂　⑥誑　⑦無慚　⑧無愧　⑨放逸　⑩詐　⑪羅波那　⑫現相　⑬憿切　⑭以利求利　⑮単致利　⑯不喜　⑰頻甲、⑱食不調　⑲退心　⑳不敬粛　㉑楽悪友

まず、睡（＝惛沈）・眠・掉・悔・無慚・無愧の六は八纒中のものと合致するが、しかし嫉・慳の二つがなく、諂・誑の二つは六垢に対応するものの、なぜ六垢からこの二つが採用されたかも明らかでない。したがってこれらの随煩悩は煩悩群から採用されたのではないと思われる。

⑮単致利から⑲不退心に至る五は、五蓋中との関連で示されることがあるから、それとの関わりで採用したのであろう。また⑩詐から⑭以利求利に至る五も『法蘊足論』にまとめて列挙されるものである。

しかし、それ以外の⑨放逸、⑳不敬粛、㉑楽悪友などを含めた二十一種だけをとり上げた理由は、何であろうか。『成実論』では「随煩悩品」以外にも、主要煩悩に付随する形で随煩悩に言及するくだりが認められる。たとえば、瞋についてみればその「一相」（これは有部でいう「等流」に相当）として害（違欣婆、vihiṃsā）、忿（拘盧陀、krodha）、覆（摩叉、mrakṣa）、恨（憂波那呵、upanāha）、悩（波羅陀舍、pradāśa）、嫉（伊沙、īrṣya）をあげるとともに、それに続いて次のようにある。

・瞋にして常に諍訟を憙んで心口の剛強なるあらば、三藍披と名け、義にては忿諍と言ふ。（→saṃrambhaḥ）
・瞋にして若し師長の教戒するに而も返って拒逆するあらば、頭和遮と名け、義にては佷戾と言ふ。（→dveṣa）

• 瞋にして若し少許り意に適はざる事を得るも則ち心悩乱するあらば、阿羼提と名け、義にては不忍と言ふ。(→ akṣānti)

• 瞋にして言は柔軟ならず、常に憙んで頻蹙し、和顔なること能はずして、意に先だちて語言するあらば、阿婆詰略と名け、義にては不悦と言ふ。

• 瞋にして同止する中に於て常に憙んで罵詈するあらば、阿搔羅沽と名け、義にては不調と言ふ。

• 瞋にして身口意を以て同学を触悩するあらば、名けて勝者と為し、義にては悩触と言ふ。(→ śṛṅgī)

• 瞋にして常に憙んで弾呵し好んで物を呰毀するあらば、登単那他と名け、義にては難可と言ふ。(→ daurvacasyam)[3]

これらの染汚法はいずれも『法蘊足論』「雑事品」のものと合致する。

瞋ばかりでなく、貪の場合も貪から派生する染汚法をあげる方法をとる。このように根本煩悩およびそれから派生したものという列挙方法は、伝持部派が異なるけれども『アビダルマディーパ』の場合と同様である。してみると、『成実論』では根本煩悩とその派生という関係にない染汚法一般を「随煩悩品」に集録したのかもしれない。

(六)　『瑜伽師地論』

「雑穢事」の語は「摂事分中契経事処択摂」の部門に認められ、三漏、九結、三縛、七随眠、つまり「結、縛、随眠」に次いで「随煩悩」の中に説かれることは、すでに述べたとおりである。そのほか本論では貪瞋癡の三つが「不善根」の語と結合したままで入っていたり、尋(思)を『法蘊足論』よりはるかに詳細に説く点に特色が認められる。

(七)　『ラトナーヴァリー』

『ラトナーヴァリー』から先に掲出した部分は、M・ハーン氏によるテキストに依ったものである。また個々の染汚法の原名がヤショーミトラ釈、『アビダルマディーパ』などと異なるものについては、すでにS・ディーツ氏、M・ハーン氏、岡田行弘氏による研究がある(4)(なお全体の現代語訳は瓜生津隆真氏によるものがある(5))。

ところで本論の「雑事」で説く染汚法全体は「過失」の語で総称されるが、この語は『大毘婆沙論』において禅定徳目を「功徳類」、染汚法を「過失類」と規定していたこと以外に、

復次に、此の四(沙門)果位にて、諸の瑜伽師は、能善く功徳と過失を了知す。功徳とは道及び道果を謂い、過失とは生死の因果を謂う(6)。

と、「功徳」と「過失」とを対概念とする用法も認められる。してみると「功徳」を損なわせるもの一般を「過失」としたといえるであろう。

『ラトナーヴァリー』の第五章の説き方は、まず多数の「過失」を断ち切ってから六パラミツと慈悲を修し、次に菩薩が歩むべき十段階(十地)という順で示される。したがって本論でいう「過失」はあくまでも修行階梯に組み込んだものとして説かれ、煩悩の分析だけを本意とするアビダルマ論書の煩悩章とはその点で大きな相違がある。

しかし『ラトナーヴァリー』における「雑事」の列次、定義内容などに関しては幾分の相違があろうと、それが『法蘊足論』「雑事品」を継承したと解せることは重要である。というのは、龍樹に帰せられる著作の中でも説一切有部からの影響を、ここに読み取ることができるからである。

註

（1） S. Dietz, *Fragmente des Dharmaskandha.* Ein Abhidharma-Text in Sanskrit aus Gilgit. Göttingen. 1984. S. 69-70.

（2） *Abhidh-d.* p. 309. *ll.* 7-12.

（3） 『成実論』、大正蔵三二、三一一頁中下。水野弘元『パーリ仏教を中心とした仏教の心識論』、山喜房佛書林、昭和三十九年、五五三—五五五頁参照。

（4） 前掲以外に次のものがある。M. Hahn, On a numerical problem in Nāgārjuna's Ratnāvalī. in. *Indological and Buddhist Studies.* Volume in Honour of Prof. J. W. de Jong on his Sixtieth Birthday. Canberra 1982. pp. 161-186. Y. Okada, *Nāgārjuna's Ratnāvalī.* Vol. 2. Die Ratnāvalīṭīkā des Ajitamitra. Bonn. 1990. S. 135-149.

（5） 瓜生津隆真『ナーガールジュナ研究』、春秋社、昭和六十年、五一—六五頁参照。

（6） 『大毘婆沙論』、大正蔵二七、三三八頁中。

四、『大毘婆沙論』「結蘊」の蘊名

説一切有部の煩悩論といえば、もっぱら「随眠」(anuśaya)を中心にして展開される。この点は、㈠、すでに初期論書の『法蘊足論』に八十八随眠、九十二随眠の語がみられ、(1)㈡、『品類足論』の「随眠品」は、その名のごとく「随眠」に対する精細な分析であり、㈢、『倶舍論』『順正理論』『顕宗論』では「随眠」の語を「煩悩」(kleśa)と同義と解したことによる点が多い。

これに対し通例「結」と訳されるサンヨージャナ(saṃyojana)についてみると、『品類足論』の「五事品」の場合、心作用一般および「結縛随眠随煩悩纏」と整理した煩悩群の一つとして位置づけられる。『倶舍論』以後の煩悩章でも、「随眠品」という『品類足論』以来の名称をそのまま採用して煩悩論を展開する。ただし、『倶舍論』には「煩悩品」(kleśa-nirdeśa)とした用例も一例だけ看取される。(2)

もっとも有部アビダルマ論書には、煩悩章名を「随眠」でなく、「結」とするものがあり、それは『発智論』『大毘婆沙論』である。そのほか「結使」とするものに『八犍度論』『尊婆須蜜菩薩所集論』『甘露味論』(正式には「結使禅智品」)、「使」とするものに『阿毘曇毘婆沙論』(ただし「結使」ともある)『阿毘曇心論』『阿毘曇心論経』『雑阿毘曇心論』がある。もっとも「使」の語は「随眠」の旧訳であることが多い。ここでは『発智論』『大毘婆沙論』における「結蘊」という篇名の原語が「随眠」(anuśaya)でなく、その語のとおり「結」(saṃyojana)であったろうことを提示してみよう。

すでに「結蘊」という場合の「結」の語はsaṃyojanaの訳語とした報告もある。古くは高楠順次郎氏[3]がアビダルマ論書の題名、各篇の篇名を英文で紹介する際に、そこでsaṃyojanaと示し、また、漢訳の『発智論』を還梵(第二章までのもの)したシャーストリー[4](Ś. B. Śāstrī)もその篇名にやはりsaṃyojanaを当てたり、『阿毘曇心論』を研究したフランスのアーメリン[5](I. Armelin)もsaṃyojanaとしている。しかし、いずれも「結」とあればsaṃyojanaと機械的に配当しただけであり、その根拠まで示すことがない。とりわけシャーストリーによる還梵の試みは、忠実に玄奘の訳語に従っても「結蘊」全体が混乱しない、つまり玄奘訳は原典を厳密に翻訳したことを証していることにもなる。

一　『八犍度論』『阿毘曇毘婆沙論』の存在

さて篇名をみる上で、『発智論』には異訳として『八犍度論』(僧伽提婆、竺仏念共訳)、『大毘婆沙論』にも同じく『阿毘曇毘婆沙論』(浮陀跋摩、道泰共訳)が現存するから、こうした異訳論書との対比は必須である。

まず『八犍度論』には「結使犍度」とある。『八犍度論』では「結」、「随眠」ともに「使」と訳されることが多い(ちなみに「煩悩(障)」は「垢(障)[6]」、「随煩悩」は「垢[7]」と訳される)。

『八犍度論』と『発智論』とを対比してみると、次のような訳例の違いが見い出せる。その一は、無余依涅槃につ

いて『発智論』では「結」の永断によるとするのに対し、『八犍度論』では「結使」の永断とする。[8] その二は、

八 云何学、答曰。学得諸結使滅尽得。到彼岸而取果証。是謂為学。云何無学。答曰。無学得諸結使滅尽。得到彼岸而取果証。是謂無学。[9]

発 云何学。謂学得諸結断。得獲触証。云何無学、謂無学得諸結断。得獲触証。[10]

と、『発智論』で「結」とあるのを『八犍度論』でやはり「結使」とする。この例からみると『八犍度論』では saṃyojana を「結使」と訳したことが窺われる。

『八犍度論』はたしかに『発智論』と同系論書であるが、しかし双方には論書全体の原語、引用詩句[11]、各章内の標題(納息)の点で、原テキストは明らかに別本と推測される。しかしながら篇名に関しては、ともにサンヨージャナの語であった可能性が強い。

次に『阿毘曇毘婆沙論』の場合はどうか。そこでの篇名は「使犍度」とある。ところがこの書には全篇の章立てを解説したくだりがあり、そのくだりには、

復次先作是説。一切阿毘曇尽広解仏経義。以是事故。如来所説。種種不相似義。立雑犍度、説諸結義。立結使犍度。乃至説見義。立見犍度。一一犍度中。分別一切法。[12]

と、「使犍度」でなく「結使犍度」とある。玄奘訳でたとえば「意楽とは善根を謂い、随眠とは煩悩を謂う[13]」とある部分を、『阿毘曇毘婆沙論』では「其心とはいわゆる善根、結使とは諸煩悩を謂う[14]」としたり、七随眠、九十八随眠に対応するものを「七使」「九十八使」と訳出する。七使(つまり七随眠)の定義のくだりでも、

何故名使。使是何義。答曰。微義是使義。堅著義是使義。相遂義是使義。[15]

と、「使」とある。

そのほか玄奘訳でいう「結縛随眠随煩悩纏」が「結縛使纏煩悩[16]」「結繋使垢纏[17]」と訳される。このように『阿毘曇毘婆沙論』では、anuśaya に対応する語を「使」「結使」の両訳を当てることからみると、「使犍度」「結使犍度」という原語も、やはり anuśaya であった可能性が強い。

こうした「随眠」に対し、saṃyojana には玄奘訳と同一の「結」を当てている。もっともクレーシャ(kleśa)までも「結[18]」と訳出することがある。この点は榎本文雄氏[19]によって判読された『大毘婆沙論』系のサンスクリット断片と対比してみると、

仏経説。聖弟子一心摂耳聴法。能断五蓋。具足修七覚支。問曰。如定心能断結。非不定心(大正蔵二八、三六六頁下)。

(bha)[gava] tānyasmiṃ sūtre ekāgracittaśyāryaśrāvaka [sya] + + [ś] ṛṇvataḥ paṃca nīvara- 4 [ṇā] ni prahīyaṃ(t) [i] + + + + + ○ [gān] i bhāvanā [p] ar [i] pū(ri) + + + dā bhāvanāma [y] ena manasik(ā)reṇa kleśap [r] ahāṇaṃ [na] śrutama [yen] a [ma] no-

とあることから知られる。「煩悩」(kleśa)の部分を「結」と訳すことは、次の用例からも認められる。

婆　謂見所断諸煩悩中三結最勝[20]。

毘　一切見道所断結中、此三結最勝[21]。

なお「煩悩」を「結」と訳すことは『八犍度論』にも認められる。

玄　遍知自性。謂貪永断。瞋癡永断。一切煩悩永断[22]。

八　云何智。答曰。婬怒癡尽無余。一切結尽無余[23]。

してみると、『阿毘曇毘婆沙論』では anuśaya を「使」「結使」、kleśa と saṃyojana を「結」としたと推定される。

以上は訳語の上から見たものであるが、次に第二篇の構成から「随眠」と「結」との扱いを窺ってみよう。

二　構　成

『発智論』『八犍度論』『大毘婆沙論』『阿毘曇毘婆沙論』の四論はいずれも四部門から成る点で共通する。その四部門は**一**、「不善」、**二**、「一行」、**三**、「有情」、**四**、「十門」をいい、その内容については次項で略説したい。ここでは四部門における煩悩群だけの取り扱いをみると、**一**では十五種の煩悩群全体の分析、**二**、**三**になると、九結のみの分析、そうして**四**では「七随眠」と「九結」とを四十二門を分析する際の材料として取り上げる。とりわけ**二**、**三**では九結のみの分析に当てられることからみると、『八犍度論』『発智論』『大毘婆沙論』の場合は、おそらく**二**、**三**の主題であった九結の「結」を篇名とし、『阿毘曇毘婆沙論』では「使」つまり anuśaya のほうを採用したのかもしれない。

三　南北アビダルマにおける「結」

ところで『大毘婆沙論』「結蘊」の篇名とみるべき「結」という煩悩群つまり「九結」はアビダルマにおいてどのように位置づけられていたか。

原始経典における九結の用例は『長阿含十報法経』[24]『雑阿含経』[25]にはわずかながらも認めることができ、これに対し、パーリ経典には九結でなく、七結という分類が『増支部』[26]経典に二種認められる。七つというのは愛・瞋・見・

疑・慢の五つに有貪・無明もしくは嫉・慳のどちらを加えるかという点に違いがみられる。しかしこの二種の七結から重複するものを省くと九結ということになる。

「結」の語義解釈は、「随眠」の場合「増大する」(anuśarate)とされるのに対し、「結びつける」とされる。染汚法をまとめ、しかもその語義解釈を列挙したものに『アビダルマディーパ』があり、とりわけ随眠、結、煩悩の三つをみると、

> しかるに随眠は次第に増大し(anuśerate)、煩悩(kleśa)はなやまし(kliśnanti)、繋(grantha)は繋ぎとめ(grathnanti)、結は結びつけ(saṃyojayanti)、暴流は運び去る(apaharanti)のであると。[27]

とある。「結びつける」を漢訳では通例「繋」と訳すが、その例を『大毘婆沙論』からあげてみると、

> 眼根乃至無色界修所断の無明随眠は、各、九結中、幾結に繋せられ、三縛中幾縛に縛せられ、十随眠中幾随眠に随増され、六垢中幾垢に染せられ、十纏中幾纏に纏せられるや。[28]

とあり、「結」は「繋」、「縛」は「縛」、「随眠」は「随増」、「垢」は「染」、「纏」は「纏」(ちなみに「煩悩」は「擾乱」)の語で示される。

ところで、九結と七随眠との大きな違いは「嫉」「慳」(ともに欲界修所断)を含めるかどうかである。自性についてみると九結は次のように百とされる。

> 嫉慳結各欲界修所断為二事。由此九結以百事。為自性。[29]

一方、随眠の自性は九十八とされるから、二つ多いことになる。

『大毘婆沙論』以前に九結に注目した論書があるかといえば、『阿毘曇甘露味論』[30]がある。そこでは集諦でいう具体的な煩悩として九結だけをあげる(『大毘婆沙論』[31]では「愛」(tṛṣṇā)のみをあげる)。唯識論書[32]では集諦のくだりで煩

悩論を展開するものがあるとはいえ、とにかく『甘露味論』が九結だけを集諦中に示すのは「結」重視のきざしといっていい。

有部で「結」を重視したと伝えるものに、アビダルマ論書ではないが『異部宗輪論』[33]がある。そこでは、有部でいう菩薩は凡夫であるゆえに「結」(kun-tu-sbyor-ba)を断ずべきだとされる。

南伝アビダルマにおける「結」と「随眠」の用例はどうであろうか。まず『分別論』では、染汚法は「小事分別」に他の徳目とともに法数順に列挙される。とりわけ七法の箇所には、

このうち七随眠とは何か。欲貪随眠・瞋随眠・慢随眠・見随眠・疑随眠・有貪随眠・無明随眠。これが七随眠である。

このうち七纒とは何か。欲貪纒・瞋纒・慢纒・見纒・疑纒・有貪纒・無明纒。これが七纒である。

このうち七結とは何か。欲貪結・瞋結・慢結・見結・疑結・有貪結・無明結。これが七結である。[34]

と、同一の七種の染汚法を「随眠」「纒」「結」と言い換えた表現が認められる。有部では「随眠」と「纒」とを全く別種の煩悩群としたことに比べると大きな隔たりがある。『分別論』には、七結以外にも十結[35](欲貪・瞋・慢・見・疑・戒禁取・有貪・嫉・慳・無明)というものがあり、これも有部にはない分類である。

次に『法集論』[36]を見ると、漏、結、繫、暴流、軛、蓋に関する分析は認められるものの、随眠については漏、結などを注釈する際に言及されるにすぎない。[37]また「結」を十結とすることは[38]『分別論』の場合と同様である。

『界論』の場合は結法、縛法、暴流法、軛法、蓋法、取法、煩悩法とあるものの、その「結」法を七結、十結のいずれとも示すことなく「随眠」の概念も見い出されない。『人施設論』では「随眠」「結」ともに言及されることがない。

これに対し、『双論』になると、染汚法として「随眠」だけをとり上げ、それを煩雑なまでに分析することがみられる。水野弘元氏は「有部では随眠論が非常に発達しているのに反して巴利仏教では随眠論は七論時代は勿論後世に至るまで極めて幼稚である」[39]とされるが、しかし『双論』における「随眠」の分析は、北『品類足論』「随眠品」に匹敵するものといっていい。

ちなみに成立は遅いが、『摂阿毘達磨義論』の場合も、不善部門に随眠は七種、結は十種であるとされることがある。[40]

他方、法蔵部所伝と見るべき『舎利弗阿毘曇論』[41]の場合、「十煩悩使」(見・疑・戒道・愛・瞋恚・嫉妬・慳惜・無明・憍慢・掉)と「十(煩悩)結」(「愛・嫉妬・慳惜」の代わりに「欲染・色染・無色染」が入る)という二群が並置され、このうち「十(煩悩)結」は、南伝でいう「十結」に相当する。また「随眠」(この論書でも「使」と訳される)と「結」についてはは十結についての独立した一節がみられるから、随眠よりも結を重視したといっていい。

このように南北両伝の用例を比較してみると、同じ「結」といえども、北伝では「九結」、南伝上座部、『舎利弗阿毘曇論』では「七結」「十結」と、そのまとめ方に違いのあることがわかる。

いずれにせよ有部のほうが「随眠」重視の姿勢は突出しているといえよう。しかしながら『発智論』『大毘婆沙論』の場合、「煩悩」と並んで「結」の語を染汚法の総称としたり、「随眠」と同程度に取り扱う傾向が顕著に認められる。それゆえ『発智論』『大毘婆沙論』の場合、「結」(saṃyojana)の語が第二篇名であったと推測される。

註

(1) 桜部建「九十八随眠説の成立について」（『大谷学報』第三五巻、第三号、昭和三十年、二〇—三〇頁）。
(2) 本書第五章「二、『倶舍論』「随眠品」の品名」参照。
(3) J. Takakusu, On the Abhidharma Literature of Sarvāstivādins. *JPTS*. 1905. pp. 88-89.
(4) Ś. Śāstrī, *Jñānaprasthāna-śāstra of Kātyāyanīputra*. Santiniketan, 1955. p. 65.
(5) I. Armelin, *LE COEUR DE LA LOI SUPRÊME*. TRAITÉ DE LA FA-CHENG (Abhidharmahrdayaśāstra de Dharmaśrī) Paris. 1978. p. 15.
(6) 『八犍度論』、大正蔵二六、八四三頁上。
(7) 『八犍度論』、大正蔵同、九〇四頁下、『発智論』、大正蔵同、一〇二二頁中。
(8) 『発智論』、大正蔵同、九二三頁中、『八犍度論』、大正蔵二六、七七七頁下。
(9) 『八犍度論』、大正蔵同、七七七頁下。
(10) 『発智論』、大正蔵同、九二三頁中。
(11) 拙稿「サンスクリットと部派仏教教団(上)」（『三康文化研究所年報』第一九号、昭和六十二年、七四—八六頁）。同「ガンダーラ語仏教圏と漢訳仏典」（『同』第二〇号、昭和六十三年、九二—一〇五頁）。
(12) 『阿毘曇毘婆沙論』、大正蔵二八、一八二頁下。
(13) 『大毘婆沙論』、大正蔵二七、二三八頁上。
(14) 『阿毘曇毘婆沙論』、大正蔵二八、一八三頁下。
(15) 『阿毘曇毘婆沙論』、大正蔵同、一〇〇頁上。
(16) 『阿毘曇毘婆沙論』、大正蔵同、三頁下。
(17) 『阿毘曇毘婆沙論』、大正蔵同、一七四頁上。
(18) 『阿毘曇毘婆沙論』、大正蔵同、三六六頁下。
(19) 榎本文雄「『婆沙論』の梵文写本断片」（『印度学仏教学研究』第四二巻、第一号、平成五年、五三—五五頁）。
(20) 『大毘婆沙論』、大正蔵二七、二三八頁中。
(21) 『阿毘曇毘婆沙論』、大正蔵二八、一八四頁上。
(22) 『大毘婆沙論』、大正蔵二七、九二四頁下。
(23) 『八犍度論』、大正蔵二六、七七九頁上。
(24) 『長阿含十報法経』、大正蔵一、二三九頁上。
(25) 『雑阿含経』、大正蔵二、一二七頁上。
(26) *AN*. iv. 7-8.
(27) *Abhidh-d*. p. 18. cf. pp. 218-219. 桜部建「アビダルマのともしび—第五章第一節—」（『大谷学報』四三巻、第四号、一三—一四頁）。三友健容「『アビダルマのともしび』第一章界品翻訳研究(1)」（『大崎学報』一五〇号、平成六年、七三頁）。
(28) 『大毘婆沙論』、大正蔵二七、四七六頁上。
(29) 『大毘婆沙論』、大正蔵同、二五八頁上。
(30) 『阿毘曇甘露味論』、大正蔵二八、九七八頁上。

(31) 『大毘婆沙論』、大正蔵二七、三〇一頁中。
(32) 本書第五章「『倶舎論』「随眠品」の構成」参照。
(33) 寺本婉雅、平松友嗣訳註『蔵漢和三訳対校、異部宗輪論』国書刊行会、昭和十年、五五頁。
(34) *Vibh*, 383.
(35) *Ibid*, 391.
(36) *Dhs*, 197f.
(37) *Ibid*, 199. 201.
(38) *Ibid*, 197.
(39) 水野弘元『南方上座部論書解説』(仏教大学講座、昭和九年)七〇頁。本書は氏の著作集に収録された。『パーリ論書研究』、春秋社、平成九年、三〇九頁。
(40) *Abhidh-s*, 32.
(41) 『舎利弗阿毘曇論』、大正蔵二八、六五五頁中。

五、『発智論』『大毘婆沙論』の煩悩体系

『発智論』『大毘婆沙論』の第二編「結蘊」は、いわゆる煩悩論に当てられる。この煩悩論は両論の一角を担うものの、従来、有部の煩悩論といえば、もっぱら『倶舎論』「随眠品」が重視され、『発智論』『大毘婆沙論』はその前段階に位置することから、個々のテーマ、論師などが注目されるにすぎなかった。しかしながら『発智論』『大毘婆沙論』にはそうした個々の問題ばかりでなく、それ全体の特徴があるはずである。そこでまず第一に「結蘊」の構成、第二に篇名の「結」の原語は前述したように、サンヨージャナ(samyojana)であると考えられるが、それが全篇でも統一されているか、第三に論書によって相違のみられる「随煩悩」(upakleśa)の概念、第四に「結」の付された煩悩群である「九結」の成立の順にみていこう。

一　構　成

『大毘婆沙論』は『発智論』に対する注釈書であるから、むろんその構成は『発智論』と同じく雑、結、智、業、

大種、根、定、見の八篇から成る。そうした構成をとるに至った経緯も『大毘婆沙論』は次のように注釈する。

是の如き結断雑蘊に於ける法の覚は何に由りて明浄となるや。謂く結断に由る。是の故に次に第二結蘊を説く。是の如き結断は何に由りて證するや。謂く諸智に由る。是の故に次に第三智蘊を説く。誰か能く断結の諸智を生起するや。謂く業障なき補特伽羅なり。是の故に次に第四業蘊を説く。諸業の多分は誰に依つて生ずるや。謂く四大種なり。是の故に次に、第五種蘊を説く。大種所造の中、勝れたるものは是れ何ぞといへば謂く、眼等の根なり。是の故に次に第六根蘊を説く。諸根の清浄は、何の精力に依るやとはゞ謂く、諸定を得するにあり。是故に次に第七定蘊を説く。定を得するあるも、已に邪なる推求を起せば、便ち復、諸の悪見趣を引生するをもて、識相をして、能く速かに断除せしめんが為めの故に、最後に第八見蘊を説く。是の如き一々の蘊中に於て、具さに諸法を摂すと雖も、而も増勝に従つて、蘊の名を制立せしなり。(1)

とりわけ「結蘊」に関し、それが第一篇「雑蘊」の次に第二篇と置かれるのは、第一篇で説く教説(それは唐突に世第一法という修道論の中途段階から示される)を学ぶ上で修行者の蒙を啓くべく、その蒙である煩悩とは何かとして設定されたという。この点、異訳の『阿毘曇毘婆沙論』の場合、

品名を制して犍度と作す。若し種々の不相似の義を説くならば雑犍度と立て、若し使の相を説くならば使犍度と立て、若し智の相を説くならば智犍度と立て、若し業の相を説くならば業犍度と立て、若し四大の相を説くならば四大犍度と立て、若し根の相を説くならば根犍度と立て、若し定の相を説くならば定犍度と立て、若し見の相を説くならば見犍度と立つ。(2)

とするだけで篇立ての前後関係にふれないから『大毘婆沙論』の記述は大きな手がかりとなる。

「結蘊」の構成を簡略に示すとこうである。

- 三結
  - 有身見結
  - 戒禁取結
  - 疑結
- 三不善根
  - 貪不善根
  - 瞋不善根
  - 癡不善根
- 三漏
  - 欲漏
  - 有漏
  - 無明漏
- 四瀑流
  - 欲瀑流
  - 有瀑流
  - 見瀑流
  - 無明瀑流
- 四軛
  - 欲軛
  - 有軛
  - 見軛
  - 無明軛
- 四取
  - 欲取
  - 見取
  - 戒禁取
  - 我語取
- 四身繋
  - 貪欲身繋
  - 瞋恚身繋
  - 戒禁取身繋
  - 此実執身繋
- 五蓋
  - 貪欲蓋
  - 瞋恚蓋
  - 惛沈睡眠蓋
  - 掉挙悪作蓋
  - 疑蓋
- 五結
  - 貪結
  - 瞋結
  - 慢結
  - 嫉結
  - 慳結
- 五順下分結
  - 貪欲順下分結
  - 瞋恚順下分結
  - 有身見順下分結
  - 戒禁取順下分結
  - 疑順下分結
- 五順上分結
  - 色貪
  - 無色貪
  - 掉挙
  - 慢
  - 無明
- 五見
  - 有身見
  - 辺執見
  - 邪見
  - 見取
  - 戒禁取

六愛身
- 眼触所生愛身
- 耳触所生愛身
- 鼻触所生愛身
- 舌触所生愛身
- 身触所生愛身
- 意触所生愛身

七随眠
- 欲貪随眠
- 瞋恚随眠
- 有貪随眠
- 慢随眠
- 無明随眠
- 見随眠
- 疑随眠

九結
- 愛結
- 恚結
- 慢結
- 無明結
- 見結
- 取結
- 疑結
- 嫉結
- 慳結

第一「不善納息」(この原語をシャーストリーは akuśalam 〈不善〉、高楠順次郎氏は akuśalamūla 〈不善根〉とする)――三結から九十八随眠に至る十六種の煩悩群を列挙し、その定義と解説に当てる。十六種(九十八随眠は七随眠を分析したものであるから除く)とは次のものであり、これらの煩悩群に対する善不善無記の三性分別、異熟無異熟、見修所断などの分析に当てられる。

納息名に「不善」(『八犍度論』も同名)とあるのは、染汚法には「不善」と「有覆無記」のはたらきがあるとするうち、「無記」を省略して簡略に「不善」だけを採用したためである(高楠氏は「不善根」としたが、「根」は不用)。

第二「一行納息」(S・B・シャーストリー、sahacaritam、高楠 sakadāgāmin)――「一行」とは一通りの意。十六種の煩悩群から九結のみをとり上げ(「結蘊」という篇名はこれに由来する)、九結の個々がいかなる対象(事)によって生ずるかなどを論じ、さらに九遍知論をとり上げる。

第三「有情納息」(sattvāḥ)(『八犍度論』では「人」)——衆生が流転するのはいかなる煩悩によるのか、逆に流転から聖道に至る段階、三界、中有と煩悩の関係を論じる。

第四「十門納息」(daśā dvārāṇi)——後述する四十二法(フラウヴァルナー[3]はこの場合の法をLehrbegriffe〈教義概念〉と訳す)は十六種の煩悩群も包含した一つの大きな教義群であるが、その一々の定義および個々の法を十項目(「十門」の名はこれに由る)、つまり①四十二、②随増、③二縁、④無間、⑤有、⑥根、⑦成就、⑧不成就、⑨知、⑩証に渉って分析する。

こうした「結蘊」の構成は『倶舎論』「随眠品」と比べると、一見してよほど相貌が異なるけれども[4]、取り扱う内容の中核はほぼ共通するといっていい。しかし異なりも多い。それを『倶舎論』「随眠品」の構成順に沿ってあげてみると、次のようになる。

『倶舎論』「随眠品」	**『大毘婆沙論』**
•四顛倒	「智蘊」「他心智納息」
•遍行・非遍行	「雑蘊」「智納息」
•所縁随増・相応随増	「結蘊」「十門納息」
•無記根	「根蘊」「一心納息」
•四無記	「雑蘊」「智納息」
•三界と事	「結蘊」「一行納息」

・三世実有――「結蘊」四十二法中、過去未来現在法
・事の縁識と縁々識と随眠の随増――「結蘊」「十門納息」
・断惑――「雑蘊」「智納息」
・有随眠心――「雑蘊」「智納息」
・十随眠生起の次第――「結蘊」「不善納息」
・随眠以外の煩悩群の列挙――「結蘊」「不善納息」
・四種対治――「定蘊」「不還納息」
・遠生の四種――「雑蘊」「智納息」
・九遍知――「結蘊」「一行納息」

とりわけ『大毘婆沙論』の「四十二法」について、それを『倶舎論』と対照すると次のようになる。

『大毘婆沙論』 **『倶舎論』**

・四十二法

二十二根――「根品」

十八界・十二処・五蘊・五取蘊・六界――「界品」

有色・無色、有見・無見、有対・無対、有漏・無漏、有為・無為、過去未来現在、善不善無記、欲界色界無色界、学無学非学非非学、見所断修所断

四諦――「賢聖品」
四静慮、四無量、四無色、八解脱、八勝処、十遍処――「定品」
八智、三三摩地、三重三摩地――「智品」
三結乃至九十八随眠――「随眠品」

こうしてみると、『倶舎論』「随眠品」にあって「結蘊」にないものは「四顛倒」「遍行・非遍行」「無記根」「四無記」「断惑」「有随眠心」「四種対治」「遠生の四種」の八つである。その代わり『大毘婆沙論』では、このうち「遍行・非遍行」「四無記」「断惑」「有随眠心」「遠生の四種」は「雑蘊」、「四顛倒」は「智蘊」、「無記根」は「根蘊」、「四種対治」は「定蘊」と、それぞれの箇所で改めて論じる体裁をとる。

とりわけ、「結蘊」という篇名との関係で注目すべきは、『倶舎論』「随眠品」にある「有随眠心」(5)つまり染汚法と心の問題が「結蘊」でなく第一篇「雑蘊」にある点である。『発智論』で「有随眠心」の問題を「雑蘊」で説くのは、六因説を論じたあとに、

諸の心は随眠に由るが故に、有随眠心と名く。彼の随眠は此の心に於て、随増する耶(6)

と、六因説からそのまま「有随眠心」の問題に移行する。六因中の「遍行因」を説くに及び、その「遍行」の染汚法としてことさら「随眠」をあげることによる。実際に『大毘婆沙論』には「遍行結」(7)という表現も看取されるけれども、「随眠」との関わりで説いている。このように「有随眠心」さらに「遍行随眠」については「結蘊」でなく「雑蘊」で展開することも、『大毘婆沙論』「結蘊」における「結」重視の姿勢と通底するといえよう。

二　四十二法

ところで、煩悩論とおよそ異質の四諦、禅定、五蘊、十二処、十八界などの四十二法なるものが『発智論』『大毘婆沙論』「結蘊」の後半部で展開される。しかしそれが不自然であると従来より指摘されている。(8) このうち五蘊・十二処・十八界の三科を例にとれば、『倶舎論』およびその藍本である『阿毘曇心論』系三論ではいずれもその冒頭から説かれるものである。この点は『発智論』の論構成がいまだ発達段階にあり、不統一といわれる一因でもある。

もっとも『発智論』では四十二法の箇所以前に三科などの法を列挙することがないわけでない。たとえば「結蘊」に先立つ第一編「雑蘊」には、外道が仏の教えを聴聞するという逸話があり、そこに示される具体的なブッダの教えとは、

然るに、仏世尊、天・人等の無量の大衆の為に広く法の要を説き、倒無く開示し、類に随いて解らしめたもふ。諸の外道有りて、竊《ひそか》に仏の蘊・界・処・蓋・念住乃至覚支等の名を説きたもふを聞き、或いは具足する有り、或いは具足せざるなり。(9)

(Ś. buddho hi bhagavān devamanuṣyādīnām aprameyāṇāṃ sattvānāṃ vistareṇa vadati dharmasāram aviparyastaṃ prakāśayati sānvayādhigamāya. tīrthikāścairyeṇa śṛṇvanti buddhabhāṣitam.(10) skandhadhātvāyatananīvaraṇasmṛtyupasthānānāṃ yāvad bodhyaṃgādīnāṃ nāmāni sakalāni vā vikalāni vā.)

と、蘊・処・界・五蓋・四念住・七覚支などがあげられる。これらはいずれも悟りの内容に相当するが、しかしそれを契機として個々の教説を定義するという方法はとらない。

あるいはまた、『大毘婆沙論』「結蘊」でも五蘊の蘊の語から派生して法の集まり(法蘊)を、

復、説者有り、世尊の説くが如し、蘊・処・界・食・縁起・諦・宝・念住・正断・神足・根・力・覚支・道支、是の如き等の類の一一の法門を一法蘊と名く(異訳ではいわゆる三十七道品をあげるにすぎない)。[11]

と示すが、しかしこれらの項目を『法蘊足論』にみられるように独立した章立てとすることも、個々の教説に解説を加えることもみられない。

ところで、四十二法のまとめ方に関し、その内容は三種から成るというくだりが『大毘婆沙論』そのものにある。

此の十門中、通じて前所説の四十二章に五位の別有り。謂く、前所説の四十二章に総じて三類有り、二十二根乃至見・修所断と無断との法を境界類と名け、四聖諦乃至三重三摩地を功徳類と名け、三結乃至九十八随眠を過失類と名くるを謂ふなり。境界類中、二十二根は最初にして多きが故に別して一位と作し、過失類中、九十八随眠は最後にして多きが故に別して一位と作す。[12]

これによると、二十二根から見所断修所断無断までを「境界類」、四諦から三重三摩地までを「功徳類」、三結から九十八随眠までを「過失類」としており、三種内の順序は法数にもとづくものという。

こうした四十二法がほかでもない「結蘊」に説かれることをむろん論師たちも十分認識していたことは、たとえば、四十二法中の二十二根について、

此(二十二根)を広く分別することは、後の根蘊根納息中の如し。[13]

とし、あるいは八智、三三摩地、三重三摩地、煩悩群についても、

此の中、八智・三三摩地・三重三摩地は後の智蘊に当に広く分別すべきが如し。三結乃至九十八随眠は此の蘊の初に已に広く分別せしが如し。[14]

と、のちの第三章「智蘊」に譲るとか、煩悩群についてはこの篇(「結蘊」)の冒頭に示したごとくであると再確認する。

むろん「結蘊」で詳述したために、改めて言及しないという場合もある。たとえば五蘊、五取蘊について「定蘊」には、

此の中、五蘊と五取蘊とにつきて広説すること十門納息の如し(15)。

とあり、あるいは六内処から六愛身に至る六法も、

諸の六の自性は雑蘊等に已に説けり(16)。

とある。四十二法中の禅定項目についても「定蘊」に、

四静慮と四無量と四無色と八解脱と八勝処と十遍処とは何の定に依りて滅するや。(略)。此の中の四静慮乃至十遍処につきては、余処に広説するが如し(17)。

と、やはり「結蘊」で分析したゆえ、再説しないという具合に言及される。

このように、『発智論』の構成上、それ本来の場にふさわしいことを差し置いてまで四十二法という形で「結蘊」にあげる理由は、『発智論』以前にその祖型があったことを予想させる。

その祖型とみるべきものに、まず『法蘊足論』の存在がある。『法蘊足論』は全二十一章から成るが、とりわけ第十章以後の章構成に注目したい。『法蘊足論』の構成はそれがそのまま『品類足論』「千問品(18)」にもウッダーナの形で導入されるから、三者の対応関係を示してみると、次のようになる。

『法蘊足論』	『品類足論』「千問品」	四十二法
十、聖諦品	九、四諦	16. 四諦（『倶舎論』では賢聖品）
十一、静慮品	十、四静慮	17. 四静慮
十二、無量品	十一、四無量	18. 四無量
十三、無色品	十二、四無色	19. 四無色
十四、修定品	十三、四修定	20. 八解脱
		21. 八勝処
十五、覚支品		
十六、雑事品		
		22. 十遍処
		23. 八智（『倶舎論』では智品）
		24. 三三摩地
		25. 三重三摩地（『八犍度論』になし）
十七、根品	十五、二十二根	1. 二十二根
十八、処品	十六、十二処	3. 十二処
十九、蘊品	十七、五蘊	4. 五蘊
		5. 五取蘊
二十、多界品	十八、十八界	2. 十八界
二十一、縁起品		
		6. 六界

まずいずれの場合も、四諦の次に四静慮以下の禅定徳目が、また二十二根に続いて三科（処・蘊・界）が置かれる。もっとも四十二法中、蘊処界の三科および二十二根の配列順については、『法蘊足論』の第十七根品ないし二十多界品と一致することが指摘されている。[19]『阿毘曇心論』系三論および『倶舎論』では、三科は一章として立てられ、『倶舎論』の章構成ではその第一章に設置されるほど重視する、つまり「伝承の阿含の権威」[20]を仰いでいる。逆にいえば『発智論』の場合、三科重視の意図がなかったことになる。しかしながら『法蘊足論』の章構成と『発智論』の四十二法には、深いつながりが認められる。二十二根の次に三科が置かれること、四諦、四静慮、四無色、八解脱の列挙順も合致するからである。

してみると『発智論』は『法蘊足論』のような章構成をとらない代わりに、その章構成に対応するものを四十二法の「功徳類」として導入したことが考えられる。「功徳類」についてみれば、このように『法蘊足論』『品類足論』の章構成と密接な関わりが看取され、成立の古いほうの『法蘊足論』が「功徳類」の原型となったと考えられる。

次に、四十二法中、第七「有色無色法」から第十六「見所断修所断無断法」に至る十法については、その祖型をすでにフラウヴァルナー[21]が論じている。氏は法勝作『阿毘曇心論』第一章にみられる「界」についての諸門分別法とよほど一致するという。しかしフラウヴァルナー自身も認めるように十法中、四法が異なるのも事実である。ところでこの『阿毘曇心論』よりもむしろ『品類足論』に注目すべきとの類似が看取される。四十二法中、第七「有色無色法」から第十一「有為無為法」に至る五法を『品類足論』と対比してみると次のように一致する。

	『品類足論』「摂等品」[22]	『品類足論』「千問品」[23]	『発智論』
7.	有色無色法	有色無色	有色無色
8.	有見無見法	有見無見	有見無見
9.	有対無対法	有対無対	有対無対
10.	有漏無漏法	有漏無漏	有漏無漏
11.	有為無為法	有為無為	有為無為
12.	有諍無諍法	有異熟無異熟	過去未来現在法

このように諸門分別法については、『品類足論』と『発智論』の間に深い関連が見い出せる(のちの『倶舎論』「随眠品」になると、①遍行非遍行、②有漏無漏縁、③所縁随増、相応随増、④善不善無記の順とあり、もはや手がかりとはならない)。

では「過失類」の場合はどうか。原始経典においてまとまって煩悩群を列挙するものの一つに『雑阿含経』[24]第四九〇経がある。そこに説かれる三漏、四暴流、四軛、四取、四縛(身繫)、九結、七使(随眠)、五蓋、三結、五下分結、三愛(欲・色・無色)、三穢(貪瞋癡)と『発智論』は一致している。けれども三不善根、五結、五上分結、五見、六愛身の五つがない代わりに三愛、三穢がみられる。ただし『発智論』と異なって法数順にあげることはない。あるいは『長阿含経』「衆集経」、異訳『大集法門経』、「サンギーティスッタンタ」(『長部』経典所収)をみると、いずれにも三結、五結、五見、九結がない代わりに四暴流は後の二書に、七随眠はパーリ本にのみ存在する。それゆえ、この系統でも十六種中、五つがないことになる[25]。

しかし、十六種の煩悩群の大半は『集異門足論』に認められる。そこにないのは、三結、五結、五見の三つであるが、しかし三結は五順下分結中にそのまま包含されるし、五結も(「貪結」と九結中の「愛」(anunaya)とは同一内容)やはり九結に、五見も見結中の有身見、辺執見、邪見の三つ、残りの二見は四取中の見取、戒禁取に包含される。したがって「過失類」とされる十六種の煩悩群は『集異門足論』に出揃っていたことになる。

以上のように見てくると、四十二法中、「功徳類」は『法蘊足論』の章構成と、諸門分別法は『品類足論』(とくに「摂等品」「千問品」)と、「過失類」は『集異門足論』とそれぞれ深いつながりが認められた。したがって四十二法の背後(『発智論』の先駆として『品類足論』があるのは明らか[26])にそれらがあって、『発智論』作者カートヤーヤニープトラが一箇所に整理し、それをたまたま「結蘊」「十門納息」に導入したとみることができる。

註

(1) 『大毘婆沙論』、大正蔵二七、七頁中。
(2) 『阿毘曇毘婆沙論』、大正蔵二八、一頁下。
(3) E. Frauwallner, Abhidharma-Studien. *WZKSO*. VII. 1963. S. 29.
(4) 本書第五章「一、『倶舎論』「随眠品」の構成」参照。
(5) *Abhidh-k-bh*, p. 304. *l*. 5f. cf. *Abhidh-d*, p. 293. *l*. 9f.
(6) 『発智論』、大正蔵二六、九二一頁上。
(7) 『大毘婆沙論』、大正蔵二七、二三六頁下。
(8) 山田龍城氏によると、「十門章だけで一の独立した著といってよいものである」とされる。(『大乗仏教成立論序説』、平楽寺書店、昭和三十四年、八二頁)。
(9) 『発智論』、大正蔵二六、九二四頁上中。『八犍度論』、大正蔵同、七七八頁中下。
(10) Ś. B. Śāstrī, *Jñānaprasthāna-śāstra of Kātyāyanīputra*. Retranslated into Sanskrit from Chinese Version. *Vol*. I. Santiniketan. 1955. pp. 34 ~ 35. (以下、『発智論』の引用とともに示すサンスクリット文は、シャーストリーによる還梵—ただし第二篇までのもの—である)。
(11) 『大毘婆沙論』、大正蔵二七、三八五頁下。『阿毘曇毘婆沙論』、大正蔵二八、二八九頁上。
(12) 『大毘婆沙論』、大正蔵二七、四六六頁中。
(13) 『大毘婆沙論』、大正蔵同、三六六頁上。

(14) 『大毘婆沙論』、大正蔵同、四四二頁中。
(15) 『大毘婆沙論』、大正蔵同、八六四頁中。
(16) 『大毘婆沙論』、大正蔵同、八七〇頁下。
(17) 『大毘婆沙論』、大正蔵同、八七三頁上。
(18) 『品類足論』、大正蔵二六、七三三頁上。もっとも「摂等品」の四法の箇所では、四静慮―四聖諦―四無量―四無色の順になっており、「静慮」と「諦」の順が入れ換わっている(大正蔵同、七一二頁中)。
(19) 山田龍城「有部ガンダーラ系論書の特色―発智「四十二章」の課題―」(『日本仏教学会年報』第二二号、昭和三十二年、二九〇頁)。福原亮厳『有部阿毘達磨論書の発達』、永田文昌堂、昭和三十八年、一七八―一七九頁参照。
(20) 桜部建『倶舎論の研究』、法藏館、昭和四十四年、七五頁参照。
(21) E. Frauwallner, a. a. O. S. 28～31.
(22) 『品類足論』、大正蔵二六、七一一頁中。『衆事分阿毘曇論』、大正蔵同、六四四頁中。
(23) 『品類足論』、大正蔵同、七三三頁上中。『衆事分阿毘曇論』、大正蔵同、六六三頁上。
(24) 『雑阿含経』、大正蔵二、一一七頁上。
(25) 『長阿含経』、大正蔵一、四九頁下―五二頁下。『大集法門経』、大正蔵同、二二七頁下―二三三頁上。DN. pp. 207～271. vgl. S. Behrsing, Das Chung-tsi-king(衆集経)des chinesischen Dīrghāgama *AM* 7. 1931. S. 1～149. V. Stache Rosen, *Das Saṅgītisūtra und sein Kommentar Saṅgītiparyāya*. Berlin. 1968.
(26) 桜部建『倶舎論の研究』、法藏館、昭和四十四年、五〇頁、五四頁。同「新たに説一切有部研究を志す人のために」(『仏教学セミナー』第六一号、平成七年、四〇頁)参照。

三　「結蘊」名の由来――諸染汚概念との対比

第二章名「結蘊」の「結」の原語がサンヨージャナ(saṃyojana)であろうことはすでにふれた。しかし有部の『品類足論』や『倶舎論』では「随眠」を煩悩章名とし、数多くの染汚法中でも全篇に渉ってことのほか重視する傾向が顕著である。これに対し、『発智論』『大毘婆沙論』の場合「結」(saṃyojana)が煩悩篇名であるならば、「結蘊」以外での「結」の用例はどうであろうか。この点について「煩悩」「随眠」の用例と対比しながら、以下それぞれの主要なものを採録してみよう。

(一) 「煩悩」の用例

まず『発智論』には「煩悩」(『八犍度論』では「垢」と訳される)の語の主なものとして次のものがある。

a、「業」と「煩悩」

①**発**、絶路すとは、若し能く是の如くんば便ち三路、謂く煩悩と業と苦となり、を絶するをいふ。苦の辺に至るといふにつき、苦とは五取蘊をいひ、辺とは涅槃をいふ。若し三路を絶せば、便ち此の苦蘊の辺際に至ることを得ればなり(1)。

次の例は『大毘婆沙論』の場合である。

②**婆**、煩悩と業とは種子と為すに由るが故に、生死は断じ難く、破り難く、滅し難し。—略—復次に、業は煩悩を以て根本と為すが故なり(2)。〈結蘊〉

③**婆**、謂く、有身見は是れ六十二見趣の根本にして、見趣は是れ余の煩悩の根本、諸余の煩悩は是れ業の根本にして、諸の業は復、是れ異熟の根本なり(3)。〈結蘊〉

毘、苦身見是六十二見根。六十二見是煩悩根。煩悩是業根。業是報根(4)。

④**婆**、問ふ、取は是れ何の義なりや。答ふ、薪の義、是れ取の義なり。薪に縁るが故に火は熾然なることを得るが

如く、有情も亦、爾り。煩悩を縁と為して業は熾盛なることを得。(5)〈結蘊〉

⑤**婆**、諸煩悩と随煩悩とを離るるが故に、説きて清浄と名け、常住無変の故に不死と名く。諸相、皆尽くるが故にとは、涅槃中、煩悩・業・苦の衆相寂滅なるを謂ふなり。(6)〈雑蘊〉

毘、顕現断一切業断一切煩悩相。出要者除諸煩悩。得清浄故。到不死者畢竟到不滅法故。(7)

⑥**婆**、然るに諸の世間の有情数なる者は、各々自らの業煩悩より生じ、非情数の者は、一切の有情の業の増上力が共に引起する所なり。(8)〈智蘊〉

これらは「業」と対概念で示される用例がいずれも「煩悩」(kleśa)のものである。ところが「業」と染汚法という時、『倶舎論』「随眠品」の冒頭の場合、随眠を重視する立場の上から意図的に「随眠」(anuśaya)と改変している。それは、「業品」と「随眠品」つまり「業」と染汚法との関わりについて、

世間の種々相は業より生ずると説かれた。かの業は随眠(anuśaya)より増長する。随眠なしには有を生ぜしめることに力がない。(9)

とあることによって知られる。これは『倶舎論』の染汚法に関する一章を「随眠品」としたために、その品名に沿った改変とみていい。

b、「煩悩障」「業障」という場合は、「煩悩」の語で示される(『八犍度論』では、「垢障」と訳される)。

発、煩悩障・業障・異熟障。(10)

八、行障・垢障・報障。(11)

婆、煩悩障・業障・異熟障。(12)

c、四沙門果と染汚法との関わりについて。〈結蘊〉

婆、云何が無為の阿羅漢果なりや。謂はく、貪瞋癡の永断と及び一切の煩悩の永断と、一切の趣を越し、一切の路を断じ、三種の火を滅し、四瀑流を渡り……。[13]

毘、云何無為阿羅漢果。答曰。永断愛慢癡一切煩悩。出一切趣。断一切生死道。滅三種火。已過四流……。[14]

これは染汚法として最も滅し難い貪瞋癡の三つの総称を「煩悩」とするもの。

d、四善根中、その第一の煖善根について、〈雑蘊〉

婆、云何が煖なりや、乃至広説す。問、何が故に煖と名くるや。答、智の、境に於て転ずるが故に、勝智ありて煖生じ能く煩悩の薪を焼くが故に、名けて煖と為すなり。猶鑽火の如し。上下相依りて火有り、煖生して、能く薪等を焼くが如し。[15]

毘、智縁境界。能生於煖。焼煩悩薪。猶如火鑽。上下相依。生火焼薪。[16]

と、「煖」は染汚法を燃やす際の暖かさをいい、その染汚法名を「煩悩」とする。

e、断遍知とは一切の「煩悩」の断をいう。〈定蘊〉

発、云何が断遍知なりや。答ふ、諸貪を永断し、瞋癡を永断し、一切の煩悩を永断する、是れを断遍知と謂ふ。[17]

八、云何智。答曰。婬怒癡尽無余。一切結尽無余。[18]

f、心清浄とは一切の「煩悩」のないことをいう。〈見蘊〉

婆、心清浄とは、謂く己に永く一切の煩悩並びに習気を離るるが故なり。[19]

g、「智」と「煩悩」、「道」と「漏」とを対比したもの。〈定蘊〉

婆、能く聖旨を達すとは、能く智を起して煩悩を断じ、道を修して漏を尽くすを謂ふなり。[20]

ここではもう一つの染汚法概念である「漏」とともに示される。

h、二十二根は「根」のつく項目を集録したものであるが、しかしその中に染汚法を集録しない理由として次のように示される。

婆、問ふ、何故に煩悩は、立てて根と為さざるや。答ふ、彼には根の相無きをもて、是を以て立てざるなり。―略―問ふ、煩悩は能く諸有の相続をして諸善品を壊せしめ、生死に没せしめ、涅槃を遠ざからしめ、調伏す可きこと難し。(21)

i、集諦(苦の原因)は業とあらゆる染汚法をいうが、その総称概念も「煩悩」とする。〈結蘊〉

婆、復次に、若し所依・所縁・行相にして能く愛を起こす者有れば、即ち此の所依・所縁・行相は余の煩悩を起こすこと、猶し魚王の所遊止の処に小魚は皆、随ふが如く、此も亦是の如し。此に由りて愛を説きて煩悩王と名くるをもて、是の故に偏へに説くなり。(22)

毘、復次如愛行所依所縁故而生。余煩悩行所依所縁亦生。如大魚去処小魚亦随。彼亦如是。以是事故。説愛衆生煩悩王(23)

婆、復次に、若し相続中に貪愛有れば、諸余の煩悩は皆、其の中に集ること、潤湿なる衣には塵垢著し易きが如くなるをもて、是の故に偏えに愛を説きて集諦と為すなり(同)。

毘、復次若身中有愛著。余煩悩亦著。如衣膩塵垢亦著(同)。

婆、復次に、若し相続中に貪愛の水有れば、諸余の煩悩は皆悉く楽住すること、水有る処に魚・蝦蟇等皆悉く楽住するが如くなるをもて、是の故に偏へに説くなり(同)。

毘、復次若身中有愛水。諸煩悩則楽著此身。譬如有水処魚等水性則生楽著。彼亦如是(同)。

婆、復次に、仏は貪愛は能く界を別ち、地を別ち、部を別たしめ、及び能く一切の煩悩を生長せしむと説くをもて、是の故に偏えに説くなり(同)。

毘、復次以愛故。有界差別地差別種差別。能生一切煩悩。以如是等事故(同)。

j、「有」を相続させる染汚法の総称も「煩悩」である。〈結蘊〉

婆、一切の煩悩は皆、有を相続せしむることを顕はさんが為の故に、斯の論を作すなり[24]。

毘、亦明一切結令有相続故。而作此論[25]。

なお具体的に染汚法中、「随眠」も相続させるはたらきがあるが、「纏」「垢」はそうでないというくだりもある[26]。

k、「染汚心」と「煩悩」。〈見蘊〉

婆、染心とは染汚心を謂ふ、煩悩と相応するが故に。不染心とは善心を謂ふ。煩悩と相違するが故に[27]。

「染汚」とはあらゆる染汚の総称である「煩悩」の有無によるという(異訳には対応部分なし)。

l、「結蘊」では十六種の煩悩群をあげるが、それらすべてを総称して「煩悩」の語で示すもの。

婆、復た次に煩悩の漸く増長することを顕はさんが故に、先に三結を説き、乃至、後に九十八随眠を説くなり[28]。

毘、復次為説煩悩樹次第増長法故先説三結。後説四五六七八九。至九十八使[29]。

これは煩悩群の列挙順を『大毘婆沙論』なりに意味づけたもの。

m、譬喩者が一切の染汚法つまり「煩悩」を「不善」と解するのに対し、有部では「不善」「無記」があることをいう(『大毘婆沙論』は『発智論』に続くくだりである)。

発、三結、乃至、九十八随眠は幾か不善にして、幾か無記なりや[30]。

(Ś. trīṇi saṃyojanāni yāvad aṣṭānavatiranuśayāḥ. tatra katyakuśalāḥ katyavyākṛtāḥ.[31])

婆、問ふ、何が故に此の論を作すや。答ふ、他宗を止め正義を顕さんが為めの故なり。謂く、或は有るが説く、

「一切の煩悩は皆、是れ不善なり。不巧便に由りて摂持せらるるが故に」と。譬喩者の如し、彼の意を遮して諸の煩悩の、是れ不善なるもの有り、是れ無記なるもの有ることを顕さんが為めなり。若し諸の煩悩にして、不巧便に由りて摂持せらるるが故に是れ不善なりと言はば、此の不巧便は応に非ざるべけん。不巧便に摂持せらるるに非ざるが故に。不巧便とは即ち是れ無知にして、摂持せらるるとは是れ相応の義なり。自体は自体と相応せざるが故に、不巧便は不善に非ざるべけん。復た欲界の煩悩は皆、是れ不善にして色・無色界の一切の煩悩は皆、是れ無記ならしめんと欲するもの有り。彼の意を遮し、欲界の有身見と辺執見と及び彼れと相応する無明も亦、是れ無記なることを顕示せんがためなり。(32)

n、一つの正説に対する異論を示し、やはり十六種の染汚法を「煩悩」と総称した例。

発、三結乃至九十八随眠は幾か見にして、幾か非見なりや。(33)

(Ś. trīṇi saṃyojanāni yāvad aṣṭānavatyanuśayāḥ. kati dṛṣṭayaḥ. katyadṛṣṭayaḥ.)(34)

婆、問ふ、何が故に、此の論を作すや。答ふ、他宗を止め正義を顕さんが為めの故なり。謂く、或は有るが執す、「一切の煩悩は皆、是れ見性なり。所以は何ん。行相猛利なるを説きて名けて見となすに、一切の煩悩は各、自業に於て行相猛利なればなり。有身見の、我我所を執する行相は猛利なり、辺執見の断を執し常を執する行相は猛行なり、邪見の無を執する行相は猛利なり、見取の最勝を執する行相は猛利なり、戒禁取の能浄を執する行相は猛利なり、疑の猶予する行相は猛利なり、貪の染著する行相は猛利なり、瞋の憎悪する行相は猛利なり、慢の高挙する行相は猛利なり、無明の不了の行相は猛利なるが如し。故に諸の煩悩は皆、是れ見性なり」と。或は復た有るが執す、「一切の煩悩は皆、見性に非ず。所以は何ん、諸法を了達するを説きて名きて見となすも、一切の煩悩は自の所縁に於て皆、了達せざるが故に見性に非ず」と。彼の意を止め、諸の煩悩に、是れ見性なるもの有り、見性に非ざるもの有ることを顕さんがための故に、斯の論を作す(35)。

o、やはり十六種の煩悩群を「煩悩」と総称したもの。

発、此の五補特伽羅は、三結乃至九十八随眠に於て幾が成就し、幾が成就せざるや(36)。

婆、此の中、尊者は補特伽羅を以て章となし、諸の煩悩を以て門となすが故に、斯の問ひを作す(37)。

こうしてみると、「業」との対概念で用いられるのは、「煩悩」(kleśa)の語であり「随眠」「結」でないこと、さらに「四沙門果」「心清浄」「四善根」「集諦」「有の相続」などと染汚法との関わりをいう場合、また十六種の煩悩群を総称する場合も「煩悩」の語で示され、してみると、『発智論』『大毘婆沙論』でも『倶舎論』の場合と同様に(38)、「煩悩」の語は染汚法の総称概念として用いられている。のちの『アビダルマディーパ(39)』ではあらゆる染汚法の「通名」(sāmanyanāma)を「煩悩」(kleśa)と表現することがみられる。したがって「煩悩」の用法については、これらの論書で一定していたことになる。

次の四例は、「煩悩」(kleśa)と「随眠」(anuśaya)の双方に言及したもの。

①**婆**、復次に、世尊は所化の有情の意楽と随眠とを観察して、為めに法要を説きしなり。意楽とは善根を謂ひ、随眠とは煩悩を謂ふ。是の如き意楽と随眠とを観察して法要を略説し、彼の煩悩を断ぜしむるは、所説が量に称いて、少ならず、多ならざればなり(40)。

毘、諸仏説法。尽為受化者。智有深浅。亦観其心及與結使。其心者。所謂善根。結使者。謂諸煩悩。観察其心及煩悩已。随其煩悩。説対治法(41)。

なお、ここでは anuśaya と同じ語根√śī から成る āśaya の場合、染汚の意でなく「意欲」「志向」の意味であるという。有部では āśaya をもっぱら「意欲」「願い」の意で用いる用例は、次の二例からも知られる。

・世尊の所化に総じて三種有り。一は仏法に於て、意楽有るもの、二は仏法に於て意楽を息むもの、三は仏法に於て意楽無きものなり。此の二苾芻(馬師、井宿)は、仏の正法に於て、全く意楽なきが故に、仏に訶擯さる。(42)

・意楽を以ての故に無願三摩地を建立するとは、謂く、諸賢聖は意楽に由るが故に、有と及び聖道とを願はず。所以は何ん。諸賢聖は意楽に由るを以ての故に、流転と及び蘊と世苦とを願はざるに、聖道は流転と蘊と世苦とに依るが故に、亦願はざるなり。(43)

染汚法の顕在、潜在の両面をどう概念化するかについての議論は『倶舎論』以後、「随眠」の語義解釈をめぐって展開される。それが同じ語根から成る「意楽」(āśaya)の語義解釈をめぐってでないことが窺われる。ちなみに有部ではもっぱら「随眠」を染汚概念と解するが、しかし元来 āśaya と同じく「意欲」「志向」の意味もあることは、エジャートン(44)、桜部建氏(45)による指摘がある。

②、「煩悩」の語を総称概念とするものの、次の特性のあるものは「随眠」であると規定する。

婆、問ふ、無慚・無愧は、既に唯、不善にして過患深重なるに、何が故に、随眠性中に立てざるや。答ふ、此の二には随眠の相有ること無きが故なり。謂く、微細の煩悩は、是れ随眠の相なるに、此の二は麁動なるが故に随眠には非ず。復次に、猛利なる煩悩は是れ随眠の相なるに、此は猛利に非ざるが故に随眠に非ざるなり。復次に若し数々起らざるも起り已れば長時相続する煩悩は是れ随眠の相なるに、此の二は数々起り、起り已るも長時相続せざるが故に、随眠に非ざるなり。復次に、厚重の煩悩は、是れ随眠の相なるに、此の二は軽薄なるが故に随眠に非ざるなり。復次に、習気堅固にして、滅し難き煩悩は、是れ随眠の相にして、恰も剛なる炭火の所在する処、熱勢息み難きが如く、此も亦是の如くなるに、此の二の習気は、虚にして滅し易きが故に随眠に非ず。恰も草葉の火の所在する処、熱勢息み易きが如く、此も亦是の如し。復次に、根本の煩悩は是れ随眠の相なるに、此の二は既に是れ随煩悩の摂なるが故に随眠に非ざるなり。是れ貪と無明との等流の果なるが故に[46]。

この内容にみられる用例を対比すると次のようになる。

「微細煩悩」→「随眠」
「猛利煩悩」→「随眠」
「長時相続」→「随眠」
「厚重煩悩」→「随眠」
「習気堅固の煩悩」→「随眠」
「根本煩悩」→「随眠」（「根本」でないものは「随煩悩」）

これによると、「煩悩」のうち、きわめて断ちにくいものが「随眠」、そうでないものは「随煩悩」であるという。

③**婆**、復次に、諸の煩悩等にして、或は是れ随眠なるものあり、或は随眠に非ざるものあり。若し貪欲と瞋恚と疑との蓋を説けば、総じて是れ随眠なるものを説くと知るべく、若し惛沈と掉挙と悪作とを説けば、総じて随眠に非ざるものを説くと知るべし[47]。

これは、「煩悩」には「随眠」と「非随眠」のあることをいう。

④**婆**、復次に、若し是れ随眠にして亦、纏の性なるものは各、別に蓋と立つるも、若し是れの纏の性にして随眠に非ざるものは、二を共せて蓋と立つ。復次に、若し是れ円満なる煩悩性のものならば各、別に蓋と立つるも、若し円満に非ざる煩悩性のものならば、二を共せて蓋と立つ。結と縛と随眠と随煩悩と纏との五義を具足するものを、円満なる煩悩と名く[48]。

これは「結・縛・随眠・随煩悩・纏」という五種の染汚法の総称を「煩悩」であるという。

以上の用例からみると、「煩悩」の語は特定の染汚法を指すわけでなく、染汚法一般の抽象概念であることが知られる。

註

(1)『発智論』、大正蔵二六、一〇二九頁中。『八犍度論』には対応部分なし。
(2)『大毘婆沙論』、大正蔵二七、二四四頁中。
(3)『大毘婆沙論』、大正蔵同、二三八頁中下。
(4)『阿毘曇毘婆沙論』、大正蔵二八、三〇四頁下。
(5)『大毘婆沙論』、大正蔵二七、二四七頁下。
(6)『大毘婆沙論』、大正蔵同、一七三頁中。
(7)『阿毘曇毘婆沙論』、大正蔵二八、一三一頁中。
(8)『大毘婆沙論』、大正蔵二七、五〇八頁上。
(9) *Abhidh-k-bh, p. 277. ll. 2-3.*
(10)『発智論』、大正蔵二六、九七三頁上。
(11)『八犍度論』、大正蔵同、八四一頁下。
(12)『大毘婆沙論』、大正蔵二七、五九九頁中。
(13)『大毘婆沙論』、大正蔵同、三三八頁上。
(14)『阿毘曇毘婆沙論』、大正蔵二八、二五二頁下。
(15)『大毘婆沙論』、大正蔵二七、二八頁上。
(16)『阿毘曇毘婆沙論』、大正蔵二八、二〇頁上。
(17)『発智論』、大正蔵二六、九二四頁下。
(18)『八犍度論』、大正蔵同、七七九頁上。
(19)『大毘婆沙論』、大正蔵二七、九五九頁上。
(20)『大毘婆沙論』、大正蔵同、九二九頁中。
(21)『大毘婆沙論』、大正蔵同、七三六頁中。
(22)『大毘婆沙論』、大正蔵同、四〇三頁中下。
(23)『阿毘曇毘婆沙論』、大正蔵二八、三〇一頁上。
(24)『大毘婆沙論』、大正蔵二七、三〇九頁上。
(25)『阿毘曇毘婆沙論』、大正蔵二八、二三二頁下。
(26)『大毘婆沙論』、大正蔵二七、三一〇頁中。
(27)『大毘婆沙論』、大正蔵同、九五〇頁中。
(28)『大毘婆沙論』、大正蔵同、二三七頁中。
(29)『阿毘曇毘婆沙論』、大正蔵二八、一八三頁上。
(30)『発智論』、大正蔵二六、九二九頁下。
(31) Ś. B. Śāstrī, *Jñānaprasthāna-śāstra of kātyāyanīputra.* Santiniketan. 1955. p.69.
(32)『大毘婆沙論』、大正蔵二七、二五九頁下。
(33)『発智論』、大正蔵二六、九三〇頁下。
(34) Ś. B. Śāstrī, *op. cit*, p. 76.

(35)『大毘婆沙論』、大正蔵二七、二六九頁上中。
(36)『発智論』、大正蔵二六、九三二頁中。
(37)『大毘婆沙論』、大正蔵二七、二八一頁中。
(38) 本書第五章「一、『倶舎論』にみる「煩悩」「随眠」「随煩悩」」参照。
(39) *Abhidh-d.* p. 220. *l*. 4.
(40)『大毘婆沙論』、大正蔵二七、二三八頁上。
(41)『阿毘曇毘婆沙論』、大正蔵二八、一八三頁下。
(42)『大毘婆沙論』、大正蔵二七、二八頁中。
(43)『大毘婆沙論』、大正蔵同、一七二頁上。『阿毘曇毘婆沙論』、大正蔵二八、一三〇頁中。
(44) F. Edgerton, *Buddhist Hybrid Sanskrit Dictionary*. s. v. anuśaya.
(45) 桜部建「九十八随眠説の成立について」(『大谷学報』第三五巻、第三号、昭和三十年、二一―二二頁)参照。
(46)『大毘婆沙論』、大正蔵二七、一八〇頁上。
(47)『大毘婆沙論』、大正蔵同、二五〇頁中。
(48)『大毘婆沙論』、大正蔵同、二五〇頁中。

(二)「随眠」の用例

『発智論』『大毘婆沙論』においても「随眠」の語は頻繁に用いられる。

① 遍行因と随眠〈雑蘊〉

遍行因が『発智論』『大毘婆沙論』では「随眠」との関わりで次のように論じられる。

発、云何が遍行因なるや。答、前生の見苦所断の遍行の随眠は、後生の、自界の見集、滅道、修所断の随眠と、及び相応法との与めに、遍行因と為る。過去の見苦所断の遍行の随眠は、未来と現在との、自界の見集、滅道、修所断の随眠と及び相応法との与めに、遍行因と為り、現在の見苦所断の遍行の随眠は、見来の、自界の、見集、滅道、修所断の随眠と及び相応法との与めに、遍行因と為るなり。見苦所断の如く、見集所断も亦爾るなり。是れを遍行因と謂ふ(1)。

八、云何一切遍因。答曰。本生苦諦断一切遍使。後生習尽道思惟断使。与使相応法。自界一切遍因中因。過去苦諦断一切遍使。未来現在習尽道思惟断使。与使相応法。自界一切遍因中因。過去現在苦諦所断一切遍使。未来習尽道思惟断使。与使相応法。自界一切遍因中因。習諦所断亦復如是。是謂一切遍因。[2]

(Ś. sarvatragahetuḥ katamaḥ. prativacanaṃ. pūrvaṃ jātā duḥkhadarśanaheyāḥ sarvatragā anuśayāḥ paścāj-jātānāṃ svadhātukānāṃ samudayanirodhamārgadarśanabhāvanāheyānāṃ anuśayānāṃ tatsaṃprayuktaka-dharmāṇāṃ ca sarvatragahetavaḥ.)[3]

婆、問、遍行因は、何を以てか、自性と為すや。答、一切の過去と現在との遍行の随眠と、及び彼と相応と倶との諸法なり。已に自性を説けり。所以を今説くべし。問、何が故に遍行因と名くるや、遍行とは是れ何の義なるや。答、遍く因と為る義、是れ遍行の義なり。復次に、能く遍く縁ずるの義、是れ遍行の義なり。復次に、遍く随増するの義、是れ遍行の義なり。此の遍行因は、唯、過去と現在との二世に通じ、等流果を有するなり。[4]

ここでは「遍行」とは「随眠」が「随増」(anuśerate)することという。

もっとも遍行の染汚法をいう場合、つねに「随眠」「随増」の概念で表わすわけでなく、「遍行結」とも標記することはすでにふれた。『倶舎論』でも「遍行」は「随眠」「結」に限らず、「煩悩」(kleśa)[5]の語との関わりでも示される。『発智論』『大毘婆沙論』の場合、ともに遍行因の問題から「有随眠心」の問題に移行する契機となるのが「随眠」である。この点で両論ともに遍行因を諸染汚概念中、「随眠」と結びつけて定義する意義は大きいといっていい。

② 涅槃と随眠〈智蘊〉

「涅槃」を最勝というのは、もはや「随眠」が「随増」しないからであるという。

婆、滅・道の二諦は、倶に是れ真の勝なり。即ち一切法中、涅槃は最勝なり。是れ善、是れ常なること余法を超ゆるが故に。有為法中、聖道は最勝なり、能く永く生死の法を超越するが故に、一切の随眠は随増せざるが故に。[6]

①の場合同様、ここでも「随眠」が総称概念とされる。

③「結蘊」「十門納息」では四十二法と染汚法との関係を分析するが、その染汚法として「随眠」の語が次のように適用される。

三結の所増の随眠は、四根と相応し、苦根を除く。貪不善根と、見瀑流・軛・取と、戒禁取と、貪欲と、戒禁取と、此実執身繫と、貪欲蓋と、貪・慢結と、貪欲・有身見・戒禁取・疑順下分結と、五見と、六愛身と、欲貪・慢・見・疑随眠と、愛・慢・見・取・疑結との所増の随眠も亦、爾り。[7]

すなわち「随眠」以外の染汚法の分析に際しても「随眠」の有無を問題とする。

④ さとりの世界に染汚法はないが、その染汚法を「随眠」の語で示すもの。

発、無漏と無為との法には随眠が随増すること無く、学と無学と無断との法も亦、爾り。[8]

(Ś. anāsravā asaṃskṛtā dharmā nānuśayairanuśayitāḥ. śaikṣāḥ, aśaikṣāḥ, aheyāśca dharmā api tathā.)[9]

発、欲漏には欲界の一切の随眠が随増す。—略—有漏には色・無色界の一切の随眠が随増す。[8]

(Ś. kāmāsravaḥ kāmadhātukaiḥ sarvair anuśayairanuśayitaḥ. … bhavāsravo rūpārūpyadhātukaiḥ sarvair anuśayairanuśayitaḥ.)[9]

こうした四例は、初期有部以来の「随眠」重視の反映といえるであろう。

註

（1）『発智論』、大正蔵二六、九二〇頁下。
（2）『八犍度論』、大正蔵同、七七四頁下。

(3) Ś. B. Śāstrī, *Jñānaprasthāna-śāstra of Kātyāyanīputra.* Vol. I. Santiniketan. 1955. p. 18.
(4) 『大毘婆沙論』、大正蔵二七、九〇頁下—九一頁上。
(5) *Abhidh-k-bh*, p. 89. *l*. 7.
(6) 『大毘婆沙論』、大正蔵二七、五〇七頁下—五〇八頁上。
(7) 『発智論』、大正蔵二六、九四六頁下。
(8) 『発智論』、大正蔵同、九四三頁下—九四四頁上。『八犍度論』では「随眠」の対応語なし。大正蔵同、八〇三頁上。
(9) Ś. B. Śāstrī, *op. cit.* pp. 153-4.

㈢ 「結」の用例

次に「結」(saṃyojana)の用例はどうであろうか。『大毘婆沙論』「結蘊」では「随眠」と「結」との関係について、次のようにいう。

諸の随眠は亦、名けて結と為すと雖も、而も此の中、差別の法門を説けば、謂く、随眠と説くときは九十八に依り、結と説くときは九に依るなり[1]。

これは「随眠」は「結」ともいうが、「随眠」といえば具体的に「九十八随眠」、「結」は「九結」であるというもの。

以下に示すのは、いずれも総称概念としての用例である。

まず「結蘊」にみられる主なものに次の四例がある。

(1)、輪廻と「結」〈結蘊〉

発、三界に各二部の結あり。謂はく、見・修所断なり[2]。

八、二種依身欲界二。色界二。無色界二。頗有欲界結一時得繫耶。一時得不繫[3]。

(Ś. triṣu dhātuṣu pratyekaṃ dvivargīyāṇi saṃyojanāni.)[4]

婆、是の如き等の章と及び解章の義、既に領会し已んぬ。次に広く釈すべし。問ふ。何故に此の論を作すや。答ふ。三界に各々二部の結ありて、諸の有情をして、種々の苦を受けしむることを顕さんと欲するなり。謂く、此の諸結は生死中に於て、諸の有情の与めに、大繫縛と作り、大無義と作り、大嶮伏と作り、此れ有るに由るが故に、諸の有情をして三界中に於て、諸の苦悩を受け、生死に輪廻し、数々母胎生熟、臓間に入り、冥闇処に住して、種々の不浄の遍切する所となり、生じ已るも、此の結の過患を知らず、復、還た染習して、苦を受くること無窮ならしむ。有情をして此の諸結に於て、知り、見、覚せしめ已りて、対治を勤修し、此の諸結を断じ、永く涅槃を得しせめ、復、輪廻して、生死の苦を受けざらしめんと欲す。[5]

これは三界の衆生には「結」があり、その「結」によって苦を受け、生死に輪廻するというもの。『発智論』『大毘婆沙論』ともに「結」と表現する。なお以下の用例は、『八犍度論』の「結使犍度」の原語を推定する上で、『八犍度論』に「結」に直接対応する漢訳があるから、それをもあげてみよう(『八犍度論』では「結」)。

(2)、九遍知と「結」〈結蘊〉

発、九遍知あり、謂く、欲界の見苦集所断の結の尽は第一遍知、色・無色界の見苦集所断の結の尽は第二遍知、欲界の見滅所断の結の尽は第三遍知、色・無色界の見滅所断の結の尽は第四遍知、欲界の見道所断の結の尽は第五遍知、色・無色界の見道所断の結の尽は第六遍知、五順下分結の尽は第七遍知、色愛結の尽は第八遍知、一切結の尽は第九遍知なり。[6]

八、九断智。欲界中苦諦習諦所断結尽一断智。色無色界苦諦習諦所断結尽二断智。欲界尽諦所断結尽三断智。色無色界尽諦所断結尽四断智。欲界道諦所断結尽五断智。色無色界道諦所断結尽六断智。五下分結尽七断智。色愛尽八断智。一切結尽九断智[7]。

(Ś. nava parijñāḥ. tadyathā. kāmadhātukānāṃ duḥkhasamudayadarśanaheyānāṃ saṃyojanānāṃ prahāṇamiti prathamā parijñā. 〔*1*〕 rūpārūpyadhātukānāṃ duḥkhasamudayadarśanaheyānāṃ saṃyojanānāṃ prahāṇamiti dvitīyā parijñā. 〔*2*〕 kāmadhātukānāṃ nirodhadarśanaheyānāṃ saṃyojanānāṃ prahāṇamiti tritīyā parijñā. 〔*3*〕[8] 以下略

遍知に至るために断ずべき染汚法を「結」とするもの(『八犍度論』でも「結」)。

なおのちの『倶舎論』では、染汚法の総称概念として「結」の語を用いることは稀であるが、わずかに使用されるその用例はこの九遍知を論じる次の文脈においてである。

三つの遍地がある。順下分の断は一つの遍地である。色界の漏の断には一つの色、愛の尽遍地がある。無色界ではすべての漏の断に一つあり、それがすべての結(saṃyojana)の尽遍知である[9]。

(3)、瑜伽師と「結」〈結蘊〉

婆、謂く、瑜伽師は、初果を得し已れば欲界の修所断の結を断ぜんがために大加行を起こし、必ず未だ一大品の結を断ぜずんば、死生有ること無きが故なること、五品を断ずるが如し、必ず未だ第六品の結を断ぜずして死生の義有ること無し[10]。

瑜伽師が修行によって断ずべきものは「結」とする。

(4)、四静慮と「結」〈結蘊〉

婆、問ふ、何が故に静慮と名くるや、能く結を断ずるが為めの故に静慮と名くるや、能く正観するが為めの故に静慮と名くるや。若し能く結を断ずるが故に静慮と名けば、則ち無色定も亦、能く結を断ずるをもて、応に静慮と名くべく、若し能く正観するが故に静慮と名けば、則ち欲界の三摩地も亦、能く正観するをもて応に静慮と名くべけん。[11]

四静慮は染汚法つまり「結」の断のためか、単に正観のためかという議論。

これら四例は、「結蘊」の場合であるが、次に「結蘊」以外の主なものをあげてみよう。

1、無間道と「結」〈智蘊〉

発、諸結が法智の断なれば、彼の結の滅は法智の作証なりや。乃至広説。[12]

八、諸結法智滅彼結法智尽作証耶。[13]

婆、問ふ、何が故に此の論を作すや。答ふ、他宗を止め、正理を顕さんが為めの故なり。謂く、或は有るが執す、「無間道は諸結の得を断じ、解脱道は彼の滅の得を証す」と。外国の諸論師の如し。彼の意を遮し、無間道は能く諸結の得を断じ、亦、彼の滅の得を証することを顕さんが為めなり。[14]

無間道を『発智論』『大毘婆沙論』ともに「結」との関係で捉える（『八犍度論』でも「結」）。

2、不動心解脱と「結」〈定蘊〉

発、一切結尽は、当に学根が得すと言ふべきや、無学根が得するや、学・無学根が得するや。答ふ、当に学、無学根が得すと言ふべきなり。[15]

八、一切結尽。当言得学根得無学根耶。以無礙道取須陀洹果証。[16]

婆、問ふ、此の文は、何が故に不動心解脱の説の如くならざるや。答ふ、此の文は亦、応に是くの如き説に作るべし。若し初めて一切結尽を証するものなれば、当に学・無学根が得すと言ふべく、若し時解脱阿羅漢が不動を得して一切結尽を証するものなれば、当に無学根が得すと言ふべきなり、而も是の説を作さざるには何の意有りや。答ふ、解脱に二有り。謂く有為と無為となり。二種の心解脱は是れ有為にして、一切結尽は是れ無為なり。有為解脱には下・中・上有るをもて、初の所得は異り後の所得は異るが故に差別して説くも、無為解脱には、下・中・上無く、後の得は初めと同じきが故に別に説くこと無きなり。[17]

一切の染汚法の総称を「結」の語で示し、その滅尽した状態が無為であるという（『八犍度論』でも「結」）。

3、煩悩の断滅についての標記〈雑蘊〉

世第一法は、断結せずと雖も、而も此の善根勝妙なること第一にして、深遠処に在り。宜しく、彼の能断結道と、同じく一地に在るべし。是の故に此道を以て、之を証すべきなり。復次に、世第一法は、見道を引生するをもて、定んで見道と同じく一地に在り、見道既に能く、諸の煩悩を断ずるが故に、断結道を此の証と為すべし。[18]

いわゆる断惑を「断結」「断結道」と表現したもの。

4、無余依涅槃と「結」〈雑蘊〉

発、云何が無余依涅槃界なりや。答ふ、即ち阿羅漢の諸漏永尽し、寿命已に滅し、大種の造色の相続、已に断じて、五根身に依りて心復び転ぜず。こは無余依なるが故に、諸結永尽するを、無余依涅槃界と名くるなり。[19]

八、云何無余泥洹界。答曰。無著余久過去般泥洹四大滅尽。彼造色五根無心可廻旋。是謂無余泥洹界。於無余泥洹界。諸結使尽是謂無余泥洹界。[20]

(Ś. nirupādiśeṣanirvāṇadhātuḥ katamaḥ. … upāderanavaśeṣāt sarvasaṃyojanakṣayaḥ. iti nirupādiśeṣanirvāṇa-dhātuḥ.)[21]

無余依涅槃を「漏」の尽とともに、「結」の尽によって説明したもの（『八犍度論』では「結使」）。

5、有学・無学と「結」〈雑蘊〉

発、云何が学なりやといへば、学が諸結の断を得し、触証を得獲するを謂ひ、云何が無学なりやといへば、無学が諸結の断を得し、触証を得獲するを謂う[22]。

八、云何学。答曰。学得諸結使滅尽得。到彼岸而果証。是謂為学。云何無学。答曰。無学得諸結使滅尽。得到彼岸而取果証。是謂無学[23]。

(Ś. śaikṣaṃ katamat. tathā hi. śaikṣasya sarvasaṃyojanakṣayalābhe sparśānubhavapratilaṃbhaḥ. aśaikṣaṃ katamat. tathā hi. aśaikṣasya sarvasaṃyojanakṣayalābhe sparśānubhavapratilaṃbhaḥ.)[24]

無学はむろん染汚法のない境地であるが、その染汚法を「結」の語で示したもの(『八犍度論』では「結使」)。

6、四禅・四無色定と「結」〈定蘊〉

発、初と第二と第三との解脱は、何繫の結を断ずるや。答ふ、(断ずること)無し。空無辺処解脱は何繫の結を断ずるや。答ふ、或は空無辺処、或は識無辺処、或は無所有処、或は非想非非想処(の繫の結を断じ)、或は無きなり。識無辺処解脱は何繫の結を断ずるや。答ふ、或は識無辺処、或は無所有処、或は非想非非想処、或は無きなり。無所有処解脱は何繫の結を断ずるや。答ふ、或は無所有処、或は非想非非想処、或は無きなり。非想非非想処解脱と滅受想解脱とは、何繫の結を断ずるや。答ふ、無きなり[25]。

八、初第二第三解脱何繫結滅。答曰。無処所。空処解脱何繫結滅。答曰。或空処繫。或識所繫。或不用処繫。或有想無想処繫。或無処所。識処解脱何繫結滅。答曰。或識処繫或不用処繫。或有想無想処繫。或無処所。不用処解脱何繫結滅。答曰。或不用処繫。或有想無想繫或無所有想無想解脱滅尽解脱何繫結滅。答曰。無処所[26]。

これは禅定段階それぞれに、いかなる染汚法が存するかを扱ったもので、やはり「結」とする(『八犍度論』では「結」)。

7、凡夫と聖者の退・不退〈定蘊〉

発、問ふ、何が故に、異生は退する時、見・修所断の結を増益するに、世尊の弟子は退する時、唯、修所断の結のみを増益するや。答ふ、異生は此の道を用ひて見所断の結を断ずるとき、即ち此の道を用ひて修所断の結をも断ず。故に、彼れが退する時には二の結を倶に増益するなり。世尊の弟子は此の道を用ひて見所断の結を断ず、彼れは此の道に於ては定んで退せず。余の道を用ひて修所断の結を断ず。彼れは余の道に於て退有り不退有るなり(27)。

八、以何等故凡夫人退見諦思惟断結還得。世尊弟子思惟断耶。答曰。彼思惟断於彼道退得彼結繫也。世尊弟子以余道見諦断結滅余思惟断。彼所可用道見諦断結滅。於彼或有退或有不退(28)。

凡夫には、染汚法つまり「結」を断じても後退することがあるのに反し、聖者には「退」「不退」の双方があるというもの(『八犍度論』では「結」)。

これらは『発智論』「結蘊」以外で染汚法の総称として用いられる用例である。『倶舎論』の場合、「結」の語を総称概念とすることが寥々であるのに比べ、『発智論』『大毘婆沙論』がいかに多用したかがはっきり読み取れよう。

ところで、「随眠」と「結」とを併用する例もある。その主なものに次の二つがある。

①、三界の衆生と聖者は、どれだけの「随眠」が随増し、「結」が繫するかを示したもの(『八犍度論』では「結」)。

発、此の中、欲界の異生と聖者は、幾ばくの随眠随増し、幾ばくの結繫すや。答ふ。異生は、九十八随眠随増し、九結繫す。聖者は、十随眠随増し、六結繫す。色界の異生と聖者は、幾ばくの随眠随増し、幾ばくの結繫すや。答ふ。異生は、六十二随眠随増し、六結繫す。聖者は、六随眠随増し、三結繫す。無色界の異生と聖者は、幾ばくの随眠随増し、幾ばくの結繫すや。答ふ。異生は、三十一随眠随増し、六結繫す。聖者は、三随眠随増し、三結繫す。[29]

八、欲界凡夫人。九十八使所使。九結所繫聖人十使所使六結所繫。色界凡夫。六十二使所使六結所繫。色界凡夫。六十二使所使六結所繫。聖人六使所使三結所繫。無色界凡夫人。三十一使所使六結所繫。聖人三使所使。三結所繫。[30]

(Ś. iha āryapṛthagjanau kāmadhātukau katyanuśayānuśayitau katisaṃyojanapratisaṃyuktau.prativacanaṃ. pṛthagjano 'ṣṭānavatyanuśayānuśāyitaḥ, navasaṃyojanapratisaṃyuktaḥ. āryo daśānuśayānuśāyitaḥ, ṣaṭ-saṃyojanapratisaṃyuktaḥ.[31] 以下略)

②、四十二法と染汚法との「遍知」「断」の問題。四十二法の一つである二十二根について、

発、眼根乃至無色界の修所断の無明随眠は、一一遍知を得る時、九十八随眠の中に於て、幾ばくの随眠遍知するを得、九結中に於て、幾ばくの結尽くや。

答う。〔二十二根の中〕眼根は、遍知するを得る時、色愛尽く。異生は、三十一随眠の遍知するを得るも、結の尽くること無く、聖者は、三随眠の遍知するを得るも、結の尽くること無し。[32]

八、眼根断智時凡夫人到色愛尽。三十一使得断智結不悉尽。聖人三使得断智結不悉尽。[33]

(Ś. cakṣurindriyaṃ yāvad ārūpyadhātukabhāvanāheyāvidyānuśayaḥ. ekaikasya parijñāprāptikāle 'ṣṭānavaty-anuśayeṣu katīnāṃ labhyate parijñā, navasaṃyojaneṣu katīnāṃ labhyate prahāṇaṃ. prativacanaṃ. cakṣur-indriyaparijñāprāptikāle rūpatṛṣṇāprahāṇaṃ. pṛthagjanasya ekatriṃśadanuśayānāṃ labhyate parijñā, na saṃyojanaprahāṇaṃ. āryasya trayāṇāmanuśayānāṃ labhyate parijñā, na saṃyojanaprahāṇaṃ.[34] 以下略)

と、「随眠」と「結」を並記して分析したもの(『八犍度論』では「結」)。この二例はそれぞれ具体的な煩悩群をいう

場合である。

ところで『発智論』と『大毘婆沙論』とを比べてみると、その用法の変化した場合がある。それは「結」とあるのを『大毘婆沙論』になると㈠「煩悩」に、㈡「随眠」にいい換えることがみられる。まず㈠のものとして次の三例が認められる。

1、三世と「結」。〈結蘊〉

発、諸結が過去なれば、彼の結は已繫なりや。乃至広説。(35)

八、所有結過去已為結所繫耶。(36)

(Ś. sarvāṇi saṃyojanāni atītāni, tāni saṃyojanāni pratisaṃyuktāni kiṃ.)(37)

婆、問ふ。何故に此の論を作すや。答ふ。他宗を止め、正理を顕さんが為めの故なり。謂く、或は有るが説く。「過去・未来は実有の体に非ず」と。或は復、有が説く、「煩悩断じ已れば、畢竟不退なり」と。彼等の説を遮し、過去・未来は実有なることを顕示し、及び煩悩断じ已るも、退あることを顕さんが為めの故に、斯の論を作せしなり。(38)

これは『発智論』に「結」とあるものを、『大毘婆沙論』で「煩悩」と置き換えたもの(『八犍度論』では「結」)。

2、補特伽羅と染汚法〈結蘊〉

問ふ、何が故に、尊者は此の結蘊中、五補特伽羅に依りて論を作し、後、智蘊定蘊中、七補特伽羅――謂く、此の五に於て、慧解脱及び倶解脱を加ふるなり――に依りて、論を作すや。答ふ、是は作論者の意欲爾るが故なり、乃至広説。復次に、此の結蘊中、有結者に依りて、論を作すが故に、後の二を説かざるも、智・定蘊中にては、智・定を有する者に依りて論を作するが故に、有結・無結者も倶に之を説くべきなり。復次に、此の結蘊中、有煩悩者に依りて論を作すが故に、後の二を説かざるも、智・定蘊中にては、智・定を有する者に依りて論を作すが故に、有煩悩・無煩悩者も倶に之を説くべきなり。復次に、此の結蘊中にては、補特伽羅を以て章を為し、煩悩を以て門を為すが故に、後の二を説かざるも、智・定蘊中にては、補特伽羅を以て章を為し、智・定を以て門を作すが故に、亦、後の二を説く。是の故に、此と彼とは、五補特伽羅に依り、七補特伽羅に依りて、論を作すなり。(39)

これは『発智論』の第二篇名が「結蘊」であるものの、染汚のある人(補特伽羅)を「有結者」のみならず「有煩悩者」と呼ぶことをいう。ここでの「結」は総称概念としての「煩悩」の別表現である。

3、四無量心と「結」〈定蘊〉

発、慈は何繫の結を断ずるや。答ふ、断ずること無し。悲・喜・捨は何繫の結を断ずるや。答ふ、断ずること無し。(40)

八、慈何繫結滅。答曰。無処所。悲喜護何繫結滅。答曰。無処所。(41)

婆、問ふ、何が故に、四無量は煩悩を断ぜざるや。答ふ。行相異なるが故なり。謂く、十九行相は能く煩悩を断ずるに、無量は彼の行相に非ざればなり。四行相は是れ無量にして、煩悩を断ずるは、此の行相を以ってせざるが故なり。(42)

四無量心は染汚法を断つための行法でないというが、ここでも「結」を「煩悩」といい換えている(『八犍度論』では「結」)。

次は㊁の例、つまり『発智論』での「結」とあるのを『大毘婆沙論』で「随眠」といい換えたもの。

発、有る結にして、欲界に在るも彼の結は欲界に堕するに非ざるものあり。謂く、纏のために纏せられて、欲界

より沒して色界の中有を起すものと。(43)

八、云何結使在欲界。彼結使不是欲界。答曰。結使所纒従欲界沒。弁色界中陰。(44)

(Ś. santi saṃyojanāni kāmadhātupatitāni. tāni saṃyojanāni na kāmadhātvavasthānāni. tadyathā. paryavasthānaparyavasthito rūpadhātośćyutvopapannaḥ kāmadhātyantarābhavaḥ.)(45)

婆、欲界より沒して色界に生ずるものは、異生及び聖者に通ず。彼の色界の中有は欲界に在りて起るをもて、法応に是くの如くなるべし。死有の滅する処に中有の現前すること、種の滅する処に萠芽現前するが如し。彼は死有より中有に至る時、若し異生なれば、色界の三十一随眠の随一を現前して生をして相続せしめ、若し聖者なれば色界の修所断の三随眠の随一を現前して生をして相続せしむ。(46)

これは「結」の語で総称した染汚法一般を、『大毘婆沙論』で「九十八随眠」といい換えたものである。ただし『発智論』には「見修所断の結」という用法もみられることは、「結」の用例の箇所(九遍知、凡夫と聖者の退不退)で示したとおりである(『八犍度論』では「結使」)。

このように『発智論』の文脈に「結」とあるものを『大毘婆沙論』で「煩悩」「随眠」の語にいい換えることからみると、『発智論』のほうが『大毘婆沙論』よりも「結」の語を多用したと推測できよう。

総称概念としての「結」の用例は、『倶舎論』になるとにわかに減少するが、その経緯をはっきり示す用例に次のものがある。『大毘婆沙論』では、自相惑、共相惑をとり上げる際に「結」をその材料とする。

此の中、諸の結に二種あり、一は自相に迷い、二は共相に迷ふ。自相に迷ふ結とは、愛・恚・慢・嫉・慳結をいい、共相に迷ふ結とは、無明・見・取・疑結をいふ。(47)

これに対し、『倶舎論』の同じ文脈では、

簡約して二種のこの煩悩がある。自相の煩悩は、貪・瞋・慢であり、共相の煩悩は見・疑・無明である(samāsata ime dvividhāḥ kleśāḥ. svalakṣaṇakleśāś ca rāga-pratigha-mānāḥ. sāmānyakleśāś ca dṛṣṭi-vicititsā 'vidyāḥ.)[48]。

と、「煩悩」(kleśa)の語を用いるのである。ちなみにこのサンスクリット対応部分を玄奘訳[49]の『倶舎論』、『順正理論』[50]『顕宗論』[51]のいずれも「随眠」の語を当てているが、原文にkleśaとある以上、「煩悩」と訳出すべきであろう。

ちなみに『アビダルマディーパ』では、

これら慢・瞋・貪こそ自相の煩悩である。存在する事を対象とするからである。一方、共相の煩悩は見・疑などである(ete hi māna-pratigha-rāgāḥ svalakṣaṇa-kleśāḥ sadvastu-viṣayatvāt. sāmānyalakṣaṇa-kleśās tu dṛṣṭi-vicikitsādyāḥ.)[52]。

とあり、ここでも『倶舎論』サンスクリット本同様、kleśaで示される。これは、『大毘婆沙論』にあった「結」の語を『倶舎論』で「煩悩」(kleśa)に書き換えたものである。この用例からみる限り、『倶舎論』の著者世親は、「結」から「煩悩」の語に改変したことになる。

このように「結」の用法は、『発智論』『大毘婆沙論』の「結蘊」以外にも多用されたことがわかる。また『発智論』の異訳である『八犍度論』の「結使犍度」の原語については、次のようにいえよう。まず「随眠」の対応語はつねに「使」(「九十八使」とあるごとく)であり、また「結」の用例十三のうち、『発智論』に「結」とあるのを『八犍度論』でも「結」としたのは十例、「結使」としたのは三例認められた。これに対し、『発智論』で「結」とあるものを「使」と訳したものは見当たらない。犍度名に「使」とあれば、その原語はanuśaya(随眠)と想定し得るけれども、「結」「結使」とある以上『発智論』と同様にやはりサンヨージャナ(saṃyojana)であったと解することができる。

註

（1）『大毘婆沙論』、大正蔵二七、四六五頁中。
（2）『発智論』、大正蔵二六、九四〇頁中。
（3）『八犍度論』、大正蔵同、七九八頁上。
（4）Ś. B. Śāstrī, *Jñānaprasthāna-śāstra of Kātyāyanīputra.* Santiniketan. *vol.* I. 1955. p. 132.
（5）『大毘婆沙論』、大正蔵二七、三二七頁中。
（6）『発智論』、大正蔵二六、九三九頁下。
（7）『八犍度論』、大正蔵同、七九〇頁上。
（8）Ś. B. Śāstrī, *op. cit.* p. 129.
（9）*Abhidh-k-bh,* p. 323. *ll. 2-4.*
（10）『大毘婆沙論』、大正蔵二七、二七六頁上。
（11）『大毘婆沙論』、大正蔵同、四一一頁中。
（12）『発智論』、大正蔵二六、九六三頁中。
（13）『八犍度論』、大正蔵同、八二九頁中。
（14）『大毘婆沙論』、大正蔵二七、五五七頁上。
（15）『発智論』、大正蔵二六、九九五頁下。
（16）『八犍度論』、大正蔵同、八七〇頁中。
（17）『大毘婆沙論』、大正蔵二七、七五八頁中。
（18）『大毘婆沙論』、大正蔵同、一四頁下—一五頁上。
（19）『発智論』、大正蔵二六、九二三頁中。
（20）『八犍度論』、大正蔵同、七七七頁下。
（21）Ś. B. Śāstrī, *op. cit.* p. 31.
（22）『発智論』、大正蔵二六、九二三頁中。
（23）『八犍度論』、大正蔵同、七七七頁下。
（24）Ś. B. Śāstrī, *op. cit.* p. 31.
（25）『発智論』、大正蔵二六、一〇一〇頁下。
（26）『八犍度論』、大正蔵同、八九一頁中。
（27）『発智論』、大正蔵二六、一〇二二頁中。
（28）『八犍度論』、大正蔵同、九〇四頁下。
（29）『発智論』、大正蔵同、九四三頁上中。
（30）『八犍度論』、大正蔵同、八〇二頁上。
（31）Ś. B. Śāstrī, *op. cit.* p. 149.
（32）『発智論』、大正蔵二六、九四八頁上。
（33）『八犍度論』、大正蔵同、八〇九頁中。
（34）Ś. B. Śāstrī, *op. cit.* p. 173.
（35）『発智論』、大正蔵二六、九三九頁上。
（36）『八犍度論』、大正蔵同、七九七頁上。
（37）Ś. B. Śāstrī, *op. cit.* p. 128.
（38）『大毘婆沙論』、大正蔵二七、三一一頁下。
（39）『大毘婆沙論』、大正蔵同、二七八頁上。
（40）『発智論』、大正蔵二六、一〇一〇頁下。
（41）『八犍度論』、大正蔵同、八九一頁中。
（42）『大毘婆沙論』、大正蔵二七、八一九頁上。
（43）『発智論』、大正蔵二六、九三一頁下。

(44)『八犍度論』、大正蔵同、七八七頁中。
(45) Ś. B. Śāstrī, *op. cit.* p. 81-82.
(46)『大毘婆沙論』、大正蔵二七、二七三頁上。
(47)『大毘婆沙論』、大正蔵同、二九八頁中。
(48) *Abhidh-k-bh*, p. 294. *ll.* 7-8.
(49)『倶舎論』、大正蔵二九、一〇四頁上。
(50)『順正理論』、大正蔵同、六二一頁上。
(51)『顕宗論』、大正蔵同、九〇〇頁上。
(52) *Abhidh-d*, p. 252. *ll.* 3-4.

四　『大毘婆沙論』における「随煩悩」

『大毘婆沙論』「結蘊」では十六種の煩悩群の定義を詳しく説くけれども、『大毘婆沙論』全篇において「随煩悩」に関する定義は認められない。すでに有部でも「随煩悩」の定義は『品類足論』に、

　随煩悩とは云何。謂く、諸の随眠を亦随煩悩と名く。随煩悩にして随眠と名けざる有り。謂く、随眠を除く諸の余の染汚の行蘊の心所なり。[1]

と、「随眠」以外で行蘊に含まれる染汚のものとされる。しかしながら『阿毘曇心論』系三綱要書、それに『倶舎論』でも径庭が認められる。では『大毘婆沙論』での「随煩悩」の捉え方はどうであろうか。

第一に、染汚法一般を「煩悩」と「随煩悩」とに二分するものは、次のように認められる。

㈠、「清浄」とは「煩悩」「随煩悩」を捨離すること。〈雑蘊〉

　清浄の不死の迹とは、迹は前説の如し、諸煩悩と随煩悩とを離るるが故に、説きて清浄と名け、常住無変の故に不死と名く。[2]

㈡、仏は「煩悩」「随煩悩」から出離した存在であること。〈雑蘊〉
金の山頂に出づる如しといふは、日を名けて金と為し、山頂は即ち是れ日、所出の処なり。日初めて山頂に出づるの時、光明遍照するが如く、仏は煩悩、随煩悩より出づるも亦復是の如ければなり。(3)
㈢、三界と「煩悩」「随煩悩」との関わり。〈結蘊〉
欲界は是れ不定地なれば、諸の煩悩及び随煩悩多く、色・無色界は是れ定地なるが故に、諸の煩悩及び随煩悩少なきことを顕はす。(4)

この㈢の場合は、欲界は不定地ゆえ「煩悩」「随煩悩」が多いのに反し、色無色界は定地であるゆえそれが少ないというもの。

こうした三例は明らかに染汚法を「煩悩」「随煩悩」の二種に大別したものである。

第二に、「随煩悩」を含む別の定型表現に、「結縛随眠随煩悩纏」という定型があり、これも『大毘婆沙論』に認められる。

1. **発**、無色界より没して欲界に生ずる時、諸の所得の蘊・界・処・善・不善・無記根・結縛随眠随煩悩纏は当に会得を得すと言ふべきや、未会得を得すや。答ふ、応に善と染汚との法は会得を得し、異熟法は未会得を得すと言ふべきなり。(5)
2. **婆**、復次に、善く説法する者は、唯、結縛随眠随煩悩纏の諸法を対治するもののみを説きて、浄と為せども、外道は亦結等をも説きて浄と為せばなり。(6)〈雑蘊〉
3. **婆**、有が説く、諸の結は、是れ結にして、亦是れ結法なり。是の故に之れを説けど、結法は結に非ず。是の故に説かざるなり。結と結法との如く、縛と縛法、随眠と随眠法、随煩悩と随煩悩法、纏と纏法、垢と垢法とも、

応に知るべし亦爾ることを、と。(7)〈雑蘊〉

この「結縛随眠随煩悩纏」という定型は、のちの『倶舎論』「随眠品」では煩悩群を列挙する際に、配列の枠組みとして採用される。(8)

また『大毘婆沙論』における「随煩悩」を捉える上で『大毘婆沙論』所引の『品類足論』に次のくだりがある。

問ふ、諸の煩悩の垢は、何が故に説きて漏等と爲さざるや。有るが是の説を作す、「彼も亦、説きて、欲漏等の中に在り。品類足論に説けり、云何が欲漏なりや。謂く、欲界の無明を除く諸余の結と縛と随眠と随煩悩と纏とを是れを欲漏と名く、乃至広説、随煩悩とは即ち、煩悩の垢なり」と。評して曰く、応に是の説を作すべし「煩悩の垢は麁にして堅住ならざるが故に漏等とは説かず、不信と懈怠と放逸とも亦、過の軽微なるに由るが故に漏等と説かざるなり」と。(9)

これは「煩悩垢」(六垢に当たる)を「三漏」などには含まないことをいう一節であるが、現存する『品類足論』や旧訳の『衆事分阿毘曇論』には「随煩悩とは即ち煩悩垢なり」の部分がない。してみると『品類足論』には別本があって(10)『大毘婆沙論』はそれから引用したとも考えられる。いずれにせよ、これは「随煩悩」とは六垢であると明示したもので看過し得ない。さらにこのくだりでは不信、懈怠、放逸の三つにも言及し、『順正理論』『顕宗論』の場合はこの三つをはっきり随煩悩と規定するもの、(11)ここでは「随煩悩」と別種と読めるから、除外すべきであろう。

ところで、『倶舎論』のように纏を「十纏」、垢を「六垢」と捉えることも、『発智論』では明確でない。けれども、『大毘婆沙論』には、次のような記述が認められる。

眼根乃至無色界修所断の無明随眠は、各、九結中、幾結に繋せられ、三縛中幾縛に縛せられ、十随眠中幾随眠に随増され、六垢中幾垢に染せられ、十纏中幾纏に纏せらるるや。答ふ、眼根は、九結に繋せられ、三縛に縛せら

れ、十随眠に随増され、六垢に染せられ、十纏に纏せらるるなり。耳乃至信等の五根も亦、爾り。(12)

ここに登場する煩悩群は結、縛、随眠、垢、纏の順であり、「結縛随眠随煩悩纏」という定型表現と酷似する。双方で異なるのは「垢」と「随煩悩」の箇所である。『大毘婆沙論』所引の『品類足論』では随煩悩を「煩悩垢」とされるが、ここでも「随煩悩」に対応する箇所を「垢」とするから、「随煩悩」は「垢」(つまり「六垢」)と解されたといえるであろう。

またここに言及される「十纏」については、

是の如く、無明は、随眠を引くことに於て、最も上首と為る。随眠に由るが故に、十纏を引起す、謂く、忿と嫉との纏は是れ瞋の等流にして、覆纏は、有るは是れ貪の等流なりと説き、有余師は是れ癡の等流なりと説く、評して曰く応に是の説を作すべし、是は二の等流なりと。或は名利を貪りて、自罪を覆蔵し、或は無知に由りて罪を覆蔵するが故に。惛沈と睡眠と及び無愧との纏は、是れ癡の等流なり。掉挙と慳と及び無慚との纏は、是れ貪の等流なり。悪作纏は、是れ疑の等流なり。(13)

と、「随眠」である貪瞋癡それぞれから派生(「等流」)したものとし、また纏の語義は、

纏のために纏ぜらるるとは、有るが説く、「忿纏なり、彼の忿が心を纏するをもて、仏を訶拒するが故に」と。有るが説く、「覆纏なり。彼の覆が心を纏するをもて仏を訶拒するが故に」と。有るが説く、「嫉纏なり。彼の嫉が心を纏するをもて仏を訶拒するが故に」と。有るが説く、「慳纏なり。彼の慳が心を纏するをもて仏を訶拒するが故に」と。評して曰く、「応に是の説を作すべし、九纏中に於て随一現前して仏を訶拒するなり。眠を除く。語業を発すこと能はざるが故なり」と。(14)

と、心に纏《まと》いつくものとある(なおここでは「九纏」とあるものの、異訳『阿毘曇毘婆沙論』に「十纏」(15)とあるから、

十纏の誤りであろう)。

こうした「十纏」というのも「随煩悩」であることは、十纏中の「忿」について、

> 復次に、欲界には違と順とに相応する煩悩有り、外六門の煩悩有り、能く二果を引く煩悩あり、無慚・無愧と相応する煩悩有り、及び忿等の種々の雑類の諸の随煩悩有りて、破し難く断じ難く越え難く離れ難し(16)。〈定蘊〉

と、「忿等」を「随煩悩」と規定することから知られる。

このほか、『大毘婆沙論』には「随煩悩」を「八擾乱事」とするくだりもある。

> 此の中、随煩悩とは上所説の八擾乱事なり(17)。

この「八擾乱事」は具体的には、

> **婆**、第四静慮の捨と念とは、倶に八擾乱事を離るるが故に清浄と名く。苦・楽・憂・喜・入息・出息・尋・伺を名けて八擾乱事と為す(18)。
>
> **毘**、第四禅念。以無八事故名浄。謂無苦無楽憂喜覚観出入息(19)。

と、苦・楽・憂・喜・入息・出息・尋・伺をいうとする。これに対応する文脈は『倶舎論』(20)にもあり、「擾乱事」(『倶舎論』での訳語は「災患」)に対応する原語は apakṣāla とある。apakṣāla は災い、迷いを意味し、玄奘はそれをも「随煩悩」と訳出したのである。しかし八種の内容はいずれも従来の「随煩悩」と異質であり、異訳『阿毘曇毘婆沙論』にはそれに対応する語がないから、当面の問題から除外していい。

以上をまとめると、『大毘婆沙論』でいう「随煩悩」は十纏、六垢だけとなる。『倶舎論』では、『法蘊足論』「雑事品」中から貪瞋癡などを除外した残りすべてを「随煩悩」と解したけれども、『大毘婆沙論』ではそれを含めない点に特徴がみられる。

註

（1）『品類足論』、大正蔵二六、六九三頁下。
（2）『大毘婆沙論』、大正蔵二七、一七三頁中。
（3）『大毘婆沙論』、大正蔵同、六五頁下。『阿毘曇毘婆沙論』では「一切煩悩使垢」とする。大正蔵二八、五四頁上。
（4）『大毘婆沙論』、大正蔵同、二七一頁中。
（5）『発智論』、大正蔵同、一〇二二頁中。『八犍度論』では「結縛使垢纒」とし、「垢」が随煩悩に対応する。大正蔵同、九〇四頁下。
（6）『大毘婆沙論』、大正蔵二七、四〇頁中下。
（7）『大毘婆沙論』、大正蔵同、六八頁中。『阿毘曇毘婆沙論』、大正蔵二八、五五頁中下。
（8）池田錬太郎「『倶舎論』随眠品における煩悩論の特質」（『仏教学』第七号、昭和五十四年、一二六―一二七頁）、本書第五章「三、『倶舎論』随眠品の構成」参照。
（9）『大毘婆沙論』、大正蔵二七、二四八頁中。
（10）坂本幸男「『大毘婆沙論』に引用される『品類足論』について」（『阿毘達磨の研究』、大東出版社、昭和五十六年、四六三頁以降）参照。
（11）本書第二章「四、大煩悩地法」参照。
（12）『大毘婆沙論』、大正蔵二七、四七五頁下。普寂によると、『大毘婆沙論』に六垢は説かれないとする。たしかに十六種の煩悩群にはないけれども、「結蘊」にはこのように付随した形で言及される。『阿毘達磨倶舎論要解』（仏書刊行会編『大日本仏教全書』八九巻、名著普及会）三八〇頁下。
（13）『大毘婆沙論』、大正蔵同、二四五頁下。
（14）『大毘婆沙論』、大正蔵同、二七二頁中。
（15）『阿毘曇毘婆沙論』、大正蔵二八、二一一頁下。
（16）『大毘婆沙論』、大正蔵二七、八七六頁下。
（17）『大毘婆沙論』、大正蔵同、四一七頁下。
（18）『大毘婆沙論』、大正蔵同、四一七頁中。
（19）『阿毘曇毘婆沙論』、大正蔵二八、三一三頁上。
（20）*Abhidh-k-bh*, p. 441. *ll.* 12-17.『倶舎論』、大正蔵二九、一四七頁下。

五　九結と七随眠

『発智論』『大毘婆沙論』の「結蘊」にも「随眠」の語を染汚法の総称とすることがあった点は、先にふれた。ところで「九結」と「七随眠」という煩悩群とで大きく異なるのは、「九結」が「嫉」「慳」の二つを余分に含む点である。嫉はその語のとおり「ねたみ」、慳は「ものおしみ」を意味し、出家はむろん在家にもあるまじき心のはたらきをいう。『大毘婆沙論』によると、嫉・慳の二つを「随眠」の中に入れない理由として次のようにいう。

> 問ふ、嫉と慳とは、何が故に随眠と立てざるや。答ふ、彼の二には随眠の相有ること無きが故なり。復次に、随眠は微細なるに彼の二は麁動なればなり。復次に、随眠は軽微なるに、彼の二は尤重なればなり。復次に、随眠は猛利なるに、彼の二は数行ずればなり。復次に、随眠は是れ根本煩悩なるに、彼の二は是れ煩悩の等流なればなり。謂く、嫉は是れ瞋恚の等流にして、慳は是れ欲貪の等流なり。復次に、随眠は習気堅固なること、此の地に於て擔山木を焼くに、火滅して久しくすと雖も其の地、猶、熱するが如くなるに、彼の二は習気堅固ならざること、此の地に於て草樺皮を焼くに、火、纔に滅し已りて其の地便ち冷ゆるが如し。復次に、随眠は伏し難きに、彼の二は伏し易し。是の故に、彼の二は随眠と立てず。(1)

随眠	嫉・慳
・「微細」	・「麁動」
・「軽微」	・「尤重」
・「猛利」	・「数しば行ず」

・「根本煩悩」　・「煩悩」の「等流」（嫉←瞋、慳←欲貪）[2]
・「習気堅固」　・「習気不堅固」
・「伏し難し」　・「伏し易し」

これは嫉・慳の二つには「随眠」つまり「根本煩悩」としてのはたらきがないことを示すものである。『倶舎論』以後、「結」を染汚法の総称概念とすることは急速に減少するけれども、その理由は根本煩悩でない嫉慳の二つが「結」の群にあることによると考えられる。

ちなみに「自性」[3]を比較すると、嫉・慳は欲界、修所断とされるのに対し、貪癡などは三界、見修所断とされ、その結果、「九結」全体の自性の数は「百」であるのに対し、「七随眠」は「九十八」である。有部論書全体を通じて、「九十八随眠」は多用されるのに反し、「百結」を適用した例はきわめて少ない。わずかながらも『発智論』『大毘婆沙論』には「欲界、見修所断の結」「色無色界、見修所断の結」という表現も看取されるが[4]、しかし「八十八随眠」「九十二随眠」のように「八十八結」「九十二結」と明文化する用例は認められない。しかし「見修所断の結」という表現自体、『倶舎論』にはないものである。

また『大毘婆沙論』には、嫉・慳の二つと三界との関わりが議論される。インド神話には、甘露（蘇陀、sudhā）と美女をめぐって神（deva）とアスラ（Asura、阿修羅）が争う逸話があり[5]、神は美味を慳《おし》むとともにアスラの美女を嫉《ねた》み、一方アスラは美女を慳むとともに美味を嫉むという[6]。

有部は嫉・慳ともに欲界のみのものとしたが、たとえば「分別論者」はこの神話を根拠として上二界にもあるという[7]。

ところで嫉・慳の二つは原始経典にも所々に説かれるが、それと「結」とが結合する経緯を伝える経典がある。そ

れは『中阿含経』「釈問経」に、

ここに於て天王釈白して曰く「世尊、天・人・阿修羅・揵沓和・羅刹及び余の種種身各幾ばくの結有りや」。世尊聞き已りて答へて曰く「拘翼、天・人・阿修羅・揵沓和・羅刹及び余の種種身各二結有り。慳及び嫉なり」。(8)

とあり、帝釈天が人、天、アスラなどの間に闘争がある理由を釈尊に問い、釈尊が嫉と慳という二結(saṃyojana)によるという。

嫉・慳に言及する神とアスラの神話はパーリ文『長部』経典にも認められ、そこでも嫉・慳を「結」(『長部』経典では issā-macchariya-saṃyojanā)と結合した形で示している。(9)『発智論』であげる十六種の煩悩群中、具体的に嫉・慳を包含するのは「九結」と「五結」だけであることは、おそらくそうした経緯があったのであろう。

なお十六種の煩悩群中、「五結」に関し、

遍行の結と非遍行の結と遍行非遍行の結とを説く。遍行の結を説くとは、三結の如く、非遍行の結を説くとは、五結の如く、遍行非遍行の結を説くとは、九結の如し。此れに由りて、五結は経説に非らずと雖も、除くべからず。(10)

と、原始経典では説かれないとする。しかし五結の存在は、九結の成立をみる上で一つの手がかりを提供する。というのは、「三結」はたとえば四沙門果と結合し、三結を断つことによって預流果に達するとされるように頻繁に説かれる煩悩群である。(11)こうした三結と「五結」を結合すれば「八結」となり、それに「無明」を加えれば九結となる。「九結」は、このようにして加上された結果、成立したのであろう。

註

（1）『大毘婆沙論』、大正蔵二七、二五七頁下―二五八頁上。『阿毘曇毘婆沙論』、大正蔵二八、二〇〇頁中下。

（2）「等流」に関しては、『アビダルマディーパ』にも同様の指摘がある。*Abhidh-d*, p. 309. *l.* 11. p. 311. *l.* 6.

（3）『大毘婆沙論』、大正蔵二七、二五八頁上。『阿毘曇毘婆沙論』、大正蔵二八、二〇〇頁下。

（4）『発智論』、大正蔵二六、九三九頁下、九八〇頁下、一〇二二頁中。『大毘婆沙論』、大正蔵二七、六七頁中下、六五二頁下ほか。

（5）『大毘婆沙論』、大正蔵二七、二五九頁上中、二七一頁中。『阿毘曇毘婆沙論』、大正蔵二八、二〇一頁下。なおこのくだりは『倶舎論』の場合、玄奘訳とヤショーミトラの注釈とに存するものの、サンスクリット本と真諦訳では欠落している。*Abhidh-k-bh*, p. 309. *ll.* 18-25. 大正蔵二九、一〇八頁下、二六二頁中。*Abhidh-k-vy*, p. 491. *ll.* 8-18. 松濤泰雄「衆賢説について―称友疏の所説―」（『大正大学綜合仏教研究所年報』第二号、昭和五十五年、三二一―三三二頁）参照。

（6）『マハーバーラタ』の伝えるところは、いくぶん異なる。上村勝彦「阿修羅考―インドとイランの対比―」（『東洋学術研究』第二二巻、第一号、昭和五十八年、四六―四七頁）参照。

（7）『大毘婆沙論』、大正蔵二七、二七一頁中。

（8）『中阿含経』、大正蔵一、六三五頁上。

（9）*DN.* II. p. 276.

（10）『大毘婆沙論』、大正蔵二七、二三九頁下。『阿毘曇毘婆沙論』、大正蔵二八、一八二頁上中。

（11）藤田宏達「四沙門果の成立について」（『印度学仏教学研究』第七巻、第二号、昭和三十四年、六九―七八頁）。*DN.* II. p. 92. 中村元『ブッダ最後の旅』（岩波文庫）、岩波書店、昭和五十五年、四八頁参照。

六　小　結

有部における「随眠」重視の萌芽は、すでに『法蘊足論』に「八十八随眠」「九十二随眠」(1)の語が認められることからも知られる。もっとも『法蘊足論』におけるこの語がたとい後世の付加(2)であろうと「八十八結」「九十二結」とあるわけでない。

「七随眠」重視の傾向は、『品類足論』においても顕著である。その「随眠品」が七随眠だけの分析であるばかりでなく、それ以外の章たとえば「摂等品」においても、

> 有漏法は十八界・十二処・五蘊の摂にして八智の知なり。滅・道智を除く。六識の識にして、一切の随眠を随増す。
>
> 無漏法は三界・二処・五蘊の摂にして八智の知なり。苦・集智を除く。一識の識にして、随眠を随増するに非らず。
>
> 有爲法は十八界・十二処・五蘊の摂にして九智の知なり。滅智を除く。六識の識にして、一切の随眠を随増す。
>
> 無爲法は一界・一処にして、蘊の摂に非らず。六智の知なり。他心・苦・集・道智を除く。一識の識にして、随眠を随増するに非らず(3)。

と、「有漏」「無漏」法、「有為」「無為」法の定義まで「随眠」概念で示される。のみならず「煩悩法」「結法」という概念ですら、

> •結法は一界・一処・一蘊の摂にして八智の知なり。滅・道智を除く。一識の識にして、無漏縁の不共無明を除

く諸の余の一切の随眠を随増す。

•煩悩法は一界・一処・一蘊の摂にして八智の知なり。滅・道智を除く。一識の識にして一切の随眠を随増す。(4)

とあり、あるいは三界説といえども、

欲界とは云何。謂はく欲貪の随増する法なり。

色界とは云何。謂はく色貪の随増する法なり。

無色界とは云何。謂はく無色貪の随増する法なり。(5)

と、やはり「随眠」とそのはたらきである「随増」の語で規定される程、多用される。

のちの『順正理論』『顕宗論』も、煩悩章名に『倶舎論』と同様に「随眠」の語を採用するといった具合である。

こうした有部の「随眠」重視の姿勢については、すでに桜部建氏が指摘している。

七随眠の説は契経中に説かれる他の種々の煩悩群を説く教説――例へば三不善根・五蓋・四暴流・五〔下分〕結など――に比して、特に有力なものであったとは考へられない。寧ろ経中に出る回数からいへば、それらの何れよりも少いやうに見える。ただ欲貪乃至無明の七語の数へ挙げ方は、他の諸説に比して、割に偏りなく整って居る。有部がこの教説を採り上げてその煩悩に関する論議の中心に置いたのはそれに依るのであらう。(6)

もっとも「五位七十五法」の上では、七随眠中の煩悩は全くその圏外である。この点は七随眠中の貪・瞋・慢・疑は「不定」法に含まれると解し得るけれども、「不定」法であるという明確なその指摘も世親以後のものである。

そうしたなかで、『発智論』『大毘婆沙論』が「九結」を重視し、しかも「結」を煩悩篇名としたと思われることは、両論の大きな特色といえる。

しかるに、アビダルマ以外の有部所伝の経典類をみると、歴史的に古いとされるものに『ウダーナバルガ』がある。

そこでは「結」の用例(もっとも煩悩群名で用いられるわけではないが)が十三あるのに対し、「随眠」は三と格段に少ない。(7) してみると、有部所伝の一原始経典の場合、「結」を多用する書もなかったわけでないことになる。『発智論』以後、『大毘婆沙論』の成立までには約二百年の経過がみられるものの、(8)『大毘婆沙論』編纂に際し五百人(伝説)の学僧が『発智論』を所与の宝典としてその注釈に没頭した。その約二百年の間、有部には「結」重視の姿勢が、「随眠」と雁行していたということができよう。

註

(1) 『法蘊足論』、大正蔵二六、四六四頁下—四六五頁上。
(2) 田中教照『初期仏教の修行道論』、山喜房佛書林、平成五年、二七〇—二七一頁、三一六—三一七頁。桜部建「新たに説一切有部研究を志す人のために」(『仏教学セミナー』、六一号、平成七年、四〇頁)参照。
(3) 『品類足論』、大正蔵二六、七二三頁下。『衆事分阿毘曇論』、大正蔵同、六五四頁中。
(4) 『品類足論』、大正蔵同、七二五頁中下。『衆事分阿毘曇論』、大正蔵同、六五六頁上中。
(5) 『品類足論』、大正蔵同、七一七頁中。『衆事分阿毘曇論』、大正蔵同、六五〇頁上。
(6) 桜部建「九十八随眠の成立について」(『大谷学報』第三五巻、第三号、昭和三十年、二四頁)参照。
(7) F. Bernhard, *Udānavarga*. Band II. Göttingen. S. 20. S. 111.
(8) E. Lamotte, *Histrire du Bounddhisme Indien*. Louvain 1958. pp. 424-5. p. 656. 木村泰賢『阿毘達磨論の研究』(『同全集』第四巻、大法輪閣、昭和四十三年、二一一頁)。平川彰『インド仏教史』上巻、春秋社、昭和四十九年、一八五—一八六頁。静谷正雄『小乗仏教史の研究』、百華苑、昭和五十三年、一一四頁、一三八頁参照。

第五章　『倶舎論』の煩悩論

一、『倶舎論』にみる「煩悩」「随眠」「随煩悩」

一

説一切有部ではその初期以来、貪瞋癡慢疑見の六つをまとめた「六随眠」をことさら重視するのみならず、その群名である「随眠」(anuśaya)の語を「煩悩」(kleśa)の代わりに染汚法の総称とすることまでみられる。そこで『倶舎論』の場合、染汚法の主要概念である「煩悩」「随眠」「随煩悩」(upakleśa)の三概念をどのように捉えていたのか、『倶舎論』「随眠品」に記述された三概念をめぐる定義に沿ってみていこう。

(一) 「煩悩」と「随眠」

アビダルマでは法相の立場から、「煩悩」は「随眠」の語で示すのである(lākṣaṇikastvabhidharme kleśa evānuśayaśabdaḥ.)[(1)]。

これは前述のごとく、「煩悩」と「随眠」を同義とする解釈である。原始経典が「意趣」(abhiprāyika)の立場とするのに対し、アビダルマは「法相」(lākṣaṇika)の立場であるとしてこのように解釈するのである。この「法相」

(lākṣaṇika)の語義についてヤショーミトラ(称友)は、ただ相(lakṣaṇa)の最勝なることから(pradhānatvāt)、また相によって明示されると注釈し、安慧(2)と満増(3)はともに、

法相としてとは、随眠の言葉は貪等の煩悩(ñon moṅs pa)において働くもので、それらは微細(phra ba)と二種の随〔逐・縛〕と随増(rgyas ḥgyur)であって、以上の〔随増した〕随眠の相と因であるが故に。

という。このようにアビダルマが「法相」(lakṣaṇa)の立場からとするのは、原始経典とは一線を画す、つまり有部の立場ではということが多い。したがってこうした定義は『心論』(4)『心論経』(5)にも認められるものである。ところで『品類足論』「随眠品」は六随眠だけを分析した一章であるから、それ以外の煩悩群に触れることはないけれども、『倶舎論』「随眠品」の場合は、六随眠以外の煩悩群を多数集録するようになる。このように多数の煩悩群を集録するのも『甘露味論』『心論』『心論経』『雑心論』以来の構成にそのまま従っただけである。(6)しかし染汚心を表わすもう一つの主要概念である「煩悩」と品名として用いる「随眠」との同異が問題となり、そうして両者を同義つまりともに総称と解するのである。たしかに、『倶舎論』では「随眠」の語で染汚法全体を総称することはよほど多く、『大毘婆沙論』『雑心論』において「煩悩」とある用法を『倶舎論』であえて「随眠」とする場合も看取される。たとえば軛・取・漏などの染汚法を集録して示す際に『心論』や『雑心論』に、

『心論』　此の煩悩を扼・受・流・漏と説く。(7)

『雑心論』　此の諸煩悩を、世尊は扼・流・取・受・漏・縛と説く。(8)

とあるのを『倶舎論』「随眠品」の同じ文脈ではその総称を「随眠」と改変することがみられる。

経の中で、この随眠は、漏、暴流、軛、取という名と説かれる(uktamidamanuśayā evāsravaughayogōpādāna-saṃśabditāḥ sūtreṣviti.)。(9)

こうした「煩悩」から「随眠」への改変は、「賢聖品」にも、

またかの無間道は、金剛喩定といわれる。すべての随眠を断っているからである（sa cānantaryamārgo vajropamaḥ samādhirityucyate. sarvānuśayabheditvāt.）[10]。

とあり、金剛喩定[11]は「随眠」を断ち切った阿羅漢に備わるという。『大毘婆沙論』の場合、金剛喩定では随眠ではなく一切の「煩悩」を断つと示されていたものである。

（二）「煩悩」と「随眠」「纒」

ところで経量部は（一）に示した有部の解釈に対し、次のように反論する。

眠った煩悩を随眠といい、覚めたそれを纒という（prasupto hi kleśo'nuśaya ucyate. prabuddhaḥ paryavasthānam.）[12]。

これによれば経量部では「煩悩」という通称のうち、潜在状態の染汚法を「随眠」、覚醒状態の染汚法を「纒」であるという。ヤショーミトラはこの点について次のように注釈する。

ヴァイバーシカ（有部）の理論では、纒はじつに随眠のことである。犢子部の理論では「得」が随眠であり、経量部の理論では種子が（随眠）である（Vaibhāṣika-nayena paryavasthānam evānuśayaḥ. Vātsīputrīya-nayena prāptir anuśayaḥ. Sautrāntika-nayena bījam.）[13]。

すなわち有部では「随眠」（anuśaya）、「煩悩」（kleśa）、「纒」（paryavasthāna）の三つを潜在も顕在も払拭して同義語とするのに対し、とりわけ「随眠」について犢子部は心不相応行法の得（prāpti）のこと、経量部は可能力（śakti）たる種子（bīja）のこととする。世親といえば経量部のいう染汚法の潜在状態を「随眠」とする解釈を支持するので

ある。(14)

(三)「随眠」と「結縛随眠随煩悩纒」

『倶舎論』「随眠品」では多くの煩悩群を列挙する際に、『集異門足論』以来認められる「結縛随眠随煩悩纒」という定型表現にそのまま従う。この点は『アビダルマディーパ』でも次のように示されている。

『倶舎論』　これら随眠は結、縛、随眠、随煩悩、纒という種類により五つに分類すると説かれる(ta evānuśayāḥ punaḥ saṃyojanabandhānuśayōpakleśaparyavasthānabhedena pañcadhā bhitvoktāḥ.)(15)。

『ディーパ』　これら随眠は結などの語によりまた五つで示される(te khalvete anuśayāḥ. saṃyojanādibhiḥ śabdairdarśitāḥ pañcadhā punaḥ.)(16)。

ところがこのくだりは「随眠」という総称のもとに再び「随眠」が含まれることになり、そのままでは矛盾するといっていい。たしかに「煩悩」と「随眠」を同義とする有部の解釈に従えば、「随眠」を総称としても奇異ではないことになる。しかしながら主辞の「随眠」の語は「煩悩」としたほうが混乱しないであろう。のちの『順正理論』(17)『顕宗論』(18)における同じ文脈には、

論じて曰く、即ち諸の煩悩は結、縛、随眠、随煩悩、纒との義に別有るが故に。

とあり、主辞に「煩悩」の語(原文どおりか、玄奘の意訳かは不明)を当てる点で用語の統一がとれている。

(四)「煩悩」と「随煩悩」

『倶舎論』「随眠品」には「随煩悩」の定義が二通りみられる。第一(四—(1)とする)は「煩悩」は「随煩悩」である

こと、第二(四)—(2)とする)は「煩悩」以外の染汚法で、行蘊に収められる染汚の心所、具体的には「雑事」(kṣudravastuka)に説かれるものをいうとする。

随煩悩に対する定義そのものは『倶舎論』に限らず、『品類足論』『入阿毘達磨論』『アビダルマディーパ』にも認められ[19]、(四)—(1)についてはいずれにも認められる。いま原文の知り得る『アビダルマディーパ』と『倶舎論』とをともにあげれば、

『倶舎論』　随煩悩が説かれるべきである。煩悩であるものはまた随煩悩である。心を汚すものだからである(upakleśāḥ vaktavyāḥ. tatra ye yāvat kleśā upakleśā api te. cittopakleśanāt.)[20]。

『ディーパ』　さて煩悩であるものはまた随煩悩である。心を汚すものだからである(ye tāvatkhalu kleśā upakleśā api te cittopakleśanāt.)[21]。

とあり、「煩悩」と呼ばれる一切の染汚法は「随煩悩」とも呼ばれるという。

ところが、「煩悩」の語で貪瞋癡慢疑見の六つだけを指す場合がある。その用法は染汚法を「煩悩」と「随煩悩」との二つの範疇に分けて分析するくだりに集中して認められる。

- 煩悩と随煩悩とが説かれた(uktāḥ kleśāḥ upakleśāsca.)。
- 他の煩悩、随煩悩は六識と知られる(anye kleśopakleśāḥ ṣaḍvijñānabhūmikāḥ veditavyāḥ.)。
- これら楽などの五根は、いかなる根とどの煩悩あるいは随煩悩と相応するか(yānīmāni sukhādīni pañcendriyāṇi eṣāṃ katamenendriyeṇa katamaḥ kleśa upakleśo vā saṃprayuktaḥ.)。
- もろもろの煩悩と根の相応が説かれた。さらに随煩悩とが(説かれる)(uktaḥ kleśānāmindriyasaṃprayogaḥ. upakleśānāṃ punaḥ.)[22]。

これらの四例は明らかに貪瞋癡慢疑見のみを「煩悩」とし、それ以外のもの、ここでは十纏六垢を「随煩悩」に当てている。してみると、「煩悩」の語といえども、総称の場合と貪瞋癡慢疑見だけをいう場合が看取されることになる。

次に『倶舎論』の「随煩悩」に対する定義㈣―⑵をみてみよう。

この定義㈣―⑵では「随煩悩」とは行蘊に摂せられる「煩悩」(ここでは六随眠をいう)以外の染汚法で、具体的には「雑事」に説かれるものとあるから、「煩悩」以外のものすべてとなる。

次いで行蘊所摂の染汚のものとは、すでに『品類足論』に次のようにある。

行蘊とは云何。此れに二種有り。謂はく、心相応の行蘊と心不相応の行蘊となり。心相応の行蘊とは云何、謂はく、心相応[の諸]法なり。

此れは復た云何。謂はく、思・触・作意・欲・勝解・念・定・慧・信・勤・尋・伺・放逸・不放逸・善根・不善根・無記根・一切の結・縛・随眠・随煩悩・纏、諸所有の智、諸所有の見、諸所有の現観なり。復た此の余の是の如くの如きの類の法の心と相応する有り。[是れ等]を総じて心相応の行蘊と名く。(23)

『品類足論』における随煩悩の定義は、次のようにある。

結――九結
縛――三縛
随眠――七随眠
随煩悩――「謂はく、諸の随眠を亦随煩悩と名く。随煩悩にして随眠と名けざる有り。謂はく、随眠を除く諸の余の染汚の行蘊の心所なり」

纏——八纏(24)

これからすると、「随煩悩」とは結、縛、随眠、纏以外となる。ところで『品類足論』には現存はしないものの異本のあった節がみられ、『大毘婆沙論』に引用される『品類足論』には「随煩悩即煩悩垢(25)」とある。してみると煩悩垢（つまり六垢）を「随煩悩」とするから、おそらく『品類足論』ではそうみていたと推測される。

この点は三綱要書の場合、どうであろうか。『心論』では「八事」を「上煩悩」（随煩悩）とする。「八事」は八纏に対応する（「事」の原語は「纏」と異なる）。『心論経』になると、「八法」とあり、それは「随煩悩」でも「纏」でもあるという。『雑心論』では明確に「十纏」を「上煩悩纏」（随煩悩）という。したがってこれらの論書では「纏」を「随煩悩」としたことになる。

のちの『順正理論(26)』『顕宗論(27)』では、纏と垢を「随煩悩」と規定する。

なお「随煩悩」の定義(四)—(2)にみられる「雑事」が『法蘊足論』「雑事品」を指すことはすでに述べたとおりである。

『倶舎論』でいう「随煩悩」はそれだけではない。「随眠品」には「大煩悩地法」中の染汚法で六識と相応する「随煩悩」があるというからである。しかしそれが何をさすかまでは示されないけれども、ヤショーミトラ(28)、『順正理論(29)』『顕宗論(30)』によれば、いずれも不信・懈怠・放逸の三つとされる。こうした不信・懈怠・放逸の三つは『法蘊足論』「雑事品」あるいはその祖型というべき『雑阿含経』第一八七経には集録されなかったものである。のちの唯識文献と比較すると、そこでもやはりこの三つを「随煩悩」として採用することが認められる。

以上をまとめると、『倶舎論』では「煩悩」と「随眠」とはあらゆる染汚法を総称する場合と、特定のものつまり貪瞋癡慢疑見のみを示す場合の二通りが認められた。これに対し、「随煩悩」は「煩悩」と同等の総称概念とするもののほかに、『品類足論』の頃より「垢」もしくは「纏」と限定する見方も現われ始め、それが『倶舎論』になると、(イ)あらゆる染汚法、(ロ)「雑事品」のなかから「六随眠」つまり貪瞋癡慢疑見を除いた残り全部とし、(ハ)、さらにそれに不信・懈怠・放逸の三つをいうことがわかる。

註

(1) *Abhidh-bh*, p. 278. *ll.* 8-9.

(2) *Peking, vol.* 147. p. 148-3-2～4.

(3) *Ibid, vol.* 117. p. 296-2-7, 3-2.

(4) 『阿毘曇心論』、大正蔵二八、八一七頁中。

(5) 『阿毘曇心論経』、大正蔵同、八四七頁中。

(6) 本書第五章「『倶舎論』随眠品の構成」参照。

(7) 『阿毘曇心論』、大正蔵二八、八一七頁上。

(8) 『雑阿毘曇心論』、大正蔵同、九〇三頁中。

(9) *Abhidh-k-dh*, p. 308. *l.* 7.

(10) *Ibid*, p. 364. *ll.* 17-18.

(11) 『大毘婆沙論』、大正蔵二七、一四二頁下。

(12) *Abhidh-k-bh*, p. 278. *ll.* 20-21.

(13) *Abhidh-k-vy*, p. 442. *ll.* 28-29.

(14) 三友健容「Anuśaya の語義とその解釈」(『印度学仏教学研究』第二三巻第二号、昭和五十年、一〇〇二―一〇〇七頁)、加藤宏道「随眠のはたらき」(『仏教学研究』第三八号、昭和五十七年、二八―五八頁)、加藤純章「随眠― anuśaya ―」(『仏教学』第二八号、平成二年、一―三三頁)参照。

(15) *Ibid*, p. 309. *ll.* 1-2.

(16) *Abhidh-d*, p. 300. *ll.* 10-11.

(17) 『順正理論』、大正蔵二九、六四二頁中。

(18) 『顕宗論』、大正蔵同、九〇五頁中。

(19) 池田錬太郎「『倶舎論』随眠品における煩悩論の特質」(『仏教学』第七号、昭和五十四年、一一九―一三三頁)、タン ソウチャイ「説一切有部における upakleśa. kleśa. paryavasthāna の関係」(『仏教文化研究論集』第五号、平成十三年、七四―九八頁)参照。

(20) *Abhidh-k-bh*, p. 312. *ll.* 4-5.

(21) *Abhidh-d*, p. 306. *l.* 3.

(22) *Ibid*, p. 315. *l.* 10. p. 316. *ll.* 3-4. p. 317. *ll.* 8-9.

(23) 『品類足論』、大正蔵二六、六九九頁中。

(24) 『品類足論』、大正蔵同、六九三頁上中下。

(25) 『大毘婆沙論』、大正蔵二七、二四八頁中。

(26)『順正理論』、大正蔵二九、六四六頁中、六四七頁上。
(27)『顕宗論』、大正蔵同、九〇七頁下。
(28) *Abhidh-k-vy*, p. 495. *l*. 29.
(29)『順正理論』、大正蔵二九、六四七頁中。
(30)『顕宗論』、大正蔵同、九〇八頁上中。

二、『倶舎論』「随眠品」の品名

『倶舎論』の第五章は染汚法を分析する一章であるが、サンスクリットでの章名はanuśaya-nirdeśa《アヌシャヤ・ニルデーシャ》（随眠品）である。しかし総じて「煩悩」といえばその原語はkleśa《クレーシャ》であり、その用例は『倶舎論』でもかなり多い。さらに「随眠品」全体は、『品類足論』の場合とは一変してあらゆる染汚法の分析に当てられる。前述のように世親は、「随眠」を染汚法の潜在状態とする経量部に賛同するのであれば、「随眠」よりむしろ「煩悩」の語を第五章名に採用したほうがより整然としたのではないかという点をみていきたい。

「煩悩」と「随眠」の関係については、前述したとおり、有部は両者をシノニムに解釈し、経量部は「煩悩」の潜在状態を「随眠」、顕在状態をparyavasthāna（纏）と定義した。ただし、この経量部の説は限定が必要である。というのは、六随眠、十纏という特定の群の煩悩は、すでに原始経典の後期以来、語本来の意味が希薄となり、六随眠が潜在的な煩悩群、十纏は現われた群とは考え難いし、こうした経量部説を支持した世親といえども『倶舎論』全体に「随眠」は潜在的なものという意味で用いるわけではない。そこで具体的な用例を「煩悩」からあげてみよう。

まず「界品」の序に、アビダルマという教義を説く理由として、諸法を分析すること以外に、煩悩を鎮めるためのよい方法はない。煩悩によって世間(のもの)は有の海に漂流する。こうして尊師によってこれが説かれたとされている(dharmāṇāṃ pravicayamantareṇa nāsti kleśānāṃ yata upaśāntaye 'bhyupāyaḥ. kleśaiśca bharamati bhavārṇave 'tra lokastaddhetorata uditaḥ kilaiṣa śāstrā.)(1)。

とあり、人間は「煩悩」によって存在の海に漂い、この「煩悩」を鎮めるためにアビダルマが説かれるのであるという。

「根品」には「五位七十五法」説があり、その中に大、小の煩悩地法が説かれるが、その原語は kleśa-mahābhūmika、parītta-kleśabhūmika であり、ともに「煩悩」の語が用いられる。この場合、「煩悩」の語が、染汚法の総称として採用されることは特筆すべきであろう。

次に、惑と業が輪廻転生の原因となることを「世間品」に、

引くに順じて次第に相続が生じ終って、煩悩と業とによってもろもろの他世間に行く(yathākṣepaṃ kramād vṛddhaḥ santānaḥ kleśakarmabhiḥ. paralokaṃ punaryāti ity anādibhavacakram.)(2)。

とあり、この惑に相当する語を「煩悩」とし、前後の文脈に「随眠」の語は用いられない。

「随眠品」では、染汚法に「自相惑」と「共相惑」とがあるという。

総じてこれらに二種の煩悩がある。自相の煩悩は貪、瞋、慢であり、共通相の煩悩は見、疑、無明である(samāsata ime dvividhāḥ. kleśāḥ. svalakṣaṇakleśāśca rāgapratighamānāḥ. sāmānyakleśāśca dṛṣṭivicikitsā 'vidyāḥ.)(3)。

ここでも「煩悩」の語で双方を分類する。

さらに、世親は第五章「随眠品」全体を第六章「賢聖品」の冒頭で次の如く要約していう。

煩悩の断は真理を見ることと修習によると説かれた。見所断と修所断の煩悩があると、詳しく説かれた(kleśaprahāṇamākhyātaṃ satyadarśanabhāvanāt. darśanaheyā bhāvanāheyāśca kleśā iti vistareṇākhyātam.)[4]。

これは、第五章では「煩悩」を論じ、その断滅は真理(satya)を見ることと修習(bhāvanā)によって可能とする。「賢聖品」には、解脱に有為と無為との二つがあると次のようにいう。

> 有為(解脱)と無為とがある。そのうち無為とは煩悩の滅をいい、一方、有為は勝解をいう(saṃskṛtā cāsaṃskṛtā ca. tatra asaṃskṛtā kleśahānamadhimuktastu saṃskṛtā.)[5]。

これは、有為解脱とは無学の勝解をいい、無為解脱とはすべての「煩悩」の滅というもの。さらに「智品」では、智慧や能力などの円満であることを果円徳中の断円徳として、

> 断円徳に四種がある。一切の煩悩の断、完全な断、習気の断、一切の定障の断である(caturvidhā prahāṇasampat. sarvakleśaprahāṇam atyantaprahāṇam savāsanaprahāṇaṃ sarvasamādhisamāpattyāvaraṇaprahāṇaṃ ca...)[6]。

とあり、やはり一切の染汚法を「煩悩」と表現する。

以上にあげた「煩悩」の語は、いずれも染汚法の総称概念といえよう。ところが世親は、第五章において「随眠品」という品名に従い、冒頭から「煩悩」でなく、「随眠」を総称概念とみなして論を展開する。そうして「随眠」の語を総称概念とすることは「賢聖品」に次のように認められる。

> またその無間道は金剛喩定と呼ばれる。すべての随眠を断ずるからである(sa cānantaryamārgo vajropamaḥ samādhirityucyate. sarvānuśayabheditvāt.)[7]。

これは金剛喩定(vajropama-samādhi)を一切の「随眠」を断った阿羅漢にあるというもの。

しかしながら、第五章名として「随眠」(anuśaya)を採用したために用例の混乱をきたしたものがある。

まず第四章「業品」と第五章「随眠品」、すなわち業と惑の関係を説くくだりに、

その業は随眠のために増長する。随眠なしには有を生ぜしめることに力はない(tāni karmāṇyanuśayavaśād-upacayaṃ gacchanti antareṇa cānuśayān bhavābhinirvarttane na samarthāni bhavanti.)[8]。

と、「惑」に当たる語に「随眠」を用いている。業の原因になるものを「煩悩」の語でなく、「随眠」を当てるのは、世親が「随眠品」という品名に適応させたためと思われる。またこれに続く第一偈とその長行釈には、

随眠は有の原因である。はたらきつつある煩悩が十の活動をするからである(mūlaṃ bhavasyānuśayāḥ. kleśo hi pravartamāno daśa kṛtyāni karoti.)[9]。

と、偈で「随眠」とあるものを長行では「煩悩」と言い換える。この長行のチベット訳でも ñon moṅs pa[10](煩悩)とある。さらにこれに続いて、「煩悩」(kleśa)の作用(kṛtya)をあげる。世親がここで総称概念として「随眠」から突如「煩悩」へと変えたのは、「随眠」そのものがいまだ作用しない状態をいうのに対し、「煩悩」は「随眠」を含むあらゆる染汚法の意とみたためであろう。

次いで三漏を述べる箇所には、

欲におけるもろもろの有纒の煩悩が欲漏といわれる。癡を除いた色と無色における随眠は有漏である(kāme saparyavasthānāḥ kleśāḥ kāmāsravo vinā. mohena anuśayā eva rūpārūpye bhavāsravaḥ.)[11]。

と、欲漏は「煩悩」、有漏は「随眠」に属するとする。しかしこのように使い分ける必要はなく、世親は韻の関係で区別したのであろう。さらに前項でふれたように明らかに不統一とみられる用例がある。

ta evānuśayāḥ punaḥ saṃyojanabandhanānuśayopakleśaparyavasthānabhedena pañcadhā bhittvōktāḥ.[12]

この趣意は、「随眠はまた結、縛、随眠、随煩悩、纏の区別によって説かれる」であるが、総称概念を「随眠」とし、その中で分類された名称の一つに再び「随眠」を用いる点である。この主辞に当たる語のチベット訳は phra rgyas[13] とあるから「随眠」をいうが、しかし真諦は「随眠惑」[14]とするものの、玄奘は「煩悩」[15]と意訳する。世親は第五章名を「随眠」としたために、この場合の総称概念を「随眠」としたのであろうが、しかし主辞は「煩悩」(kleśa)に変え、この「煩悩」の一つに「随眠」があるとみるべきである。

第五章末部には染汚法の断滅論が展開されるが、そこでは「煩悩」のみで「随眠」の用例はなくなり、もはや「煩悩」論となってそのまま第五章が終わるのである。してみると、世親は第五章の前半では品名に合わせて「随眠」を総称概念とするが、その前半内ですら以上のような不統一をきたし、末部になると、第五章以外の用法と同じく、「煩悩」の語を総称概念とし、したがって第五章内部は用例の統一がとれていない。

世親は、有部でなく経量部の「煩悩」と「随眠」の解釈を採用したものの、品名に関しては有部の伝承にそのまま従ったのである。しかし第五章名としては、「随眠」よりも「煩悩」(kleśa)のほうが用例の混乱がなく、『倶舎論』全体からみても、より整ったと思われる。実際に「世間品」には第五章名について、

行、有は「業」という『倶舎(論)』のくだりで説かれ、渇愛、取は「煩悩」という『倶舎』のくだりで(説かれるであろう)(saṃskārāḥ bhavaśca karmakośasthāne vyākhyāsyante. tṛṣṇopādānāni kleśa-kośasthāne.)[16]。

と、「煩悩」(kleśa)で示す用例も認められるからである。

註

(1) *Abhidh-k-bh*, p. 2. *ll*. 20-23.

(2) *Ibid*, p. 129. *l*. 22. p. 130. *l*. 20.

（3） *Ibid*, p. 294. *ll.* 7-8. ここではシャストリ本に vicikitsā とあることに従う。Shastri, p. 801. *ll.* 13-14.
（4） *Ibid*, p. 327. *ll.* 4-5.
（5） *Ibid*, p. 388. *l.* 4.
（6） *Ibid*, p. 416. *ll.* 1-2.
（7） *Ibid*, p. 364. *ll.* 17-18.
（8） *Ibid*, p. 277. *ll.* 2-3.
（9） *Ibid*, p. 277. *ll.* 4-5.
（10） *Peking, vol.* 115. p. 222. *l.* 7-8.
（11） *Abhidh-k-bh*, p. 306. *ll.* 6-10.
（12） *Ibid*, p. 309. *l.* 1.
（13） *Peking, vol.* 115. p. 232. 3. 3.
（14） 『倶舎論釈』、大正蔵二九、二六一頁下。
（15） 『倶舎論』、大正蔵同、一〇八頁中。
（16） *Abhidh-k-bh*, p. 150. *l.* 18.

三、『倶舎論』「随眠品」の構成

『倶舎論』の構成は、成立史的に直前に位置する『(阿毘曇)心論』『阿毘曇心論経』『雑阿毘曇心論』という三綱要書の系譜を範とするといわれる。[1]たしかにおおよその章立ての上にその影響は認められるけれども、各章の内部まで具体的に立ち入って比較されたわけではない。ここではそうした三綱要書の煩悩章つまり「使品」と『倶舎論』「随眠品」をとり上げるだけでなく、『心論』「使品」の素材とみるべき論書もあるから、その点も合わせてみていきたい。

一

(一) 九十八随眠

まず表からもわかるとおり、『心論』「使品」の素材というのは『甘露味論』の「結使禅智品」といえる。次のように対照してみれば、のちの論書になるにつれ付加されていった様相がおのずと明らかになるであろう。

三、『倶舎論』「随眠品」の構成

表

『甘露味論』「結使禅智品」	『心論』「使品」	『心論経』「使品」	『雑心論』「使品」	『倶舎論』「随眠品」
一、九十八使 三、三結（不善根）	一、a九十八使 b五見 c五煩悩 二、煩悩の繋縛	一、a九十八使 b五見 c五煩悩 二、煩悩の繋縛	一、七使 二、a九十八使 b五見 c五煩悩 三、煩悩の繋縛	一、七随眠 二、a九十八随眠 b五見 c四顛倒 d九慢 e三不善根 三、a煩悩の繋縛 b三世実有
	三、四扼 四、四受 五、四流 六、三漏	三、四扼 四、四流 五、四取 六、三漏	四、四軛 五、四流 六、四取 七、三漏	四、三漏 五、四暴流 六、四軛 七、四取
二、十小煩悩（十纏） 四、九断智（遍知） 五、結使の心相応不相応	七、上煩悩（八纏） 八、断滅 九、九断（遍）知 十、使の心相応不相応	七、三縛 八、起煩悩（八纏） 九、九結 十、断滅 十一、九断（遍）知 十二、使の心相応不相応	八、三縛 九、上煩悩（十纏） 十、六垢 十一、九結 十二、五事（結縛使上煩悩纏） 十三、断滅 十四、使の心相応不相応	八、a九結 b五下分結 c五上分結 九、三縛 十、随眠 十一、随煩悩 十二、纏・煩悩垢 十三、五蓋 十四、断滅・四種対治 十五、九遍知

まずいずれの論書においても、その当初に「七随眠」もしくはそれを分析した「九十八随眠（旧訳では使）」を示す。煩悩群の筆頭に「随眠」を置くことは、『品類足論』「随眠品」以来の用法を採用したことになる。

ただ論書の成立過程で『心論』以前に位置するのは『発智論』『大毘婆沙論』であり、そこでは、前述のごとく「結」（saṃyojana）重視の傾向が認められた。けれどもその系統を採用しなかったことは、以後の有部論書に決定的影響を与えることになった。

㈡ 見・顛倒・慢・不善根

「随眠」の次に『倶舎論』では、ここに示した四つの項目を列挙する。九十八随眠中の「見」（随眠）に関連して「五見」（dṛṣṭi）を説くことも三論のいずれにもみられるけれども、「随眠品」ではそれ以外に「四顛倒」（viparyāsa）、「九慢」（māna）、「三不善根」（akuśala-mūla）を導入する。『心論』系三論の場合、九慢説は言及せず、四顛倒は「契経品」（または「修多羅品」[2]）、三不善根は『心論経』以後「界品」[3]に置かれるといった具合である。

なお『心論』系「使品」には貪疑瞋慢癡の五つをまとめた「五煩悩」という煩悩群もみられる。もっとも『界身足論』にも大小二つの煩悩地法に入らないものとして、欲貪、色貪、無色貪、瞋、疑の五つをまとめて「五煩悩」とすることがある。しかしそれとは明らかに内容の異なるものである。『心論』系で説くこの「五煩悩」という分類は原始経典に認められず、おそらく『心論』の時点でまとめられたものであろうが、それも『倶舎論』になると除去される。

㈢　三世実有

『倶舎論』では、それに続いて有部の基本的立場である「三世実有」論に言及する。それの導入部は、

もし対象において随眠が随増する人にとっては、その対象に繋ぎとめられるということ（繋縛）になる。しかし次のことが説かるべきである。過去の（随眠）はそれ（対象）において（随増し）ないのか、現在の（随眠）はそれにおいて（随増し）ないのか、と。（yasya pudgalasya yo 'nuśayo yasminnālambane 'nuśete sa tena tasmin saṃprayuktaḥ. idaṃ tu vaktavyamatīte na kasmin yāvat pratyutpanne na kasminniti.）[4]。

と、「随眠」は三世においていかにはたらくかという問いを契機とし、

なぜこの過去と未来とは存在する（asti）と説かれるのか、あるいは存在しない（と説かれる）のか？（kiṃ punar idam atītānāgatam ucyate 'styatha na.）[5]。

とあり、結びに、

戯論によって到達したことは、以上をもって終りとする（gatametat yatprasaṅgenānāgatam.）[6]。

として終わる（この議論を玄奘は「傍論」[7]と訳す）。「戯論」（prasaṅga）とあるのは、世親自身も煩悩論から大きく逸脱したことを知った上でのことである。

もっとも「三世実有」という有部の基本的立場を述べる契機はともかく、それがどうして第五章で、しかも「随眠品」においてなのであろうか。有部論書には『倶舎論』以前に「実有」の問題を独立した章として立てる珍しい論書がある。それは『尊婆須蜜菩薩所集論』であり、その「一切有犍度」という一章である。しかしこの章立てはなぜか、その後の論書に受け継がれることがなかった。もっとも『尊婆須蜜菩薩所集論』におけるその問題提起の仕方も直前

に位置する「根犍度」のあとに、

当に一切は皆有と言うべきや。答えて曰く、当に一切は皆有と言うべし。[8]

と、全く唐突に「有」に関する問題がとり上げられる。つまり有部の体系化の上では、はなはだ流動的な位置づけといっていい。

ちなみに『発智論』[9]『大毘婆沙論』[10]における「三世実有」の問題は、煩悩論たる第二篇「結蘊」という点では『倶舎論』と同様である。しかし三世そのものに関する議論は、第四節「十門納息」[11]に集録された四十二法中の一つ、つまり「過去未来現在法」という一項目においてである。すでに前章でふれたごとく、四十二法は煩悩論と直接無関係の教義群である。したがって煩悩論との直接の結びつきがあるわけではない。この点でも『倶舎論』と同様である。

では、『心論』「使品」の場合はどうであろうか。『心論』「使品」には、

問う。一切の諸煩悩は尽く自の所有る境界を縛するや、不と為すや。[12]

と、やはり『大毘婆沙論』「結蘊」、『倶舎論』「随眠品」と同様、三世と煩悩の関わりは言及するものの、それを契機に「三世実有」の問題に進むことはない。のちの『雑心論』では明確に説かれるけれども、それも「使品」でなく、「択品」において「三世実有」が展開される。ところでこの「択品」というのは、『雑心論』作者法救(Dharmatrāta)がほかの章に収まり切らない教説を寄せ集めたというべきもので、『心論』『心論経』にはなかった一章である。したがって「実有」の問題も菩薩論のあとに、それと無関係に、

問ふ。幾種の薩婆多ありや。答ふ。一種は異分の別なり。或は相の異なりと説く有り。或は分分の異なりと説き、或は復異の異なりと説く。此れ四種の薩婆多なり。[13]

と、単独に展開するのである。『倶舎論』になると、世親はこうした「択品」を削除したために、そこにある「三世

実有」論を「随眠品」に配置したのである。

『倶舎論』といえども第一章から第五章「随眠品」に至るまでに三世の観念そのものにふれることがないわけではない。すでに第四章「業品」[14]にも見い出すことができるが、しかしそこで展開するようなことはない。その理由は、三世が業に関する三性、三世、諸地、三学、所断という一連の諸門分別中の一つであり、その一つからさらに「実有」の問題を取り扱うのは不自然とみたのであろう。

(四) 漏・暴流・軛・取

『倶舎論』「随眠品」から、玄奘のいうように「傍論」としての「三世実有」論をそっくり除外すれば、『倶舎論』と三論とはいずれも「煩悩の繫縛」の問題、さらに漏(āsrava)、暴流(ogha)、軛(yoga)、取(upādāna)という四種の煩悩群を列挙する点で一致がみられる。ただその列次の点で『倶舎論』との違いがみられるが、それは『倶舎論』では法数順にしたからであろう。教説を法数順に列挙することは『集異門足論』がそうであるし、煩悩群の列挙の場合でも『発智論』『舎利弗阿毘曇論[15]』、南方上座部の『分別論[16]』のいずれにもそうした方法が認められる。もっともここで漏、暴流、軛、取という四種の煩悩群だけを列挙する理由は、いずれの群も煩悩の「自性」の総計が百八となるからであろう。百八という数の配当は『大毘婆沙論[17]』に詳述されており、それを図示すると、次のようになる。

	修所断			見所断												所断／煩悩名	
	無色界	色界	欲界	無色界				色界				欲界					
				道	滅	集	苦	道	滅	集	苦	道	滅	集	苦		
98	○	○	○	○	○	○	○	○	○	○	○	○	○	○	○	貪	
			○									○	○	○	○	瞋	
	○	○	○	○	○	○	○	○	○	○	○	○	○	○	○	慢	
	○	○	○	○	○	○	○	○	○	○	○	○	○	○	○	無明	
				○	○	○	○	○	○	○	○	○	○	○	○	疑	
							○				○				○	有	見
							○				○				○	辺	
				○	○	○	○	○	○	○	○	○	○	○	○	邪	
				○	○	○	○	○	○	○	○	○	○	○	○	見	取
				○			○	○			○	○			○	戒	
10			○													無慚	十纏
			○													無愧	
			○													嫉	
			○													慳	
			○													悔	
															○	眠	
															○	掉挙	
															○	惛沈	
			○													忿	
			○													覆	

（十纏は欲界のみである。いずれの所断であるかは『倶舎論』による。）

七随眠の場合は「自性」の総計が「九十八」であり、九結の場合は「百」となる。「百八」の自性のある煩悩群といえば、数多い煩悩群のうちでもこの四種だけである。そのことから、『心論』の段階で、この四種を一箇所に整理したのであろう。

㈤　「結縛随眠随煩悩纒」

『心論』では、引き続いて八纒に相当する「上煩悩[18]」(upakleśa)を置く。『心論経[19]』になると、そのほか「三縛」(bandhana)、「九結」(saṃyojana)、『雑心論[20]』ではさらに「六垢」(kleśamala)が漸次付加される。『倶舎論』では、このように順次付加された「纒」「縛」「結」などを整理するために、初期アビダルマ以来認められる「結縛随眠随煩悩纒[21]」という定型化した表現を煩悩群配置の枠組みとして採用する。もっとも『倶舎論』がこの方法を採用することも、『雑心論』「使品」に「結縛使上煩悩纒[22]」という定型表現が認められるから、それにちなんだものであろう。

㈥　五　蓋

『心論』系「使品」にない煩悩群で、『倶舎論』で新たに拾い上げたものに「五蓋」(nivaraṇa)がある。「五蓋」を採用するのは、三論での不備を補うことと煩悩群をいっそう広汎に網羅しようとしたためであろう。とはいえ『倶舎論』以前の論書に認められる煩悩群をことごとく拾いあげたわけではない。『発智論』「結蘊」中の十六種の煩悩群のうち、「四身繫」(貪欲、瞋恚、戒禁取、此実執)、「五結」(貪瞋慢嫉慳)が『倶舎論』にないからである。このうち「五結」は「九結」と重複することから、それに吸収されたとみられるが、「四身繫」については、『集異門足論[23]』以後、『アビダルマディーパ[24]』に至るまで、あるいは瑜伽行唯識学派の場合でも、『瑜伽師地論[25]』『阿毘達磨集論[26]』『雑集論[27]』などに認められるものである。

ともかく『倶舎論』があえて導入した「五蓋」についてその自性を『大毘婆沙論』「結蘊[28]」によってみると、次のようになる。

所断／煩悩	見所断 欲界 苦	見所断 欲界 集	見所断 欲界 滅	見所断 欲界 道	修所断 欲界
貪欲	○	○	○	○	○
瞋恚	○	○	○	○	○
惛沈	○	○	○	○	○
睡眠	○	○	○	○	○
掉挙	○	○	○	○	○
悪作					○
疑	○	○	○	○	

『大毘婆沙論』では「五蓋」を三界の立場から「欲界」、三性の立場から「不善」とし、自性を三十とする。『大毘婆沙論』『倶舎論』に説かれる煩悩群のなかで、「欲界」「不善」だけとされるのは、「五下分結」とこの「五蓋」だけである。「五蓋」は原始経典では「不善」そのものとされるが、さらに三性説の視点から「欲界」だけと規定されるのは、アビダルマになってからであろう。有部のこうした規定に従えば、たとえば五蓋中、「貪欲蓋」（kāmacchanda-nivaraṇa）というのは、「貪」（rāga）と意味上は同義であろうと、そのはたらく範囲が「貪」は三界にわたるから「貪」とは別のものとなる。また『大毘婆沙論』によると、「五蓋」は「戒定慧」「止観」を破壊し、「菩提」「涅槃」という修行者にとって重大なものまで損なうもの[29]とされる。こうした点から世親は三論になかった「五蓋」を「随眠品」のなかに導入したのであろう。

ただ「随眠品」において「五蓋」をあらゆる煩悩群の末尾に配置することは、「随眠品」の構成上、その前半を「煩悩」、後半を「随煩悩」と配置したかどうかという点で一つの問題が生じる。というのは、「五蓋」を「煩悩」と「随煩悩」との集成と見るか、あるいは「五蓋」全体を「随煩悩」と見るかで「随眠品」の構成が大きく変わるからである。前者の「煩悩」「随煩悩」の集成とみることは、「五蓋」中の貪欲、瞋恚、疑の三つを「六随眠」のそれぞれに、「惛沈睡眠」(styānamiddha)、「掉挙悪作」(auddhatya-kaukṛtya)を「纏」に対応させることができるからである。この点は『大毘婆沙論』[30]、あるいは玄奘といえども「五蓋」の導入部に、

説く所の煩悩と随煩悩との中に、異門に依りて仏は説いて蓋と為すことあり。今、次に応に弁ずべし。[31]

と付加するごとくである。この一文はサンスクリット本にないけれども、一つの見方であることは確かである。一方、「五蓋」全体を「随煩悩」とすることは、原始経典[32]あるいは『瑜伽師地論』「本地分声聞地」[33]にみられるとおりである。それゆえ世親が、「五蓋」を「煩悩」「随煩悩」の集成としたとすれば、「随眠品」の前半を「随眠」の部門に、後半を「随煩悩」の部門に当てたとみることはできない。「随眠品」は、まず「随眠」を説き、第二に「随眠」と「纏」とを含む漏、暴流、軛、取、結をとり上げ、第三に「随眠」と相反する「随煩悩」「纏」「垢」などを列挙し、そのあとに再び「随眠」と「随煩悩」とを含む「五蓋」があるという構成になるからである。他方、「五蓋」全体を「随煩悩」とすれば、「随眠品」の前半は「随眠」、後半は「随煩悩」としたと見ることができる。しかし世親はそのいずれとも明確に示すことがない。

(七) 断滅・九遍知

「随眠品」は章末に、煩悩の断滅と「択滅」(遍知)を論じて締め括られる。なお『俱舎論』だけにある「四種対治」

は『雑心論』では「択品」[34]に置かれるものである。また『心論』系「使品」の末尾には煩悩と心相応不相応の問題が示されるが、「随眠品」ではそれを前半の「七随眠」の箇所で取り扱う。

以上のように、「随眠品」の構成は『心論』系「使品」をそのまま準縄としたことは明瞭である。大きく異なる点は、「三世実有」論の有無、また「随眠品」に「五蓋」を導入したことくらいといえるであろう。

二

ところで三論中、最も成立の早い『心論』が、それ以前のいかなる論書の影響を受けているかという点をとり上げた学者に、ウィーンのフラウヴァルナー(E. Frauwallner)[35]がいる。氏は『心論』成立の素材となった論書として初期の〈六足論〉などをあげる。しかし、フラウヴァルナーは「使品」の素材については何ら言及しないものの、第四章「使品」と第五章「賢聖品」とを煩悩とそれを断ずる修行道という関わりで配置したことは、作者ダルマシュリー(Dharmaśrī 法勝)の独創的見解であるとする[36]。

しかるに『心論』「使品」の成立をみる上で、〈六足論〉『発智論』より以上に注目すべき論書があり、それは先に指摘したように『発智論』から『心論』に移行する間に位置するとされる[37]『阿毘曇甘露味論』である。その「結使禅智品」[38]の構成は前表のごとく、『心論』「使品」に酷似する様相を呈している。すなわち、ともに煩悩群の筆頭に九十八使、次いで「小煩悩」(纏に相当)、「三結」(三不善根に相当)、「九断知」(遍知)、煩悩の心相応不相応について説示するという次第である(なお章名に「禅智」の語があるが、これは煩悩を断ずるには禅定と智慧によることを指摘しただけにすぎない)。

してみると、『倶舎論』「随眠品」の祖型は『心論』「使品」からさらに『甘露味論』「結使禅智品」にまで遡ることができる。(39)いい換えれば、『倶舎論』「随眠品」は、『甘露味論』「結使禅智品」を骨子とし、『心論』系「使品」の形態を経て順次敷衍されたものといっていい。

三

ところで『倶舎論』「随眠品」の構成と特色は、「五位七十五法」にみられる煩悩論、あるいは他学派の煩悩論と比較してみると、その違いが鮮明になってくる。

(一) 「五位七十五法」と煩悩

『倶舎論』第二章「根品」における「五位七十五法」中の煩悩は、論師たちによって体系化された煩悩論のなかから適宜拾いあげられたとみられることがあった。(40)しかしながら「五位」という法の体系化と並行して成立した煩悩群さえみられるし、「五位七十五法」中の煩悩と煩悩章中とが異質なものであることは、前述したとおりである。「五位七十五法」中にみられる主要煩悩である不信、懈怠、放逸などは『心論』系「使品」、あるいは『倶舎論』「随眠品」中の煩悩群にはないというように、双方は、本来別系統のものである。(41)

このように「五位七十五法」中の煩悩とそれぞれの煩悩論とが別個に展開することは、『アビダルマディーパ』に至るまで変わらなかった。

(二) 行蘊所摂の煩悩

行蘊中の具体的な煩悩として示されるものは、たとえば初期の『法蘊足論』「蘊品」[42]の場合、不放逸、不善根、「結縛随眠随煩悩纏」とあるが、『倶舎論』の場合、「界品」ではそれをつぶさに示すことはない。しかし「随眠品」[43]における「随煩悩」の箇所で行蘊所摂の煩悩について言及することがあり、そこでは「随煩悩」として「煩悩」以外のもので、行蘊であげる「染汚」の心所、具体的には「雑事」(kṣudravastuka)で説かれるものであるとする。この「雑事」が『法蘊足論』「雑事品」をさすことは明らかである。ヤショーミトラ(称友)の『倶舎論』の注釈によれば、「雑事」に存在する煩悩として arati、vijṛmbhikā から daurmanasya に至る二十四法をあげており、これが『法蘊足論』「雑事品」の後半部分に対応することはすでにふれたとおりである。

ところで、行蘊中において煩悩論そのものを展開する論書がある。それは他学派ではあるが、中観派の『五蘊論』[44]、瑜伽行唯識学派の『阿毘達磨集論』[45]である。有部の場合でもこうした形式を採用するものに『入阿毘達磨論』がある。『入阿毘達磨論』は五蘊説を論全体の構成に適用し、行蘊に対応する「行句義」[46]のくだりに数多くの煩悩群を列挙し、そうして煩悩論を展開するという形式をとっている。

(三) 集諦と煩悩

四諦説中の「集諦」では苦の原因となるものとして通例、業、煩悩をあげるが、『倶舎論』[47]の場合、具体的な煩悩としてあげるのは「愛」(tṛṣṇā)と「無明」(avidyā)の二つだけである。それはおそらく、最も断ち難い煩悩だけをあげたのであろう。したがって『倶舎論』の「集諦」の箇所は簡略そのものである。

ちなみに『甘露味論』[48]の場合、具体的にあげる煩悩が「九結」である点はきわめて珍しいものである。しかるに「集諦」の箇所で煩悩論そのものを展開する論書がある。もっともそれはやはり有部論書ではないが、『成実論』あるいは瑜伽行唯識学派の『瑜伽師地論』(「本地分」[49])、『阿毘達磨集論』[50]『雑集論』[51](それぞれの「決択分」)などである。煩悩論を「集諦」の箇所で展開するという方法も「集諦」とは何かを追究していけば、そのような形になるであろう。

このように、さまざまな形態で煩悩論を展開する論書があるにもかかわらず、『倶舎論』が独立した一章として煩悩論を設けることは、『心論』系三論の章立てに従ったものであり、さらにそれよりもう一つ遡れる素材として『甘露味論』「結使禅智品」のあることが知られよう。

註

(1) 桜部建『倶舎論の研究』、法藏館、昭和四十四年、五七―五九頁。
(2) 『阿毘曇心論』、大正蔵二八、八二八頁下―八二九頁上。『阿毘曇心論経』、大正蔵同、八六三頁中下。『雑阿毘曇心論』、大正蔵同、九三九頁上中下。
(3) 『阿毘曇心論経』、大正蔵同、八三五頁下。『雑阿毘曇心論』、大正蔵同、八七四頁下。
(4) *Abhidh-k-bh*, p. 294. *ll*. 4-6.
(5) *Ibid*, p. 295. *ll*. 2-3.
(6) *Ibid*, p. 301. *ll*. 17-8.
(7) 『倶舎論』、大正蔵二九、一〇六頁中。
(8) 『尊婆須蜜菩薩所集論』、大正蔵二八、七九五頁中。
(9) 『発智論』、大正蔵二六、九三六頁上。『八犍度論』、大正蔵同、七八九頁下。
(10) 『大毘婆沙論』、大正蔵二七、二九八頁中。『阿毘曇毘婆沙論』、大正蔵二八、二二九頁中。
(11) 『大毘婆沙論』、大正蔵二七、三九三頁上―。『阿毘曇毘婆沙論』、大正蔵二八、二九三頁下。

(12)『阿毘曇心論』、大正蔵二八、八一六頁下。
(13)『雑阿毘曇心論』、大正蔵同、九六一頁下。
(14) *Abhidh-k-bh*, p. 256. *l*. 19*ff*.
(15)『舎利弗阿毘曇論』、大正蔵二八、六五一頁中。
(16) *Vibh*, pp. 345-9.
(17)『大毘婆沙論』、大正蔵二七、二四三頁下―。『阿毘曇毘婆沙論』、大正蔵二八、一八九頁上―。
(18)『阿毘曇心論』、大正蔵二八、八一七頁中。
(19)『阿毘曇心論経』、大正蔵同、八四七頁上中。
(20)『雑阿毘曇心論』、大正蔵同、九〇四頁中。
(21) J. Imanishi, Das Pañcavastukam und die Pañcavastukavibhāṣā. *NGAW. Phil. -Hist. Klasse*. Göttingen. 1969. S. 7. 池田錬太郎「『倶舎論』随眠品における煩悩論の特質」(『仏教学』第七号、昭和五十四年、一二六頁)参照。
(22)『雑阿毘曇心論』、大正蔵二八、九〇五頁下。
(23)『集異門足論』、大正蔵二六、三九九頁下―。
(24) *Abhidh-d*, ed. by Jaini p. 18. *l*. 14. p. 220. *l*. 3.
(25)『瑜伽師地論』、大正蔵三〇、三一四頁下。
(26)『阿毘達磨集論』、大正蔵三一、六七六頁中―六七七頁下。
(27) *Abhidh-s-bh*, ed. by Tatia. p. 58. *ll*. 17-21.
(28)『大毘婆沙論』、大正蔵二七、二四九頁中。
(29)『大毘婆沙論』、大正蔵同、二五〇頁中―二五一頁上。
(30)『大毘婆沙論』、大正蔵同、二五〇頁上中。
(31)『倶舎論』、大正蔵二九、一一〇頁下。
(32) *SN*, V. pp. 92-4. p. 116. pp. 160-1. *AN*, V. p. 195.
(33) *ŚrBh*, ed. by Shukla. p. 364. *l*. 18. pp. 4-15. *ll*. 9-10.
(34)『雑阿毘曇心論』、大正蔵二八、九五三頁下―九五四頁上。
(35) E. Frauwallner, Die Entstehung der buddhistischen Systeme. *NGAW. Phil. -Hist. Klasse*. Göttingen. 1971. ders, Abhidharma-Studien. *WZKSO*. Band. VII. 1963. S. 26.
(36) E. Frauwallner, Abhidharma-Studien. *WZKSA*. Band. XV. 1971. S. 86. cf. Willemen, *The Essence of Metaphysics*. Abhidharmahṛdaya. Bruxelles. 1975. introduction. xxi.
(37) 桜部建、前掲書、五八頁。
(38) この品名の原語は明確ではない。S・シャストリは『倶舎論』「随眠品」が anuśaya であるのを斟酌して anuśaya をあてている。S. Sastri, Abhidharmāmṛta of Ghosaka. *Visva-Bharati-Annals. vol*. V. Santiniketan. 1953. p. 77. V・D・ブロックも章名を明示しないが、kleśa と anuśaya の両者を用いている。V. D. Broeck, *La Saveur de L'Immortel*. (A-p'i-t'an kan Lu Wei Lun)

Louvain-La-Neuve. 1977. p. 24. p. 147.

（39）『阿毘曇甘露味論』が『倶舎論』それ自体の成立に大きな影響を及ぼしたことについては、本書第六章「五、『倶舎論』の祖型本としての『阿毘曇甘露味論』」参照。

（40）和辻哲郎「仏教哲学の最初の展開」（『同全集』第五巻、岩波書店、昭和三十七年、四一九頁）。

（41）本書第二章「四、大煩悩地法」「五、小煩悩地法」参照。

（42）『法蘊足論』、大正蔵二六、五〇一頁中。

（43）*Abhidh-k-bh*, p. 312. *ll.* 4-9.

（44）瓜生津隆真「中観仏教におけるボサツ道の展開」（『鈴木学術財団研究年報』第一号、昭和三十九年、六四頁）参照。

（45）V. V. Gokhale, Fragments from the Abhidharmasamuccaya of Asaṅga. *JBBRAS. vol.* 23. 1947. pp. 15-8.

（46）*Peking, vol.* 119. p. 45-1-6.『入阿毘達磨論』、大正蔵二八、九八一頁下—。

（47）*Abhidh-k-bh*, p. 333. *ll.* 2-22.

（48）『阿毘曇甘露味論』、大正蔵二八、九七八頁上。

（49）『瑜伽師地論』、大正蔵三〇、三一四頁下。

（50）『阿毘達磨集論』、大正蔵三一、六七六頁中—六七七頁下。

（51）*Abhidh-s-bh*, ed. by Tatia. 1976. p. 58. *ll.* 17-21.

四、『倶舎論』における「渇愛」と「貪」

一

原始仏教以来、煩悩としては最も断ちにくいものとされながらも、「五位七十五法」中にない煩悩として「渇愛」(tṛṣṇā)と「貪」(rāga)がある。もっとも「渇愛」は十二縁起の一支として、「貪」は貪瞋癡として整理された三不善根、三毒の一つであることも有部論書を通じて一貫している。

もっとも「貪」については、『倶舎論』の注釈書類では「不定」法のなかに収まるとされることがある。古来、「五位七十五法」の一法とみなされてきたものである。

ところで、有部ではこうした「貪」と「渇愛」との二つは、密接な関わりのあるものと解する形跡が看取されるからその点をとり上げてみよう。その前にまず「渇愛」の用例からみてみよう。すでに『発智論』[1]『大毘婆沙論』[2]では、十五種の煩悩群の一つとして六境にもとづいて起こる六愛身(tṛṣṇākāya)という煩悩群を集録するが、しかし『倶舎論』ではこれを採用していない。「随眠品」における「渇愛」の主な用例は、七随眠に関連して、

無有の愛(vibhavēcchā)がある。無有愛(vibhava-tṛṣṇā)もまた、修習(bhāvanā)によって断ぜらるべきである。

無有という名のこの法は何か。三界の滅(anityatā)である。そこにおいて願い求めることが無有愛である。[3]
とある点である。この有愛とは実際になり得ない状態への願い、無有愛については異説[4]があるものの、『倶舎論』では断滅(anityatā)への願いという。

なおこのくだりでは「渇愛」をicchā《イッチャー》ともいい換えることが認められる。icchāには意欲と悪い意味での欲望という相反する意味があるが、ここでは明らかに「渇愛」の同義語と解している。

このほか、「随眠品」で注目すべき用例といえば、「渇愛」は無記根(avyākṛta-mūla)つまりあらゆる無記の根本であるとされる位である。[5]したがって「随眠品」における「渇愛」の位置づけは、ほかの煩悩と比べてみても重視されるとはいい難い。では、「随眠品」以外での用例はどうであろうか。

二

(一)、「根品」における主な用例の一つは、次のものである。

プレーマ(愛)に染汚と不染汚の二種があり。その中で染汚のを渇愛といい、子や妻に対するようなものをいう。不染汚とはシュラッダー(信)をいい、師匠や徳のある人に対するものをいう(premṇo gauravasya ca kiṃ nānākāraṇam. prema śraddhā. dvividhaṃ hi prema kliṣṭamakliṣṭaṃ ca. tatra kliṣṭaṃ tṛṣṇā yathā putradārādiṣu. akliṣṭaṃ śraddhā śāstṛguruṇānviteṣu.[6])。

とあり、prema《プレーマ》の染汚の側面を「渇愛」とする。なおこのpremaに対する漢訳は新旧訳ともに単に「愛」と訳される。近代のガンジーやヒンドゥー教では慈悲の意味に近い「愛情」を意味するとされる。[7]しかし『倶舎論』「随眠品」

ではこの prema も次のように煩悩の意味で用いられる。

しかるに経に尊師は説かれた。欲軛とは何か。広説すればこれは諸欲における欲の貪、欲の欲、欲の親、欲の愛(kāmaprema)、欲の楽、欲の悶、欲の耽、欲の嗜、欲の喜、欲の蔵、欲の著、そうしたものが他の心を押しのけた状態である。[8]

第二の用例は、無漏法に異熟がないことについて、

どうして無漏に(異熟が)ないのか。渇愛に潤わされてないからである。潤わされてない堅い種子のようだからである(kasmānnāsravāḥ. tṛṣṇānabhiṣyanditatvāt. anabhiṣyanditasārabījavat.)。[9]

という形で示される。

㈡、「業品」[10]では、「見」(この場合「見」は悪見)を行ずる人(dṛṣṭicarita)は頑固(dṛḍha)で悪い意向(āśaya)があるのに対し、「愛」を行ずる人(tṛṣṇācarita)は絶えず意向が動揺(cala)するという。見行人、愛行人ともに煩悩にとらわれて行動する人をいう。

㈢、「渇愛」は原始仏教以来、むろん十二縁起説の一支として組み込まれ、『倶舎論』「世間品」でも同様であるが、そこでは「渇愛」に対して次のように解説している。

資具(bhoga)と性愛を貪ぼるのが渇愛である。欲望の対象と性愛との貪(rāga)のはたらく状態を渇愛という。[11]

ここでは、欲望の対象(kāmaguṇa)と性愛(maithuna)に対する貪りを「渇愛」とする。この点は『大毘婆沙論』の場合もほぼ同趣旨である。

云何が愛なりや。謂く、已に食愛、婬愛及び資具の愛を起こすと雖も未だ此の為めに四方に追求して労倦を辞せざるにあらざる、是れ愛位なり。[12]

あるいはまた三界と感受(vedanā)の視点からいえば、欲愛は苦、色愛は楽、無色愛は不苦不楽であるともいう(13)。

このほか、「世間品」における注目すべき記述は次のものである。

行と有とは業の箇所(業品)で説かれるであろう。渇愛と取は煩悩の箇所(随眠品)においてである(14)。

これは十二縁起支中の「行」「有」「(渇)愛」「取」については改めてそれぞれ「業品」「随眠品」で説くというものである。先にふれたように「随眠品」に「渇愛」の用例はあるものの、十二縁起支中の「渇愛」が「貪」を指すことはのちにふれたい。

(四)、「賢聖品」では、「渇愛」が四諦説のうちで集諦の具体的な煩悩としてあげられる。もっとも集諦の煩悩を『集異門足論(15)』ではただ漠然と「有漏の因」とするにすぎないけれども、『法蘊足論(16)』では「不善法」「有漏の善法」「愛」(渇愛)の三つを示す。『大毘婆沙論(17)』になると、譬喩者は「煩悩」と「業」を、分別論者は「後有を招く愛」とする。いずれにせよ、こうした「渇愛」は「煩悩の王」「一切の煩悩を生長す(18)」ともいう。集諦の煩悩を『倶舎論(19)』では、「愛」(tṛṣṇā)とともに「無明」(avidyā)もあげる。「(渇)愛」「無明」ともに煩悩の最も重要なものと解したことによる。また「賢聖品」ではこのほかに(20)、少欲喜足、四聖種という修行課程では「貪」(lobha《ローバ》、rāga《ラーガ》)、「渇愛」を断つべきとするくだりもある。

(五)、「定品(21)」では、非想非々想処に至るまで「味」(āsvādanā)なる等至があり、この「味」とは「渇愛」をいうとする。これは上二界においても禅定そのものに執着することがあり、そうした執着を「渇愛」とする。味等至と「渇愛」との結合は、『雑阿毘曇心論(22)』にもみられ、そこでは「渇愛」はあらゆる煩悩の基盤だからとされる。『倶舎論』もこうした見解を承けたことになる。

このようにみてくると、「随眠品」以外では「渇愛」の用例はかなり認められ、それぞれの文脈において重要な意味づけをされていることがわかる。そこで、次にもう一方の「貪」の用例をみてみよう。

三

「貪」(rāga)は煩悩群としては三不善根、また七随眠中に組み込まれる程、重要な位置を占める。『倶舎論』では「渇愛」は前述のごとく無記根、これに対し「貪」は不善根とする点では両者の相違点があるといえる。

三不善根としての貪瞋癡に対する異訳語に「婬怒癡」があり、この訳例は原始経典[23]あるいは大乗経典[24]、アビダルマ文献でも『八犍度論』[25]に認めることができる(『倶舎論』の新旧訳にはみられない)。これは、とりわけ rāga の語義に「婬」つまり性愛に関するむさぼりの意味があることに由来する。

この点は、『倶舎論』「世間品」にも、欲界に住む六欲天(四天王衆天、三十三天、夜摩天、都史多天、楽変化天、他化自在天)は男女抱擁を求め、

対象(viṣaya)に対してより深く求めるほど、それに応じて rāga もまた深くなる。[26]

と、あるごとくである。

ところで、『倶舎論』「随眠品」で世親が重視する煩悩群は七随眠であるが、この七随眠中、貪だけが「欲貪」(kāmarāga)と「有貪」(bhavarāga)との二つに分けて数えられる。「貪」を「欲貪」「有貪」に分けることはすでに原始経典の『長阿含経』「衆集経」[27]にみられるが、『集異門足論』[28]以後、三界説の導入によって欲貪とは欲界の貪、有貪は色、無色界の貪とされる。この点は『倶舎論』「随眠品」でも、

有貪は二界に生ずる。色と無色の界に生ずる貪は、有貪である。[29]

とあり、こうして欲貪の「欲」の語が改変されたことは、第四章の一でふれたとおりである。

四

ところで、有部では「渇愛」と「貪」の二つを同義と解する表現が看取される。まず『集異門足論』における「渇愛」（ここでは「欲愛」）と「貪」（不善根）に対する定義は、次のようである。

- 貪不善根とは、貪とは云何。答へて謂はく、欲の境に於ける諸の貪・等貪・執蔵・防護・堅著・愛楽・迷悶・耽嗜・遍耽嗜・内縛・欲求・耽湎・苦集・貪の類・貪の生を総じて名けて貪と為す(30)。
- 欲愛とは云何。答ふ、諸の欲の中に於ける諸の貪・等貪・執蔵・防護・耽著・愛染、是れを欲愛と謂ふ(31)。

双方を対比してみると、「貪」に対する定義が幾分詳しいものの、ほとんど同じ訳語で示される。「貪」については『法蘊足論』「雑事品」に、

云何が貪なる。謂はく、欲の境に於ける諸の貪・等貪・執蔵・防護・堅著・愛楽・迷悶・耽嗜・遍耽嗜・内縛・悕求・耽湎・苦の集・貪の類・貪の生を総じて名けて貪と為す(32)。

とある。とりわけ「貪・等貪・執蔵・防護・堅著・愛染」の部分は、『法蘊足論』のサンスクリット断片に、

rāgaḥ saṃrāgaḥ ālayo niyaṃtir adhyavasānaṃ tṛṣṇā.(33)

とある箇所に対応する。さらにこの点に関し『大毘婆沙論』では、「愛」についての煩悩群のくだりに、

六愛身有り、謂く、眼触所生の愛身と耳・鼻・舌・身・意触所生の愛身となり。是くの如き愛身は、一種と説くべし。九結中、三界の諸愛を総じて愛結と立つるが如し。或は、二と説くべし。七随眠中、欲界の愛を欲貪随眠

と立て、色・無色界の愛を有貪随眠と立つるが如し。或は三と説くべし、契経に説くが如し、「苾芻よ、当に知るべし、三愛河とは即ち三界の愛なり」と。[34]

とあり、はっきり「愛」（tṛṣṇā）を「貪」（rāga）といい換えることが認められる。

「貪」の原語に関し、rāga[35] 以外に lobha《ローバ》もあるが、この点は『倶舎論』の三不善根の箇所で偈に rāga とあるのを長行釈では lobha と言い換えることからも明瞭である。『倶舎論』「世間品」には、「貪」（lobha）と「渇愛」との関係について、

貪《ハ》即《チ》是《レ》愛《ナリ》（yo lobhaḥ sa tṛṣṇā）[36]

とある（なおこの文に対するヤショーミトラ（称友）、スティラマティ、プールナヴァルダナの註釈はない）。してみると、有部では元来、別概念であった「渇愛」と「貪」（rāga、lobha）を同義と解するようになったといえよう。

五

「貪」と密接な概念として、そのほか九結中の「愛結」（anunaya-saṃyojana）があげられる。というのは、『大毘婆沙論』「結蘊」に、この「愛結」を定義して、

云何が愛結なりや。謂く三界の貪なり。然るに三界の貪は、九結中に於て総じて愛結と立て、七随眠中、二随眠と立つ。謂く欲界の貪を欲貪随眠と名け、色無色界の貪を有貪随眠と名く。[37]

とあるし、『倶舎論』にも、

その場合、愛結とは三界の貪である（tatrānunayasaṃyojanaṃ traidhātuko rāgaḥ.）[38]。

とはっきり定義されることによって明らかである。

また五蓋[39]や五下分結[40]の一つである「貪欲」(kāmacchanda)も論書に示されるその内容からして同類とみていい。

このように「渇愛」と「貪」を有部では同義と解するものの、それぞれの教説における用例は、もとより原始仏教以来の伝統的用法どおりであることはいうまでもない。

六

こうした「渇愛」「貪」が「五位七十五法」の「大煩悩地法」「小煩悩地法」のいずれにも入らなかった理由の一つは、特定の系統の煩悩を導入したとみられることである。もう一つの理由は、根本煩悩と枝末煩悩との相互関係、ここでは「等流」という視点からみると、「随眠品」には、

これら十纏のうちで、「貪」より生じるは無慚、掉挙、慳である。これら三つの随煩悩は「貪」から派生したものである。覆については異論がある。ある人びとは「渇愛」からの派生といい、他の人びとは無明からの派生といい、またその両方ということがある(eṣāṃ ca daśānāṃ paryavasthānānāṃ. rāgotthā āhrīkyauddhatyamatsarāḥ ete traya upakleśā rāganiḥṣyandāḥ. mrakṣe vivādaḥ. tṛṣṇāniḥṣyanda ityeke. avidyāniḥṣyanda ityapare. ubhayorityanye.)[41]。

とあり、「貪」から無慚、掉挙、慳、誑、憍が派生するという。ここに示される煩悩のうち、無慚は「大不善地法」、掉挙は「大煩悩地法」、慳、誑、憍の三つは「小煩悩地法」とそれぞれ対応することになる。つまり「貪」から派生する煩悩には「大不善地法」に入るもの、「大煩悩地法」に入るものまであることになる。論師たちはこうした食い

違いがあることから、「貪」およびそれと表裏の関係にある「渇愛」を法体系に明確に位置づけなかったと考えられる。

註

（1）『発智論』、大正蔵二六、九二六頁中。『八犍度論』、大正蔵同、七八四頁中。

（2）『大毘婆沙論』、大正蔵二七、二五六頁中。『阿毘曇毘婆沙論』、大正蔵二八、一九九頁下。『鞞婆沙論』、大正蔵同、四三五頁下。

（3）vibhvēcchā. vibhavatṛṣṇā 'pi bhāvanāheyā. vibhavo nāma ka eṣa dharmaḥ. traidhātukī anityatā. tatra prārthanā vibhavatṛṣṇā. *Abhidh-k-bh*, p. 286, *ll.* 1-3.

（4）木村泰賢（『原始仏教思想論』全集第三巻、大法輪閣、昭和四十三年、一五一頁）は W. Stede の説に同意して「繁栄」「権力」「財力」とするが、和辻哲郎（「原始仏教の実践哲学」『和辻哲郎全集』第五巻、岩波文庫、昭和三十七年、二〇七頁）、中村元（『原始仏教の思想Ⅱ』（決定版）、春秋社、平成六年、一〇六頁）、水野弘元（『仏教要語の基礎知識』、春秋社、昭和四十七年、一八三頁）の三氏は「虚無」という。

（5）*Abhidh-k-bh*, p. 291, *l.* 10-.

（6）*Ibid*, p. 60, *ll.* 7-9.

（7）中村元「愛の理念と現実」（『仏教思想Ⅰ　愛』、平楽寺書店、昭和五十年、一三頁）。

（8）*Abhidh-k-bh*, p. 308, *l.* 3.

（9）*Ibid*, p. 89, *l.* 21.

（10）*Ibid*, p. 250, *ll.* 6-8.

（11）*Abhidh-k-bh*, p. 132, *ll.* 12-13. 山口益、舟橋一哉編『倶舎論の原典解明』、法藏館、昭和三十年、一六三頁参照。

（12）『大毘婆沙論』、大正蔵二七、一一九頁上。

（13）*Abhidh-k-bh*, p. 140, *ll.* 7-9.

（14）*Abhidh-k-bh*, p. 150, *l.* 17.

（15）『集異門足論』、大正蔵二六、三九二頁上。

（16）『法蘊足論』、大正蔵同、四八一頁上。

（17）『大毘婆沙論』、大正蔵二七、三九七頁中―下。『阿毘曇毘婆沙論』、大正蔵二八、二九六下―二九七頁上。『鞞婆沙論』、大正蔵同、四七〇頁中―下。

（18）『大毘婆沙論』、大正蔵二七、四〇三頁中―四〇四頁上。『阿毘曇毘婆沙論』、大正蔵二八、三〇一頁上―中。『鞞婆沙論』、大正蔵同、四七五頁中。

(19) *Abhidh-k-bh*, p. 333, *l*. 2-.

(20) *Ibid*, p. 336, *l*. 5-.

(21) *Ibid*, p. 437, *ll*. 3-4.

(22) 「已説愛当知已説余煩悩。是煩悩足故。」『雑阿毘曇心論』、大正蔵二八、九二四頁上。

(23) 『法句経』、維祇難等訳、大正蔵四、五六二頁中。『出曜経』、竺仏念訳、大正蔵同、六五八頁下。『義足経』、支謙訳、大正蔵同、一七八頁上。『中阿含経』、僧伽提婆訳、大正蔵一、五四六頁中など。

(24) 『光讃経』、竺法護訳、大正蔵八、一七四頁上、二一二頁上。『維摩経』、羅什訳、大正蔵一四、五四八頁上。『大智度論』、同訳、大正蔵二五、六七頁中、七〇頁下、一〇七頁下。

(25) 『八犍度論』、大正蔵二六、七七八頁下。『発智論』巻二(大正蔵同、九二四頁)での対応部分では、「貪瞋痴」とある。

(26) *Abhidh-k-bh*, p. 169, *l*. 17.

(27) *DN*, III. p. 254. ただし漢訳『衆集経』および異訳『大集法門経』では、七随眠が欠落している。

(28) 『集異門足論』、大正蔵二六、四三九頁上。V. Stache-Rosen : *Das Saṅgītisūtra und sein Kommentar Saṅgītiparyāya*. Berlin, 1968. S. 184.

(29) *Abhidh-k-bh*, p. 279, *ll*. 7-8.

(30) 『集異門足論』、大正蔵二六、三七六頁中。

(31) 『集異門足論』、大正蔵同、三八二頁中下。

(32) 『法蘊足論』、大正蔵同、四九四頁下。

(33) S. Dietz, *Fragmente des Dharmaskandha*. Göttingen 1984. S. 47.

(34) 『大毘婆沙論』、大正蔵二七、二五六頁中。『阿毘曇毘婆沙論』、大正蔵二八、一九九頁下。『鞞婆沙論』、大正蔵同、四三五頁下。

(35) *Abhidh-k-bh*, p. 291, *l*. 4-8. *Peking*, *vol*. 115, p. 226. 5. 2-4.

(36) *Ibid*, p. 133, *l*. 5. 新訳巻九、大正蔵二九、四八頁下。旧訳には「是貪名愛」(大正蔵同、二〇五頁下)とある。チベット訳も chags pa gaṅ yin pa de ni sred pa ḥo (*Peking, ibid*, p. 174. 3. 7) とあり直訳である。

(37) 『大毘婆沙論』、大正蔵二七、二五八頁上。

(38) *Abhidh-k-bh*, p. 309, *l*. 3.

(39) *Ibid*, p. 318, *l*. 7f.

(40) *Ibid*, p. 310, *l*. 2.

(41) *Ibid*, p. 312, *l*. 20-p. 313, *l*. 2.

五、『アビダルマディーパ』第五章の特色

一　構　成

いわゆる煩悩論に当たる『ディーパ』第五章の構成は、基本的に『倶舎論』「随眠品」を骨格としている。しかしそこには相違点も認められる。その一つは、「三世実有」の箇所で「有」(sat)の問題からさらに展開して「勝義有」「世俗有」の二諦説に及ぶ点であり、この二諦説は『倶舎論』の場合、「随眠品」においてではなく、次の「賢聖品」に回され、それも「諦」(satya)という観点から論じられる。

第二に、「繫」(grantha)という煩悩群を「結」「縛」のあとに置くことである。この「繫」は「身繫」(kāyagrantha)とも呼ばれ、貪欲、瞋恚、戒禁取、見取(または此実執)の四つをまとめた煩悩群をいう。もっとも「繫」は『発智論』『大毘婆沙論』『入阿毘達磨論』にはあるけれども、『甘露味論』『心論』系統の構成を規矩とした『倶舎論』には採用されなかったものである。(1)

第三に、「随煩悩」を具体的に六煩悩垢、十纏とするものの、その順序は『倶舎論』と逆であり、その構成に「結縛随眠随煩悩纏」という表現を適用せず、結・縛・繫・煩悩・随煩悩・纏の順としている。

二 「煩悩」と「随眠」

『ディーパ』ではそもそも章名を具体的に表示することがない。第五章の冒頭に単に pañcamo 'dhyāyaḥ（第五章）とあり、章末にも、

アビダルマのともしび、広釈の光明、註釈における第五章終る（abhidharmadīpe vibhāṣāprabhāyāṃ vṛttau pañcamodhyāyaḥ samāptaḥ）。

とあるにすぎない（『ディーパ』第五章には、『倶舎論』などが章名とした anuśaya-nideśa[2] ということばはあるが、それは章名ではない）。

しかしながら、『ディーパ』の第五章の冒頭には、煩悩群を列挙し、その語義解釈をまとめて説くくだりが認められる。

〔煩悩〕によって世間はなすべきでないことをしがちであり、苦を蒙るのである。存在に縛りつけるそれら貪などの煩悩（kleśa）を私は説くであろう。

さてこれらの煩悩は、これらは〔「煩悩」という一般に〕受入れられた共通の名称を持つが、その上に、自らの能力が起こす作用によって〔それぞれ〕名けられた「随眠」などの別名によって規定される。そのうち、まず〔煩悩という〕通名は自らの作用から出て来たのである。悩ます（kliṣṇati）のが煩悩（kleśa）である。随増する（anuśerate）のが随眠（anuśaya）である。有頂（天）に至るまで生じ、ないし無間（地獄）まで流れる（sravati）のが、また心相続を流す（srāvayati）のが漏（āsrava）である。五相を具えた諸漏をそれに結びつける（saṃyojati）のが結

(saṃyojana)である。繫ぐ(grathayati)のが繫(grantha)である。つなぐ(yojayati)のが軛(yoga)である。運び去る(apaharati)のが暴流(ogha)である。取る(upādadāti)のが取(upādāna)である。(これらの)共通名が煩悩(kleśa)であると[3]。

ここで注目すべきは、煩悩群の総称を明確に「煩悩」(kleśa)とする点である。すなわち「煩悩」の具体的なものが随眠・漏・結・繫・軛・取などであるとする。

『倶舎論』「随眠品」の場合は、その冒頭から業は染汚法のうちとりわけ「随眠」(anuśaya)に起因するとし、「随眠品」全体においても「随眠」の語を染汚法の総称と捉えること(実際にはすでにふれたように、後半部で統一がとれてない)と比べると、『ディーパ』は、もはや有部の伝統的羈絆にとらわれなかったことになる。

もっとも『ディーパ』でも「煩悩」と「随眠」の語義は法相上、ともに差異はないと定義する。そのくだりを『倶舎論』とともにあげてみよう。

(倶舎論)　法相の立場からアビダルマでは煩悩を随眠の語でいう(lākṣaṇikastvabhidharme kleśa evānuśayaśabdaḥ.)[4]。

(ディーパ)　法相の立場からアビダルマでは煩悩は随眠のことである(lākṣaṇikastvabhidharme kleśa evānuśayaḥ.)[5]。

すなわち両論書ともに法相(lakṣaṇa)の視点から同義とする以上、ディーパ作者も同じ立場をとったことになるが、しかし『倶舎論』の場合、経量部ならびに世親がこの解釈を批判したことはすでにふれたとおりである。『ディーパ』のこのくだりでは『倶舎論』に「経量部」とある学派名を「譬喩者」(Dārṣṭāntika)といい換えるのみならず[6]、彼らの随眠を「種子」あるいは「能力」とみる考え方は実在しない空華からなる樹のごときである(khapuṣpamayadaṇḍavat)と批判する。もとよりそれは『倶舎論』作者世親に対する間接的な非難となっている。

しかるに『ディーパ』でも「煩悩」と「随眠」を同義とする立場をとるものの、その適用に問題のある部分も認められる。たとえば「結」「縛」「繋」という煩悩群を順次列挙したあとに、

「煩悩」(kleśa)についてはすでに説かれた。一方、随煩悩が説かるべきである(uktāḥ kleśāḥ. upakleśāstu vijñeyāḥ.)(7)。

とある点である。本来ここは「煩悩」でなく「随眠」が説かれたとすべきであろう。というのは実際に「煩悩」に相当する内容は「七随眠」であるばかりでなく、『倶舎論』の同じ文脈にも、

すでに「随眠」が説かれた。(次に)随煩悩が説かるべきである(anuśayāḥ pūrvamevoktāḥ. upakleśāḥ vaktavyāḥ)(8)。

と、あるからである。冒頭で染汚法の総称を「煩悩」(kleśa)とするにもかかわらず、ここで「七随眠」だけを「煩悩」と規定し、さらに続けて別の染汚法(ここでは「随煩悩」)を展開することは齟齬をきたしている。してみると『ディーパ』でも『倶舎論』にみられるように、「煩悩」の用法に広狭の両面があったことになる。

三　随眠・漏の定義

個々の煩悩群名の語義については、先に示したごとく第五章の冒頭にみられるが、こうした語義それ自体は、『ディーパ』第一章にも認められる(ただし第一章の場合、「軛」「取」がないという違いもある)。ところで『ディーパ』作者が問題とするのは『倶舎論』における「漏」の定義についてである。『ディーパ』が第一章に示すその定義は、

漏とは有頂から乃至阿鼻(地獄)まで心の相続を流れさせ、またおのずから流れるというのが漏である(9)。

とあり、これは第五章の場合もほとんど同じ概念規定で示される。つまり、

輪廻に住まわしめ、きずのごとき六処を通って有頂から乃至阿鼻まで流れるのが漏である。(10)

とあり、いずれも「漏」(āsrava)の語源である動詞 ā-√sru そのものにもとづく解釈である。(11) ところが『倶舎論』「界品」における漏の解釈は次のようにある。

それら(有為法)のなかにおいて漏は随増するのである(āsraveṣu yasmātsamanuśerate.)(12)。

この語義解釈に対し、ディーパ作者は次のように批判する。

『倶舎』作者はいう、随眠が随増するから「有漏」であると。それは清浄でなく、正しくない。語源解釈として随眠の意味を知らない。まさに語源解釈を知らない。随眠が随増するから、(とあれば「有漏」でなく)「有随眠」となる。(13)

「随眠」の語義は『ディーパ』の第一章、第五章でもその語源どおり動詞 anu-√śī から成る「随増」(anuśerate)で示すことは『倶舎論』の場合と同様である。しかるにディーパ作者はこうした「随眠」の属性である「随増」を「漏」にまで適用するのは正しい用法ではないとするのである。たしかに『倶舎論』でも「随眠品」の場合は「漏」を語源どおり ā-√sru によって定義するにもかかわらず、「界品」の場合そうすることがない。おそらくこのように「界品」で「漏」を「随増」によって定義するのは、随眠をことさら偏重したために、それが「漏」にまで反映したと思われる。この点に対し、ディーパ作者は批判を加えたのである。

ところで「随増」とはいったい、どういうはたらきかということが『ディーパ』で示される。ヤショーミトラ(称友)は「随増」には増長すること(puṣṭi)と滞まること(pratiṣṭhā)の二つの意味があると次のようにいう。

随増(anuśerate)とは増長すること(puṣṭi)を得るという意味である。あるいは滞まること(pratiṣṭhā)を得るとい

う意味である。かかる貪などは増長することを得たり、あるいは滞まることを得て増大するのである。[14]

これに対し、『ディーパ』（第一章）では次のようにいう。

もし随増の意味が増長(puṣṭi)という意味であれば、それによって道と涅槃とを所縁とする邪見などに増加と卓越(poṣotkarṣa)を見ることになるから、涅槃と道においても色(rūpa)などのごとく有漏性があるという過失があると。[15]

すなわち随増は増長(puṣṭi)の意味はなく、滞まる(pratiṣṭhā)という意味だけがあると解している。

四　「根本煩悩」と「随煩悩」

サンスクリット本の『倶舎論』になく、『ディーパ』にみられる表現として mūlakleśa（根本煩悩）というのがある。これは六煩悩垢を「根本煩悩の垢」(mūlakleśa-mala)[16]、「縛」（bandhana、具体的には貪瞋癡)をやはり mūlakleśa[17] としたり、あるいはまた十纏・六煩悩垢を「根本煩悩」（mūlakleśa)の等流[18]とするように用いられる。たしかに『大毘婆沙論』[19]でも「随眠」という煩悩群は「微細」「猛利」「長時相続」などの作用があるために「根本煩悩」（玄奘訳）と規定し、それ以外は「随煩悩」とすることがある。『倶舎論』の場合も、漢訳（同じく玄奘訳）の上にしばしば「根本煩悩」という訳語が認められるが、しかしサンスクリット本には直接それに対応する原語はないものである。

『ディーパ』（第二章）には[20]、これと同根というべき用法として「小煩悩地法」中の個々の染汚法を alpakleśa（小さい煩悩）と表現することがみられる。

誑・諂・憍・忿・害・嫉・悩・覆・恨・慳が十の小(alpa)煩悩地(法)である(māyāśāṭhyamadakrodhavihiṃsersyapradaṣṭayaḥ. sūkṣmopaṇāhamātsaryāṇyalpakleśabhuvo daśa)[20]。

しかし有部において「随煩悩」（この十小煩悩地法を随煩悩とする）を alpakleśa とするのは『ディーパ』だけにみられる特異な表現である。

また『倶舎論』では十纏・六垢以外の「随煩悩」は「雑事」（kṣudravastuka）[21]に説かれるとして省略するが、『ディーパ』第五章ではそれらを具体的に列挙する。そうしてそれら全体を「随煩悩」と名づけることは、たとえば、

そこでこれらの随煩悩垢と纏はどれがいかなる貪などの根本煩悩の等流であるのか？　それらより愛（anunaya）の等流は無慚などである。実にこれらの随煩悩は貪の等流である。すなわち無慚・掉挙・憍・慳・詭詐・矯妄・現相・激磨・以利求利・悪欲・大欲・顕欲・欲・親里・国土の（三）尋・悪友である。[22]

とあることによって知られる。「随煩悩」として言及されるものはこれら以外に、放逸（pramāda）、傲（stambha）、憤発（saṃrambha）、不恭敬（anādaratā）、不忍（akṣānti）、瞢憒（tandrī）、不楽（arati）、頻申（vijṛmbhikā）、食不調性（bhaktāsamatā）、種種想（nānātvasaṃjñā）、不作意（amanasikāra）、麁重（〈kāya〉-duṣṭhūlatā）、觝突（śṛṅgī）、不順同類（asabhāgānuvartanatā）、恚尋（vyāpādavitarka）、害尋（vihiṃsāvitarka）、laya、mārdvakṣya、vyāmiśra などがある。

『ディーパ』で「雑事」の「随煩悩」としてあげられるものは、まさに『法蘊足論』「雑事品」のものと対応している。

以上、『ディーパ』の第五章はその構成からして『倶舎論』「随眠品」に立脚するとはいえ、二諦説や「繫」を採用したり、あるいは煩悩群の列挙順をも改変するという点に違いが認められる。また有部史上、初めて「煩悩」の語をあらゆる染汚法の総称であると明確に打ち出し、さらに特殊な用語例のあることが知られる。

註

（1）本書第六章「五、『倶舎論』の祖型本としての『阿毘曇甘露味論』」参照。

（2）*Abhidh-d*, p. 290. *ll.* 1-2. 新版では -nidaśa とあるが誤植（初版本を採る）。

（3）*Ibid*, p. 219. *l.* 4. 桜部建「アビダルマのともしび―第五章第一節―」（『大谷学報』四三―四）、一三―四頁。

（4）*Abhidh-k-bh*, p. 278. *ll.* 8-9. 本書第五章「一、『倶舎論』にみる「煩悩」「随眠」「随煩悩」」参照。

（5）*Abhidh-d*, *p.* 222. *l.* 1.

（6）広瀬智一「阿毘達磨灯論釈における仏教学派批判」（『曹洞宗研究紀要』、第三巻、三一―一九頁）。吉元信行『アビダルマ思想』、法藏館、昭和五十七年、九〇頁。加藤純章『経量部の研究』、春秋社、平成元年、六八頁以降参照。

（7）*Abhidh-d*, p. 305. *l.* 14-p. 306. *l.* 1.

（8）*Abhidh-k-bh*, p. 312. *ll.* 3-4.

（9）*Abhidh-d*, p. 18. *ll.* 12-13.

（10）*Abhidh-k-bh*, p. 308. *ll.* 16-18.

（11）「漏」の語義一般については、加藤純章「有漏・無漏の規定」（『印度学仏教学研究』第二一巻、第二号、一二八―一三二頁）。榎本文雄「初期仏典における āsrava（漏）」（『南都仏教』第五〇号、一七―二八頁）参照。

（12）*Abhidh-k-bh*, p. 3. *l.* 11.

（13）*Abhidh-d*, p. 18. *ll.* 9-11.

（14）*Abhidh-k-vy*, p. 13. *ll.* 3-5.

（15）*Abhidh-d*, p. 19. *ll.* 1-3.

（16）*Ibid*, p. 306. *l.* 7.

（17）*Ibid*, p. 305. *l.* 5.

（18）*Ibid*, p. 309. *l.* 7.

（19）『大毘婆沙論』、大正蔵二七、一八〇頁上。

（20）*Abhidh-d*, p. 75. *l.* 12-p. 76. *l.* 1. 水田恵純「有部における心理論」（『伝道院紀要』二五・二六合併号）、一五四頁。吉元信行、前掲書、二三三頁参照。

（21）*Abhidh-k-bh*, p. 312. *l.* 9. ただしヤショーミトラは二十五項目をあげる。*Abhidh-k-vy*, p. 493. *l.* 26*ff*.

（22）*Abhidh-d*, p. 309. *ll.* 7-12.

第六章　付　論

一、『集異門足論』の作者——舎利弗と摩訶拘稀羅

初期のアビダルマ論書である〈六足論〉にはいずれも著者名がつけられており、それも成立の古いものほど仏の直弟子の名に帰されることが認められる。『集異門足論』の場合も、漢訳本によれば、舎利弗の作と記されている。もっとも『集異門足論』の著者に関する伝承は多く、『大智度論』(1)、インドのヤショーミトラ(称友)(2)、プールナヴァルダナ(3)、普光(4)の『倶舎論』注釈書、それにプトゥンの『仏教史』(5)などがある。たしかにプールナヴァルダナ、普光のごときは、漢訳本と同様に舎利弗を著者とするものの、ヤショーミトラとプトゥンは仏弟子という点では同じであるが、舎利弗でなく、大拘稀羅(P. Mahākoṭṭhita、Mahākoṭṭhika、S. Mahākauṣṭhila)としており、伝承によって大きな径庭がある。

ただし、『大智度論』だけは仏弟子に帰すことなく、論師たちの手に成るとする。『集異門足論』の成立は、仏滅後およそ五百年、紀元前一世紀ごろとされるからブッダ在世中の弟子の著作であるわけではなく、『大智度論』で指摘されるように、実際には有部の論師たちによって著わされたことは明白である。しかしながら舎利弗あるいは原始経典では滅多に登場しない大拘稀羅の作とされるゆえんは、仏説とされる経典の整理から出発した論師たちが、どのよ

うにみずから作成した論書を仏弟子と接続させようとしたかという点で、少なからず興味を引く。

一

『集異門足論』が『長部』経典中の「衆集経」を範としてそれを注釈したものであることは、双方を対比してみれば異論のないところである。ところが、「衆集経」は他の原始経典類と趣向を異にし、仏の代わりに舎利弗が説法する形をとる。もっともこうした形式をとる経典はほかにも認められ、この経の前後(前か後かは伝承部派によって異なる)に並置される「十上経」も同様に、舎利弗が説いたことになっている。原始経典の「衆集経」から『集異門足論』に至る史的側面については、すでに椎尾弁匡(6)、E・フラウヴァルナー(7)、K・R・ノーマン氏(8)によって論証されている。

「衆集経」そのものは、どのような機縁から仏に代わって舎利弗が説法するに至るのかというと、当初、仏は末羅(Malla)の波婆城(Pāvā)闍頭菴婆園で説法していたものの、夜に至って背痛を覚え、自分に代わってその場にいた舎利弗に説法を命ずるのである。使命を承けた舎利弗は教義を一法から十法まで整理し、それを仏が承認することによって終わるという形式をとる。

こうした「衆集経」における仏と舎利弗との消息をそのままの型でもって、『集異門足論』の作者はその冒頭(「縁起品」)に設定するのである。いい換えれば、「衆集経」の構成にそのまま則しつつ、教義部分のみに注釈を施したのが『集異門足論』であるといっても過言でない。したがって『集異門足論』も論書として独立してはいるものの、そのまま舎利弗作としたと考えられる。

二

では、舎利弗でなく大拘稀羅作とする伝承は何にもとづくのであろうか。たしかに「衆集経」から『集異門足論』に進む上で、大拘稀羅の名のごときはどこにも言及されることがない。この点から椎尾弁匡氏は、この仏弟子は『集異門足論』と無縁であるとしている。

原始経典においで大拘稀羅はどのように描かれているであろうか。まず仏弟子のことばを集録した『テーラガーター』(9)には、舎利弗が大拘稀羅を讃えたとされる三つの詩句が見い出せる。けれどもそこに示される内容は、「かれはこころ静かに、やすまり、思慮して語り、心が浮わつくことなく、諸々の悪しき性質を吹き払う」などといった漠然とした内容しか伝えていない。しかし舎利弗が大拘稀羅を讃えたということ自体、のちにふれるように二人の仏弟子の関係を見る上で、一つの視点を提供している。

パーリ経典でも、大拘稀羅に言及する経典は必ずしも多いとはいえない。そうしたなかで、『中部』経典には「正見経」(10)(Sammādiṭṭhi-sutta)と「有明大経」(11)(Mahāvedalla-sutta)があり、そこにはこの二人に直接結びつくくだりが認められる。

まず「正見経」は善不善の根本を知ること、食(āhāra)、苦、十二縁起、漏についておのおのの集・滅・道を知ることを主題とし、それを諸比丘が質問し、舎利弗が答えるという形式をとる。この経とほとんど同じ内容を示すものに、漢訳『中阿含経』巻七の「大拘稀羅経」(12)と『雑阿含経』巻十四の第三四四経(13)とがある。しかし顕著に異なるのは、前者の「大拘稀羅経」では舎利弗が大拘稀羅に問うのに対し、後者の第三四四経では、大拘稀羅が舎利弗に問う形となっている。むろん答者のほうが明敏という立て前であるが、両弟子共に問答の上で双方の役割りを担っていることになる。

後者の「有明大経」Mahāvedallasutta の場合は、四諦に続いて楽苦・不苦不楽・慧と識の関係、五根、欲・色・無色の三有、無明・渇愛、初禅、寿・煖・識・想受滅、四縁などを順に論じ、そこでは大拘稀羅が問うのに対し、舎利弗が答えるという形式をとる。してみると、大拘稀羅が答える形式をとるのは漢訳『中阿含経』中の「大拘稀羅経」だけとなる。

このほか、『増支部』(14)経典には仏弟子たちの特徴を簡略に列挙するくだりがあり、大拘稀羅の場合は四無礙解第一つまり「得解第一」とされる。この点は漢訳『増一阿含経』(15)巻三「弟子品」の場合でも同様である。さらに『増支部』経典によると、大拘稀羅は舎利弗とともに六触処について議論したり、(16)あるいはサビッタを加えた三者の間で、身証・見至・信解といった聖者を論じる箇所に登場する。(17)さらに「アビダルマの論義」(abhidhammakathā)をする際に舎利弗とともに登場することもある。(18)もとより具体的な論書の成立してない時代であるから、そこでのアビダルマとはいまだ語りほどの意に過ぎない。

もっとものちにアビダルマ論書が出現する契機となるのが、この「アビダルマの論義」であるといわれる。(19)そうすると、最初期論書である『集異門足論』の作者が大拘稀羅に帰されることは、その点ですこぶる重要な意義を帯びてこよう。

したがって原始経典に現われた大拘稀羅というのは四無礙解に長じ、問答をする相手はほとんどつねに舎利弗であることが知られる。

ところで『集異門足論』以後の論書において大拘稀羅は、どのように説かれているであろうか。『発智論』(20)にはブッダから見たという仏弟子の特質が示され、大拘稀羅（「執大蔵」と訳される）は四無礙解とされるのに対し、舎利弗は四無礙解のうち「義無礙解」しか解さないとされる。『大毘婆沙論』[21]では、舎利弗は「義無礙解」しか解さないとはいえ、大局から見れば、舎利弗の智慧のほうが優れていると補足される。このような形で大拘稀羅は目蓮とも対比され、やはり目蓮のほうが長じた弟子であるとされる。それゆえ『大毘婆沙論』編纂者は明らかに大拘稀羅よりも舎利弗、目蓮の二人を上首と解していたことがわかる。『大毘婆沙論』におけるそれ以外の言及といえば、大拘稀羅と舎利弗との間で、智と識、眼と色をめぐる問答が引用されるだけである[22]。

他方、ヤショーミトラ[23]の『倶舎論』注釈によると、大拘稀羅は無明の問題あるいは寿と煖の問題、あるいは『順正理論』[24]では四諦の問題に関連して、いずれも経典を引用する際にその経文中に認められるに過ぎない。

大拘稀羅ということに限れば、『大智度論』[25]に大拘稀羅は舎利弗の伯父（舅）であるとか、「長爪梵志」とも呼ばれたという二人の縁戚関係まで示す記述が認められる。もっとも「長爪梵志」については『大毘婆沙論』[26]にもその記述があり、かれは舎利弗の伯父であるとされるものの、それが大拘稀羅であると明示されることはない。こうした伝承をまとめると『テーラガーター』に見られたように、舎利弗が大拘稀羅を讃嘆したり、あるいは具体的に自分の伯父という関係まで伝承されることから、両弟子にはよほどの親密な関わりのあることが読み取れる。

その結果、『集異門足論』の著者は舎利弗、もしくは大拘稀羅のいずれかに帰されたのであろう。むろんこのように初期の論書、つまり『集異門足論』の作者を仏弟子に帰する背景は、論書自体はもはや「仏説」といえないけれども、「仏弟子説」として「仏説」に匹敵するものとしたことは明白である。

註

（1）『大智度論』、大正蔵二五、七〇頁上。

（2）*Abhidh-k-vy.* ed. by U. Ogihara. p. 11 *l.* 29.

（3）*Abhidh-k-t-l. Peking. vol.* 117. Ju. 18b-1. Derge. 15 a5. *Ibid.* Peking. *vol.* 119. Thu. 289 a6-7. Derge. 216b-3. 中村隆敏「プールナヴァルダナの『随相論』抄本」（『三康文化研究所年報』第一九号、昭和六十二年）。

（4）『倶舎論記』、大正蔵四一、八頁中。

（5）E. Obermiller, *History of Buddhism (Chos-hbyung) by Bu-ston.* Heidelberg. 1931. p. 49.

（6）椎尾弁匡『仏教哲学』、三康文化研究所、昭和四十二年、一四三頁。

（7）E. Frauwallner, Abhidharma-Studien II *WZKSO.* Band VIII. 1964. S. 71-73.

（8）K. R. Norman, *Pali Literature.* 1983. p. 43. 107.

（9）*Th.* 1006.（中村元訳『仏弟子の告白』（岩波文庫）、岩波書店、昭和五十七年）

（10）*MN.* I. pp. 46-55.

（11）*Ibid.* pp. 292-8.

（12）『中阿含経』、大正蔵一、四六一頁中—四六四頁中。七九一頁中にもある。

（13）『雑阿含経』、大正蔵二、九四頁中—九五頁中。

（14）*AN.* I. p. 24. ちなみに曇無讖訳『大乗涅槃経』では「四無礙第一」とある。（大正蔵一二、四六四頁上）

（15）『増一阿含経』、大正蔵二、五五七頁中。

（16）*AN.* II. p. 161.

（17）*Ibid.* I. p. 118-120.

（18）*Ibid.* III. p. 392.

（19）木村泰賢『阿毘達磨論の研究』（『同全集』第四巻、大法輪閣、昭和四十三年、三一—三三頁）。桜部建『倶舎論の研究』、法藏館、昭和四十四年、一八—一九頁参照。

（20）『発智論』、大正蔵二六、一〇一八頁中、九〇〇頁上。

（21）『大毘婆沙論』、大正蔵二七、九〇三頁下—九〇四頁上。

（22）『大毘婆沙論』、大正蔵同、四四頁下、一三七頁下。

（23）*Abhidh-k-vy.* p. 302. 667. 669.

（24）『順正理論』、大正蔵二九、六五八頁下。

（25）『大智度論』、大正蔵二五、六一頁中。

（26）『大毘婆沙論』、大正蔵二七、五〇九頁中。

二、『入阿毘達磨論』の作者

有部論書のうちでも特異な論形態を示す『入阿毘達磨論』の著者は「塞建地（陀）羅」であり、別名「悟入」というとされてきた。『内典十宗秀句』を著わした凝念（一二四〇―一三二一）は「倶舎宗秀句十首」のなかで、暗に『倶舎論』の意向を汲んで一書を著わしたのは「悟入尊者」であると次のように詠んでいる。

悟入尊者ノ之討量暗ニ合ヒ二論主ノ之意ニ一。
衆賢論師ノ之破折還テ得二正理ノ之名ヲ一。(1)

一　「悟入」は論書名

しかしながら「悟入」の語は著者名でなく、『入阿毘達磨論』という論書名の一部であることについて論じてみよう。

『入阿毘達磨論』にはチベット訳と漢訳とが現存するが、チベット訳にはその著者名を示すことがない。これに対し、玄奘訳の冒頭には次のようにある。

塞建陀羅[2]阿羅漢造

三蔵法師玄奘奉詔訳

ここでは「塞建陀羅」とあるだけで「悟入」という別名はみられない。したがって漢訳テキストの上からは「悟入」の語は関わりがないことになる。では「悟入」の語はいつから登場するかといえば、それは普光の『倶舎論記』ならびに法宝の『倶舎論疏』以後である。後者の『宝疏』には『光記』からの引用が認められるから、『光記』のほうが成立は古い。したがって「悟入」を著者名としたのは普光以来であるといっていい。実際に『光記』をみると、世親・塞建地（陀）羅・衆賢という三論師の動向が次のようにある。

世親論主は健駄羅国の人なり、本と説一切有部に於て出家す。因って即ち彼部の三蔵を受持せり。後に経部を学んで情に謂らく〔これを〕真と為し、本の所学に於て時に取捨を懐く。然るに更に迦湿弥羅国に往きて有部を研覈し是非を考定せんと欲す。彼の諸師の情に忌憚を懐くことを恐れて遂に本名を改め、潜かに往いて尋究す。時に四載を経て数しば経部の異義を以て説一切有部の宗を難破す。時に阿羅漢有り。塞建地羅と名く。唐に悟入と云う。即ち衆賢の師主なり。其の神異を怪みて遂に定に入って観じて是れ世親なりと知りて乃ち秘かに告げて曰く、急ぎ本国に帰るべし。[3]

これは世親がガンダーラからカシュミールに有部の教義を学ぶために、偽名を使って潜入し、そうして有部の教義を学んだものの、経部の立場から批判を加えた。ときに塞建地羅つまり「悟入」という人がこのように有部の教義を批判したのは実は世親であると喝破したというくだりである。『宝疏』巻一が伝える内容もほとんどこれに準じている。

凝念は『八宗綱要』の場合でも、

然るに世親尊者は旧有宗を習い、後、経部を学んで、将に理に当たると為せり。有宗の義に於て取捨の心を懐き、是非を定めんと欲し、名を潜《ひそ》めて重ねく往く。時、四歳を経たり。屢々《しばしば》自宗を以て頻りに他部を破す。悟入尊者、詰せられて通ずること莫《な》し。尊者、定に入りて是れ世親なりと知り、私《ひそか》に之に告げて曰く、此の部衆の中、未離欲の者、長老の破を知らば、必ず害を相い致さん。(略)悟入は非を知りて怪を諸人に告ぐ。遂に請うて釈を造らしむ。世親論主、即ち王の請いに応じて為に本文を釈す。凡そ八千頌なり。後に彼の釈を見るに、果して悟入羅漢の言う所の如し。(4)

と、『入阿毘達磨論』の作者を「悟入尊者」「悟入羅漢」とする。

ところでもう一つの作者名である「塞建地(陀)羅」については、そのサンスクリット名をSkandhilaとするのが、これまでの通例である。この点は、ベルギーのM. van Velthemの『入阿毘達磨論』の研究(5)でも、何ら疑問の余地なく採用されている。このSkandhilaの語と「悟入」の語とはその語義上から結びつきがたいと訝られてきた。この点をみる上で、『瑜伽師地論』「声聞地」の第十三第二瑜伽処に次のような記述が認められる。

この阿那波那念の五種の修習が知られるべきである。それは次のごとくである。算数修習、悟入諸蘊修習(skandhāvatāraparicaya)、悟入縁起修習(pratītyasamutpādāvatāraparicaya)、悟入聖諦修習(satyāvatāraparicaya)、十六勝行修習である。(6)

ここではavatāraの訳語が「悟入」に対応し、あるいはまた、

さらにまた悟入とはいかなることか(kathaṃ ca punaravatarati.)(7)

とある。いま修習の内容に関してはさておき、avatāraが「悟入」と漢訳され、対応するチベット訳(8)にもhjug paと

あることはきわめて重要である。なぜなら、『入阿毘達磨論』のテキスト名は、その冒頭に、

インド語では、pra ka ra ṇā bhi dha rmā ba ta ra nāma/ チベット語では、Rabs tu byed pa chos mṅon pa la

'jug pa źes bya ba/[9]

とあるからである。この hjug pa は『入阿毘達磨論』の書名の一部にほかならず、これからすると、その訳語の「悟入」が普光以後、誤って著者名とされたと思われる。

二 「塞建地(陀)羅」は Skandhila

従来困惑を招いてきた「悟入」の語が『入阿毘達磨論』のテキスト名の一部であるならば、「塞建地(陀)羅」だけが著者名ということになる。改めてこの「塞建地(陀)羅」の原語は何かといえば、先にふれたように Skandhila とされ、それを傍証するウィグル語訳のあることが、百済康義氏[10]によって次のように指摘されている。氏によると、ウィグル語訳本書に認められる特徴はチベット訳 Sārasamuccaya と部分的に対応するものの、全体的には一致をみず、それゆえ漢訳本から重訳されたものであること。現存漢訳が二巻本であるのに対し、ウィグル訳は三漢本である形跡が認められ、テキスト名も単に『入論』と略称されていること[11]。氏はこの二点を念頭に置き、そうして著者名をみると、ウィグル名は sikaṇṭili または sikandili となり、サンスクリット語音写に関する一般的傾向を考えれば、skandhila と復元できるとされる。したがって「塞建地(陀)羅」の原語は Skandhila であることがウィグル訳によっても補強されるかに見える。しかしその後桜部建氏はこの百済氏の見解を承けた上で、次のように主張している。

入阿毘達磨論の著者を塞建地(陀)羅＝Skandhila とする(一般に受け入れられている)説に、かつて疑問を呈した(Abhidharmāvatāra by an Unidentified Author, Nava Nalanda Mahavihara Research Publication. Vol. II. 1960；『仏教語の研究』一二一―一二二頁)。Skandhila というような名は他に全く知られていず、それはS・ビールの西域記訳に初めて出る(T・ワッタース訳もそれを踏襲)に過ぎない(南条目録では塞建陀羅＝Sugandhara とする)、と考えたからである(12)

そうしてさらに、結びに次のようにいう。

もっとも、インド名をウィグル文字で写したそれが(例えば Sugandhara という形よりも) Skandhila という形に近いと見られることは、ただちに入阿毘達磨論の著者名がまさしく Skandhila であったことを証するものではなかろうから、私の疑問は、百済氏の教示によっても、すぐさま撤回してしまうわけにはゆかない。

ここで桜部建氏が問題とする点は、ウィグル訳はあくまでも漢訳からの重訳であるから、いくら Skandhila の語に近いものがそこに認められたとしても、「塞建地(陀)羅」即 Skandhila とは決められない、ということになろう。しかるにこの原名を解明する上で「塞建陀」に合致する訳語を『光記』のなかに見い出すことができる。それは蘊処界の名義を説く部分に次のようにある。

梵に塞建陀(skandha)と云う。唐に蘊と云うは旧訳に陰と名く〔於禁の反なり〕。此の陰は是れ陰覆の義なり。若し陰と云わば梵本に応に鉢羅沙陀(prāvṛta)と言うべし。

梵に阿耶怛那(āyatana)と云い、唐に処と云う。旧に翻じて入と為すも、此れ亦然らず、若し入と言わば梵本に応に鉢羅吠舎(praveśa)と云うべし。

梵に駄都(dhātu)と云い、唐に界と云う(13)。

三科に対するこうした定義は、慈恩大師基（六三二—六八二）[14]もやはり同文で示している。

これによれば skandha が「塞建陀」と訳されたことがわかる。また宋代の惟白による『大蔵経綱目指要録』には、

犍度〔具さに塞犍陀羅〕阿羅漢、斯の論を造る。[15]

と、著者名に「犍度」の語を当てることがみられる。「犍度」の原語もやはり skandha のことである。

また「建陀羅」の部分については、地名を示すガンダーラ(gandhāra)の音写語との関わりが認められる。というのは、『西域記』の場合、終始「健駄羅(邏)」の語で示されるが、同じ玄奘の『慈恩伝』[16]では「建陀羅」と記されるからである。もし「塞」「索」を su- と解して Sugandhāra と造語すれば、南条文雄氏(南条目録)が想定した Sugandhara に酷似するものとなる。しかし skandha が「塞建陀」と音訳され、しかも『入阿毘達磨論』の著者が「犍度阿羅漢」と表現されることを眼目に置くならば、Sugandha(「妙香」というべきか)のごとき原語は想定し得ない。したがって「塞建地(陀)」の部分に対応する原語は skandha もしくはその変形である skandhi のいずれかであったと考えられる。

残りの「羅」に対応する部分は、名詞を造る suffix として中期インド語起源の -la と -ila とが存在し、エジャートン(F. Edgerton)[17]によれば -la は本来小さなものに対する愛称、一方の -ila は形容詞のみに付されるとする。しかしピッシェル(R. Pischel)[18]によれば -ila がそのまま名詞に付される用法もあるから、skandha の末尾にいずれが付加されてもよいことになる。

「塞建陀羅」の場合ならば Skandhala と造語し得るが、しかし実際には「陀」よりもむしろ「地」を用いる用例のほうが多い[19]。しかも -dha- を音韻上「地」と漢訳したとは考えにくい。中古漢音によっても「塞建陀羅」ならば sək-gʻiɛn-dʻâ-lâ となるけれども、「塞建地羅」ならば sək-gʻiɛn-di-lâ となるからである[20]。このようにみてくると、「塞建

地(陀)羅」の原語はやはりSkandhilaであるといえるであろう。

註

(1)『内典十宗秀句』(鈴木学術財団編『大日本仏教全書』巻二九、名著普及会)、二六頁。

(2)『入阿毘達磨論』、大正蔵二八、九八〇頁中。九八四頁下。脚注によると、高麗本以外では「陀」の代わりに「地」とある。なお『大唐西域記』巻三(大正蔵五一、八九〇頁上)では「塞」に当たる語が「索」となっている。

(3)『倶舎論記』、大正蔵四一、一一頁上中。

(4)『八宗綱要』(『大日本仏教全書』巻二九)、一二頁。

(5) M. Van Velthem, *Le traité de la descente dans la profonde loi (Abhidharmāvatāraśāstra) de l'Arhat Skandhila.* Louvain-La-Neuve. 1977.

(6) *Śrāvakabhūmi* (Śbh). ed. by K.Shukla. p. 223. *ll.* 1-4. 大正蔵三〇、四三一頁上。

(7) *Śbh*, p. 226. *l.* 20. 大正蔵同、四三一頁下。

(8) ji ltar 'jug pa byed ce na. *Peking. vol.* 110. p. 78. Wi 105 a 5.

(9) *Peking. vol.* 119. p. 43. Thu 393 a3.

(10) 百済康義「入阿毘達磨論の註釈書について」(『印度学仏教学研究』第二九巻、第一号、昭和五十五年、四〇六—四一一頁)。

(11) 本論を『入論』と略称することは近世の注釈書にも認められる。快道『倶舎論法義』巻一、大正蔵六四、三七頁上中。三九頁下。

(12) 桜部建「ぼろつくろい」(『仏教学セミナー』第三五号、昭和五十七年、四五—四六頁)。

(13)『倶舎論記』、大正蔵四一、一七頁下—一八頁上。

(14)『大乗法苑義林章』巻五、大正蔵四五、三三三頁中下。

(15)『大蔵経綱目指要録』巻七、(『昭和法宝総目録』第二巻)、七四四頁下。

(16)『大唐大慈恩寺三蔵法師伝』巻二、大正蔵五〇、二三一頁中。

(17) F. Edgerton, *Buddhist Hybrid Sanskrit Grammar*, §22. 17 ; 22. 47.

(18) R. Pischel, *Grammatik der Prākrit-Sprachen* Strassburg. 1900. §194. §595.

(19) M. Van Velthem, *op. cit.* intro, IX-X.

(20) B. Karlgren, *Grammata Serica Recensa*, Stockholm. 1972. no. 6, 249, 908. カールグレンに記載のない「陀」

の推定については、藤田宏達「再び阿弥陀仏の原語について」(『仏教学』第七号、昭和五十四年、四二頁)参照。

「地」については、藤堂明保『漢字語源辞典』(学燈社、昭和四十年、四五七頁)参照。

三、六足論の成立地

一

説一切有部が隆盛を誇った地域として、従来カシュミール、ガンダーラ、マトゥラーの三つがあげられる。そのうち、『発智論』『大毘婆沙論』『順正理論』などを作成したのがカシュミール有部、一方、『大毘婆沙論』のなかでしばしば非難される「西方健駄羅国諸師」「西方師」、あるいは『阿毘曇心論』『阿毘曇心論経』『雑阿毘曇心論』などを伝持していたのがガンダーラ有部といわれる。もう一つのマトゥラー有部は、中インド、マトゥラーの地に有部の名を刻した碑文があることによって知られている。

有部論書のなかでも、古来いわゆる〈六足論〉と総称される『集異門足論』『法蘊足論』『界身足論』『施設(足)論』『識身足論』『品類足論』の六つがもっとも古いものであることは通説となっている。初期有部教団の成立あるいは流布を知る上で、こうした〈六足論〉がカシュミール、ガンダーラのいずれの地域で著わされたかということは重要である。

ところで有部論書で最も大部な『大毘婆沙論』には、『界身足論』を除く五(足)論からの引用が頻繁に認められる。

それゆえ『大毘婆沙論』が編纂された年代、つまり紀元後百五十年前後までにこうした〈六足論〉がすでにカシュミールに存在したことは明確である。しかしそのことから〈六足論〉すべてがカシュミールで成立したとはいえない。そこでまずカシュミールとの関わりが認められる論書をあげてみよう。

二

現在、ギルギット地方カシュミールから出土した〈六足論〉のサンスクリット断片として『法蘊足論』(1)、『施設論』(2)の一部である「世間施設」がある。

さらに、サンスクリット断片(3)の出土地がトゥルファン(Turfan)であるけれども、龍樹(Nāgārjuna、一五〇―二五〇)が『大智度論』でその作者をカシュミール(「罽賓」)の論師と特定するものに『品類足論』全八章中、後半の四章がある。後半四章だけとするその記述は、

六分中初分八品、四品是婆須蜜菩薩作、四品是罽賓阿羅漢作。(4)

であり、前半四章が世友(Vasumitra)、後半四章がカシュミール阿羅漢の作であるという。もっともラモット(E. Lamotte)(5)によると、『大智度論』の作者は『中論』を著わした人物と同一でなくずっと後代で、有部の教義に通暁した人であるという。ラモットのこの見解によれば、『大智度論』の記述内容は訳者とされる羅什(Kumārajīva、?―四〇九)自身によるのではないか、ということも考慮すべきであろう。羅什は九歳から十二歳まで罽賓にとどまり、その後カシュガル(Kaschgar、沙勒)に一年間滞在し、そのカシュガルで、ほかならぬ〈六足論〉を誦したという。この点は『出三蔵記集』に、

什於沙勒国誦阿毘曇六足諸論増一阿鋡。(6)

とあることからも知られる。いずれにしても、『大智度論』の記述から、『品類足論』は前半と後半とを合綴して現存する形をとったこととその作者を明言する点で重要である。たしかに『品類足論』には異本類が多い。旧訳『衆事分阿毘曇論』のみならず、『阿毘曇五法行経』(7)(現存)、『阿毘曇七法行経』(失訳)、『阿毘曇九十八結経』(失訳)の三本というのは、それぞれ『品類足論』の「五事品」「七事品」「随眠品」に対応するとされることから、当初単一本であったものが、のちに合冊されたということがいえよう。それゆえ『大智度論』の所説に従えば、『品類足論』の後半四章、つまり第五「随眠品」、第六「摂等品」、第七「千問品」、第八「決択品」が、カシュミールで成立したということになる。

そのことは果たして内容の上からもいえるであろうか。まず第六「摂等品」というのは諸法を法数順に叙述するという点で、それ以前に成立していた『集異門足論』全篇の叙述形態と類似する。

次に第八「決択品」もまた、この第六「摂等品」の延長上にあることは衆目の一致するところである。これに対し、第七「千問品」の場合は『法蘊足論』全篇の構造をただちに想起せしめる。というのは、『法蘊足論』ではその巻頭に全巻の組織をウッダーナの形で、

学支浄果行聖種　正勝足念諦静慮(8)
無量無色定覚支　雑根処蘊界縁起

と、まとめるのに対し、『品類足論』「千問品」もまた酷似する徳目を同じ形式で、

学処浄果行聖種　正断神足念住諦(9)
静慮無量無色定　覚分根処蘊界経

とするからである。『品類足論』「千問品」とこうした一致点のみられる『法蘊足論』のサンスクリット断片がやはりカシュミールからもたらされたことを眼目に置けば、『品類足論』後半四品のみならず『法蘊足論』もカシュミールと関わりがあったのではないか、ということが想定される。

したがって、カシュミールと関わりの認められるものに『施設論』、『品類足論』後半四品、『法蘊足論』があげられるであろう。

三

では、ガンダーラと関わりのあるのは、どのようなものであろうか。まず『品類足論』の前半四品が『大智度論』では世友によって作成されたというのに対し、玄奘(六〇〇—六六四)によると[10]、世友は『品類足論』全篇を著わしたという。もっとも『品類足論』全篇を世友作に帰することは、何も玄奘だけでなく、現存する漢訳本も同様の立場をとる。してみると、『大智度論』の伝承とは大きな隔たりがあるが、しかし『品類足論』前半四品はいずれも世友作とされる点で変わりはない。さらに玄奘によると、世友は無著(Asaṅga)、世親(Vasubandhu)と同じくガンダーラ地方プルシャプラ(Puruṣapura、現ペシャワール)の出自であるとする。そうすると、『品類足論』の前半四品はガンダーラとの関わりが濃厚になってくる。

では、内容の面からもそのような関わりを示す手がかりがみられるかというと、その点はきわめて困難である。わずかにガンダーラ系との関わりを示すとみられるものに、その「五事品」に言及される四無記根が『大毘婆沙論[11]』『倶舎論[12]』『アビダルマディーパ[13]』では「西方諸師」「外方諸師」、Bāhyaka、Bahirdeśika の説と規定されることである。ここに登場する論師たちは、いずれも古来ガンダーラ系とされるから、[14] 四無記根説はガンダーラ有部との関わりを示すものであろう。

なお同じ『品類足論』「五事品」で展開する心所法一般は、それ以前に成立していた『法蘊足論』系統の心所法説に近い。もし『品類足論』前半四品をガンダーラでの成立とみれば、『法蘊足論』も『大毘婆沙論』成立以前に、カシュミールのみならず、ガンダーラでも流布していたことが予想される。

もっとも有部論書でも〈六足論〉以後、ガンダーラ系とされる論書が存在する。それは『心論』『心論経』『雑心論』の三論である。これらの論書は、そのあとに登場する『倶舎論』の構成と成立に直接大きな影響を与えたものである。しかしながら、そのうち『心論』『心論経』には〈六足論〉のいずれの論書名にも言及されないのに対し、『雑心論』では『施設論』(実際には『施設経』)、『品類足論』(『衆事分阿毘曇』)、『識身足論』の名が引用される。[15] この『雑心論』には、『大毘婆沙論』に説かれる思想と共通するものも数多く認められるから、紀元後百五十年前後には『雑心論』と『大毘婆沙論』との思想上の交流があったと思われる。

しかし、それ以前の『心論』『心論経』といえども、〈六足論〉からの引用が認められないからといって、〈六足論〉の影響そのものがなかったわけではない。『心論』に対する〈六足論〉の影響については、フラウヴァルナー(E. Frauwallner)[16] が次のようにいう。その基本的思想は『五事論』(『品類足論』の「五事品」)、心所法については『界身足論』、六因、智慧論、禅定論は『発智論』、四縁は『識身足論』、業論は『世間施設』(『施設論』の一章)、修行道は『品類足論』からの影響が認められる、と。

フラウヴァルナーのいうこのような点だけでなく、有部の法体系、すなわち「五位七十五法」の問題をとってみてもやはり〈六足論〉からの影響を抜きにしては、[17]『心論』系論書の成立を考えることはできない。いい換えれば、『心論』がガンダーラの地で著わされる際に、〈六足論〉もまた同じガンダーラの地に伝わっていたことは疑いない。

ところで、〈六足論〉のうち、『品類足論』前半四品、『法蘊足論』以外に、同じくガンダーラで成立したと推測できるものに『界身足論』があげられよう。その理由として、まず第一に『界身足論』の中核をなす一章である「本事品」が、のちの『品類足論』第四「七事品」の原型になったと考えられることである。この『品類足論』前半四品は諸伝一致してガンダーラ出身の世友作に帰されるし、『界身足論』の作者もやはり世友とされるからである。ただ『倶舎論』のヤショーミトラ(称友)釈[18]では、『界身足論』の作者を仏の直弟子たるプールナ(Pūrṇa)に帰しているけれども、実際には論師たちの作であることは疑いないから、その作者を世友とする説を採用してよいであろう。もっとも有部における初期から中期にかけての論書全体を俯瞰してみると、世友に帰せられる論書類はよほど多い。『界身足論』『品類足論』以外にも『尊婆須蜜菩薩所集論』、あるいは『大毘婆沙論』の四大論師中の一人があげられる。それらの論書類が同一人物の手に成るかどうかはさておき、『界身足論』と『品類足論』前半とは内容面から密接な関連が認められ、しかも作者がガンダーラ出身の世友に帰せられる点は、特筆すべきであろう。

『界身足論』とガンダーラとの関わりを示す第二点は、『大毘婆沙論』のなかに『界身足論』のみ引用されなかったことである[19]。そのことは、『大毘婆沙論』編纂者たちが、『界身足論』にまったく無関心であったことを想起させる。たしかに『品類足論』の「七事品」は『界身足論』「本事品」を敷衍して成立したと考えることができるから、おそらく彼ら編纂者は『品類足論』の教説を提示するだけで、その原初形態を示す『界身足論』まで示す必要はないと解したのであろう。あるいは〈六足論〉中ガンダーラ成立とされるものに『界身足論』も含まれていて、その『界身足論』だけが『大毘婆沙論』の編纂時にカシュミールの地に伝来してなく、そのために引用されなかったことも推測できる。

四

ところでカシュミール、ガンダーラ以外との関わりが認められるものを次にあげてみよう。まず『大毘婆沙論』あるいは『雑心論』の両者に引用された『識身足論』は、どこの成立とされているか。『識身足論』の原本が出土したという報告は現在ないけれども、玄奘によると、[20]提婆設摩(Devaśarman)によって中インドの「鞞索迦国」において作られたという。この「鞞索迦国」が地理上どこに当たるかは、水谷真成氏による『大唐西域記』の研究によっても確定していない。カニンガム(A. Cunningham)[21]はシャーケータ(Śāketa)のことで、アヨードヤー(Ayodhyā)すなわち現在のOudhであるとしたり、水谷氏は今のBiseipur、ゴーマティー(Gomatī)河畔のNimkharとする説も紹介している。しかしこの「鞞索迦」の原語は水谷氏が推定したViṣaka、Viṣākaではなく、ラモット[22]のいうViśokaであろう。このViśokaは中インドのゴーマティー河畔のシャーケータよりさらに上流で、シュラーヴァスティー(Śrāvastī)とマトゥラーとの中間地点に位置する。玄奘が訪印の際、そこには正量部の僧徒が三千余人いたとされる仏教の盛えた地である。玄奘のこの記録に従えば、『識身足論』は中インドで作られたことになる。

ところで、同じ中インドにおけるマトゥラーの地に有部が盛えたことは事実である。そのことは、マトゥラーから出土した獅子柱頭に有部の名称があることから知られる。従来、有部は教団として、まずマトゥラーの地に成立し、のちにカシュミールなどという北西の地に伝わったとされてきた。しかし静谷正雄氏[23]はこの刻文にサカ族の王名Rājuvulaなどがあることにもとづき、紀元後一世紀初頭にマトゥラーに有部が存在したことは確実といえども、それがカシュミール、ガンダーラの有部より古いと判断できるわけではないという。およそ紀元後一世紀ごろ、すなわちクシャーナ王朝時代、カニシカ王はガンダーラ地方のプルシャプラに都をおき、[24] しだいに西北インドをも支配下に置いていった。そのため、マトゥラーもその勢力下に入っていたとみられる。[25] そうしてこのカニシカ王時代、マトゥラーには有部、大衆部、法蔵部、犢子部の四派が存在し、大衆部がもっとも盛え、それに次いで説一切有部が存在したことも知られている。[26]

ただマトゥラーには、「根本有部」(Mūlasarvāstivādin)が存在したことも明らかである。[27] 根本有部はとりわけ律典を主体とした部派であり、一方のマトゥラー有部が伝持したとされるのは『アショーカ・アヴァダーナ』であろうとされる。[28] しかるにマトゥラーから出土したとされる仏教原典も存在せず、わずかにジャイナ教の原典だけが出土したに過ぎない。[29] それゆえ紀元前後にはすべて成立していたというべき〈六足論〉とマトゥラーとの関わりを示す手がかりは認められない。だから『識身足論』といえども、マトゥラー有部によって作成されたということにはならない。たしかにViśokaとマトゥラーは中インドという点で一致するものの、Viśokaをマトゥラー文化圏と考えるにはあまりにも双方の距離があり過ぎる。むしろViśokaはラモットがŚrāvastī近郊とするように、[30] Śrāvastī圏と考えるべきであろう。さらに『識身足論』は『集異門足論』や『法蘊足論』などからの思想的影響なく単独に成立したということも考え難い。玄奘の記録に従って『識身足論』がViśokaで著わされたとしても、『集異門足論』や『法蘊足論』の成立した西北インドと密接につながっていたことは確かである。

最後に〈六足論〉のうち、すでにみたいずれの地域でもなく、バーミヤーン(Bāmiyān)からサンスクリット断片[31]の出土したものに『集異門足論』がある。いうまでもなく『集異門足論』は〈六足論〉のうちでもっとも古いとされ、主要な思想概念を法教順に列挙した「衆集経」(Saṅgīti-suttanta)という一経に対するよほど忠実な注釈書である。「衆集経」というのはパーリ『長部』経典、あるいは漢訳『長阿含経』に収蔵され、異訳に『大集法門経』、サンスクリット本[32]、さらに化地部でも伝持していたとみるべき形跡[33]があるから、かなり流布していたことが窺われる。『集異門足論』はこうした「衆集経」一経のみを取り上げ、作者を大倶稀羅または舎利弗なる仏の直弟子に仮託し注釈したものである。

バーミヤーンから『集異門足論』の断片が出土したということは、バーミヤーンに有部が流伝し、その断片もその地で著わされたということが考えられる。この写本の言語に関しては、サンスクリット古写本学のザンダー(L. Sander)[34]氏によって分析され、この写本も六世紀以降のもので、書体は Gilgit/Bamiyan-Typ II と分類されている。そうしてクシャーナ時代から五世紀にかけてバーミヤーン、マトゥラー、東トルキスタンの地域一体は有部が席巻し、この『集異門足論』の断片はマトゥラーとバーミヤーンの交流の結果、バーミヤーンで書かれたものであろうという。つまり、氏は『集異門足論』の成立地に関してプシルスキー(J. Przyluski)が立てた説、すなわちアショーカ王時代、マトゥラーが有部の本拠地であったという説を採用し、『集異門足論』はマトゥラーからバーミヤーンに伝承されたものと推測している。けれども、果たしてそれが明らかにマトゥラーからバーミヤーンに伝承されたかどうかは不明である。というのは、マトゥラーに〈六足論〉が存在した痕跡が見当たらないからである。『集異門足論』に関してわずかに知り得るのは、そのあとの『品類足論』後半の第六「摂等品」と共通点が認められる位である。したがってその『品類足論』後半四章が成立したとされるカシュミールで、『集異門足論』も成立したと推測されるに過ぎない。

五

以上、〈六足論〉の成立地としてカシュミール、ガンダーラ、ヴィショーカが認められた。なかでも注目すべきは、とりわけカシュミールと関わりのみられる論書がすこぶる多いことである。しかし『識身足論』は中インド、ヤムナー流域のヴィショーカで作られたと伝えられるし、そのほか『品類足論』の前半四章および『界身足論』は、とりわけガンダーラとの関わりも認められた。ところで〈六足論〉以後に成立した論書に『発智論』がある。この『発智論』の成立地は、真諦（Paramārtha、四九九―五六九）[35]によるとカシュミール、一方、玄奘によると[36]、ガンダーラとマトゥラーのちょうど中間に位置するチーナブクティ（Cīnabhukti、至那僕底）とされる。『発智論』の成立地についてはさておき、とりわけ玄奘が初期有部論書の状況を克明に伝えていることは重視されてよいであろう。それゆえ『発智論』の成立地を念頭に置くと、玄奘のいう『識身足論』の成立地が中インド、ヴィショーカであるということも肯綮に当たるといえる。

註

（1） J. Takasaki, Remarks on the Sanskrit Fragments of the Abhidharmadharmaskandhapādaśāstra. *Journal of Indian and Buddhist Studies.* 1965. pp. 411-403. S. Sengupta, Fragments from Buddhist Texts. in : *Buddhist Studies in India.* Delhi. 1975. *pp.* 195-207. ただそれがギルギットから購入されたものであって、そこから出土したかどうかについては不明である。この断片が何品に相当するかについては、フォン・ヒニューバー氏が比定している。O. von. Hinüber, Die Erforschung der Gilgit-Handschriften. *NAWG. Phil. -Hist. Klasse.* Göttingen. 1979. S. 6.

（2） S. Sengupta, *op. cit.* p. 195 f. チベット訳との対照については、仏教大の松田和信氏によって解続された。同「梵文断片 Loka-prajñapti について」（『仏教学』第十四号、昭和五十七年、一三頁）参照。

（3） J. Imanishi, Das Pañcavastukam und die Pancavastukavibhāṣā. *NAWG. Phil. -Hist. Klasse.* Göttingen. 1969. ders, Fragmente des Abhidharmaprakaraṇabhasyam in Text und Übersetzung. Ebd. Göttingen. 1975. リューダース（H. Lüders）によると、ドイツ探険隊がも

たらした一連のトゥルファン写本の成立地は北西インドであることを伝えている。H. Lüders, Das Zeichen für 70 in den Inschriften von Mathurā aus der Śaka- und Kuṣana-Zeit. in : *Philologica Indica.* Göttingen. 1940. S. 723.

（4）『大智度論』巻二、大正蔵二五、七〇頁上。かつて白鳥庫吉氏によって、古代における「罽賓」の位置が時代により異なるとされた(『西域史研究』、岩波書店、昭和十六年、二九五頁以後)。榎本文雄「罽賓―インド仏教の一中心地の所在」(塚本啓祥還暦記念『知の邂逅―仏教と科学』佼成出版社、平成五年)参照。

（5）É Lamotte, Der Verfasser des Upadeśa und seine Quellen. *NAWG. Phil. -Hist. Klasse.* Göttingen. 1973. S. 33. ditto, Les sources scripturaires de l'Upadeśa et leurs valeurs respectives. 1977. 加藤純章訳「大智度論の引用文献とその価値」(『仏教学』第五号、昭和五十三年、二二頁)。

（6）『出三蔵記集』巻十四、大正蔵五五、一〇〇頁中、なお高麗本では「諸門」とあるが、ほかの三本に「諸論」とあるのに従う。

（7）宇井伯寿『訳経史研究』、岩波書店、昭和四十六年、一五頁。

（8）『法蘊足論』巻一、大正蔵二六、四五三頁下。

（9）『品類足論』巻十、大正蔵同、七三三頁上。

（10）『大唐西域記』巻二、大正蔵五一、八八一頁上。水谷真成『大唐西域記』(中国古典文学大系)、平凡社、昭和四十六年、九〇頁参照。

（11）『大毘婆沙論』、大正蔵二七、七九五頁上中。

（12）*Abhidh-k-bh*, p. 292. *ll.* 1-2.

（13）*Abhidh-d*, p. 247. *l.* 5.

（14）『倶舎論記』巻二、大正蔵四一、四六頁下。『倶舎論疏』巻二、大正蔵同、五〇四頁下。

（15）『雑阿毘曇心論』巻一、大正蔵二八、八七五頁上。巻二、八八三頁下。巻九、九三六頁上。巻十、九五八頁上。

（16）E. Frauwallner, Die Entstehung der buddhistischen Systeme. *NAWG. Phil. -Hist. Klasse.* Göttingen. 1971. S. 12.

（17）その一事例として本書第二章「二、大善地法」参照。

（18）*Abhidh-k-vy*, p. 11. *ll.* 28-29.

（19）渡辺楳雄氏は、『界身足論』が『大毘婆沙論』のみならず、のちのいかなる論書からも等閑視された理由として、その分量が「小本」であったこと、その内容が「乾燥無味」であったことの二点をあげている。(『有部阿毘達磨論の研究』、平凡社、昭和二十九年、八五頁以後参照)。

（20）『大唐西域記』巻五、大正蔵五一、八九八頁下。水谷真成、前掲書、一八二頁参照。『大唐大慈恩寺三蔵法師伝』巻三、大正蔵五〇、二三四頁下。

(21) A. Cunningham, *Ancient Geography of India.* 1975. India. *pp.* 338-343.

(22) É. Lamotte, *Histoire du Bouddhisme Indien.* Louvain. 1976. p. 559. 864-865. ditto, Der Verfasser des Upadeśa und seine Quellen. S. 10.

(23) G. Bühler, S. Konow., H. Lüders, F. W. Thomas などが研究している。静谷正雄『インド仏教碑銘目録』、平楽寺書店、昭和五十四年、一四〇頁以後参照。同『小乗仏教史の研究』、百華苑、昭和五十三年、一一五—一一六頁。

(24) 『大毘婆沙論』にも言及される。「昔健駄羅国迦膩色迦王。」(大正蔵二七、五九三頁上)

(25) J. M. Rosenfield, *The Dynastic Arts of the Kushans.* Berkeley. 1967. pp. 51-52. 山崎利男「クシャーン朝とグプタ帝国」(岩波講座『世界歴史3』昭和四十五年)、三四六頁参照。H. Plaeschke, *Die Mathurā-Schule.* ein paläographischer und kunsthistorischer Beitrag zur Lösung des Kaniska-Problems. Halle (Saale). 1971.

(26) K.L. Janert, (editor), H. Lüders, Mathurā Inscriptions. *AAGW. Philolog. -Hist. Klasse.* 3. Forge, Nr. 47. Göttingen. 1961. p.114. 121. 165. 170. 191. 静谷正雄「マトゥラーと大衆部」(『印度学仏教学研究』第一三巻、第一号、昭和四十年、一〇〇頁以後)参照。

(27) E. Frauwallner, The earliest Vinaya and the Beginnings of Buddhist Literature. Roma. (*Is. M. E. O*) 1956. pp. 26-27. なお榎本文雄氏によれば「有部」と「根本有部」は同一部派とされている。同「根本説一切有部と説一切有部」(『印度学仏教学研究』第四七巻、第一号、平成十年、一一一—一一九頁)参照。

(28) 塚本啓祥『改訂増補、初期仏教教団史の研究』、山喜房佛書林、昭和五十五年、一三三頁。山崎元一『アショーカ王伝説の研究』、春秋社、昭和五十四年、八頁、二二頁、三四〇頁。

(29) ハンブルク大学のA・ヴェツラー氏、フライブルク大学のO・フォン・ヒニューバー氏の御教示による(一九八三、八、三十一)。

(30) É Lamotte, Der Verfasser des Upadeśa und seine Quellen. S. 38.

(31) S. Lévi, Note sur des manuscrits Sanscrits provenant de Bamiyan (Afghanistan) et de Gilgit (Cachemire). *JA.* 220. 1932.

(32) V.S. Rosen, Das Saṅgītisūtra und sein Kommentar Saṅgītiparyāya. (*Dogmatische Begriffsreihen im älteren Buddhismus II*) Berlin. 1968.

（33）『五分律』巻三十、（大正蔵二二、一九一頁上）に「僧祇陀経」とあることによって裏づけられる。

（34）L. Sander, *Paläographisches zu den Sanskrithandschriften der Berliner Turfansammlung*. Wiesbaden. 1968. S. 129. dies, Einige neue Aspekte zur Entwicklung der Brāhmī in Gilgit und Bamiyan (ca. 2.-7. Jh. n. Chr). in: *Sprachen des Buddhismus in Zentralasien*. Wiesbaden 1983. S. 113-124.

（35）『婆藪槃豆法師伝』、大正蔵五〇、一八九頁上。

（36）『大唐西域記』巻四、大正蔵五一、八八九頁下。水谷真成、前掲書、一四一頁。『慈恩伝』巻二、大正蔵五〇、二三二頁中。

四、『倶舎論』の祖型本としての『阿毘曇甘露味論』

一

『倶舎論』の成立事情を伝える真諦(paramārtha)作『婆藪槃豆法師伝』[1]によれば、作者世親(Vasubandhu)は『大毘婆沙論』の内容を要約し、それを偈の形にまとめて一日一偈を作り、のちに散文を加えることによって成立したという。しかしながらすでに江戸時代の林常快道[2](一七五一―一八一〇)あるいは木村泰賢氏[3]によれば、『倶舎論』は『大毘婆沙論』ではなく、実は『雑心論』にもとづき、それにいくらか手を加えて成立したものとされる。この点について実際に『阿毘曇心論』『心論経』『雑心論』といった三綱要書と『倶舎論』を対比してみれば、その章構成の上ではっきりその類似する様相を知ることができる。

もとよりそれら三綱要書と『倶舎論』との間に改変の跡が認められるのも事実である。その顕著なものをあげると、『心論』「契経品」はそのまま『心論経』『雑心論』にも「修多羅品」として存在するが、しかし『倶舎論』では削除し、「雑品」「論品」なるものも『心論』から『雑心論』に至るまでは存在するが、『倶舎論』でやはり削除される。あるいは『雑心論』ではそれ以前にない「択品」を新設するが、これも『倶舎論』になるとやはり消去される。『倶舎論』ではこうした「修多羅品」「雑品」「論品」「択品」の四品を削除するとともに、新たに「世間品」「破我品」を創設し、それぞれ第三章、第九章として配置する。こうして『倶舎論』の構成の点では、全九章中、「世間品」「破我品」の二章を創設したことに新たな特色がみられる。

ところで、三綱要書のうちでもっとも成立の早い『心論』の作者法勝(Dharmaśrī)[4]が、「界品」から「論品」に及ぶ全十章という構成を創案したことに対して、『倶舎論』以上に大きな評価を与えたのは、ウィーンのフラウヴァルナー[5]である。氏は『心論』全十章の構成それ自体を「仏教大系の成立」(die Entstehung der buddistischen Systeme)、つまり仏教教義を初めて体系的にまとめあげたものとするのである。たしかに法勝が、「業品」のあとにその業の原因となる煩悩つまり「使品」を置き、そのような業、煩悩を断ずべき修行道としての「賢聖品」を次に、さらに「智品」「定品」と系統的に配置した点は画期的なものといえよう。そのことは一方の『発智論』『大毘婆沙論』、あるいは『尊婆須蜜菩薩所集論』の構成などがいまだ系統的でないことからもいえるであろう。『心論』の構成は、その後、アビダルマ最後期の『アビダルマディーパ』[6]に至るまで影響力があったことになる。のみならず『心論』が教義内容を簡潔に偈形式でまとめるようになったことも従来の有部論書になかった点である。

二

『心論』の成立に際し、『心論』の藍本となったと思われる論書があるのでそれをみていこう。このことは『倶舎論』の原型といわれる『心論』系三論よりもさらに一つ遡ることの可能な論書のあることを意味する。それは『阿毘曇甘露味論』である。

作者は嬰沙、原語ではゴーシャカ(Ghoṣaka、またはGhoṣa)、訳者は不明とされるものの訳出年代は曹魏(二二〇—二六五)代、『大周刊定衆目録』[7]によれば斉王代(二三九—二四五)とある。してみると有部論書のなかでももっとも早く中国に翻訳されたアビダルマ論書の一つということになる。しかしながらこの『甘露味論』は中国、日本の仏教史上においてその題名としての「甘露味」という表現に特色があるとされる位に過ぎず[8]、ほとんど顧慮されることのなかったものである。

むろん『心論』よりもずっと掌論であるが、しかし次表のごとくその章数の点では全十六章から成り、『心論』よりもよほど多い。

『甘露味論』は章名に具体的な教義項目をそのまま立てる傾向が著しく、とりわけ「業品」「智品」「(禅)定品」については『心論』中のものとそのまま対応する。こうした『甘露味論』と『心論』との対応関係についても、やはりフラウヴァルナーが[9]『心論』の成立に影響を及ぼした論書に〈六足論〉があること、また『甘露味論』の「陰持入品」と『心論』「界品」とに着目し、双方に類似のみられることに触れている。あるいはまた桜部建氏は[10]『甘露味論』と『心論』との間で章名の一致することに言及している。しかし両氏ともに双方の論書全篇にわたって具体的に論述することはないので、以下にその様相を示してみよう。

まず第一に、フラウヴァルナーのいうごとく『甘露味論』第五章「陰持入品」と『心論』第一章「界品」についてみよう。『甘露味論』が三科すべてを章名に連ねるのに対し、「界品」は十八界だけを章名とする。しかし双方ともに有漏法とは何かという問題提起から始まり、五蘊十二処十八界(持)を説明し、最後に十八界の諸門分別で終るという体裁をとる点で一致する。ただし三科の列次を『甘露味論』『雑心論』『倶舎論』が蘊処界とするのに対し、『心論』『心論経』の二論では蘊界処の順とする点に幾分異なりがみられるが、しかしそこに思想的意図はないといっていい。

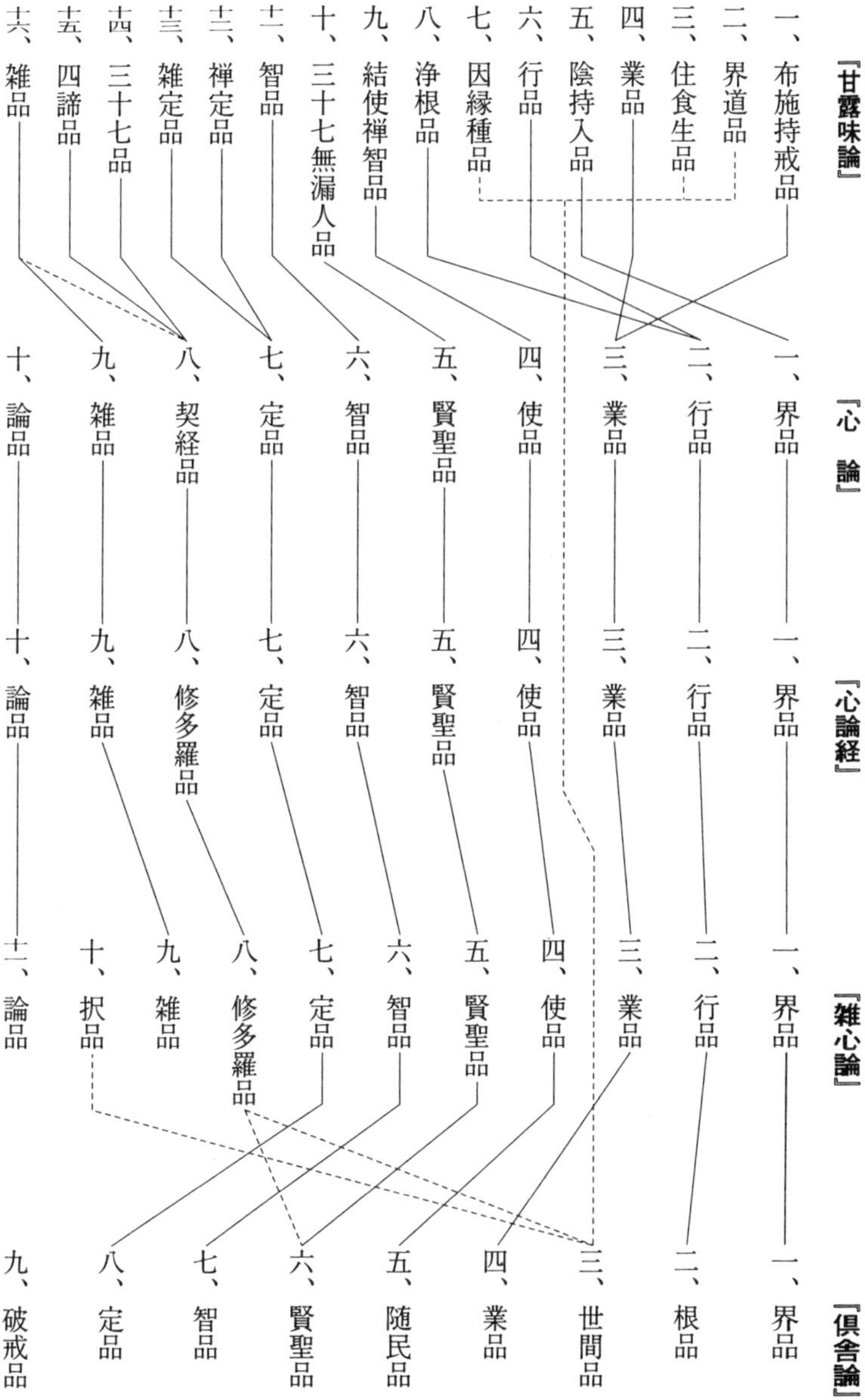
『甘露味論』
一、布施持戒品
二、界道品
三、住食生品
四、業品
五、陰持入品
六、行品
七、因縁種品
八、浄根品
九、結使禅智品
十、三十七無漏人品
十一、智品
十二、禅定品
十三、雑定品
十四、三十七品
十五、四諦品
十六、雑品
『心　論』
一、界品
二、行品
三、業品
四、使品
五、賢聖品
六、智品
七、定品
八、契経品
九、雑品
十、論品
『心論経』
一、界品
二、行品
三、業品
四、使品
五、賢聖品
六、智品
七、定品
八、修多羅品
九、雑品
十、論品
『雑心論』
一、界品
二、行品
三、業品
四、使品
五、賢聖品
六、智品
七、定品
八、修多羅品
九、雑品
十、択品
十一、論品
『倶舎論』
一、界品
二、根品
三、世間品
四、業品
五、随民品
六、賢聖品
七、智品
八、定品
九、破戒品

第二に、『甘露味論』第九「結使禅智品」と『心論』第四「使品」の場合である。「結使禅智品」(11)はまず九十八随眠(使)、十小煩悩(纒)、三結(不善根)、五下分結といった煩悩群を順次あげ、最後に九遍知、煩悩の心相応不相応の問題を論じて終わる。『心論』「使品」と異なるのは、わずかに煩悩群の数の点で『甘露味論』よりも増えているだけに過ぎない。『甘露味論』とほぼ同じころの成立とされる『発智論』「結蘊」の構成とこれら二論の構成とを対比してみても、『発智論』だけが異質であることは第五章でふれたとおりである。

第三に、『甘露味論』第十一「智品」と『心論』第六「智品」とをみると、ともに十智の説明から始まり、順次、得修行修の二修説、六神通、四念住、四弁(無礙解)を説くというように双方はまったく同じ構成である。異なるのは、『甘露味論』がそのあとに十力、四無畏をあげるのに対し、『心論』ではそれを六神通の次に置く点だけといってよい。

第四に、『甘露味論』第十二「禅定品」第十三「雑定品」と『心論』第七「定品」との間でも酷似した様相を呈する。その対応する部分は次のようになる。

『甘露味論』	**『心論』**
「禅定品」一、四禅(12)	「定品」一、四禅
二、四無色定	二、四無色定
三、味・浄・無漏の三定	三、味・浄・無漏
四、不浄	
五、数息	
六、十想	
「雑定品」一、三三昧	四、三三摩提

二、四等（四無量心）
三、六通
四、十一切入（十遍処）
五、八解脱
六、除入（八勝処）
七、四弁（無礙解）

五、六通
六、一切修（十一切入）
七、除入（八勝処）
八、四弁

すなわち、『甘露味論』が禅定より生ずる功徳だけを別個に整理して「雑定品」とするのに対し、『心論』では双方を一括して「定品」のなかにまとめている。

第五に、『甘露味論』最後の第十六「雑品」と『心論』第八「契経品」第九「雑品」とがあげられる。それは次のとおりである。

『甘露味論』

「雑品」一、四沙門果
二、四顛倒
三、六十二見、五邪見
四、六修
五、五根
六、三界
七、十法

『心論』

「契経品」一、四沙門果
二、四顛倒及び五見

八、煩悩の所使
九、相応法
十、不相応法
十一、三無為
十二、三愛
十三、三十七道品と根
十四、断
十五、四不壊信
十六、(極多少)根
十七、五更楽(触)
十八、四有
一九、三有漏

三、使の所使

『心論』

「雑品」一、心不相応行法
二、三無為
三、有愛、無有愛
四、三十七道品と根
五、断
六、四不壊浄
七、五更楽

これによってみると、『心論』では『甘露味論』の前半部、すなわち四沙門果より「煩悩(使)の所使」の箇所までを「契経品」として独立させ、後半部は『甘露味論』の場合と同一章名つまり「雑品」としたことが推定できる。以上によってみると、『心論』全十章のうち六章までが、『甘露味論』のいずれかの章構成とほとんどそのまま一致することがわかる。

のみならず、『甘露味論』で残りの章を組み合わせると、のちの『倶舎論』の一つの章の原型とみるべきものがある。それを次にあげてみよう。

その第一は、『甘露味論』第六「行品」に第八「浄根品」を加えれば、ちょうど『倶舎論』の「根品」に対応する。ただし『甘露味論』「行品」の場合、初めに起住老無常の四相を説き、四縁、六因のあとに心所法を説くのに対し、『心論』「行品」では心所法のあとに六因四縁を説くから、その配置順にいくらか異なる点が認められる。なお『甘露味論』『心論』『心論経』『雑心論』の四論に共通して「行品」という章名であったのを、『倶舎論』が二十二根説をその巻頭に導入してその章名を「根品」と変えたことが、その内容の上からも、不釣合いであることは桜部建氏(13)によって指摘されている。

第二に、『甘露味論』第四「業品」に第一「布施持戒品」を加えれば、ちょうど『倶舎論』の「業品」に相当する。ただし『倶舎論』「業品」後半に言及される菩薩論、布施持戒修習などの三福業事のごときは『心論』乃至『雑心論』の「業品」のいずれにもないから、これらは『倶舎論』になって導入されたことになる。

第三に、『甘露味論』第十「三十七無漏人品」は『心論』以後の「賢聖品」に対応するけれども、『倶舎論』では、『甘露味論』第十四「三十七品」で説く三十七道品、第十五「四諦品」で説く四諦を、『倶舎論』「賢聖品」のなかに配置するようになる。たしかに『甘露味論』「三十七無漏人品」から『雑心論』「賢聖品」まではいずれも四念処観、四善根、見道修道、無学道の順に叙述するという点で明らかに一致がみられる。『倶舎論』「賢聖品」の場合、新たにその巻頭に四諦、および諦に関連して世俗、勝義の二諦を、さらにその巻末に実践形態の一つとして三十七道品を導入することも明らかである。

以上にあげたものが、何らかの形で章形態の上で類似を指摘することのできるものである。そのほか『倶舎論』にない章は、先に指摘したように『心論』『心論経』『雑心論』に存する「契経品」(「修多羅品」)「雑品」「論品」の三つ、および『雑心論』「択品」である。これに対して『倶舎論』に至って創設された「世間品」「破我品」といえども、その萌芽がたどれないわけではない。たしかに「破我品」の構成上の原型は『甘露味論』および『心論』系三論のなかに見い出せないけれども、有部論書全体を鳥瞰すれば、それに対応する個々の教義は、たとえば『識身論』『大毘婆沙論』の上に認めることができる。『倶舎論』の頃になると、当時「我」の実在を主張するヴァイシェーシカ学派、仏教内部でも犢子部あるいは正量部との対抗上、「破我品」を創設する事情があったのであろう。

一方の縁起論と世界観とを主題とする「世間品」といえども、こうした一章が設けられる理由として、たとえばコンツェ(E. Conze)によると、世親が生存した四、五世紀という時代はインドの精神文化史上、一つの大きな変化が勃興し、それ以前の修行者たちは自己の内省的修練を主としていたのが、そのころになると宇宙との対話によって解脱が得られるという考え方が一つの潮流となったとされる。(14)『施設論』中の「世間施設」のごときは、そのような風潮が媒介となって登場してきたのかもしれないが、しかし原始経典の整理、体系化ということを考えれば、世界観についてもアビダルマの上で必須とされたとみるべきであろう。

もとよりバラモン諸学派あるいは初期説一切有部における思想潮流も『倶舎論』「世間品」創設の背景にあったと思われるが、それよりもいっそう切迫した理由のあったとみるべき形跡がある。それは世親が『雑心論』「修多羅品」あるいは「択品」という二つの章を採用しなかったことである。それら二つの章で言及されていた教義の大半は『倶舎論』になると、ほかの章に振り分けられるが、それでも残るものを整理して一つの章、つまり「世間品」として独立させたことが考えられる。というのは、『倶舎論』「世間品」中の三界、七識住、縁起、五趣については『雑心論』「修多羅品」に、中陰、四種の入胎、劫、菩薩論、転輪の問題は「択品」に、四食については「修多羅品」「択品」の双方にあるものとちょうど対応するからである。

「世間品」の成立に関しては、『心論』が『甘露味論』にあった三界五道、縁起などを説く「界道品」、四識住、四食、四生、四有を説く「住食生品」、十二縁起を説く「因縁種品」といった三品を踏襲することなく取り残したままであったことも注目すべきである。『甘露味論』中のこれら「界道品」「住食生品」「因縁種品」の三章を寄せ集めれば、ちょうど『倶舎論』「世間品」の骨子を構成することが十分可能だからである。してみると、『倶舎論』「世間品」の場合、『甘露味論』中に大半の素材が揃っていたにもかかわらず、『心論』がそれらを放置したことが、のちの『心論経』『雑心論』『倶舎論』にまで影響を与えたといっていい。つまり『倶舎論』が「世間品」を創設するのは、『心論』が放置したままであったものをようやく採用したといえるであろう。

三

以上のような章構成だけでなく、個々の教義を叙述する箇所の類似するものを次にあげてみよう。

一、心所法　有部の法体系を叙述する型に三種あることが、桜部建氏[15]によって指摘されている。それは㈠、『品類足論』「五事品」に認められるような「五位」にもとづくもの。㈡、蘊処界の三科にもとづくもの。㈢、『入阿毘達磨論』のごとき五蘊三無為という八句義によるものの三つである。しかるに『心論』『心論経』『雑心論』はというと、このうち㈡の型をとり、『甘露味論』[16]自体もやはり㈡の型に立脚することが認められる。

もっとも「地法」の採用過程については、『甘露味論』「行品」では「大地法」「大善法」「大煩悩地法」「小煩悩地法」の四種であるのが、『心論』「行品」では、わずかに「大地法」のみを説くに過ぎないから相違点ももとより認められる。そもそも『心論』系三論内における「地法」の採用過程は、まず『心論』に「大地法」のみがみられ、『心論経』になってそれに「大善地法」が加わり、『雑心論』で「大煩悩地法」「小煩悩地法」「不善地法」の三つが加わって五種すべてが整う。しかしながら『心論』では『甘露味論』に存する「大善地法」「大煩悩地法」などの二つの地法名には触れないものの、むろんそれらに対応する善、煩悩などの心所法がすべてその文脈に認められる。だから、ただ単に地法名を採用しなかっただけと見ることもできる。いずれにしても「地法」の採用過程の上ではこのように相違点もあるとはいえ、法の列挙順の上で合致する点が認められる。たとえば、「大善地法」に含まれる十法の列次[17]についてみると、『倶舎論』では「信」(śraddhā)をその第一に置くのに対し、『甘露味論』『心論経』『雑心論』の三論はいずれもその当初に「不貪」(alobha)「不恚(adveṣa)をあげることである。法の列次といえども、こうした一致点が認められる以上、やはりこの点に関しても『甘露味論』から『心論』に至る影響があったと解することができるであろう。

二、心不相応行法　心不相応行法は、『倶舎論』ではその「根品」に心心所とともにまとめて説かれる。これに対し、『心論』では雑多な教説を寄せ集めたというべき「雑品」のなかで説き、こうした形式は『心論経』『雑心論』にまで受け継がれる。ところが、「雑品」で心不相応行法を説くこともやはり『甘露味論』に認められ、そこでは法には相応法、不相応法があるという視点から言及される。ただ『甘露味論』では心不相応行法は「雑品」だけでなく「陰持入品」「行品」のあわせて三箇所にわたって言及される。「陰持入品」では行陰中の心相応心不相応のものは何かという視点から、「行品」では行法には心相応と心不相応との二種があるという視点からのものである。とにかく『心論』系三論がいずれも心不相応行法を「雑品」で説く点も『甘露味論』の影響であろうと考えられる。

三、無為法　『甘露味論』では無為法を二箇所にわたって説く。第一は、「陰持入品」の章末に、第二は「雑品」においてて言及される。しかるに『心論』でも『甘露味論』「陰持入品」に対応する「界品」のみならず、「雑品」で言及する。『心論』における二箇所にわたるこうした説き方は『心論経』『雑心論』に至るまで存続するが、しかし『倶舎論』になると重複を避けるためか「界品」だけで説かれる。

四、四縁六因五果　『倶舎論』では四縁六因五果を一括して「根品」で説くが、『心論』では六因四縁を「行品」で、五果は「業品」で説く。これに対し、『甘露味論』ではやはり『心論』と同様に、六因四縁を「行品」で、五果は「業品」という形式を採用している。

こうしてみると、『甘露味論』と『心論』系三論との間には章内部の構成のみならず、以上にあげたような教義の位置づけまで類似することが浮かび上がってくる。したがって『甘露味論』と『心論』系三論とは同系統の論書であり、『心論』というのは『甘露味論』を骨子とし、それをさらに整理した論書にほかならないと考えられる。また世界観に関する部門については、『甘露味論』に対応する素材がかなり揃っていたにもかかわらず、『心論』ではそれらを放置したままであったことが知られよう。

四

説一切有部の系統には、通例『発智論』『大毘婆沙論』に代表されるカシュミール系と、『心論』『心論経』『雑心論』に代表されるガンダーラ系とがあるといわれている。後者のガンダーラ系有部は、論書の中で「外国師」「西方師」あるいは「西方健駄羅国諸師」などとも称されることがある。後者のガンダーラ系とされる論書のうちでも『雑心論』の場合、その成立地は玄奘の『西域記』[18]によると、ガンダーラ（「犍駄羅国」）と伝えているが、しかし『心論』作者の法勝の場合、その出自に関する普光の伝承[19]によれば、ガンダーラから遠く離れたトカーラのバルフ（「土火羅国縛蠋」）、あるいはターラナータの伝承[20]でもトカーラとされている。だからそれらの論書は必ずしもすべてガンダーラというわけではない。したがってカシュミール以外の系統をガンダーラ系とするよりも、むしろそれ以西の地域全般を指す「西方師」のほうがはるかに包括範囲が広いことになる。それゆえ、ガンダーラ系を試みに「西方師」系と一括すれば、『甘露味論』は『心論』系三論と密接な関わりが認められる以上、『甘露味論』もそれらと同系つまり西方師系で伝持されたのではないかということになる。[21]

ところでこの点は、教義の面からも当てはまるであろうか。この点に関し、顕著な例としてまず無記根説をあげてみよう。有部には無記根として「愛」「癡」「慧」の三つ、あるいは「慧」を除いて「見」「慢」の二つを加えた四無記根説のいずれを立てるかという議論がある。『大毘婆沙論』[22]『倶舎論』[23]が三無記根説を採用するのに対し、「西方師」「外方諸師」、Bāhyaka、Bahirdeśika といわれる一派は四無記根説をとる。しかるに『甘露味論』[24]はこのうち「西方師」が主張する四無記根説を説くのである。のちの『アビダルマディーパ』[25]によると、四無記根説は Bahirdeśīyaka（外国の人）が主張するもので、具体的には Dhyāyisūtra という経典に説かれると、その出典までをあげる（なお『入阿毘達磨論』が同じく四無記根説を採用することは、この論書の系統をみる上で一つの手がかりとなろう）。

無記根説以外にも、たとえば『大毘婆沙論』[26]『倶舎論』[27]では「修」（bhāvanā）として四種、すなわち「得修」（pratilambhana-bhāvanā）「習修」（niṣevaṇa-bhāvanā）「対治修」（pratipakṣa-bhāvanā）「除遣修」（vinirdhāvana-bhāvanā）を説くが、しかしそれに「防修」（saṃvara-bhāvanā）「観修」（vibhāvanā-bhāvanā）を加えた六修説は「西方諸師」「外国師」、Bāhyābhidhārmika の説であるとして批判する。ところがこの六修説もやはり『甘露味論』[28]の所説とちょうど対応する。この点は『心論』系三論の場合はどうかといえば、『心論』[29]でもやはり六修説をとる。しかし『雑心論』[30]では『甘露味論』や『心論』に説かれる六修説は「有説」として退け、四修説を採用する。それゆえ「西方師」系統と思われる『甘露味論』から『雑心論』に至る間ですら、学説批判のあることが知られる。しかしこのような差異が認められるとはいえ、これらの論書が同系統であることを否定し得る程のものではない。

五

しからば『甘露味論』の作者の点で、瞿沙(ゴーシャカ)は『雑心論』や『大毘婆沙論』中に現われる妙音と同一人物かどうかという問題がある。『大毘婆沙論』中のゴーシャカの所説はかなり詳しい理論が多い。これに対し『甘露味論』の記述は全般にわたって簡略である。たとえば煖善根の定義に関し、『甘露味論』ではわずかに、

十六行を観じ、善法もて常に勤め精進する、是を煖法と謂う。(31)

とあるのに対し、『大毘婆沙論』では、次のように詳細である。

解脱を求むることに依りて、善根の生ずる有り。是れ聖道日の前行前相なり。故に名けて煖と為す。日の将に出でんとするや、明相先に現ずるが如し。復次に、解脱を求むることに依りて、善根の生ずる有り。是れ聖道日の前行前相なり。故に名けて煖と為す。火の将に然なんとするに、烟を前相と為すが如し、と。(32)

したがってこの場合のゴーシャカが同一人物かどうかは決め難い。

たとえば『雑心論』に妙音の所説と明示されるものが五例存在し、それらを『大毘婆沙論』と対比すると、ちょうど対応するものは九遍知(33)、転法輪(34)、金剛三昧(35)、四善根の依地(36)をめぐる四か所に及ぶ。これに対し、『雑心論』で妙音の所説とされながらも、『大毘婆沙論』では僧伽筏蘇(衆世)の所説とされるものが一例(37)(十二心と禅をめぐる問題)ある(この僧伽筏蘇は『大毘婆沙論』(38)にしばしば登場し重視すべき人物であるが、いまは触れない)。

しかるに、この五例を『甘露味論』と対比してみると、四善根の依地をめぐる問題では『大毘婆沙論』『雑心論』

がともに七地説をあげるのに対し、『甘露味論』[39]では六地説という相違があり、残りの四例については『甘露味論』にその所説をたどれないものである。

そのほか、『甘露味論』では「極微」論に言及しないにもかかわらず、『大毘婆沙論』[40]中の妙音は「極微」論に言及するのみならず、実際にそれを眼で見ることが可能とまでいう。こうしてみるとゴーシャカに帰せられる所説は『甘露味論』以後、次第に追加増幅された跡が窺われ、論書や時代によって相当違いがあるといわねばならない。『雑心論』と『大毘婆沙論』とのゴーシャカは抵触する面が多いけれども、『甘露味論』の婆沙とは幾分距離のあることも明らかである。

註

（1）『婆藪槃豆法師伝』、大正蔵五〇、一九〇頁中。
（2）『倶舎論法義』、大正蔵六四、四頁中。
（3）木村泰賢『阿毘達磨論の研究』（『同全集』第四巻、大法輪閣）、二一三頁以降参照。
（4）「法勝」の原名は Dharmavijaya の可能性もある。百済康義「ウィグル訳アビダルマ論書に見える論師、論書の梵名」（『印度学仏教学研究』第三一巻、第一号、昭和五十七年、三七四頁）参照。
（5）E. Frauwallner, Die Entstehung der buddhistischen Systeme. *NAWG. Phil.-Hist. Klasse.* Göttingen. 1971. S. 123. ders, Abhidharma-Studien. *WZKS.* Band XV. Wien. 1971. S. 71.
（6）E. Frauwallner, Die Entstehung der buddhistischen Systeme. S. 122.
（7）『大周刊定衆経目録』、大正蔵五五、四三五頁上。
（8）『三論玄義』大正蔵四五、一〇頁下。『大乗玄論』、大正蔵同、七一頁上。『三論遊意義』、大正蔵同、一一七頁中。
（9）E. Frauwallner, Abhidharma-Studien. *WZKSO.* Band VIII. 1963. S. 27-28.
（10）桜部建『倶舎論の研究』、法藏館、昭和四十四年、五七—五八頁。

(11) 本書第五章「三、『倶舎論』「随眠品」の構成」参照。
(12) S. Sastri, Abhidharmāmṛta of Ghoṣaka. *Visva-Bharati-Annals. vol.* V. Santiniketan. 1953. pp. 94-112. J. V. D. Broeck, *La Saveur De L'Immortel.* (A-p'i-t'an kan Lu Wei Lun) Louvain-La-Neuve. 1977. p. 178*ff.*
(13) 桜部建、前掲書、一二一頁参照。
(14) E. Conze, *Buddhism : Its Essence and Development.* Oxford. 1951. 平川彰、横山紘一訳『仏教』、二五五—二五六頁参照。*Der Buddhismus : Wesen u. Entwicklung.* Stuttgart. 1981. S. 163.
(15) 桜部建、前掲書、七二—七三頁参照。
(16) 『阿毘曇甘露味論』、大正蔵二八、九七〇頁上—下。
(17) 本書第二章「二、大善地法」参照。
(18) 『大唐西域記』、大正蔵五一、八八一頁上。水谷真成『大唐西域記』(中国古典文学大系)、平凡社、昭和四十六年、九〇頁参照。
(19) 『倶舎論記』、大正蔵四一、十一頁下。
(20) A. Schiefner, *Tāranātha's Geschichte des Buddhismus in Indien.* St. Petersburg. 1869. S. 61. 山田龍城『大乗仏教成立論序説』、平楽寺書店、昭和三十四年、四三七頁。静谷正雄『小乗仏教史の研究』、百華苑、昭和五十三年、一三四頁。E. Frauwallner, Abhidharma-Studien. *WZKSO.* Band VII. 1963. S. 27.
(21) 快道はその成立地を「西域」とするが、その典拠は示されていない。『倶舎論法義』、大正蔵六四、三頁下。
(22) 『大毘婆沙論』、大正蔵二七、七九五頁上中。
(23) *Abhidh-k-bh* p. 292. *ll.* 1-2.
(24) 『阿毘曇甘露味論』、大正蔵二八、九六八頁下。
(25) *Abhidh-d*, p. 247. *ll.* 5-6.
(26) 『大毘婆沙論』、大正蔵二七、五四五頁上、八二四頁中、九四四頁中。
(27) *Abhidh-k-bh* p. 410. *ll.* 18-p. 411. *l.* 8.
(28) 『阿毘曇甘露味論』、大正蔵二八、九七九頁上。
(29) 『阿毘曇心論』、大正蔵同、八二一頁中下。
(30) 『雑阿毘曇心論』、大正蔵同、九五四頁上。
(31) 『阿毘曇甘露味論』、大正蔵同、九七三頁上。
(32) 『大毘婆沙論』、大正蔵二七、二八頁上。『阿毘曇毘婆沙論』、大正蔵二八、二〇頁上。
(33) 『雑阿毘曇心論』、大正蔵二八、九〇六頁中。『大毘婆沙論』、大正蔵二七、三三四頁下。『阿毘曇毘婆沙論』、大正蔵二八、二四四頁中下。
(34) 『雑阿毘曇心論』、大正蔵同、九五〇頁中。『大毘婆沙論』、大正蔵二七、九一二頁中。
(35) 『雑阿毘曇心論』、大正蔵同、九五七頁下。『大毘婆沙論』、大正蔵二七、一四三頁下。『阿毘曇毘婆沙論』、一一二頁下。

(36) 『雑阿毘曇心論』、大正蔵同、九一〇頁上。『大毘婆沙論』、大正蔵二七、二九頁下。『阿毘曇毘婆沙論』、大正蔵二八、二二頁中。この四善根の依地の問題については、田中教照「修行道論より見た阿毘達磨論書の新古について」(『仏教研究』第五号、昭和五十一年、四八―五二頁)参照。

(37) 『雑阿毘曇心論』、大正蔵二八、九五五頁中。

(38) 『大毘婆沙論』、大正蔵二七、七五頁中、二一九頁上、四〇二頁上、四二二頁中、五四七頁上。

(39) 『阿毘曇甘露味論』、大正蔵二八、九七三頁上。

(40) 『大毘婆沙論』、大正蔵二七、六八四頁上。

五、『倶舎論』の経典観の一考察

アビダルマ仏教は原始経典を整理し解釈することから始まったが、『倶舎論』のころになると、経典そのものをどのように扱っていたのであろうか。そこでまず『倶舎論』以前の論書を手始めに経典に対する姿勢を捉えてみたい。

最初期の『集異門足論』は『長阿含経』の「衆集経」の構成に全面的に準じていることは疑いない。また『法蘊足論』でも、経典の形式にのっとって各章の冒頭に必ず「一時、薄伽梵」なる書き出しで始まり、そのあとに経文を注釈するという体裁を採っている。『施設論』以後になると、経典の叙述方法そのものに依存することは全くなくなっている。しかし、いわゆる六足論中、『集異門足論』『法蘊足論』『施設論』の三論はアビダルマ論師が作製したにかかわらず、作者を大迦葉、舎利弗、目乾連のいずれかの仏弟子に仮託するのである。すなわち初期の論師たちは、論書をあたかも経典の部類であるかのごとき態度でもって作製しようと努めている。

この六足論中、『品類足論』「五事品」のみに対して法救が注釈を加えた『五事毘婆沙論』には、法救自身が「経為量」[1]と自己の立場を表明している個所がある。この法救は『雑阿毘曇心論』をも著したと考えられるから[2]、有部内においてもこうした主張があったというべきであろう。『倶舎論』のヤショーミトラの注釈には経部（Sautrāntika）

が経を量（pramāṇa）とし、論（śāstra）を量としないという定義があるけれども、とくに経部が有部以上に、経を重視しているとは言いがたいことはすでに指摘されている。[3]『五事毘婆沙論』にみられる「経為量」の主張は、その見解を大きく裏づけるものであり、経を量とするのは経部のみとはいえないことになる。

しかるに『大毘婆沙論』になると、経典の所説のいくつかは、「不了義」と批判的に扱われるようになった。このように捉える態度は、『倶舎論』にも見出すことができる。それは「世間品」に、

yac ca nītârthaṃ na tat punar neyaṃ bhavatîti naiṣa sūtrârthaḥ. na vai sarvaṃ nirdeśato nītârthaṃ bhavati. yathāpradhānaṃ câpi nirdeśāḥ kriyante.[4]

とあり、経説はすべて「了義」（nītârtha）でなく、「不了」（neya）とみるべきとあることによって明らかであろう。あるいは『大毘婆沙論』巻一には、

雖《ドモ》下此等経中随《イテ》二別意趣《ニ》一、作《スト》中種種異説《ヲ》上。然《ルニ》阿毘達磨《ノ》勝義《ノ》自性《ハ》、唯無漏《ノ》慧根《ナリ》。[5]

とあり、経典は「別意趣」なる立場によるためにもろもろの異説が存すると説かれている。さらに『倶舎論』になると、ābhiprāyika のことばでもって一層明らかに説かれてくる。それは「世間品」において、

ābhiprāyikaḥ sūtre lākṣaṇiko 'bhidharumaḥ.[6]

とある。これは縁起説に関して経典の所説と論書とに相違があるのは、経典が ābhiprāyika においてであるのに対し、アビダルマは lākṣaṇika の立場であると解している。この ābhiprāyika に対してヤショーミトラは、

ābhiprāye bhava ābhiprāyikaḥ. vineyâbhiprāya-vaśāt tathā deśita ity arthaḥ.[7]

と注釈する。すなわち経典の所説は一義でなく、推知さるべき別義も存するという。それゆえ漢訳者も ābhiprāyika を「別意趣」「密意」のみならず、neya と同義に解し「不了義」などと訳したのであろう。

さらに『順正理論』になると、この縁起説の個所に、

何《ニ》縁《リテ》論《ノ》説与《ト》経《ニ》有《ルヤ》レ異。論《ハ》随《イ》二法性《ニ》一。経《ハ》順《ズ》二化宜《ニ》一。……或論《ハハ》了義《ニシテ》。経《ノ》義《ハ》不了《ナリ》。[8]

と、論はまさしく「了義」であるけれども、経は「不了義」であると明白に説かれている。

とにかく経典一般を ābhiprāyika と捉えることは、『倶舎論』「賢聖品」においても認められる。それは集諦の煩悩は何かという議論があり、経典によって所説が異なるのは、

tasmād ābhiprāyikaḥ sūtreṣu nirdeśo lākṣaṇikas tv abhidharme.[9]

と、やはり提示する。すなわち『倶舎論』になるとアビダルマが「相」(lakṣaṇa) の立場であるのに対し、経典は「意趣」(abhiprāya) の立場であるという見解が確立したことを物語るといえる。

かくのごとき経典の把え方は、のちの『アビダルマディーパ』においても『倶舎論』とほとんど同文でもって説かれる。それは第八章[10]において、アビダルマでは第四静慮は尋・伺などの八つの作用によっても動じないと説くのに対し、経典では四つの作用だけとするのは、こうした立場の相違に基因するというのである。なお校訂者ジャイニは、かかる ābhiprāyika による経典の捉え方は『アビダルマディーパ』の独自性と解しているが[11]、もちろん『倶舎論』の見解を継承したのにすぎない。

ところで『順正理論』の序[12]には、世親の三蔵に対する姿勢を批判する個所がみられる。もとより世親は従来の有部においてアビダルマが仏説であると伝承されていたことを否定し[13]、経典のみを仏説のゆえに「量」とするのである。一方、衆賢はアビダルマといえども、仏説である経を広釈したものにほかならぬから、やはり仏説と解すべきであると批判する。しかるに世親は、まったく仏弟子ではない迦多衍尼子の作になる論書が存在するし、またアビダルマといえども、各部派によって異説が存するから仏説ではないという。衆賢はさらに、各部派の伝持によって語句に

差異がみられることは、経のみならず、律や論においても同様である。したがって律や論も仏説に変わりはないゆえ、これらをも「量」とすべきであると論難している。

この論争は、世親が従来の有部が主張していたアビダルマは仏説であるという説を否定したのに対し、衆賢は経律論ともに仏説とすることを伝えている。ここにおいて、世親が経を仏説のゆえに量としていたという伝承は、なぜ世親の支持する経部が経のみを量としたのかという問題を解明するための一つの手がかりといえよう。

以上、『倶舎論』において世親は経典を経証として盛んに引用するが、しかしすべての経説が真意を明白に表現しているとは限らないことから、アビダルマと経典との立場を峻別するに至った。すなわちアビダルマは「相」（lakṣaṇa）の立場であるのに対し、経典は「意趣」（abhiprāya）の立場であると。さらに経を「量」と解することは『五事毘婆沙論』にあり、また『順正理論』によると、世親が経のみを「量」と主張したのは、仏説という視点から判断していたことを伝えている。

（1）大正蔵二八、九九四頁上、中、下。加藤純章「『倶舎論』における kila（伝説）の語について」（中村元還暦記念『インド思想と仏教』昭和四十八年）三二六頁参照。

（2）『倶舎論法義』巻一、大正蔵六四、四頁中。宮本正尊「譬喩者、大徳法救、童受、喩鬘論の研究」（『日本仏教学会年報』一）一三二頁。

（3）桜部建「経量部の形態」（『印度学仏教学研究』第二巻第一号）、一一五頁。

（4）*Abhidh-k-bh*, p. 136. *ll.* 18-19.

（5）大正蔵二七、三頁中。

（6）*Abhidh-k-bh*, p. 133. *l.* 16. なお Shastri 本は 'bhidharme とする（ed. Shastri. p. 440. *l.* 14）

（7）*Abhidh-k-vy*, ed. Wogihara. p. 286. *ll.* 24-25.

（8）大正蔵二九、四八〇頁下。

（9）*Abhidh-k-bh*, p. 333. *l.* 8.

（10） *Abhidh-d*, ed. Jaini. p. 410. *ll.* 15-16.

（11） Ibid. Introduction. p. 51.

（12） 大正蔵二九、二二九頁下—二三〇頁中。

（13） *Abhidh-k-bh*, p. 3. *ll.* 1-4.

結　論

以上のように、本書は『倶舎論』を中心とした心所法と煩悩論をまとめたものである。結びにあたってそれぞれの内容を要略しておきたい。

第一章　「五位七十五法」における心・心所法

一、蘊処界の改変と「五位」の成立　原始仏教で一切法としてまとめられた五蘊十二処十八界以外に、アビダルマになると新たに「五位」説という一切法が登場する。従来は有為法だけを包括した一切法を新たな範疇つまり無為法をも加えるようになったのである。「有為」と対極にある「無為」を同列に並べることは、アビダルマの独特のものである。

こうして無為をもとり込むことは、従来の三科にまで適用されることになる。すなわち行蘊に「心不相応行蘊」を、また法処、法界にも無為を組み込ませるようになる。それゆえアビダルマでいう五蘊十二処十八界は原始仏教でいうそれとは同じ内実をとるものではなくなった。

なお「五位」説の成立はこうした三科を素材としてではなく、二十二根から適宜抽出することによって成立したとする説もある。しかし「根」の分類と心不相応行法、無為法との明確な接点は認められないといっていい。この点はすでに論師たち自身も指摘しているとおりである。

二、「五位」における「心」法　「心」を示す概念に「心」「意」「識」の三つがあり、説一切有部、瑜伽行唯識学派、南伝アビダルマのいずれも基本的には同義語と解する。しかしそうしたなかで説一切有部は、三科のいずれにも用いられなかった「心」(citta)の語を精神主体を表わす用語として採用した。この点も新しい一切法の枠組みをみる上で看過し得ないものである。

そうしてこの「心法」の数を「五位七十五法」の上では一法と数えるが、しかし唯識側の「五位百法」では八法とする。具体的には六識をいう点で変わりはなく、したがって唯識側と歩調を合わせるならば、有部も六法とすべきである。このように有部の法数を五法加上すれば「五位八十法」となるが、この点は、すでに江戸時代の佐伯旭雅などにより問題とされていた。

第二章　心所法の分類

この分類は論書によって変動の大きかった部門である。個々の「心所法」についてのすぐれた研究はすでに木村泰賢、水野弘元、桜部建氏などによるものがあり、唯識側と言語的に比較したものに吉元信行氏のものがある。しかしどのように変動したかについては詳しく吟味されることがなかった。

一、大地法　心がはたらく時に必ず併起するとされる法として十法あることは、有部論書において終始変わらなかった。しかし大地法を設定するという有部の考え方には、その当初から批判が最も多かった。批判を加えたのは譬瑜者、覚天、法救、シュリーラータ、世親、瑜伽行、唯識学派である。有部に対する直接の批判もあれば後世からのものもある。争点となったのは、心と心のはたらき(心所)は別の法として立てるかどうか、もし立てるならばいかなる心所法を認めるかについてである。論争を通じて知り得るのは、有部側が十法倶生の典拠として示す経典は、十法すべての併起を説くわけでなく、また一心中に同時に存在するとはいうものの、その瞬間に十法中のいくつかだけが強くはたらくのであるという。一方、批判する側もいくつかの心所法の存在を認めるのであるが、なぜ特定のものだけを認めるのか、そうした点も争点となっている。

二、大善地法　大善地法も十法という数が終始変わることはない。その成立過程も初期有部で「善」とされた徳目をほぼそのまま導入した経緯が知られる。

三、大不善地法　これは「大善地法」を反対概念にしたものであるが、しかし双方を比べると包括する法に大きな違いが認められる。また「不善」の煩悩であっても、たとえば「三不善根」がなぜこの分類に入らないかが浮かび上ってきた。

四、大煩悩地法　三界説を諸法の分析に縦横に駆使した結果、この地法は「不善」「無記」の双方にまたがる煩悩に当てられる。もっとも「煩悩」全体を「不善」「無記」の観点から「大不善地法」「大煩悩地法」と峻別することに対しては批判があった。譬瑜者、あるいは『舎利弗阿毘曇論』では煩悩はすべて「不善」という見方をする。また唯識側では、「大煩悩地法」に対応するものを「根本煩悩」、それ以外はすべて「随煩悩」という二分法を採用する。これは有部と比べるときわめて簡略、明解といえよう。いずれにしても有部のいう「大煩悩地法」は、有部そのものが一章として体系化した煩悩論、あるいは唯識の「五位百法」と比べてみても特殊なものであることがわかる。

五、小煩悩地法　これも終始十法という点で一定しているが、その素材は従来いわれてきたように六垢、十纏といった煩悩群ではなく、『法蘊足論』「雑事品」に類するものと考えられる。

六、不定法　この数が最も問題であった。すでに桜部建氏によって古来の数え方、つまり「等」とあるのは「貪瞋慢疑」だけをいい、従来どおり七十五法であるとされた。しかし世親は「随煩悩」を定義するに際し、その「随煩悩」として多数のものがあることを示唆しており、したがって「雑事品」中のものも「不定法」に含まれるであろうことを論じた。これは否定的にみられていたヤショーミトラ（称友）の主張のほうがふさわしいと解したものである。

近年、『倶舎論』を著した世親は、その時点で、すでに唯識側の立場にあったという説がにわかに有力になりつつある。(1) この「不定法」も唯識側からの影響とする見解があるが、しかしその影響をみなくても有部内にその材料が揃っていた形跡のあることを論じた。

第三章　新しい一切法の影響

一、「四念住」への影響　一切法とは有為・無為を合わせたものとする新しい捉え方が、ほかの教義の改変を促したとみられるものがある。この点は四念住に認められ、すなわち身受心法のうちの「法」（念住）に無為法を含ませるようになったことである。それならば「法」の語を冠するほかの教義に対しても同じ改変が認められるかというとそうではないことを示した。

二、「名色」への影響　名色の「名」の解釈の点で虚空、択滅、非択滅という無為法までを含めるようになる。「名色」は「存在するものをカテゴリー化」した原型とする見方（M・ヴァレザー、T・シチェルバツキー）がある。ちなみに南伝アビダルマの場合にもやはり「名」に無為を加えることが認められた。してみるとアビダルマにおいて有為法、無為法を合わせて一切法とする考え方は、こうした「名色」一般に反映していたことになる。

三、「五位七十五法」と「五位百法」　「五位七十五法」「五位百法」として古来知られる分類は、実は中国での成立と考えられること、また「心法」については同一基準による設定でないこと、さらに世親は有部、唯識双方の分類を知っていたとみられるにもかかわらず、『倶舎論』では有部の、唯識論書では唯識の伝統に従い、自身一定の立場をとることのない様相が看取される。

第四章　『倶舎論』以前の煩悩論

一、原始仏教・アビダルマにあらわれた欲望（カーマ）　欲望（カーマ）をヒンドゥー教では肯定するか否定するかで揺れてきた歴史があるが、仏教では否定する点で一定している。しかし否定するとはいえ、原始経典にみられるその用例は「煩悩」（クレーシャ）などよりはるかに多い。また原始仏教の後期になると、世俗社会一般を「欲界」（カーマダートゥ）と呼ぶことがみられるようになる。それがアビダルマの煩悩論にも反映し、単なる欲という一心理概念であったカーマの語を「欲界」の意味に改変する場合のあることが認められる。

二、『法蘊足論』「雑事品」の性格　「雑事品」は雑多な汚染法を集録したものであるが、『法蘊足論』ではこの一章がはっきり「煩悩」の集録であると指摘するようなことはない。はるか後世の『アビダルマディーパ』ではそれらの染汚法を「随煩悩」と規定する。もっとも『ディーパ』以前に、世親も「雑事品」中の大半を「随煩悩」と解していたふしがある。「随煩悩」の定義中にはっきり「雑事品」を指摘するからである。

三、『法蘊足論』と『ラトナーヴァリー』　『法蘊足論』「雑事品」はその後『倶舎論』に至ってようやくその存在に言及することになるが、中観派の龍樹はそれを『ラトナーヴァリー』の一節として導入した。つまり「雑事品」は有部以外において大きくとり上げられるのである。ここでは『法蘊足論』『アビダルマディーパ』『ラトナーヴァリー』

の三つを中心として汚染法に対するそれぞれの概念とその規定を比較した。

四、『大毘婆沙論』「結蘊」の蘊名　有部の煩悩論一般ではその初期から「随眠」重視の姿勢を打ち出し、その影響は『倶舎論』のみならず、それ以後の有部論書にまで及んでいる。しかしながら『発智論』『大毘婆沙論』ではそれらと一線を画しており、「随眠」でなく「結」重視の姿勢をとり、それが「結蘊」という篇名にまで及んでいることを説く。

五、『発智論』『大毘婆沙論』の煩悩体系　両論の構成、および「結」「煩悩」「随眠」「随煩悩」という主要な染汚概念の取り扱いを主眼とする。その結果、両論とも「煩悩」を総称概念、「随煩悩」は『心論』などの三綱要書どおりの解釈をとったこと、また他論書に比べて「結」重視の姿勢をとることを論証した。

第五章　『倶舎論』の煩悩論

一、『倶舎論』にみる「煩悩」「随眠」「随煩悩」　有部では「煩悩」と「随眠」とを同義語とする立場をとるが、しかしそうすると時に矛盾する面が露呈すること、さらに従来不明確であった『倶舎論』の「随煩悩」の定義をとり上げた。原始仏教では「随煩悩」の概念であらゆる染汚法を総称することがみられる。しかるに意外にも『倶舎論』でもそのように解する捉え方を保持していること、加えて「随煩悩」として『法蘊足論』「雑事品」中のものを包含することを確認した。これは「五位七十五法」中の「不定法」を解く大きな鍵といえるものである。

二、『倶舎論』「随眠品」の品名　煩悩章名は「随眠品」とあるが、しかし章名は「煩悩」(kleśa)品としたほうが総称として相応しいという仮説を提示した。

三、『倶舎論』「随眠品」の構成　この一章では「随眠」のみならず、多くの煩悩群を分析し、また有部の基本的立場である「三世実有」説を説くに至った契機、さらに世親が章の前半を「随眠」に、後半を「随煩悩」という構成を意図したかどうかを論じた。また論書によっては煩悩論を五蘊中の行蘊、四諦中の集諦の箇所で展開する形式をとるものがあり、それとの比較によって「随眠品」の特色がいっそう明確になったと思われる。

四、『倶舎論』における「渇愛」と「貪」　原始経典に頻出する煩悩に「渇愛」がある。ところがこれは「五位七十五法」にはなく、煩悩論における用例も付録的にしか取り扱われない。しかし「貪」と表裏のものと解されることを論じた。しかし個々の教義の上ではむろん従来どおりの用法である。

欲望(カーマ)も「渇愛」「貪」と密接な関係が認められる。この三概念のなかで「貪」のみを「五位」のうちでも(もとより『倶舎論』以後)「不定法」に当てたインドの注釈家たちの念頭には、三毒、七随眠、九結として重視された経緯があったのであろう。

五、『アビダルマディーパ』第五章の特色　この一章の構成は基本的には『倶舎論』と同じであるが、「有」に関連して「勝義有」「世俗有」を説き、また「繫」という『倶舎論』になかった(原始経典や『大毘婆沙論』にあったもの)煩悩群を新たに導入する。また総称概念をその冒頭にはっきり「煩悩」の語で示すことがみられるから、もし第五章名を標記すれば「随眠」「結」のいずれでもなかったであろうこと、さらに「根本煩悩」の原語がこの書に明確に認められることを論じた。

第六章　付　論

一、『集異門足論』の作者　原始経典はすべて「仏説」とされるが、初期の『集異門足論』ではその著者名を仏弟子、つまり「仏弟子説」とする。実際には教義学者の手に成ることは明白であるが、とくに本論の場合、なぜ舎利弗作とされたのかを論じた。本論の直接依拠した経典は「衆集経」であり、「衆集経」は舎利弗が説いたことになっている。そうしてそれがそのまま『集異門足論』の著者とされたのであろう。

二、『入阿毘達磨論』の作者　従来、作者とされてきた「悟入」の語は実は本書の書名であるAbhidharmāvatāraの一部(つまりavatāra)の訳語であり、それが中国で誤伝して作者名に帰されたことを説く。

三、六足論の成立地　初期有部教団の所在地はガンダーラ、カシュミールそれにマトゥラーも入るであろうが、〈六足論〉はそのいずれの地で作製されたかは難しい問題である。[2]これに関する伝承も種々あるが、『識身足論』はシュラーバスティー近郊のビショーカ(Viśoka)、あるいは『発智論』はガンダーラとマトゥラーの中間地チーナブクティ(Cīnabhukti)とされる。根本分裂の地そのものはガンジス平原のヴァイシャーリーとされ、その地からインド北西部のガンダーラ、カシュミールに至る有部の地理的分布と〈六足論〉の成立地、あるいはガンダーラ仏教の展開を考える上で、この問題は今後さらに追求さるべきであろう。

四、『倶舎論』の祖型本としての『阿毘曇甘露味論』　従来『倶舎論』の原形は『心論』『心論経』『雑心論』という三綱要書とされてきたが、それよりさらに一つ溯れる書に『甘露味論』があることを指摘した。[3]この点は『甘露味論』と『心論』との構成を対比することによって連続する様相を知ることができる。

本書のサブタイトルを「煩悩論」としたが、妄念、染汚法を表わすことばとして「煩悩」の語がもっとも人口に膾炙しているからである。また以上みてきたように、いわゆる「煩悩論」の中でも「煩悩」(クレーシャ)という用語を通称とする場合のきわめて多いことが知られよう。

なお本書では、『法蘊足論』「雑事品」中にある「不恭敬」(人を敬まわないこと)、「悪友を喜ぶ」、「不忍」(不忍耐)、「食不調性」(不適量の食事)などがなぜ染汚法として組み込まれたのか、あるいはまた『バガヴァッド・ギーター』(二・六二〜六三)でいう「執着」(saṅga)→「欲望」(kāma)→「怒り」(krodha)→癡(saṃmoha)と連鎖中にある「執着」などといったものがなぜ有部の煩悩論で論じられないかという他の系統にみられるものも興味深いけれども、別の問題であるから、ふれてない。あくまでも有部の心理分析のうち、論師たちが体系化した心所法の部門、および煩悩論を中心に検討したからである。

註

(1) 主なものに次の論稿がある。R. kritzer, Saṃskāra-pratyayaṃ vijñānaṃ in the Abhidharmakośa.(『印度学仏教学研究』第四一巻、第1号、平成四年)、原田和宗「〈経量部の「単層の」識の流れ〉という概念への疑問(1)」(『インド学チベット学研究』第一号、平成八年)、福田琢「経量部の大徳ラーマ」(『仏教史学研究』第四一巻、第一号、平成十年)、山部能宜「『瑜伽師地論』における善悪因果説の一側面―いわゆる「色心互薫」説を中心として―」(『日本仏教学会年報』第六五号、平成十二年)。

(2) cf. C. Willemen, B. Dessein, C. Cox *Sarvāstivāda Buddhist Scholasticism*. Brill. 1998. p. 145. 152. 154. 155. R. Salomon, *Ancient Buddhist Scrolls from Gandhāra. Seattle* 1998. p. 6.

(3) 兵藤一夫氏は『心論』の素材に『甘露味論』があったとする筆者の見解を支持しておられる。同「有部論書における『阿毘曇心論』の位置」(加藤純章博士還暦記念『アビダルマ仏教とインド思想』、平楽寺書店、平成十二年)参照。

初出一覧

第一章　「五位七十五法」における心・心所法

一、蘊処界の改変と「五位」の成立（『三康文化研究所年報』一八、一九八六年）

二、「五位」における「心」法――「五位百法」に関連して（『ARI紀要』一〇、アビダルマ研究所〈京都〉、一九九三年。原題「有部の法体系における心法――「五位七十五法」に関連して――」）

第二章　心所法の分類

一、「大地法」とその批判（『三康文化研究所年報』二四・二五合併号、一九九三年。原題「有部の大地法とその批判」）

二、「大善地法」――善（『大正大学綜合仏教研究所年報』五、一九八三年。原題「有部の法体系における善法――大善地法考――」）

三、「大不善地法」――不善（『大正大学綜合仏教研究所年報』二、一九八〇年。原題「有部の法体系における不善法――大不善地法考――」）

四、「大煩悩地法」――煩悩（『大正大学綜合仏教研究所年報』一、一九七九年。原題「有部の法体系における煩悩――大煩悩地法考――」）

五、「小煩悩地法」――煩悩（『印度学仏教学研究』二八―二、一九八〇年。原題「小煩悩地法考」）

六、「不定法」――法体系の補遺（『仏教文化研究』四一、一九九六年。原題「有部の法体系における Appendix ――「不定」法考――」）

第三章　新しい一切法の影響

一、「四念住」への影響（『仏教論叢』三七、一九九三年。原題「四念住の一考察」）

二、「名色」への影響（『大正大学研究紀要』七二、一九八六年。原題「アビダルマの名色論」）

三、「五位七十五法」と「五位百法」――心・心所法に対する世親の立場（加藤純章博士還暦記念『アビダルマ仏教とインド哲学』、二〇〇〇年）

第四章　『倶舎論』以前の煩悩論

一、原始仏教・アビダルマにあらわれたカーマ（欲望）（『三康文化研究所年報』三三、二〇〇一年）

二、『法蘊足論』「雑事品」の性格（『宗教研究』二七九、一九八八年）

三、『法蘊足論』と『ラトナーヴァリー』――「雑事品」の系譜（『三康文化研究所年報』二八、一九九六年）

四、『大毘婆沙論』「結蘊」の蘊名（『仏教論叢』四一、一九九七年。原題「『婆沙論』結蘊について」）

五、『発智論』『大毘婆沙論』の煩悩体系（『三康文化研究所年報』二九、一九九八年）

第五章　『倶舎論』の煩悩論

一、『倶舎論』にみる「煩悩」「随眠」「随煩悩」（『印度学仏教学研究』三八―二、一九八九年）

二、『倶舎論』「随眠品」の品名（『印度学仏教学研究』二四－一、一九九七年。原題「倶舎論随眠品名釈」）

三、『倶舎論』「随眠品」の構成（壬生台舜博士頌寿記念『仏教の歴史と思想』、一九八五年）

四、『倶舎論』における「渇愛」と「貪」（『大正大学大学院研究論集』一、一九七七年。原題「『倶舎論』における愛」）

五、『アビダルマディーパ』第五章の特色（『印度学仏教学研究』三六－一、一九八七年。原題「『アビダルマディーパ』第五章の考察」）

第六章　付　論

一、『集異門足論』の作者――舎利弗と摩訶拘稀羅（『仏教論叢』三二、一九八八年。原題「『集異門足論』の著者」）

二、『入阿毘達磨論』の作者（『浄土宗教学院研究所報』九、一九八七年。原題「『入阿毘達磨論』の著者」）

三、六足論の成立地（『三康文化研究所年報』一五、一九八三年）

四、『倶舎論』の祖型本としての『阿毘曇甘露味論』（『大正大学綜合仏教研究所年報』六、一九八五年。原題「『倶舎論』の成立と『甘露味論』」）

五、倶舎論の経典観の一考察（『印度学仏教学研究』二七－二、一九七九年）

あとがき

アビダルマを研究対象としたのは、学部の卒論の時である。仏教の基礎学といわれ、また仏教哲学の高峰でもある「倶舎・唯識」のうち、年代的に先に位置する「倶舎」に興味を覚えたからである。この意向を当時『成唯識論』の講義を担当しておられた勝又俊教教授に相談したところ、学部でいきなり『倶舎論』はなかなか難解ゆえ、成立的にその前段階に位置する『発智論』のほうがよいとの指示を受け、その一章である煩悩論にテーマを絞った。

大学院に入ってからは、今度はいよいよ目標としていた『倶舎論』に視点をあて、同じく「煩悩論」をさらに展開させた。いずれも勝又俊教教授の直接のご指導によったものである。

この当時大正大学の研究室には、錚々たる先生がたがおられた。佐藤密雄先生は律蔵にもとづく教団論と南伝アビダルマ、梶芳光運先生は般若経、長沢実導先生は唯識とその密教化、関口真大先生は天台と禅思想という具合にである。これらの先生がたはいずれも五十歳後半から六十歳台であり、また学的厳しさから研究室にはいつも知的緊張感が張っていて、入るのに物怖じするくらいだった。とりわけ長沢先生の威容、超俗の姿には圧倒された。とにかくいずれの先生も当時、学人としての範を示していた。

博士課程に入学後は、浄土宗の教学大会や印度学仏教学会で発表するようになった。が、若い時にはほとんど質問がないのである。ということは他人からの関心も反応もないということである。そこでこちら側から積極的にアビダルマ研究者の桜部建教授の姿を見かけたりすると、不明の点を盛んに質問して教えを賜った。先生にとってはさぞご迷惑であったろうが、これが私にとっては非常に大きな支えとなったことが思い出される。

インド仏教をやる上で、どうしても習得すべき語学の一つにサンスクリットがある。当時、梵文学研究室で教鞭をとっておられた松濤誠廉先生が麻布の御自坊でもサンスクリットを教えておられることを知り、さっそくそこでの数人のグループに加えていただいたことも幸運であった。これは仏教の原典を学ぶ上で大きな飛躍となったことはいうまでもない。先生は当時立正大学教授であり、そこの学生が卒論に倶舎のサンスクリット本を読むから、君も一緒に来なさいといわれ、立正大の大崎校舎で三友健容教授(当時助手)と知己となるとともに約一年間学んだことも忘れ得ない思い出である。

私は早くに自坊の師僧を亡くした。しかしこうして研究を続けることができたのは、多くの人の御好意や支えがあったお蔭である。とりわけ先年遷化された鎌倉大仏殿の佐藤密雄先生には師僧と同郷(富山県高岡市)という御縁で、私も多くの御厚誼を賜った。また現在石上善應、宮林昭彦、松濤誠達の諸先生には公私にわたりお世話になっている。今回本書の出版にあたり、平川彰、真野龍海、佐藤良純、加藤純章の諸先生に御指導をいただいた。また刊行に際しては法蔵館社長の西村七兵衛氏に快諾をいただき、また同社の戸城三千代氏には大変お世話になった。また、みち書房社長の田中治郎氏にはいろいろご配慮いただき、こうした方がたのお蔭で出版にこぎつけたことに心から感謝を申し上げたい。

なお本書は平成十三年度、大正大学出版助成を受けて出版されるものである。

平成十四年二月十五日

西村実則しるす

再版にあたり付論として「『倶舎論』の経典観の一考察」を加えた。

西村実則（にしむら　みのり）

1947年，富山県高岡市生まれ。1976年，大正大学大学院博士課程修了。現在，大正大学仏教学部教授，(財)三康文化研究所研究員。
主な著書論文に『修行僧の持ち物の歴史』（山喜房佛書林），『ブッダの冠—仏・菩薩の持ち物〈考〉—』『荻原雲来と渡辺海旭—ドイツ・インド学と近代日本』（以上，大法輪閣），「サンスクリットと部派仏教教団」（上・中），「ガンダーラ語仏教圏と漢訳仏典」，「大衆部・説出世部の僧院生活」（１～４），「マーヤー夫人の死とブッダ」，「『称讃浄土仏摂受経』訳注」ほか。

増補　アビダルマ教学　倶舎論の煩悩論

二〇〇〇年三月三十一日　初版第一刷発行
二〇一三年八月三十一日　増補版第一刷発行

著　者　西村実則
発行者　西村明高
発行所　株式会社　法藏館
京都市下京区正面通烏丸東入
郵便番号　六〇〇-八一五三
電話　〇七五-三四三-〇〇三〇（編集）
〇七五-三四三-五六五六（営業）

印刷・製本　中村印刷株式会社

ISBN 978-4-8318-7078-0 C3015

Abhidharma-Dogmatik.

Der Geist und Befleckungen-Theorie im Abhidharmakośabhāṣya.

Einleitung. 3

Erster Abschnitt. Citta und Caitasika-dharmaḥ in Dharma-Systematisierung.

1. Veränderung der drei Begriffe:d.h. Skandhāḥ, āyatanāni, dhātavaḥ und die Entstehung von Pañcavastu. 13
2. Citta in der Dharma-Liste. 37

Zweiter Abschnitt. Die klassifikation von Caitasika-dharmāḥ.

1. Mahābhūmikā-dharmāḥ und die Besprechung dagegen. 57
2. Kuśalamahābhūmikā-dharmāḥ —— Heilsame 136
3. Akuśalamahābhūmikā-dharmāḥ —— Unheilsame 156
4. Klesámahābhūmikā-dharmāḥ —— Befleckung 167
5. Parīttamahābhūmikā-dharmāḥ —— Befleckung 181
6. Aniyatā-dharmāḥ —— die Ergänzung der Dharma-Liste 186

Dritter Abschnitt. Einflüsse neuer Dharma-Systematisierung.

1. Einfluss auf die Catvāri smṛtyupasthānāni-Theorie. 209
2. Einfluss auf den Nāmarūpa.-Theorie. 215
3. Fünf-und-siebzigster dharmāḥ der Sarvāstivādins und Hundertster dharmāḥ der Yogācāra-Schule. 227

Vierter Abschnitt. Befleckungen des Abhidharmakośabhāṣya.

1. Kāma im Früh-Buddhismus und Abhidharma. 247

2. Das charakteristische Merkmal von Kṣudravastuka im zweiten Teil des Dharmaskandha. ……275
3. Dharmaskandha und Ratnāvalī,-über das Geschlechtsregister von Kṣudravastuka. ……278
4. Über den Sanskrit-Namen im zweiten Teil der Mahāvibhāṣā. ……331
5. Die Theorie der Befleckungen in der Jñānaprasthāna und der Mahāvibhāṣā. ……341

Fünfter Abschnitt. Die Theorie des Abhidharmakośabhāṣya.
1. Kleśa, anuśaya, upakleśa im Abhidharmakośabhāṣya. ……397
2. Der Name des fünften Teils des Abhidharmakośabhāṣya. ……406
3. Die Zusammensetzung des fünften Teils des Abhidharmakośabhāṣya. ……412
4. Tṛṣṇā und rāga im Abhidharmakośabhāṣya. ……428
5. Das charakteristische Kennzeichen im fünften Teil des Abhidharmadīpa. ……438

Sechster Abschnitt. Anhänge.
1. Über den Autor des Saṃgītyparyāya. ……449
2. Über den Autor des Abhidharmāvatāraṭīkā. ……455
3. Die Gegend, in der die so genannte Ṣaṭ-pādābhidharma hergestellt wurde. ……463
4. Abhidharmāmṛta als Quellenschrift des Abhidharmakośabhāṣya. ……476
5. Beobachtungen über den Sūtra im Abhidharmakośabhāṣya. ……493

Schluss. ……499

索　引

あ行——

アーラヤ識……47, 126
愛結……434
青原令知……204
悪言を起こす……303
悪貪……306
悪友を楽ふ……304
悪欲……202, 300
アシュヴァゴーシャ……323
アショーカ・アヴァダーナ……470
アスラ……389, 390
阿毘達磨倶舎論要解……153
阿毘達磨集論……162, 163, 172, 230, 419
阿毘達磨雑集論……189
アビダルマディーパ……7, 23, 60, 64, 86, 89, 105, 129, 134, 151, 162, 173, 195, 196, 271, 326, 336, 362, 380, 401, 438, 488
阿毘曇甘露味論……6, 29, 145, 160, 181, 201, 422, 476
阿毘曇九十八結経……144, 465
阿毘曇五法行経……28, 75, 144, 465
阿毘曇七法行経……465
阿毘曇心論……6, 25, 39, 160
阿毘曇心論経……6, 160
阿毘曇毘婆沙論……42, 47, 95, 140, 192
アヨードゥヤー……469
安世高……144
安慧……190
イェーシェーウー……48
意楽……333, 363
池田練太郎（練成）53, 102, 243, 387, 404, 426
意趣 abhiprāyika……397, 496
恚尋……317
一行納息……344
イティヴッタカ……32
異部宗輪論……211, 337
今西順吉……14, 51, 53, 100, 101, 103, 154, 472
憂……322
ヴァイシャーリー……506
ヴァレザー……222, 224, 502
宇井伯寿……126, 273, 473
ウェイマン……226
ヴェーダーンタ学派……221
上山大峻……154
有見……307
有宗七十五法記……5, 49
有取識……260
有情納息……345
有身見……307
有随眠心……347
ウダーナバルガ……198, 252, 256, 271, 393
有貪……264
擾悩……322
瓜生津隆真……329, 330, 427
蘊処界……478
慧……59
栄華物語……4
叡山……3
慧暉……45
エジャートン（Edgerton）……363, 461
榎本文雄……334, 339, 473, 474
円暉……15
縁起経釈……74
誑……290
大窪祐宣……154
大谷大学……5
オーバーミラー（Obermiller）……454
岡田行弘……279, 329
悪作……310
オルデンベルク（H.Oldenberg）……222, 225

か行——

カーヴィヤ……270
カーマグナ……255
カーマスートラ……247
カールグレン（karlgren）……461
害尋……317
界身足論……6, 463
快道……93, 100, 461, 476, 491
界論……337
覚天……57, 82, 88, 89, 95, 96, 118, 122, 127, 501
過去現在因果経……258
過失類……349

梶山雄一……119
カシュガル……464
カシュミール……9, 464, 466
カターヴァッツ……60, 142, 211
渇愛……428
勝又俊教……81, 130, 179, 135, 174
加藤宏道……404
加藤純章……87, 88, 90, 100, 102～104, 119, 124, 127, 135, 404, 445, 473
カニシカ王……470
カニンガム（Cunningham）……469, 474
過慢……292
我慢……293
上村勝彦……272, 391
ガンジー……429
ガンダーラ……9, 466
神田喜一郎……10
甘露味論……25, 30, 39, 412
基……15, 49, 117, 119, 141, 227
愧……137
疑……310
詭詐……202, 297
起煩悩……183
木村泰賢……120, 179, 224, 226, 394, 436, 454, 476, 490
憍……295
軽安……137
経為量……493, 494
境界類……349
凝念……45, 49, 455
矯妄……202, 297
経量部……7, 18, 42, 47, 57, 122, 399, 440
清水寺……3
苦……322
共相惑……379, 407
九結……336, 344, 388, 402
倶舎宗……3
倶舎舞……4
倶舎論記……131, 182
倶舎論義鈔……45
倶舎論頌疏……4, 5, 15
倶舎論註……70
倶舎論法義……461
倶舎論法宗原……227
倶舎論明思抄……35
倶舎論名所雑記……53
倶生……60
百済康義……458, 461, 490
功徳類……349
グナマティ……194
九遍知……421
クリッツァー（Kritzer）……507
繫……336
激磨……202, 299
外国師……487, 488
仮族尋……320
懈怠……167
結……369
結・縛・随眠・随煩悩・纒……162, 280, 364, 400
結使犍度……332, 333
結使禅智品……412, 480
外方諸師……466
戯論……415
慳……289
顕宗論……7
玄奘……14, 15, 410, 466, 469, 472
源信……5
現相……202, 299
顕揚聖教論……188, 230
顕欲……301
五位七十五法……8, 201, 227, 423
五位百法……15, 37, 227
傲……296
高野山……5
五蘊論……121, 202, 424
ゴーカレー（Gokhale）……179, 427
ゴーシャカ……478, 489
五蓋……267, 343
国土尋……318
五結……343
五下分結……267
五見……168, 343
五事毘婆沙論……5, 28, 90～95, 97～99, 106, 134
五事品……58
五順下分結……343
五（順）上分結……267, 343
悟入……455
五別境……48, 121, 123, 125
五遍行……48, 80, 121, 123, 125
護法……48, 189
五煩悩……168, 201, 413
五力……146

恨……287
厭……139
欣……139
勤……137
金剛喩定……408
惛沈……308
コンツェ（Conze）……484, 491
根本有部……139, 470
根本煩悩……443

さ行——

サーヴィトリー……247
サーラッタパッカーシニー……255
作意……58
西方健駄羅国諸師……463, 487
西方師……463, 487, 488
西方諸師……466
サウンダラナンダ……270
佐伯旭雅……50
坂本幸男……387
桜部建……3, 13, 16, 27, 35, 52, 76, 87, 120, 124, 154, 179, 185, 196, 205, 274, 339, 355, 363, 425, 454, 458, 461, 478, 483, 485, 490, 491, 502
雑事……424
佐藤密雄……76
薩婆多宗五事論……28, 75, 144, 145, 154
慚……137
三結……343
三十七道品……65, 146
三十七無漏人品……483
三事和合……127, 128
三心所論……103
三世実有……415, 416
三善根……231
ザンダー（Sander）……101, 475
三縛……402, 419
三不善根……343
三漏……343
思……58
椎尾弁匡……450, 454
シーフナー（Schiefner）……491
慈恩伝……460
識身足論……6, 106, 469
識体……51
食不調性……312
食不平等性……198
使犍度……333
四取……343
四十二法……346, 348, 351
自性善……151, 152, 158
自性不善……158
四静慮……64
四身繫……343, 419
静谷正雄……394, 469, 474, 491
自相惑……379, 407
シチェルバツキー……502
七財……146
七事品……58, 144
七十五法名目……5, 49
七随眠……264, 344, 388, 402
七非妙法……147, 164, 175～177
七妙法……147, 176
自調其意……44
嫉……289
失念……167
四顚倒……211
至那僕底……472
四念住……209
四瀑流……343
四無記根……466, 488
捨……137
シャーケータ（Śāketa）……469
シャーストリー（Ś.B.Śāstrī）……332
四軛……343
邪勝解……168
シャストリ（S.Sastri）……426
シャマタデーヴァ……70, 119
邪慢……294
舎利弗……449
舎利弗阿毘曇論……19, 21, 145, 147, 150, 160
受……58
愁……320
集異門足論……6
衆事分阿毘曇論……75, 465
宗性……35
十大地法……57, 121
宗禎禎山……49
十門納息……345
衆賢……7, 22, 128, 129
衆集経……139
種種想……313, 323
シュタッヘ・ローゼン（Stache Rosen）……53, 120, 153, 155, 166, 175, 225, 437, 474

出三蔵記集……………………… 144, 464, 473
出曜経……………………………………… 260
十纏………………………………………… 418
シュミットハウゼン（Schmithausen）
……………………………… 47, 76, 124
シュラーヴァスティー（Śrāvastī）…… 469
シュリーラータ… 17, 18, 57, 82, 89, 103, 104, 115, 117～119, 125, 127, 128, 130, 132, 133, 501
順正理論……………………………………… 7
定…………………………………………… 59
長阿含経衆集経…………………………… 33
長阿含経世記経…………………………… 262
長阿含十報法経…………………………… 335
摂阿毘達磨義論………………… 60, 79, 338
勝解………………………………… 59, 63
掉挙……………………………… 168, 309
成業論……………………………………… 111
上座（シュリーラータ）……………… 17, 218
成実論……………………… 41, 89, 280, 327
清浄道論…………………………… 41, 46, 53
小随煩悩………………………… 162, 174, 280
性相学………………………………………… 3
上煩悩…………………………… 183, 419
小煩悩地法……………………… 181, 235
少聞………………………………………… 176
成唯識論……… 67, 89, 111, 124, 125, 130, 141, 142, 162, 174, 230
成唯識論述記…………………… 119, 141, 153
正量部…………………………… 141, 153, 484
世友（ヴァスミトラ）………… 6, 92, 201, 468
白鳥庫吉…………………………………… 473
白山比咩神社文書…………………………… 4
信……………………………………… 137, 167
瞋…………………………………………… 285
尋・伺・悪作・睡眠……………………… 186
瞋恚………………………………………… 308
シンガーラの教え………………………… 271
身繋………………………………………… 438
真諦………………………… 14, 410, 472, 476
心の昧劣の性……………………………… 312
心乱………………………………………… 168
親里尋……………………………………… 317
心論経……………………………… 25, 39
随増……………………………… 442, 443
随煩悩…· 158, 234, 235, 282, 283, 382, 443, 444
随煩悩品…………………………………… 280
睡眠………………………………………… 309
随眠惑……………………………………… 410
スカンディラ（Skandhila）……… 457～459
鈴木宗忠…………………………… 203, 204
スッタニパータ……… 198, 223, 232, 253, 256
スティラマティ…… 46, 126, 194, 201, 202, 434
青冊史………………………………………… 48
セイロン上座部……………………………… 8
世親………………………… 5, 57, 127, 466, 476
施設足論……………………………………… 6
セングプタ（Sengupta）……………… 472
染貪………………………………………… 305
想…………………………………………… 58
雑阿含経第三一九経……………………… 24
雑阿毘曇心論………………………………… 6
相応………………………………………… 60
相応因……………………………… 66, 68
相応部経典有偈篇……… 45, 255, 260, 261, 269
相応部経典………………………… 23, 41
増支部経典………………………………… 32
雑事品…………………………… 278, 281, 282
雑集論……………………………………… 419
想受滅……………………………………… 69
増上慢……………………………………… 293
雑心論…………………… 25, 100, 132, 161
触…………………………………………… 58
麁重………………………………………… 313
塞建地（陀）羅………………… 455, 458, 459
尊婆須蜜菩薩所集論………………… 60, 415

た行――

ターラナータ……………………………… 487
大地法……………………………………… 57
大周刊定衆目録…………………………… 478
大集法門経………………………………… 149
大衆部……………………………………… 470
大乗広五蘊論……………………………… 190
大乗五蘊論……………………… 189, 190, 232
大乗成業論………………………… 74, 119
大乗対倶舎抄………………………………… 5
大乗百法明門論…………………………… 45
大乗百法明門論開宗義記………………… 49
大乗百法明門論解………………… 15, 227
大乗百法明門論疏………………………… 49
大乗仏教史論……………………………… 53
大随煩悩………………………… 162, 174, 280
大善地法………………………… 136, 143, 229

大蔵経綱目指要録……………………460, 461
大智度論………………143, 211, 223, 449, 464
大唐西域記……………………………487, 491
大唐大慈恩寺三蔵法師伝…………………474
大徳…………………………………………95
大毘婆沙論…………………………………6
大不善地法…………………………156, 232
大煩悩地法………………………………167
大欲…………………………………202, 301
第六蘊………………………………………20
高楠順次郎………………………………332
高崎直道…………………………………472
達磨多羅…………………………………101
達磨多羅禅経………………………………91
タティア（Tatia）………………………244
田中教照………………………34, 81, 394, 492
玉井威………………………………166, 204
ダルマ・アルタ・カーマ…………………247
ダルマシュリー（dharmaśrī）…………422
歎…………………………………………321
耽嗜・遍耽嗜……………………………305
湛慧…………………………………………33
癡…………………………………………285
チーナブクティ……………………472, 506
智積院………………………………………5
チャーンドーグヤ・ウパニシャッド……250
著貪………………………………………306
中随煩悩…………………………162, 174, 280
中部経典不断経……………………………79
中辺分別論…………………………………46
中辺分別論釈疏……………………………52
長爪梵志…………………………………453
長部経典……………………………………32
長老偈………………………………………45
塚本啓祥……………………………214, 474
ディーツ（Dietz）……51, 155, 279, 283, 325, 329, 330, 437
觝突………………………………………314
提婆設摩…………………………………469
テーラガーター……………………232, 451
テーラヴァーダ派…………………………3
テーリーガーター…………………258, 267
諂…………………………………………290
伝説（kila）………………………………122
天台宗………………………………………4
ドイツ探検隊………………………144, 472
東大寺………………………………………3
饕餮………………………………………315
藤堂明保…………………………………462
トゥリパーティ（Tripāṭhī）……………120
同類に順ぜず……………………………316
トゥルファン………………92, 144, 464, 473
犢子部…………………………399, 470, 484
貪…………………………………………284
曇曠……………………………………49, 51
曇摩多羅……………………………95, 100
貪欲………………………………………308

な行——

ナーガールジュナ…………………………143
内典十宗秀句………………52, 45, 455, 461
長尾雅人……………………………………53
中村隆敏…………………………………454
中村元…………52, 155, 217, 267, 273, 391, 436
浪花（上杉）宣明…………………………34
南条文雄…………………………………460
ナンダ……………………………………270
南伝上座部…………………………78, 150
南都六宗……………………………………3
南方上座部………………8, 41～43, 46, 60
二十二根……………………………64, 146
ニダーナカター…………………………257
ニダーナサンユクタ………………………114
二大有覆無記地法………………………156
入阿毘達磨論…………5, 9, 141, 145, 424, 455
人施設論……………………151, 267, 337
念……………………………………………59
悩…………………………………………288
ノーマン（K.R.Norman）……267, 450, 454
野沢静証……………………………154, 166

は行——

バーミヤーン………………………470, 471
ハーン（M.Hahn）………205, 279, 283, 329
ヴァイシェーシカ学派……………………484
バガヴァッド・ギーター………248, 249, 507
袴谷憲昭………………………………48, 53, 76
婆藪槃豆法師伝……………………475, 476
長谷寺………………………………………5
八犍度論…………………………………260
八十法…………………………………49, 50
八宗綱要……………………………457, 461
八纏………………………………………403
服部正明…………………………………194

林屋辰三郎……10
原田和宗……204, 507
原実……250, 272
ハリヴァルマン……89
ヴァルトシュミット（Waldschmidt）……101, 153, 154
バルフ……487
ヴァレザー（Walleser）……225
ヴィレメン（Willemen）……507
伴戸昇空……77, 101
半有部・半譬喩者……99
東トルキスタン……471
比丘尼律……262
微細な潜在識……126
鞞索迦国……469
ビショーカ……506
ピッシェル（R.Pischel）……461
鞞婆沙論……42, 95
非法貪……305
卑慢……294
百法明門論……48, 51, 189, 190
百法明門論疏……51
ビューラー（Bühler）……474
譬喩者……57, 73, 82, 87, 89, 95, 99, 118, 127, 133, 159, 440, 500
兵藤一夫……52, 507
平川彰……394
非理作意……168
広沢隆之……283
広瀬智一……445
頻申・欠呿……311
van Velthem……457
フィッシャー……251
プールナ……175, 468
プールナヴァルダナ……194, 202, 434, 449
フォン・ヒニューバー（O.V.Hinüber）……472, 474
不害……137, 149
不喜足……302
覆……287
不恭敬……302
福田琢……507
福原亮厳……355
普光……5, 45, 49, 51, 89, 182, 191, 202, 227, 449, 456, 487
不作意……313
不死尋……318
藤田宏達……180, 391, 462
普寂……153
不定……176
不正知……168
不定法……186, 238
プシルスキー（J. Przylusky）……471
不信……167
不信・懈怠・放逸……403
不善地法……163
不善納息……344
不調柔性……315
ブッダチャリタ……323
仏陀提婆……95
プトゥン……449
舟橋一哉……35
不忍……304
不放逸……137, 148
フラウヴァルナー（Frauwallner）……14, 27, 35, 119, 154, 194, 345, 422, 450, 454, 467, 477, 478, 490
不楽……311
フランケ（O. Franke）……34
ブリハッド・アーラニヤカ・ウパニシャッド……249
不了義……494, 495
プルシャプラ……466, 470
プレーシュケ（H. und I. Plaeschke）……474
プレーマ（prema）……429
不和敬性……202
不和軟性……315
忿……286
分別論……8, 21, 25, 43, 151, 199, 268, 417
分別論者……73, 389
分別論小事分別……325
憤発……202, 296
別意趣……494
ヴェツラー（A.Wezler）……474
ベルンハルト（F. Bernhard）……394
遍行……124
放逸……168, 295
法蘊足論……6
法蘊足論縁起品……216
法蘊足論雑事品……275
宝行王正論……279
方広大荘厳経……258
法宗原……45, 48, 51
法宗源筌蹄……5

法集論……………18, 40, 43, 47, 78, 151, 337
法勝……………477
法成……………145
法成寺……………4
法蔵部……………19, 470
法宝……………456
法隆寺……………3
法救……………57, 82, 92, 96, 99, 127, 501
法句経……………44, 91
法華八巻……………4
法相（lākṣaṇika）……………397
法相宗……………3, 45
発智論……………6
本地分声聞地……………421
本庄良文……………34, 76, 119
煩悩垢……………173
品類足論……………6, 143
品類足論千問品……………351

ま行——

前田慧雲……………49, 50, 53
前田恵学……………35
摩訶拘稀羅……………449
摩訶僧祇律……………261
枕草子……………3
松田和信……………124, 472
松濤誠達……………272
松濤泰雄……………391
マトゥラー……………469～471
マトゥラー有部……………463
末那識……………47
マヌ法典……………247, 250
マハーヴァストゥ……………257
慢……………292
慢過慢……………293
水田恵純……………445
水谷真成……………473, 475
水野弘元……7, 35, 52, 68, 81, 90, 102, 104, 119, 126, 165, 178, 189, 203, 244, 330, 340, 436
密意……………494
三友健容……………339, 404
御牧克己……………76, 89, 90, 118, 120
宮本正尊……………90, 101, 102
妙音……………489
名色……………31, 80, 215
無為蘊……………20
無有見……………307
無愧……………291
無間道……………408
無慚……………291
無瞋……………137
無著……………188, 466
無貪……………137
無明……………168
村上真完……………120
室寺義仁……………77, 119
滅受想定……………69
滅尽定……………69, 73, 86
メヨーア（Mejor）……………194
瞢憒……………310

や行——

ヤーナルト（Janert）……………474
薬師寺……………3
ヤショーミトラ……14, 40, 48, 99, 121, 186, 187, 194, 195, 199, 279, 326, 398, 399, 403, 434, 442, 449, 453, 468, 502
山口益……………52, 154, 166, 179
山崎利男……………272
山田龍城……………354, 355, 491
山部能宜……………507
唯識学派……………73
唯識三十頌……126, 142, 162, 174, 230, 232
唯識二十論……………46, 47
結城令聞……………53
瑜伽行唯識学派……7, 57, 76, 82, 89, 124, 174
瑜伽師地論……46, 48, 125, 141, 142, 162, 174, 237, 328, 419
湯田豊……………272
ヨーガ行者……………72
欲……………59
欲尋……………316
欲貪……………264
横山紘一……………283
吉元信行……34, 52, 53, 59, 67, 90, 166, 204, 213, 243, 445

ら行——

羅什……………464
ラトナーヴァリー……8, 200, 278, 329, 503
ラモット（Lamotte）…53, 394, 464, 469, 473
理長為宗……………99
龍樹……………8, 464
リューダース（H. Lüders）……472, 473

了義……………………………………494, 495
梁塵秘抄……………………………………4
陵蔑辱……………………………………319
利を以て利を求む……………………202, 300
リンガ……………………………………247
レヴィ（S. Lévi）……………………126, 474
ローゼンフィールド（Rosenfield）……474
六愛身……………………………………344
六因説……………………………………66
六行身……………………………………31
六足論……………………………………6, 9
六煩悩……………………………………232
六六身……………………………………107, 108
六垢……………………………………183, 419
六方礼経……………………………………271
渡辺海旭……………………………………35
渡辺楳雄……………………………………102, 473
和辻哲郎………13, 33, 34, 135, 173, 179, 183, 185, 218, 225, 427, 436